创新与发展：监察委员会制度改革研究

主　编：钱小平
副主编：冀　洋

东南大学出版社
·南京·

图书在版编目(CIP)数据

创新与发展:监察委员会制度改革研究/钱小平主编.—南京:东南大学出版社,2018.9

ISBN 978-7-5641-7891-8

Ⅰ.①创… Ⅱ.①钱… Ⅲ.①监察—体制改革—中国—学术会议—文集 Ⅳ.①D630.9-53

中国版本图书馆 CIP 数据核字(2018)第 170698 号

◎ 江苏高校哲学社会科学重点研究基地
“反腐败法治研究中心”项目(2015JDXM004)

◎ 江苏高校“青蓝工程”项目

◎ 东南大学中央基本业务经费项目(2242018S30028)

创新与发展:监察委员会制度改革研究

出版发行:东南大学出版社
社 址:南京四牌楼 2 号 邮编:210096
出 版 人:江建中
网 址:http://www.seupress.com
经 销:全国各地新华书店
印 刷:兴化印刷有限责任公司
开 本:787mm×1092mm 1/16
印 张:20.25
字 数:506 千字
版 次:2018 年 9 月第 1 版
印 次:2018 年 9 月第 1 次印刷
书 号:ISBN 978-7-5641-7891-8
定 价:78.00 元

本社图书若有印装质量问题,请直接与营销部联系。电话:025-83791830

《东南法学文存》

总　序

东南大学法学院承三江、中央之学脉，恢复法科教育已逾廿载。本年，正值复建学院十岁，气象初成。立院之本，在育人诲诲，不厌其倦；求道之志，在为学旦旦，不厌其精。院龄尚短，但朝气蓬勃；资历虽浅，贵求是创新。

办学之路艰，偏隅之处更甚。幸东南法学学人多年来孜孜以求，不懈励进，东南大学法学院已发展为法学学术研究重镇。学院立基宪法与行政法、刑事法学等传统法学学科领域上深厚理论、实践优势，笃志交叉学科办学、科研之积淀，于工程法、交通法以及医事法等特色领域辟径拓新，为我国法科教育和法学研究事业贡献良多。大学之所谓，实汇大师矣。学院一贯注重优秀学人的吸纳培养，以"双江双杰"为代表的高端人才优势尤为突出。多人次入选国家百千万人才工程、教育部新世纪优秀人才支持计划、江苏省"333 高层次人才培养工程"、江苏省教育厅"青蓝人才工程"、东南大学"校优青计划"等。有名士，更聚英才。东南大学法学院教学科研队伍的年轻化、国际化建设成效显著，先后引进多位专业领域内知名学者，同时吸引了一大批海内外知名高校优秀博士毕业生。中青年教师已逐渐成为学院教学、科研工作的中坚力量，人才梯队的层次构筑更加合理化，这为学术人才长期储备、学术研究可持续奠定了坚实基础。

秉人才适其才、尽其用的科研组织管理理念，响应国家关于推动高校智库建设的指导方针，东南大学法学院致力于科研活动的平台化建设。在传统法学学科教研室组织构架的基础上，发挥自身交叉学科研究的优良传统，不囿于传统学科分野，聚焦问题，有的放矢。先后创建"反腐败法治研究中心""交通法治与发展研究中心""中国法治发展评估研究中心"等国内具有较大影响力的专业化学术研究平台。通过各个学术研究平台，更加科学高效地整合配置院内科研力量，引导多元化的科研团队建设，初步形成各学科教研室与各专门研究平台的多维度、立体化管理，实现科研人才在既有传统学科类别的基本框架下，充分挖掘个人研究的兴趣专长，在更加多样的科研团队间相互自由流动，更加有力地促进了学院内研究者之间的交流与沟通。这也为各个研究者开拓研究视野，创新研究思路，实现学术研究资源、信息的共享，不同观点、思想的碰撞，提供了更多的机会与便利，营造出法学院浓厚的学术氛围以及良性竞争的学术环境。

立足自身法学学术研究的深厚基础，以交叉学科、特色领域研究为着眼点，法学院一直致力于积极推动相关领域的学术交流、研讨活动。广邀海内外博学有志之士，共议善治良法之题。先后举办"海峡两岸工程法治""城市停车治理论坛""法治发展量化评估研讨会""刑事法治指数的指标构建与修订研讨会""员额制与司法改革实证研讨会""医疗纠纷预防与处理法律机制研究"等一系列法学学术或实践议题研讨活动，为国内外相关领域研究打造优质的学术交流平台，获得积极的社会反响和良好的学术声誉。

当然，孤芳自赏必固步自封。兴办论坛研讨，绝非单纯搭台唱戏。热闹止于一时，深思方存长久。东南大学法学院希冀借此文存，将共同参与学术探究诸君的所思所言，付梓文牍。一来，为不吝赐言的海内外专家学者记录下观点交锋、思想碰撞之盛况，力图重现那一场场精彩绝伦的学术盛宴。二来，记录亦为传播。结集成书，将精彩涂墨于文卷，便于重复研读，反复思虑，为没能即时参与的研究者提供可资借鉴的材料，为今后更加深入细致的探讨研究提供有益的帮助，为进一步开展交流讨论提供论题论理的文献基础。最后，也是满足东南大学法学院的一点小小私心，记录下学院学术研究走过的道路，厘清本院法学学术上论理学养发展变迁的脉络。不为流芳，但求自我审视，自我检讨，自我激励。

一言可蔽之：治学明德，止于至善。

是为序。

东南大学法学院

2016 年 5 月

前　言

基于腐败对社会稳定与安全所构成的严重威胁,《联合国反腐败公约》要求各缔约国应当"促进和加强各项措施,以便更加高效而有力地预防和打击腐败"。在中国现代化转型过程中,上世纪 80 年代形成的以刑事惩治为中心的腐败治理体制,因未击中腐败衍生的触发点,无法有效应对现代中国的腐败并发症状,亟待进行调整。2012 年中共十八大总结三十年来反腐败斗争的经验,明确提出健全法律制度、科学有效治理腐败的新要求。通过国家政治体制改革,优化权力监督体制,构建权力运行的法治秩序,有效提升国家腐败治理能力,是遏制腐败滋生蔓延势头的必由之路。2017 年中共十九大进一步明确"深化标本兼治,保证干部清正、政府清廉、政治清明","加强对权力运行的制约和监督,把权力关进制度的笼子",标志着中国进入腐败治理的新时代。围绕腐败监督体制的结构性更新,开辟国家腐败治理立法的"第二战场",推进国家腐败治理由结果性治理向"端口性"、过程性治理的转变,提高国家腐败治理能力,成为中国现代化转型的时代命题。

党的十八届三中全会将"推进国家治理体系和治理能力现代化"作为"全面深化改革"的总目标,腐败是否得到有效遏制,是国家治理能力现代化的重要体现。针对传统腐败治理体制下监督力量分散、监督范围较窄、监督功能缺失等弊端,2016 年底国家在北京、浙江、山西等地区启动了监察委员会制度试点改革。作为"事关全局的重大政治体制改革",监察委员会制度改革涉及国家权力体系的调整,重点在于将分散的监督权划归监察委员会,在现行宪制框架内对其权力的配置和运行进行科学的制度安排,着力解决腐败治理体制长期存在的积弊问题,实现腐败治理"中国模式"的系统升级与全面优化。由于监察委员会制度改革采取了实践先导的探索模式,如何确保监察委员会体制改革的先进性,迫切需要理论检视与支撑,对反腐智库在构建中国特色国家监察立法的理论基础与行动方案方面,提出了全新的研究要求。

"东南大学反腐败法治研究中心"(以下简称"研究中心")是根据党的十八大以来党风廉政建设和反腐败斗争的新常态和新需要,经江苏省教育厅批准,由东南大学组建的致力于反腐败法治研究的综合性智库。为了全面深化法治反腐理论研究,发挥服务于国家重大决策的智库功能,研究中心于 2017 年 4 月 15 日召开了"创新与发展:监察委员会制度改革"学术研讨会。来自武汉大学、四川大学、上海社科院等全国各地高校及研究机构的各专业学者、政法系统机关领导共七十余人参会,围绕着监察委员会的权力定位、国家监察权制度的法律依据和理论基础、监察委员会的权力配置和运行模式、监察体制改革背景下检查权配置等问题进行了广泛而深入的讨论,为推进监察委员会体制改革提供了具有借鉴价值的研究成果。

会议共收到论文近 50 篇,收录会议文集共 35 篇。本文存是在会议文集的基础上,经过

“研究中心”学术委员会筛选，优选其中 26 篇论文予以结集出版。本书是继 2017 年“研究中心”首批成果《法治反腐的路径、模式与机制研究》出版之后，由《东南法学文存》（总主编：刘艳红）推出的第二批成果，反映了“研究中心”以中国问题为导向，及时回应国家腐败治理的现实需求，积极参与国家腐败治理重大问题决策的研究特色。本书由钱小平（副教授、法学博士、博士生导师，反腐败法治研究中心执行主任）担任主编，由冀洋（讲师、法学博士，反腐败法治研究中心研究人员）担任副主编。由于编者水平有限，论文选编未必精当，不妥之处，祈请学界同仁和广大读者指正。

本书的出版要特别感谢东南大学出版社付出的辛勤而卓有成效的劳动，也感谢相赐、王丽云、聂遥遥、费雪娇四位硕士研究生在书稿校对上的辛劳付出。在此一并表示谢忱。

2018 年 3 月 20 日第十三届全国人大第一次会议通过了《中华人民共和国监察法》，确立了监察制度运行的法律依据，但监察体制改革之初的诸多理论争议和困惑并没有解决，如何准确理解监察委员会制度的“中国特色”，积极探寻监察权运行的法治路径，全面优化监察体制并提升腐败治理能力，仍然是当下理论研究的重要命题。希望本书的出版，对于深化中国监察制度法律体系建设的基础理论，推进中国特色国家监察立法体系及反腐制度完善，能够提供积极而有益的参考。

钱小平 谨识
2018 年 4 月 18 日于
东南大学九龙湖畔

目 录

第一专题 中国特色监察权制度的构建原理

监察体制改革的逻辑与方法

秦前红*

摘　要：国家监督权的分散配置是当前监察体制诸多弊病之根源，监察体制改革所欲达致的目标即为实现机构与职能的整合，以期优化监督权的配置模式。基于监察体制改革的属性、背景与内涵，改革须遵循先“变法”后“变革”的逻辑，且应以人民代表大会制度为根本遵循，还须遵照机构与职能整合的思路，以及监察权独立行使的理念。以此为指引的改革，需适时启动相关法律的“立改废”工作，处理好监察委员会与其他国家机关的关系，合理安排监察委员会的组织结构与职权，并建立监察权行使的监督与制约机制。

关键词：监察体制改革　监察委员会　监督权配置模式

权力的行使须仰仗必要的控制，现代国家与社会通常都会通过各种方式对权力的行使施以一定的监督与制约，在国家的权力运行架构中，通过诸多形式构建国家监督制度。自1949年新中国成立以来，社会主义中国的国家监督制度建立并不断完善。这一监督制度无疑在权力监督与制约方面发挥着相当的作用，但其在实践中的弊病也日渐显现。为此，执政党和国家期望通过修改行政监察法〔1〕、健全国家监察组织架构〔2〕等诸多方式完善我国的监督制度和监察体制。中共中央办公厅2016年11月印发的《关于在北京市、山西省、浙江省开展国家监察体制改革试点方案》(以下简称《试点方案》)，可谓拉开了我国新一轮监察体制改革的序幕。全国人大常委会亦于2016年12月25日审议通过了《全国人民代表大会常务委员会关于在北京市、山西省、浙江省开展国家监察体制改革试点工作的决定》(以下简称《改革决定》)。〔3〕鉴于监察体制改革关乎的乃是国家宪制结构的重大政治改革，为确保改革本身的合法性和可期性，有必要框定监察体制改革所应当遵循的基本原则，并以此原则为指引来探求改革的路径与方法。

---

*　秦前红，武汉大学法学院教授。

〔1〕《全国人大常委会2016年立法工作计划》，载《中华人民共和国全国人民代表大会常务委员会公报》2016年第3期。

〔2〕《坚持全面从严治党依规治党　创新体制机制强化党内监督》，载《人民日报》2016年1月13日第01版。

〔3〕《全国人民代表大会常务委员会关于在北京市、山西省、浙江省开展国家监察体制改革试点工作的决定》(2016年12月25日第十二届全国人民代表大会常务委员会第二十五次会议通过)，载《人民日报》2016年12月26日第04版。

一、监察体制的现状及改革缘起

于逻辑上而言，监察体制改革的必要性主要缘于现行的监察体制未能有效地发挥其预期功效，监察体制自身及其运行皆存在某些问题。

(一) 国家监督权的分散配置

新中国成立伊始，我国便开始建立国家权力监督制度，设立各类监督机关，并在其间配置国家监督权。随着新政权的建立，在《中国人民政治协商会议共同纲领》和《中华人民共和国中央人民政府组织法》的总体建构之下，国家监督制度便已初具雏形。〔1〕随着第一届全国人大的召开和新中国第一部《中华人民共和国宪法》(以下简称《宪法》)的制定，人民代表大会制度之下的国家监督制度亦随之大体形成。但随之而来的非正常化政治活动，使得包括国家监督制度在内的整个国家政治和法律制度遭到严重的破坏。直至 1978 年拨乱反正之后，国家监督制度才得以恢复重建并不断完善。纵观六十余年的机构与职权变迁史，可总结出我国国家监督制度发展的一般规律：

其一，国家监督机构的多元性。1949 年至今，承担国家监督职责的机构大体有三：一为权力机关性质的机构，即 1954 年前的全国政协全体会议和中央人民政府委员会，以及 1954 年之后的各级人大及其常委会。二为行政机关内部的监督，即行政监察监督和行政审计监督。三为检察机关的法律监督。由此可见，我国的国家监督机构具有多元性的特征，亦即国家监督权分由不同机构来行使。人大作为国家权力机关，其基于民主集中制的原则，产生并监督行政、审判、检察、军事等其他国家机关。在此种一元分立权力架构之下，若欲对权力进行有效的制约和监督，势必通过设立各类专门的监督机关。〔2〕

其二，国家监督职权的变动性。新中国成立伊始便已初具雏形的国家监督制度，历经六十余年的变迁，依旧保持着相当的稳定性，即总体上始终表现为人大监督、行政监督、检察监督“三位一体”的监督权配置格局。但是，在相对稳定的同时，具体的监督职权在各主体之间亦存在着相当的变动性。以行政监察监督为例，新中国成立之初的各级监察委员会，其性质虽为行政机关，但监察对象却可及于包括审判机关、检察机关在内的一切国家机关及其工作人员。〔3〕在 1955 年之后，根据《中华人民共和国监察部组织简则》的规定，行政监察的范围则限于国务院各部门、地方各级国家行政机关、国营企业、公私合营企业、合作社，以及这些

---

〔1〕 汤唯、孙季萍著：《法律监督论纲》，北京大学出版社，2001 年版，第 230 - 235 页。

〔2〕 朱孝清：《中国检察制度的几个问题》，载《中国法学》2007 年第 2 期。

〔3〕 中央人民政府政务院监察委员会所作的《中央人民政府政务院人民监察委员会一九五〇年人民监察工作总结及一九五一年工作任务的报告》，在谈及监察机关的职权时便明确指出：监察机关的职权，是依据政府的政策、法令、决议、计划，其有权监督一切国家机关和公务人员。参见《中央人民政府政务院人民监察委员会一九五〇年人民监察工作总结及一九五一年工作任务的报告》，载《人民日报》1951 年 8 月 15 日第 03 版。

机关的工作人员。监察机关不再对审判机关和检察机关及其工作人员进行监察。〔1〕同时，1986年恢复设立国家监察部，在规定行政监察的对象时，减少了公私合营、合作社及其工作人员，把对国营企业及其工作人员的监察也限于国家行政机关任命的领导干部。〔2〕除监督对象之外，行政监察权的权限类型和行使方式亦处于变动状态中。

其三，国家监督范围的叠合性。“三位一体”的监督权配置格局，致使国家监督权由不同机构分别行使，但此三类不同的国家监督并非平行并列的，由于人大具有国家权力机关的地位，人大监督的位阶高于行政监督和检察监督。这种存在位阶的监督权配置格局，使得国家监督权在监督范围上存在叠合，因为在不考虑其他因素的前提下，人大作为权力机关，其监督范围无疑涵盖了行政监督和检察监督的监督范围。同时，即便是地位相对平行的行政监督和检察监督之间，其亦存在或多或少的重合部分。

（二）监督权配置模式的调整

在我国的人民代表大会制度和“一府两院”的宪制结构之下，国家监督监察权在某种意义上而言是“叠床架屋”的。在上述国家监督权之外，还有执政党内部的纪律检查权。这一监督制度的弊病有三：一是监督力量分散，各类监督监察主体在各自的领域内开展监督工作，难以形成实质意义上的合力；二是监督存在盲区，这主要表现为现有的监察监督其实仅限于行政机关内部，未能有效及于其他国家机关和公职人员；三是监督衔接不足，即国家监督与党内监督的衔接贯通机制仍有诸多欠缺。而此般弊病的根源在于国家监督权的分散配置，故此有赖通过改革优化国家监督权的配置模式。

当前正在进行的国家监察体制改革及其试点工作，也正是基于此种考虑，《试点方案》明确提出了“实施组织和制度创新，整合反腐败资源力量”的改革思路。〔3〕至于如何优化国家监督权的配置模式，由《试点方案》和《改革决定》可知，此次试点工作的具体方案是由人大产生监察委员会，作为行使国家监察职能的专责机关。并将现有的行政监察、预防腐败和检察机关查处贪污贿赂、失职渎职以及预防职务犯罪等工作力量，一并整合至新设立的监察委员会。〔4〕由此可见，改革者的想法是将监察委员会作为与政府、法院、检察院平行的国家机关，其行使的国家监察权亦将与既有的行政权、审判权、检察权居于并列地位。通俗而言，此前我们熟悉的人大之下的“一府两院”之国家政权组织形式将可能变革为“一府两院一委”的新结构。由此可知，监察体制改革的意涵有二：一是新设专职监察的机构，即监察委员会；二是与新机构设立相伴随的现有机构及其职能的整合。易言之，此次国家监察体制改革的实质在于国家监督权的重新配置。

〔1〕韩晓武：《建国以来我国行政监察制度的发展变化》，载《河北法学》1984年第5期。

〔2〕乔石：《关于设立中华人民共和国监察部议案的说明》，载《中华人民共和国全国人民代表大会常务委员会公报》1986年第7期。

〔3〕姜洁：《中办印发〈关于在北京市、山西省、浙江省开展国家监察体制改革试点方案〉》，载《人民日报》2016年11月8日第03版。

〔4〕姜洁：《实现对公职人员监察全覆盖　完善党和国家的自我监督——王岐山在北京、山西、浙江调研监察体制改革试点工作时强调》，载《人民日报》2016年11月26日第01版。

二、监察体制改革应遵循的原则

具体来说，监察体制改革所应当遵循的基本原则来源有三：一是改革的属性，即改革的变动性属性要求处理好改革与立法的关系；二是改革的背景，即监察体制改革乃是置于人民代表大会制度这一根本政治制度之下进行的；三是改革的内涵，亦即监察体制改革的思路与理念。由此，监察体制改革应遵循的原则主要有：

（一）先"变法"后"变革"的逻辑

自1978年党的十一届三中全会确立"改革"的基本方针之后，中国便进入了一个全面改革的时期，在此过程中，立法是与改革同时起步、同步或者交错前行的，立法所规范的社会关系，实际都是改革背景下的社会关系，[1]可以说改革的重点也是立法的重点。[2] 然而，改革的基本属性在于变动，而法律注重稳定。为此，在改革进程中妥善处理改革与立法的关系便是关乎改革正当性与国家法律权威的重大问题。这种紧张关系尤其体现在探索型改革当中，因为在探索型改革之下，改革通常先于立法，法律的确认只是一种事后的确认，或言之为"追认"。

当前进行的监察体制改革同样是一种探索型改革，现阶段的改革仅仅是在北京、山西、浙江先行先试，这既是为了减少改革的风险和成本，亦是希冀以上三省市能在试点工作中取得可供复制的经验，进而在更广范围内铺陈开来。诚如《试点方案》所指出的那般：从体制机制、制度建设上先行先试、探索实践，为在全国推开积累经验。[3] 然而，探索型改革蕴含着先"变革"后"变法"的逻辑，这使得法律总是滞后于社会变革，即在改革成果为法律确认之前，改革极有可能是处于法律的范围之外的，易言之，如此改革或多或少具有"违法"的成分。如此一来，改革的正当性将极大地被削弱，法律的权威亦将随之不断受影响。有鉴于此，监察体制改革需要遵循先"变法"后"变革"的逻辑，改革所涉及的法律法规"立改废"及试点工作所需法律授权问题，都需要改革者与立法者主动衔接，相向而行、同步推进。[4] 故而需要适时启动相关法律的"立改废"工作，实现立法与改革的衔接。当前，全国人大常委会通过的《改革决定》在一定程度上可使得监察体制改革于法有据且有据可循，然而由全国人大常委会作出此般"授权决定"尚存质疑。[5] 同时，由于《改革决定》调整或暂停了部分法律的实施，但《改革决定》本身只是笼统的规定，由此致使监察委员会在机构设置与职权行使上存在

---

〔1〕 刘松山：《当代中国处理立法与改革关系的策略》，载《法学》2014年第1期。

〔2〕 李鹏：《进一步搞好立法和监督工作》，载《十五大以来重要文献选编》（上册），中央文献出版社，2011年版，第279页。

〔3〕 姜洁：《中办印发〈关于在北京市、山西省、浙江省开展国家监察体制改革试点方案〉》，载《人民日报》2016年11月8日第03版。

〔4〕《严把改革方案质量关督察关　确保改革改有所进改有所成》，载《人民日报》2014年9月30日第01版。

〔5〕 童之伟：《将监察体制改革全程纳入法治轨道之方略》，载《法学》2016年第12期。

法律依据的“空白”。此时可能会以更为细化的方案来解决这一问题，但这同样会面临突破现有宪法和法律的可能。

（二）人民代表大会制度的根本遵循

我国人民代表大会制度的主要内容是人大的产生、组织、职权等方面的制度，以及人大与其他国家机关互相关系的制度。[1] 其中与监察体制改革关系较大的内容有二：一是人大与监察委员会的关系。按照当前的《试点方案》，监察委员会由同级人大产生，因此监察委员会向人大负责，受人大监督便是自然而言之事。如此一来，便需要在研究改革措施和现实推行改革时，具体厘清监察委员会如何由人大产生，监察委员会如何向人大负责，人大监督监察委员会的方式等内容。二是监察委员会与其他国家机关的关系。在当前的改革思路之下，监察委员会将与现有的“一府两院”形成并列平行的关系，作为行使国家监察职能的专责机关，其无疑可对“一府两院”施以监察和监督。但是，我国《宪法》第131条和第136条明确规定了法院与检察院依法独立行使审判权与检察权。因此，监察委员会对法院和检察院实施监督时，尚须恪守“审判权与检察权独立行使”这一宪法原则。

（三）机构与职能整合的改革思路

国家监察体制的改革与监察委员会的设立，意味着现有的国家机构体系与国家监督权的配置模式将会被革新。这也是《试点方案》提出的“实施组织和制度创新，整合反腐败资源力量”的深层意涵之所在。同时，这一意涵在《改革决定》以及当前开展的试点工作中皆得到了体现：整合行政监察、预防腐败和检察机关查处贪污贿赂、失职渎职以及预防职务犯罪等工作力量，成立监察委员会。[2] 由此观之，监察体制改革的思路在于实现既有机构与职能的整合。具体来说，在机构整合层面，其意在于新机构的设立与旧机构的撤销。其中所谓的新机构即为专门行使监察权的监察委员会，旧机构则为此前行使监察监督性质职权的机构，根据当前的改革方案，这些机构主要有行政机关内部的监察等部门，检察机关内部的反贪等部门。与机构整合相伴随的自然是职能的整合，即将被撤销的旧机构之职权统一整合至新设立的监察委员会，由其行使这些职权。此外，为了监察委员会能够更好地行使监察权，可能还需要赋予其现有职权类属以外的新权力类型。[3] 此外，由于反贪污贿赂与反渎职侵权职能从检察院“剥离”，加之检察院法律监督职能本身所面临的诸多质疑，[4]如此一来，随着监察委员会的设立，及其国家监察机关地位的确立，检察院之“国家的法律监督机关”之宪法

---

〔1〕 蔡定剑著：《中国人民代表大会制度》，法律出版社，2003年版，第25－26页。

〔2〕 姜洁：《实现对公职人员监察全覆盖　完善党和国家的自我监督——王岐山在北京、山西、浙江调研监察体制改革试点工作时强调》，载《人民日报》2016年11月26日第01版。

〔3〕 张智新：《重大政治改革的监察委员会，如何监怎么察?》，载凤凰网：http://finace.ifeng.com/a/20161111/15001165_0.shtml，最后访问时间：2016－12－01。

〔4〕 陈卫东：《我国检察权的反思与重构——以公诉权为核心的分析》，载《法学研究》2002年第2期；缪树权：《检察机关法律监督若干争议问题观点释评》，载《国家检察官学院学报》2003年第5期；蒋德海：《“以法律监督为本质”还是“以控权为本质”？——兼论中国检察机关的职权配置》，载《河南社会科学》2011年第2期。

地位是否应作出变更亦是值得探讨的话题。

(四) 监察权独立行使的改革理念

通常来说，民主政治的监察官应当是独立的，〔1〕然而我国现行监察体制存在的主要问题之一即为监察机关的独立性保障不足。因为现行的行政监察其实只是行政机关内部的一种自律性监督，或言之为“同体监督”，监督者在某种意义上又是被监督者。〔2〕同时，按照《中华人民共和国行政监察法》(以下简称《行政监察法》)的规定，我国监察机关实行“蹩脚”的双重领导体制，其需对本级政府和上级监察机关负责并报告工作。但在实践中，监察机关的干部人事、财物经费皆由地方政府控制，监察机关在工作中缺乏应有的独立性，这也严重影响了监察的权威性。〔3〕对此问题，改革者无疑亦是有所关注的，并提出了改革党的纪律检查体制，完善反腐败体制机制，增强权力制约和监督效果，保证各级纪委监督权的相对独立性和权威性。要强化制约，科学配置权力，形成科学的权力结构和运行机制。〔4〕为了构建相对独立的监察监督制度，监察体制改革所为的便是将监察权从行政权与检察权当中“剥离”出来，从而形塑出与行政权、审判权、检察权平行并列的监察权，尤其是让监察权独立于行政权之外。

三、监察体制改革的路径与方法

监察体制改革所关涉的乃是国家的重大宪制结构，与之相关的问题可谓是纷繁复杂，这也是“国家监察体制改革是事关全局的重大政治改革”的应有之义。由于篇幅和智识有限，本文难以对所有相关问题逐一论述，在此仅选取其中几个相对重要的问题进行讨论。

(一) 监察体制改革与法律的“立改废”

此次改革若能于试点工作之后得以在全国范围内全面铺陈开来，将意味着我国现行宪法和法律所确立的监督监察权配置模式将被调整。同时，改革在经由探索试错之后，若欲将有益经验推及全国，亦需要通过法律的制定与修改实现经验的固化与确认。

首先，国家监察体制改革的实质在于国家监督权的重新配置，如此一来，作为根本法的宪法便需要“出场”以发挥其功能，进而实现对改革进程与结果的指引和规范。因为宪法在政治方面的意义便是强调国家权力的组织与运作，国家应设置何种机关来行使统治权力并界定机关的权力，此即为国家大法的宪法所应规范的内容。〔5〕通俗而言，为宪法所规定的通常是国家最根本、最重要的事项，当此类事项发生变动之时，宪法也应当作出相应的修改。

---

〔1〕[法]孟德斯鸠著：《论法的精神》(上)，张雁深译，商务印书馆，1961年版，第53页。

〔2〕魏志荣、李先涛：《我国行政监察制度存在的主要问题与改革建议》，载《黑龙江省政法管理干部学院学报》2006年第4期。

〔3〕马怀德：《全面从严治党亟待改革国家监察体制》，载《光明日报》2016年11月12日第03版。

〔4〕《强化反腐败体制机制创新和制度保障　深入推进党风廉政建设和反腐败斗争》，载《人民日报》2014年1月15日第01版。

〔5〕陈新民著：《宪法学释论》，三民书局，2014年版，第1-2页。

国家机构的组织及其职权即为这类最根本、最重要的事项之一。[1] 由此观之，在改革的进程中，作为根本法的宪法亦须进行相应的修改，以此为机构的整合与权力的再配置创造相应的宪法空间与制度可能。同时，为这一改革提供充分的正当性基础必须求诸宪法的修改，绝非全国人大的立法与修法所能有效为之的。因为在规则创设的过程中存着“制宪权—修宪权—立法权”这样的位阶构造。[2] 概而言之，鉴于监察体制改革所变革之内容，即国家监督权的配置模式以及国家的政权组织形式属于宪法保留之事项，故而宪法修改具有法律制定与修改不可替代的功能。

其次，与法律相比较，宪法在内容上具有根本性、宏观性和全面性，而法律具有派生性、微观性和具体性。[3] 因此，即便宪法在为监察体制改革作出修改之后，仍然有诸多微观细节的问题有待其他法律继续相应的“立改废”，以适应改革的需要。具体来说，法律法规“立改废”的内容主要有：一是修改《中华人民共和国人民检察院组织法》《中华人民共和国国务院组织法》《中华人民共和国地方各级人民代表大会和地方各级人民政府组织法》《中华人民共和国刑事诉讼法》《中华人民共和国行政监察法》等。因为改革需要将原属政府与检察院的监察监督职权予以“剥离”整合，但这些职权已经规定在上述既有的法律当中，故而需要对其进行修改或废止。同时，《试点方案》提出的“监察委员会与司法机关的协调衔接”，也要求《中华人民共和国刑事诉讼法》等作出相应的修改，以便经监察委员会处理的案件得以有效进入刑事诉讼等司法程序，在实践中较为普遍的便是监察委员会在处理案件过程中获得的材料应通过何种途径和方式转化为刑事诉讼中的证据并予以运用。二是制定《中华人民共和国监察法》《监察委员会组织法》。因为通过在《宪法》中新增一节，可以对监察委员会作出相对宏观的规定，但对于其他较为具体的内容，仍然需要另行立法予以规定，具体有监察委员会的组织结构、机构设置、职权范围、工作机制，以及监察委员会行使监察权的程序、法律责任等内容。

(二) 监察委员会与其他国家机关的关系

将监察委员会置于人民代表大会制度之下，其与其他国家机关的关系主要表现有二：一是基于民主集中制而形成的监察委员会与同级人大的关系；二是在“一府两院一委”的国家机关构架中监察委员会与“一府两院”的关系。

其一，根据我国《宪法》第3条第1款的规定，我国的国家机构实行民主集中制的原则。在我国，民主集中制是一个普遍适用于执政党和国家政治生活的重要原则。作为国家机关组织原则的民主集中制，其内容之一即体现在国家权力机关和其他国家机关的关系上，遵循其他国家机关由民选的国家权力机关产生，对其负责、受其监督的原则。[4] 依此逻辑，在监察委员会与人大的关系上，则表现为监察委员会由人大产生，对人大负责，受人大监督。具

〔1〕 秦前红：《监察体制改革需修宪保障》，载《财经》2016年第34期。

〔2〕 [日]芦部信喜著：《制宪权》，王贵松译，中国政法大学出版社，2012年版，第90页。

〔3〕 胡锦光、韩大元著：《中国宪法》(第二版)，法律出版社，2007年版，第27页。

〔4〕 蔡定剑著：《宪法精解》，法律出版社，2006年版，第171－172页。

体来说，“由人大产生”主要表现为人大对监察委员会有关人员的任免。根据我国的宪法实践，国家机关负责人任免有着诸如选举、决定人选、任命、批准任命等不同的行使方式，其中，选举的职务通常更为重要。〔1〕同时，根据《改革决定》的安排，监察委员会主任由同级人大选举产生，监察委员会副主任、委员，则由监察委员会主任提请本级人大常委会任免。此外，监察委员会还应当接受人大及其常委会的监督，向人大及其常委会作工作报告，并接受其询问、质询等。

与此同时，在处理人大与监察委员会关系之时，还将面临“监察全覆盖”与“监察委员会受人大监督”的问题。由《试点方案》《改革决定》以及既已开展的试点工作可知，监察体制改革所欲实现的目标乃是“实现对行使公权力的公职人员监察全面覆盖”。〔2〕对此可理解为将各级人大及其常委会的公职人员纳入监察的对象。然而，鉴于民主集中制及人大与监察委员会的关系，监察委员会当接受人大及其常委会的监督。如何解决此一逻辑上的“悖论”无疑是改革面临的难题之一。通常来说，代议机构的自律与自治是代议政治的基本原则，国会议事自治之目的在于确保国会行使职权的自主性与独立性，使免于受其他国家机关之干预。〔3〕在我国台湾地区，监察机构执掌调查、纠正、纠举、弹劾等职权，其可对行政机关施以监察，然至各级民意机关之代表，则依学理及中外实务均未见有对民意代表行使弹劾权者。〔4〕在人民代表大会制度之下，各级人大非但具有代议机构之属性，其更有作为权力机关之优越地位。有鉴于此，监察委员会不得对各级人大及其常委会之立法、监督、决定、任免等职权行使行为施以监察，但对于贪污贿赂、渎职侵权等溢出职务的违法行为，则可纳入监察委员会之监察范围。

其二，在监察委员会与政府、法院、检察院等的关系上，则表现为监察委员会在法律规定的范围内有权对“一府两院”实施监督，但法院与检察院依法独立行使审判权与检察权，不应受到监察委员会的干涉。在我国台湾地区，明定监察机构之纠正范围为行政管理机构及其事务主管部门之工作，因司法、考试两个机构均为独立行使职权之机关，不宜通过纠正之方式施加压力，故纠正案应不得扩张至其他非行政机关之工作。〔5〕此外，《试点方案》所提出的“建立监察委员会与司法机关的协调衔接机制”亦要求妥善安排监察委员会、检察院、法院在刑事诉讼中的关系。例如监察委员会在监督、调查过程中获得的材料，如何作为刑事诉讼证据得以运用，尤其是在纪委监察合署办公的情境之下。〔6〕

（三）监察委员会的组织结构与职权

与以上讨论的监察委员会与其他国家机关间的关系不同，监察委员会的组织结构指的

〔1〕蔡定剑著：《中国人民代表大会制度》，法律出版社，2003年版，第344－346页。

〔2〕姜洁：《中办印发〈关于在北京市、山西省、浙江省开展国家监察体制改革试点方案〉》，载《人民日报》2016年11月8日第03版。

〔3〕许宗力：《国会议事规则与国会议事自治》，载许宗力著：《法与国家权力》，月旦出版有限公司，1993年版，第308页。

〔4〕法治斌、董保城著：《宪法新论》，元照出版有限公司，2006年版，第415页。

〔5〕法治斌、董保城著：《宪法新论》，元照出版有限公司，2006年版，第421页。

〔6〕龙宗智：《取证主体合法性若干问题》，载《法学研究》2007年第3期。

是监察机关相互间的关系，尤其是上下级监察机关之间的关系。诚如上述，监察体制改革应以人民代表大会制度为根本遵循，且须彰显监察权的独立性原则。此一根本遵循与原则在相当程度上划定了我国监察委员会的组织结构，具体体现有二：其一，在人民代表大会制度之下，按照民主集中制的组织原则，监察委员会由人大产生，对其负责，受其监督；其二，为确保监察委员会得以独立行使监察权，又需要使监察机关尽可能少地受到地方因素和行政权力的干扰，这便要求监察机关的领导应当是垂直式的。

在此二原则的共同意旨之下，便需要在监察委员会的组织结构中实行所谓的"双重领导"体制，即监察委员会既要对同级人大负责，还要对上级监察委员会负责。对此《改革决定》乃是有所规定的，即监察委员会对本级人大及其常委会和上一级监察委员会负责，并接受监督。这种"双重领导"体制具体如何实现，可参照人民检察院的组织结构，作如下制度设计：一是省级监察委员会主任的任免由同级人大决定，但需经全国人大常委会的批准；二是省级以下各级监察委员会主任的任免由同级人大决定，但需报上级监察委员会主任提请该级人大常委会批准；三是中央监察委员会领导地方各级监察委员会的工作，上级监察委员会领导下级监察委员会的工作；四是中央监察委员会对全国人大及其常委会负责，地方各级监察委员会对产生它的国家权力机关和上级监察委员会负责。

在厘清监察委员会的组织结构之后，需要讨论的便是监察委员会的职权。如上所述，按照当前的改革思路，政府内部的监察、预防腐败，以及检察院内部的反贪污贿赂、反渎职侵权等职权，将一并整合至监察委员会。但监察委员会具体应行使哪些职权，仍然存在较多的争论。〔1〕在当前改革试点工作中，改革者的想法是监察委员会履行监督、调查、处置职责，包括谈话、讯问、询问、查询、冻结、调取、查封、扣押、搜查、勘验检查、鉴定、留置等具体措施，〔2〕同时实行党的纪委与监察委员会合署办公，履行纪检、监察两项职能。〔3〕由此可见，监察委员会监察权之具体权能并非单一的刑事侦查权或行政监察权所能涵盖。此外，不宜将拘留、逮捕等侦查性质的权能归入监察权当中。因为由检察院转隶至监察委员会的职权乃是"查处贪污贿赂、失职渎职以及预防职务犯罪"，而不包括审查逮捕、侦查监督等职能。但监察委员会可向检察院提请批准逮捕，检察院侦查监督机构审查决定是否批捕，〔4〕且批捕后应由公安机关执行。如此一来，可在检察院与监察委员会之间形成一定的制约机制，且符合宪法关于公民人身自由权的规定。

---

〔1〕程姝雯：《马怀德：国家监察委不会成为"超级机构"》，载《南方都市报》2016年11月30日第A09版；吴建雄：《国家监察体制改革的法理思考》，《学习时报》2016年12月15日第A6版；何家宏：《反贪局不宜并入监察委》，载凤凰博客：http://bbs.ifeng.com/article/46523137.html，最后访问时间：2016-12-06。

〔2〕《全国人民代表大会常务委员会关于在北京市、山西省、浙江省开展国家监察体制改革试点工作的决定》(2016年12月25日第十二届全国人民代表大会常务委员会第二十五次会议通过)，载《人民日报》2016年12月26日第04版。

〔3〕人民日报评论员：《构建权威高效的国家监察体系》，载《人民日报》2016年12月5日第01版。

〔4〕孙谦主编：《中国特色社会主义检察制度》，中国检察出版社，2008年版，第143-144页。

(四) 合署办公与党纪国法衔接问题

从当代中国合署办公的实际运作来看，主要是基于中国特色的党政关系，解决两个具有不同编制、职责，但工作对象、工作内容相近的党政机构工作关系问题，实际上是一种党政型合署办公。〔1〕这种合署办公一则有助于在监察工作中贯彻党的领导，二则能够有效解决职责交叉重复的问题，〔2〕且利于实现党内监督与国家监督的衔接。《试点方案》提出的"党的纪律检查委员会、监察委员会合署办公"同样是基于此种考量。以期通过监察体制改革，解决监督范围过窄、工作力量分散、定位不清等问题，建立集中统一、权威高效的国家监察体系。〔3〕与此同时，依法治国和依法执政的理念皆要求理顺党政关系。有鉴于此，在监察体制改革当中，虽然监察委员会与纪委合署办公，但在各自的职权行使上应是"泾渭分明"的，党要管党内纪律的问题，法律范围内的问题应该由国家和政府管。〔4〕这也符合《中国共产党党章》对纪委任务的规定，也符合监察体制改革对监察委员会宪法地位的安排。

再者，合署办公后的纪委与监察委员会机构与职能的整合，其实质乃是党内法规与国家法律间的协调衔接问题。监察委员会作为国家机关，纪委作为执政党内部的纪律检查机关，二者所执行的分别是国家法律和党内法规。同时，国家法律与党内法规基于发生机理和性属的不同而有诸多差异，但若欲使纪委与监察委员会在合署办公的模式下实现两种监督形式的有效衔接，那么，在组织建设、作风和反腐倡廉制度建设等方面的党内法规便需要与国家相应领域的法律法规相协调。〔5〕

(五) 监察权行使的监督与制约问题

一切有权力的人都容易滥用权力。〔6〕随着监察体制改革的推进，监察委员会将享有较之此前行政监察机关更大的监督权，故而监察委员会亦将面临权力膨胀与滥用的质疑。从历史角度看，在古代中国，监察体制建立之初，常常实现监察权与行政权的分离，监察地方的官吏与地方行政、司法和军事长官各为系统，互不统属，这样既使地方官不敢妄为，又能使其发挥正常作用，〔7〕但由于监察权的不断扩大，仍然难以避免监察权的地方化与行政化。〔8〕例如汉朝设置的司职地方监察的刺史，在东汉后期愈加干预军事和行政，地方监察区演变为地方行政区，监察长官也异化为行政长官。〔9〕有鉴于此，对监察委员会施以相当的监督与

〔1〕徐理响：《现代国家治理中的合署办公体制探析——以纪检监察合署办公为例》，载《求索》2015年第8期。

〔2〕《关于中央纪委监察部合署办公问题的解答》，载《党建》1993年第4期。

〔3〕人民日报评论员：《构建权威高效的国家监察体系》，载《人民日报》2016年12月5日第01版。

〔4〕邓小平：《在全体人民中树立法制观念》，载《邓小平文选》(第三卷)，人民出版社，1993年版，第163页。

〔5〕秦前红、苏绍龙：《论党内法规与国家法律的协调衔接》，载《人民论坛·学术前沿》2016年第10期。

〔6〕[法]孟德斯鸠著：《论法的精神》(上)，张雁深译，商务印书馆，1961年版，第14页。

〔7〕李孔怀、陈永明：《汉唐明三代行政监察体制比较》，载《复旦学报(社会科学版)》1994年第4期。

〔8〕白平则：《论中国古代地方监察体制与监察权运行的关系》，载《理论界》2012年第6期。

〔9〕李孔怀、陈永明：《汉唐明三代行政监察体制比较》，载《复旦学报(社会科学版)》1994年第4期。

制约自属必要,《试点方案》亦明确提出:“强化对监察委员会自身的监督制约。”

具体而言,可通过如下方式实现对监察权的监督与制约:其一,强化人大对监察委员会的监督。监察委员会由人大产生,自然须接受人大的监督。但当前的人大监督工作还是一个薄弱环节,[1]为此,无疑需要改善当前人大监督不力的现状。其二,其他国家机关对监察委员会的职权行使行为施以必要的制衡。这主要体现在检察机关通过侦查监督权、逮捕批准权等对监察委员会进行监督,当然还包括法院通过“非法证据排除规则”等庭审制度设计实施的间接监督。其三,借由规则以规范监察委员会的职权行使行为,因为程序的设定无疑可以框约监察权的行使。当前正在制定的《中国共产党纪律检查机关监督执纪工作规则(试行)》无疑是在这方面的努力。[2] 其四,建立监察权行使不当,侵犯公民权利的救济机制,既有监察机构内部的救济,即上级监察委员会对下级监察委员会的纠错;亦有监察机构外部的救济,如监察权的行使应当接受司法审查等。其五,引入必要的外部监督机制。人民监督员制度创设初衷即在于消解社会对检察院办理职务犯罪案件的疑虑,补强检察机关职权行使的民主性,防范检察权的滥用。[3] 随着检察机关相应职能的整合,同样可将该制度作适当改进之后引入监察委员会,进而实现对其的外部监督。

四、结　　语

在国家的权力运行架构中,通过诸多形式构建国家监督体制,业已成为古今中外的通行做法。在国外,为人所推崇的有以美国为代表的“三权分立”式的权力监督制衡模式。在古代中国,三省六部间的分权制度以及专司监察的御史制度,也承载了相当的国家权力监督功能。在近代中国,孙中山先生独辟蹊径提出的五权宪法,更是将监察权独立,以彰显监察权的监督功能。新中国成立伊始,社会主义中国的国家监督制度便得以建立,并随着历史的进程而不断完善,但终究未能突破“三位一体”的监督权配置模式,这也是当前监察监督制度弊病之根源所在。当前进行的监察体制改革正是期盼经由机构与职能的整合,优化监察监督权的配置模式。

与此同时,无论是监察御史制度、三权分立制衡,抑或是专门负责法律监督的检察院、国家监察职能专责机关的监察委员会,其作为“权力制约权力”的具体样态,与公民监督、舆论监督、社会监督等“权利监督权力”的具体样态,共同构成了国家权力监督制约机制。在权利监督权力之效能未能有效发挥的情境下,通常会借由权力对权力的制约以避免权力的滥用。依此逻辑,当前监察体制改革所强调的“权威高效的监察体系”,在某种意义上表征着权利其实未能对权力施以有效和充分的监督,以及人大作为权力机关的监督尚未具备应然的权威

---

〔1〕 林伯海:《人大监督权威缺失的传统政治文化探析》,载《政治与法律》2002 年第 5 期。

〔2〕 闫鸣:《把自己摆进去,管住监督执纪权力》,载《中国纪检监察报》2016 年 12 月 7 日第01 版。

〔3〕 秦前红:《人民监督员制度改革路径》,载财新网:http://opinion.caixin.com/2015-03-11/100790203.html,最后访问时间:2016-12-08。

与效用。有鉴于此，我们期盼在通过改革监察体制和设立监察委员会，来对国家权力施以必要的监督和制约之时，亦不可漠视权利对权力的监督。

改革的成功还离不开社会的参与。因为制度是共识的固化，制度改革是重新凝聚共识的过程，由此便要求改革者广开言路、保持开放的姿态，从而维持和创造共识。改革措施的科学性、合理性有赖于社会的讨论与批评，因为真理乃是愈辩愈明的。

从全国人大常委会授权看监察体制改革

焦洪昌　古龙元*

摘　要： 深化国家监察体制改革不仅是推进国家反腐体系现代化的需要，也是全面从严治党、实现党内监督与人民监督有机结合的需要，更是对我国不科学的权力结构进行调整变革、提高国家治理体系与治理能力现代化的需要。推动国家监察体制改革，要在授权改革试点的基础上，通过修改宪法法律做好顶层设计，充分体现我国人民代表大会制度这一根本政治制度，积极发挥人大及其常委会的重要作用，确保改革后与行政权、司法权并立的国家监察权能够健康高效顺畅运行。

关键词： 监察体制改革　国家监察权　人大制度　宪法法律　治理体系现代化

国家监察体制改革不仅是推进国家反腐体系现代化的需要，也是全面从严治党、实现党内监督与人民监督有机结合的需要，更是调整我国长期以来不科学的权力结构、提升国家治理体系和治理能力现代化水平的需要。事关全局的国家监察体制改革随着全国人大常委会作出授权《全国人民代表大会常务委员会关于在北京市、山西省、浙江省开展国家监察体制改革试点工作的决定》（以下简称《决定》），迈出了重要一步，改革试点工作在三省市顺利推进。全国人大常委会的授权《决定》、三省市先行改革试点等举措很大程度上体现了十八大以来党中央始终强调的“重大改革于法有据”的理念。为确保国家监察体制改革全程落实全面依法治国要求，必须充分运用法治理念与法治思维，深刻认识和理解改革后监察权的地位与内涵，做好宪法法律的顶层制度设计，构建好相关监察制度机制，发挥好各级权力机关的职能作用，沿着法治轨道予以推进改革大业。

一、监察体制改革是我国政治体制改革的重大突破

（一）监察体制改革是政治体制改革的突破口

十八届三中全会指出，政治体制改革是全面深化改革的重点。政治体制改革作为我党提高执政能力与执政水平的重要手段，一直备受中共高层关注，历届领导人一直积极推动。但客观地讲，受各种因素影响，新中国成立以来我们国家抓经济体制改革硬，抓政治体制改革偏软，一手硬一手软，造成了如今的党群关系疏离，干群关系紧张，社会两极分化不断加大。习近平总书记上任后，在中央纪委的第一次讲话就提到了腐败愈演愈烈，这些都是由于

---

* 焦洪昌，中国政法大学法学院教授；古龙元，中国政法大学法学院博士研究生。

政治体制改革没有同步于经济体制改革造成的。[1] 现实情况是，一方面经济步入新常态、民主意识稳步攀升，另一方面贪污腐败等社会问题凸显，如何以政治体制改革为切入点，为政权稳定和经济发展保驾护航，就显得尤为重要。为此，党中央深思熟虑后选择将国家监察体制改革作为打破政治体制改革长期徘徊不前局面的突破口，着力推进全国从严治党、全面深化改革、全面依法治国。

根据《决定》，在北京市、山西省、浙江省开展国家监察体制改革试点工作，在省（市）及其所辖县、市、市辖区设立监察委员会，作为行使国家监察职能的专责机关。试点地区监察委员会由本级人民代表大会产生，对本级人民代表大会及其常务委员会和上一级监察委员会负责，并接受监督。这说明，监察体制改革至少包括三个方面内容：一是从国家权力结构看，监察权从行政权、司法权中剥离出来上升为国家监督权，与行政权、司法权并立；二是从国家机构看，将人大之下"一府两院"格局改变为"一府一委两院"制，监察委员会作为与"一府两院"平行的国家机构，独立行使监察权；三是从完善党的领导看，从"党—行政监察"模式转变为"党—国家监察"模式，实现监察体制的"国家"化，有利于完善党的自我监督，实化党的领导。[2]

（二）监察体制改革的实质是国家权力结构的调整变革

改革方案强调，深化国家监察体制改革的目标，是建立党统一领导下的国家反腐败工作机构。因此，需要整合反腐败资源力量，调整机构和职能，扩大监察范围，丰富监察手段。进一步思考，笔者认为深化国家监察体制改革不仅仅是为了整合办案力量、整合监督资源，建立集中统一、权威高效的监察体系，或者说这只是表层的、浅层次的目标，深层的、最重要的目的是把过去监督权隶属于行政权这样一个不科学的权力结构进行调整分解，将分散的监督资源整合为统一的国家监督，使监察权成为与行政权、司法权平行的相对独立的国家监督权，进而实现国家治理体系和治理能力的现代化。[3]

我国长期以来继承的苏联模式权力结构弊端重重，一方面，行政权等国家权力下的决策权、执行权、监督权三者合为一体，形成了过分集中的权力结构。权力没有分解就没有制衡，没有制衡就没有监督和制约，也就没有民主，必然滋生腐败。[4]另一方面，党内巡查、立法监督、行政监察、审计监督、司法监督等监督资源分散在不同体系，形成多头监察、力量薄弱的尴尬局面，难以真正发挥监督的功能，还深受同体监督的诟病。[5]

通过监察体制改革来摆脱我国长期以来继承的苏联模式的权力结构和监察体系的弊病，监督权从行政权、司法权中剥离出来，上升为与行政权、司法权平行的国家权力，统一由监察委员会独立行使。这样，既调整完善了我国现行不科学的权力结构，同时将国家监督权

---

〔1〕〔3〕〔4〕 李永忠：《"重大政治改革"不只是为反腐》，凤凰网凤凰评论《高见》栏目第 91 期，http://news.ifeng.com/opinion/gaojian/special/091/，访问时间：2017 年 3 月 1 日。

〔2〕 林彦：《从"一府两院"制的四元结构论国家监察体制改革的合宪性路径》，载《法学评论》2017 年第 3 期。

〔5〕 秦前红：《困境、改革与出路：从"三驾马车"到国家监察——我国监察体系的宪制思考》，载《中国法律评论》2017 年第1 期。

统一由监察委员会独立行使，为实现异体监督奠定了体制基础。

（三）监察体制改革的重大意义和影响

监督体制改革动了我国现行的宪制结构，是我国政治体制改革的重要组成部分。改革将对我国宪制结构、反腐败工作、国家治理体系产生重大影响，意义深远。

监察体制改革将我国的宪制结构由“一府两院”变革为“一府一委两院”，有利于党内监督和人民监督的有机结合。十八大之后，党的反腐败体制机制已经悄然发生了变化。下级纪委书记由上级纪委提名考察，落实双重领导体制的同时强化了垂直监督，增强了对地方反腐败的领导。在加强党内监督，对所有的国家机关、社会团体及企事业单位的党员监督全覆盖的同时，推进监察体制改革，设立监察委员会，加强对国家机器的监督，将监督覆盖到所有公职人员。〔1〕监察委员会由人大产生、受人大监督，从某种意义上扩大了人民民主，加强了人民监督，有利于实现党内监督与人民监督的有机结合，既是对人民代表大会制度的内生性改革，也是对人民民主专政国体的内涵式优化。〔2〕

监察体制改革的目标是建立集中统一、高效权威的反腐工作机构，有利于反腐工作的制度化、法治化。当前，反腐败资源力量过于分散，很难真正发挥监督作用，达到震慑、遏制贪腐的效果。推进监察体制改革，设立监察委员会，整合反腐败资源力量，形成集中统一、权威高效的反腐败工作机构，有利于形成严密的法治监督体系，有利于完善反腐败法律体系，有利于构建科学合理的反腐败工作制度机制，推动反腐工作的制度化、法治化，实现从权力反腐向制度反腐的转变，真正实现不敢腐、不能腐。〔3〕

监察体制改革调整完善我国权力结构，有助于推进国家治理体系和治理能力的现代化。十八届三中全会提出，全面深化改革的总目标就是推进国家治理体系和治理能力现代化。国家权力结构的配置是国家治理的前提，科学的权力结构才可能实现治理体系和治理能力的现代化，才有实现善治的前提。〔4〕而治理体系和治理能力现代化，最重要的就是在治国理政方面形成一套完备的、成熟的、定型的制度，通过有效运转的制度体系，实现对国家和社会的治理，说到底就是实现治理体系和治理能力的制度化、法治化。〔5〕毋庸讳言，推进监察体制改革，调整完善权力结构，形成集中统一、权威高效的监察体系，有利于提升国家治理能力，推进国家治理体系和治理能力现代化。

---

〔1〕〔3〕 马怀德：《国家监察体制改革的重要意义和主要任务》，载《国家行政学院学报》2016 年第 6 期。

〔2〕 高波：《国家监察体制改革：政治改革和反腐治本的新探索》，载《人民日报》2016 年 11 月 15 日第 11 版。

〔4〕 高全喜：《转型时期国家治理体系和治理能力的现代化建设》，载《学海》2016 年第 5 期。

〔5〕 秦前红：《困境、改革与出路：从“三驾马车”到国家监察——我国监察体系的宪制思考》，载《中国法律评论》2017 年第1 期。

二、全国人大常委会的授权是监察体制改革的法律依据

“凡属重大改革都要于法有据。在整个改革过程中，都要高度重视运用法治思维和法治方式，发挥法治的引领和推动作用，加强对相关立法工作的协调，确保在法治轨道上推进改革。”〔1〕把重大改革纳入法治轨道，是维护宪法法律权威的需要，体现了中共中央核心领导层推进全面依法治国的决心。关于“重大改革要于法有据”的理解，《人民日报》评论员文章解读到位：“没有规矩就没有方圆。如果说，在改革开放之初，受法制不完善的时代条件限制，推进改革往往比较粗放，那么今天，在法律体系形成、法治理念高扬的新时代背景下推进改革，于法有据是改革的基本前提。”〔2〕对于新时期推进改革如何做到于法有据的问题，该评论员进一步道：“‘该得到法律授权的不要超前推进’，无论是哪个领域的改革，都必须在法律的范围内作为，都必须以法治的方式推进。立法引领改革，改革推动立法。只有通过立法程序，用法律法规的立改废来解决，实现先立后破，才能使改革有序进行；如果有的重要改革举措需要得到法律授权，就应当按照法律程序进行，确保改革举措始终在法治轨道上进行。”〔3〕监察体制改革作为一项重大的政治改革显然属于“重大改革”范畴，因此，必须将改革全程纳入法治轨道，保证改革的合法性与合宪性。〔4〕

首先，为改革全面推开探索积累经验的改革试点工作要获得相应的法律依据。监察体制改革涉及我国宪制结构的变革，必须以我国最高权力机关的授权才能启动改革试点工作。〔5〕为此，第十二届全国人民代表大会常务委员会第二十五次会议作出决定，在北京市、山西省、浙江省开展监察体制改革试点工作。关于《决定》有四个问题值得探讨。

第一，《决定》的性质是什么。理论界主要有两种声音：有学者认为《决定》是全国人大常委会为改革试点工作所需法律依据专门进行的授权；〔6〕有学者认为《决定》并不是授权，只是一种具有法律效力的规范性文件，实质是行使重大事项决定权。〔7〕笔者以为，无论是授权性还是行使重大事项的《决定》，其法律效力是一致的，即开展监察体制改革试点的法律依据。虽然《决定》没有提及“授权”一词，但从具体内容判断属于将全国人大常委会自身职权范围内事项授权给三省市，符合授权的实质要件。此外，十八大以来，全国人大常委会多次通过作出决定的形式授权进行改革或改革试点，如2015年全国人大常委会授权最高人民检察院在部分地区开展公益诉讼试点工作的决定，决定的授权性质一目了然。

第二，改革试点授权的主体应当是谁。从目前的研究争论看，对改革试点的授权主体有两种不同的看法。一种认为授权主体只能是全国人民代表大会，全国人民代表大会可以授

〔1〕《习近平主持召开中央全面深化改革领导小组第二次会议强调　把抓落实作为推进改革工作的重点　真抓实干蹄疾步稳务求实效》，载《人民日报》2014年3月1日第1版。

〔2〕〔3〕　人民日报评论员：《为深化改革提供法治保障——二论把抓落实作为推进改革的重点》，载《人民日报》2014年3月4日第1版。

〔4〕〔7〕　韩大元：《论国家监察体制改革中的若干宪法问题》，载《法学评论》2017年第3期。

〔5〕〔6〕　童之伟：《将监察体制改革全程纳入法治轨道之方略》，载《法学》2016年第12期。

权全国人大常委会对监察体制改革试点进行整体指导。另一种认为授权主体可以直接是全国人大常委会。前者认为在宪法规定之外新增设一种在中央与国务院平行、在地方与各级人民政府平行的国家机关，动了我国人民代表大会制度和宪法的根本，必须是全国人大的职权范围，要授权进行改革必须由全国人大为之；后者直接认定全国人大常委会的授权资格来自宪法规范自身。从我国宪法文本规定看，授权开展监察体制改革试点，既不在全国人大列举的法定职权范围内，也不在全国人大常委会明定的权力清单上。〔1〕然而，由全国人大授权展开改革试点，在宪法学理论上有充足的解释空间，由全国人大常委会授权也同样具备相应的合宪性解释空间。根据宪法规定，作为我国最高权力机关的全国人民代表大会，当然可以授权启动重大政治体制改革试点。作为最高权力机关的常设机关，《中华人民共和国宪法》(以下简称《宪法》)第 67 条对全国人大常委会的权力进行了列举规定，列举的 21 项职权中虽然没有明确全国人大常委会可以授权开展国家监察体制改革的内容，但是其第 67 条的第 22 项有个兜底条款"全国人民代表大会授予的其他职权"，该兜底条款是全国人大常委会作为授权主体的合宪性解释依据。〔2〕

另外，从对第一届全国人大以来全国人大、全国人大常委会作出的相关授权决定或决议的统计分析看，全国人大常委会作为监察体制改革试点的授权主体是有惯例可循的。第一届全国人大以来，全国人大、全国人大常委会作出的授权决定或决议共 27 项，其中，全国人大作出的决定或决议 6 项，全国人大常委会作出的决定或决议 21 项；授权立法的有 8 项，授权改革或改革试点 13 项，授权调整法律适用等 5 项；授权对象包括全国人大常委会、国务院、最高人民法院、最高人民检察院、省级人大及其常委会、香港及澳门特别行政区、经济特区所在地的市人大及其常委会；授权范围上，既有比较具体的规定，也有比较宽泛的规定。〔3〕授权改革或改革试点的 13 项决定全部由全国人大常委会作出，尤其十八大之后，全国人大常委会进行过多次改革或改革试点授权，如 2013 年授权国务院在中国(上海)自由贸易试验区暂时调整有关法律规定的行政审批的决定，2014 年授权最高人民法院、最高人民检察院在部分地区开展刑事案件速裁程序试点工作的决定，2014 年授权国务院在广东、天津、福建自贸区及上海自贸试验区扩展区域暂时调整有关法律规定的行政审批的决定，2015 年授权国务院在部分地方开展药品上市许可持有人制度试点和有关问题的决定。〔4〕这些改革涉及司法制度、行政审批制度，与监察体制改革一样对国家和社会影响深远。立足于宪法规范和宪法惯例，我们应当尊重全国人大常委会对国家监察体制改革试点授权的权威性与合宪性。

〔1〕《中华人民共和国宪法》第 62、67 条。

〔2〕焦洪昌、叶远涛：《从人民代表大会制看国家监察体制改革》，载《中国党政干部论坛》2017 年第 2 期。

〔3〕中国人大网，http://www.npc.gov.cn/。

〔4〕马怀德：《国家监察体制改革的重要意义和主要任务》，载《国家行政学院学报》2016 年第 6 期。

第三，需不需要进行二次授权问题。全国人大常委会授权三省市开展监察体制改革试点以后，有学者提出，在三省市所辖县、市、市辖区设立监察委员会，启动相应的监察体制改革，还需要得到上级权力机关的授权，即通过省级人大常委会依据《决定》作出在本行政区域内开展监察体制改革的决定。〔1〕其实，这里不存在二次授权的理论问题。因为第十二届全国人大常委会第二十五次会议通过的决定中明确了在北京市、山西省、浙江省及所辖县、市、市辖区设立监察委员会，全国人大常委会在决定中不仅对三省市进行了明确的授权，而且对其所辖县、市、市辖区设立监察委员也同时进行了授权。更何况，我国《中华人民共和国立法法》第12条规定，被授权机关不得将被授予的权力转授给其他机关。三省市所辖县、市、市辖区的监察体制改革试点工作不可能也不需要再从上级权力机关中得到授权，而是直接根据全国人大常委会的授权决定开展试点工作。当然，北京市、山西省、浙江省人民代表大会及其常委会作为试点省市的权力机关，理应主动履行职能，尤其是在制定监察工作地方性法规等规范性文件方面发挥作用，确保本区域内监察体制改革在法制保障下统一推进。

第四，《决定》授权只限于改革试点阶段，改革全面推开则需要更高级别的授权，乃至修宪。在中国人大的构造中，人民代表大会与其常委会形似一体，但实则不同。从职权看，全国人大常委会并不享有全国人大的职权，常委会要向人大负责，不能独立于全国人大；在宪法体制上，全国人大常委会不是最高国家权力机关，只是常设机关，不能代表最高国家权力机关，因此不适合于以授权或者决定等方式对监察委员会改革作出决定。〔2〕要为全面推开监察体制改革获得宪制依据，应综合考虑选择最佳路径：修宪可为国家监察体制改革提供最高宪制依据，但需要考虑时机，改革还没开启，先修宪难以预料所有可能存在的情况或遇到的问题，改革的成果难以全面在宪法层面得到体现；由全国人民代表大会作出授权决定在全国范围开展监察体制改革，改革积累相当经验、取得一定成果后，再通过修宪予以确认固化。笔者以为，后一种路径更符合当前探索型改革的推进。

目前，三省市的改革试点工作取得了阶段性成果：一是研究制定了试点工作总体方案和监察委员会"三定方案"；二是选举产生了监察委员会组成人员，2017年1月份三省市人民代表大会分别选出了监察委员会主任，人大常委会根据监察委员会主任提名任命了副主任和委员；三是挂牌成立了监察委员会，并开始运行。下一步，将根据中央要求，三月底前完成省级监察委员会的转隶组建，六月底前完成县、市、市辖区监察委员会的转隶组建；同时，为确保新产生的监察委员会正常运转，需要制定相关工作办法、制度规范。

三、决定和组织监察委员会是本级国家权力机关的职责

《宪法》第2条规定："中华人民共和国的一切权力属于人民。人民行使国家权力的机关是全国人民代表大会和地方各级人民代表大会。"深化监察体制改革，设立监察委员会，涉及

〔1〕〔2〕 韩大元：《论国家监察体制改革中的若干宪法问题》，载《法学评论》2017年第3期。

国家机关的创制，属于国家最根本、最重要的事项，理应由国家权力机关代表人民行使决定权，决定改革的相关事宜。监察委员会定位于人大之下、与“一府两院”平行的国家机关，决定和组织监察委员会便是各级国家权力机关不可推卸的职责。

各级权力机关履行决定和组织监察委员会的职责，推进监察体制改革，应当坚持以下五项原则：

1. 党的领导、人民当家作主、依法治国三者有机统一原则。党的领导是全方位的领导，重大政治改革往往由党的意志通过人民代表大会转变为国家意志。人民民主专政的社会主义国家意志必须同时体现党的意志和人民的意志。因此，国家意志必须是党的意志和人民的意志相统一，党的意志与人民代表大会集中体现的人民意志相统一后升为国家意志，国家意志再交由国家相关职能机构贯彻执行。监察体制的改革通过人民代表大会，实现党的意志与人民意志的统一，实现党的领导、人民当家作主与依法治国的有机统一。〔1〕

2. 人民主权原则。中华人民共和国的一切权力属于人民，人民行使国家权力的机关是人民代表大会。人民代表大会制度是保证人民当家作主的根本政治制度。这要求监察委员会的设立必须服膺于人民代表大会制度之下。一则，设立监察委员会要取得最高国家权力机关的宪法授权。设立监察委员会涉及国家机构之变动与国家权力结构之调整，必须取得最高国家权力机关的授权才合法合宪。二则，监察委员会必须由同级人民代表大会产生，对它负责、受它监督，主要通过选举任免组成人员、听取工作报告等方式进行监督。

3. 法治原则。决定和组织监察委员会要于法有据，运用法治思维开展工作，注重程序合法。首先，要通过修改《宪法》，为设立监察委员会创制充分的宪法依据。其次，要制定监察委员会组织法等相关法律，理顺监察委员会与有关机构的关系，确保监察委员会依法组建、正常开展工作。最后，要完备监察委员会的工作制度机制、规范工作流程，实现精细化管理，确保高效运转。〔2〕 另外，加强自身监督，确保依法行权，防止权力异化。

4. 权力制约原则。组建监察委员会必须做到既有利于强化对国家机器的监督，实现对国家公务人员的全覆盖，又有利于国家反腐败机构的自身监督和外部监督，包括人大监督、司法监督、社会监督等。为保证国家监察权力正确行使，防止擅权现象发生，建议加强对国家监察权力行使的监督和制约。一是加强党中央和地方党委对国家监察权力及其运行的领导和监督，坚持党内请示报告等行之有效的制度。二是建立完善监察权力的合理分工制约和程序制约机制，加强对国家监察权力的分工、制约和监督。三是充分发挥人大监督和民主监督作用，进一步健全监督的途径和方法。四是完善检察机关、审判机关的监督制约，严格遵守刑事诉讼和行政诉讼法律规定，不断提高监察机关执纪执法的法治化水平。〔3〕

5. 精简高效原则。改革监察体制，建立集中统一、权威高效的监察体系，必须精简力量，将政府监察、预防腐败和检察反贪、反渎、预防腐败等力量整合，从而推进预防和惩治腐

〔1〕 秦前红：《监察体制改革的逻辑与方法》，载《环球法律评论》2017 年第 2 期。

〔2〕 童之伟：《对监察委员会自身的监督制约何以强化》，载《法学评论》2017 年第 1 期。

〔3〕 吴建雄：《国家监察体制改革的法理思考》，载《学习时报》2016 年 12 月 15 日第 6 版。

败的一体化、程序化和法治化，为深入推进反腐败斗争提供有力的体制机制和组织保障。监察委员会不是简单的合署办公、协调案件、统筹关系，不搞摊大饼式的机构覆盖、人员覆盖，而是实现工作覆盖。[1] 设立监察委员会要达到高效反腐的效果，充分利用监督、调查、处置三大职权进行合理的分工合作，从而做到及时查办腐败案件，丰富监察手段，实现办案质量高、执法效果好，追求法律效果、政治效果与社会效果的有机统一。

各级国家权力机关在上述宪法原则的指导下，主动发挥作用，从三个方面着手为推进监察体制改革履行好职责。首先，决定改革的重大事项。从监察委员会的组织架构、产生方式、职权范围、职权行使程序、与党委纪检关系、与司法机关职权分配和衔接、监察委员会自身的监督制约等各方面都要明确以人民代表大会制度为基点，充分发挥各级国家权力机关的作用。[2] 具体来说，改革中的重大事项，如涉及机构和职能的调整需要国家权力机关作出决定的，应当毫不犹豫地推动。尤其是改革试点阶段，试点地区国家权力机关应该在改革试点工作小组的领导下，行使好法定权力，积极探索，推动改革取得进展。

其次，强化国家权力机关对监察委员会的监督。改革试点方案不仅要求强化对监察对象的监察，同时也要求“强化对监察委员会自身的监督制约”。权力导致腐败，绝对的权力导致绝对的腐败，如果监察权过大、过于集中，失去外部和内部的有效监督制约，它本身就可能转化为贪腐之源的一部分。[3] 制约和监督监察委员会，必须充分发挥我国人民代表大会制度的优势，一是与“一府两院”一道在“两会”上向本级人民代表大会报告工作，接受表决评价；二是可以通过提出质询案对监察委员会工作情况进行监督，通过提出罢免案罢免监察委员会组成人员；三是依据《中华人民共和国各级人民代表大会常务委员会监督法》(以下简称《监督法》)相关规定，闭会期间可以要求监察委员会向人大常委会作出专项工作报告，人大常委会认为必要时，可以对专项工作报告作出决议，监察委员会应当在决议规定的期限内，将执行决议的情况向人大常委会报告；可以对监察委员会的有关工作进行视察或者专题调查研究。[4] 另外，还可以通过立法、组成特定问题调查委员会等监督方式，防止权力的滥用。

最后，改革试点阶段，要积极参与改革试点总体方案的起草和监察委员会“三定方案”的拟定。虽然改革试点工作由三省市党委牵头，但国家权力机关仅作为改革试点工作小组成员单位，也要积极参与，充分表达民意，确保改革试点沿着法治轨道推进。同时，要参与监察委员会“三定方案”(即定职能、定内设机构、定人员编制)的拟定工作，试点阶段“三定方案”是监察委员会的灵魂，一旦确定，监察委员会的架构就明确了。国家权力机关参与这些工作有两个方面的考虑，一是作为民意代表机关，将人民意志和智慧汇集到这项工作之中，另外

---

〔1〕 吴建雄：《国家监察体制改革的法理思考》，载《学习时报》2016 年 12 月 15 日第 6 版。

〔2〕 秦前红：《监察体制改革的逻辑与方法》，载《环球法律评论》2017 年第 2 期。

〔3〕 童之伟：《对监察委员会自身的监督制约何以强化》，载《法学评论》2017 年第 1 期。

〔4〕 郝铁川：《监察委员会设立的法理透视》，载《法制日报》2017 年 1 月 18 日第 10 版。

也是行使监督权，确保中央精神不折不扣地得到贯彻落实，确保民意的充分表达。[1]

四、监察权是一项有中国特色的国家权力

我国作为最早建立监察制度的国家，监察权在历史上由来已久。秦汉时期，初步形成了监察御史制度，自上而下建立了一套监察体系。秦统一六国后，在中央设御史大夫，御史大夫之下有御史丞、御史中丞、侍御史、监御史等，组成御史府。两汉时，监察机构进一步发展，中央监察机关先后称为御史府、御史大夫寺、御史台、兰台或宪台，监察官有御史大夫、御史丞、侍御史、给事中、御史内史、监御史等，御史大夫位置次于丞相，辅佐丞相。西汉时，汉武帝创立刺史制度，将全国划分为十三个监察区，各派刺史一名，负责监察郡国长官。这一时期，还制定了《监御史九条》《刺史六条》等专门的监察法规。[2]

隋唐时期，监察体系臻于完备，机构更严密，分工更明确。隋朝时，设立"三台"，即作为中央监察机构的御史台、作为监察地主官吏的司吏台和谒者台，同时还设有监察皇帝过错的言谏官。至唐代，在御史台下分设三院：台院、殿院、察院，正式形成一台三院体制，御史台设御史大夫一人，御史中丞二至三人。台院是御史台的基本组成部分，设侍御史六人，负责纠弹中央百官，处理御史台日常事务；殿院设殿中侍御史九人，专司朝会、巡幸、郊祀之礼仪纠察；察院设监察御史十五人，其中三人监察六部，另外十二人巡按州县，监察地方行政官员，有时也充任监军使。此时，御史台的地位明显高于其他府衙，基本实行直接向皇帝负责的垂直领导制。[3]

宋元时期，对唐朝的监察体系进行了略微调整。宋代，将监察御史的任命由唐代时宰相任命或举荐改为皇帝亲自任命，设立"通判"专门从事监察地方官员及其所属的部吏，还确立了监察官互察制度。元代，改一台三院为一台两院，撤销台院，将其职权并入察院，改殿院为殿中司，形成御史台下辖殿中司、察院的体制；御史台与中书省、枢密院、尚书省平级。御史台在地方派出临时监察机构，称"行御史台"，下辖各道监察机关。元代还设肃政廉访司，负责监察一切干扰官府正常活动的行为。[4] 另外，元代对监察官员明确了相关监察纪律，规定之苛刻远甚于现代。

明清时期，监察机关的名称、体制、职权发生了重大变化。明代，改御史台为都察院，作为全国最高监察机关，设左、右都御史为都察院长官，职掌纠劾百司，提督各道；都察院内专设监察御史一百余人，分掌监察各省。另，在都察院系统之外，专设六科给事中对六部进行监察，地方监察官设十三道监察御史，专掌地方监察。此外，还设一些临时监察机构，如巡

〔1〕 秦前红：《困境、改革与出路：从"三驾马车"到国家监察——我国监察体系的宪制思考》，载《中国法律评论》2017 年第1 期。

〔2〕〔3〕 魏建新：《我国古代监察机构之演变及其法治意义》，载《广西政法管理干部学院学报》2004 年第 1 期。

〔4〕 张晋藩：《中国古代监察思想、制度与法律论纲——历史的经验的总结》，载《环球法律评论》2017 年第 2 期。

按、巡抚和总督等，接受朝廷派遣出巡考察官史，纠举不法。清代基本沿用明代都察院、六科、十三道（增列十五道）的监察体制，但明确规定六科、十五道均隶属于都察院，使监察系统在体制上归于统一。这一时期，监察法规更加完备，制定了《钦定台规》《都察院则例》《十察法》等。〔1〕

民国时期，孙中山先生提出五权宪法理论，主张监察权从议会中独立出来，与立法权、行政权、司法权平等，加上中国的考试权形成五权分立。南京国民政府继承孙中山先生的五权宪法理论，确立五权分立的政治体制，在总统之下设立五院，即立法院、行政院、司法院、监察院、考试院。民国时期监察制度的特点主要有三个：一是监察权形式上独立，组织体系严密。在中央设立监察院，由院长、副院长及若干委员会组成，院长由国民政府主席就国民政府委员名单中提请中央执行委员会选任，副院长、委员由院长提请国民政府任命；在地方设置监察使署，其长官为监察使，监察使署和监察使代表中央监察院对地方实行垂直监察，在组织体例上直隶监察院，财政、人事与地方无隶属关系，不受地方行政长官的领导或指挥。二是监察权内容广泛，监察机构主要行使弹劾权、审计权、调查权、监试权、纠举权、建议权、同意权等职权。三是监察法律体系比较完备，除《监察院组织法》外，制定了《监察法》《弹劾法》《监试法》《监察委员保障法》等专项法律，还有诸如《监察院调查规则》《监察院调查证及其使用规则》《监察院收受人民书状办法》《监察使巡回监察规程》《监察使署组织条例》《监察使署办事规则》等许多法规制度。〔2〕

新中国成立后，在政务院下设人民监察委员会监督政府机构及其公务员有无失职，从中央至县五级政权设监察委员会，行使案件审理、调查、纠正、建议、惩戒等职权。“五四宪法”颁布后，人民监察委员会改为监察部，进一步扩大职权，增加评议、审计等权力。随着政治形势变化，党的纪检部分代行监察职权。十一届三中全会后，中央恢复了监察部建制，实行纪检监察合署办公体制，监察部门负责对政府机关及其工作人员的行政效能进行监督检查。〔3〕

从世界范围来看，域外国家监察制度主要有议会监察专员模式、行政系统内设监察机关模式、司法监察模式、监察审计合一等四种监察制度模式。具体说，议会监察专员模式是由议会选出监察专员，代表议会监督行政机关及公职人员，以瑞典为代表的北欧国家多采用此监察模式；〔4〕行政系统内设监察机关模式是指监察机关设于政府内部，美国、日本、埃及、俄罗斯等国家采取这种模式；司法监察模式多是建立了司法审查制度的国家，通过最高法院行使违宪审查权或宪法法院行使司法审查权来实现监察目标，法国、德国、澳大利亚、加拿大等国属于这种模式；监察审计合一的监察模式以韩国监察院、波兰最高监察院为代表，行政监察机构与财务机构合一，监察机构法律地位高，直接向议会报告工作，具有较高独立性。

〔1〕 张晋藩：《中国古代监察机关的权力地位与监察法》，载《国家行政学院学报》2016 年第 6 期。
〔2〕 胡斌：《孙中山的监察思想概述》，载《湖北教育学院学报》2007 年第 7 期。
〔3〕 韩大元：《论国家监察体制改革中的若干宪法问题》，载《法学评论》2017 年第 3 期。
〔4〕 黄列：《瑞典的监察员制度》，载《外国法译评》1994 年第 4 期。

通过对我国历史上及域外监察权的考察，对完善现行的监察权制度设计有几点可供借鉴：一是通过法律制度设计保障监察权的独立性和权威性；二是对公权力监察要全面覆盖，监察对象和监察内容要广泛；三是赋予监察机关与其职能相适应的监察手段措施；四是对监察权要有监督制约机制。

党中央拟定的深化监察体制改革方案，充分借鉴了古今中外监察体制经验。根据《方案》，监察体制改革的实质是将分散的监察权合并到一起，提升其地位，设立专门机构独享监察权。经过改革，形成在权力机关之下，与行政权、司法权平行的监察权体制，颇具中国特色。

第一，它是在权力机关之下相对独立的国家权力。改革后，监察委员会由同级权力机关选举产生，对它负责、受其监督。同时，监察委员会又相对独立地开展业务工作。一方面，监察权的定位体现了我国人民民主专政的国体，是人民主权的需要；另一方面，与行政权、司法权分立，保障其相对独立性，确保监察权的真正落实。与古代监察权为君主达到统治目的不同，改革后的监察权是通过人民监督实现人民民主；与民国时期监察权形式上独立、实际上独而难立不同，改革后的监察权将在党的统一领导下，形成集中统一、权威高效的监察体系，监督作用将发挥得更加到位；与域外议会监察专员监察制度监察专员隶属于议会、独立性容易受干扰不同，改革后的监察权则由同级人大产生，业务上相对独立。

第二，宪制结构上监察权与行政权、司法平行，法律地位平等。当前，我国监察权人为地一分为三，分属不同系统、各自为政，边界不清、职能重叠；从整体视角看，由于执法方式和执法标准差异，缺乏统一指挥，三者难以形成稳定、高效的衔接机制，监察合力难聚、反腐实效难成，反致“部分之和小于整体”。现实中，这种监察权分散的体制诟病颇多，党内纪检委的纪律审查难以覆盖党外公务员；行政监察工作的“全覆盖”至多可达行政系统内部全体部门；检察院司法检察以党内纪检为前置，且限于现实因素难以发挥应有作用。[1] 改革后，将行政权、司法权中的监察权剥离出来，形成统一的国家监察权，与行政权、司法权平行，有望真正实现异体监督。

第三，坚持党的领导，与纪委合署办公，全面覆盖行使公权力的公职人员。从《决定》和试点情况来看，为实现建立党统一领导下的国家反腐败工作机构的目标，监察委员会与同级党的纪律检查委员会合署办公，各级监察委员会主任由同级党纪委书记兼任，监察委员会副主任基本由同级党纪委副书记兼任，监察委员会委员大部分是同级党纪委常委，两块牌子、一套人马。新的监察体制在原有的基础上扩大监察对象范围，将全面覆盖所有行使公权力的公职人员，主要包括六类人员：分别是国家公务员法所规定的国家公职人员，具体是中国共产党机关、人大机关、行政机关、审判机关、检察机关、民主党派机关、工商联机关的公务员以及参照公务员管理的人员；法律授权，或者政府委托来行使公共事务职权的工作人员；国有企业的管理人员；公办教育、科研、文化、医疗、体育事业单位的管理人员；群众自治组织中

〔1〕 秦前红：《困境、改革与出路：从“三驾马车”到国家监察——我国监察体系的宪制思考》，载《中国法律评论》2017年第1期。

的管理人员；其他依法行使公共职务的人员。〔1〕 监察对象之宽泛，远超我国历史上与域外监察机构的监察范围。而且，随着改革深入，相信监察范围会逐步拓展至社会领域，乃至私人机构。

第四，监察权内容厚重，行使职权的保障措施多样。从《决定》看，监察权主要包括监督、调查、处置三项权能。具体来说，监督权是监督检查公职人员依法履职、秉公用权、廉洁从政以及道德操守情况的权力；调查权指对涉嫌贪污贿赂、滥用职权、玩忽职守、权力寻租、利益输送、徇私舞弊以及浪费国家资财等职务违法和职务犯罪行为进行调查的权力；处置权是在调查的基础上，对违法的依据法律法规作出处罚决定，对涉嫌职务犯罪的，移送检察机关依法提起公诉的权力。为履行好监察职权，监察委员会可以采取谈话、讯问、询问、查询、冻结、调取、查封、扣押、搜查、勘验检查、鉴定、留置等措施。要保障监察权落实到位，首先要划清与司法权的边界，科学合理分配两个机构的职权，通过立法予以明确；其次要厘清调查权、处置权的定位与内涵，调查权包括一般职务违法行为的调查和职务犯罪的类侦查权，而处置权仅限职务违法行为的处罚，涉及职务犯罪的认定和处罚则属法院的权限范围，尤其要制定法律法规对行使监察权的手段措施程序予以规范约束，将权力关进笼子里，确保在宪法法律范围内运行。〔2〕

另外，还有一项彰显改革后监察权中国特色的是监察委员会实行双重负责制，因为监察委员会的领导体制关乎其地位能否真正落实、作用能否切实发挥，下面将专节探讨。

五、双重负责制是监察机关高效权威反腐的保障

根据《决定》，监察委员会由本级权力机关产生，对本级权力机关和上一级监察委员会负责，并接受监督。简言之，监察委员会实行双重负责制，这是由我国国体和监察体制改革的目标决定的。一方面，我国是人民民主国家，监察委员会由本级权力机关产生，对其负责、受其监督，是主权在民的直接体现和要求；另一方面，监察体制改革的目标是建立党统一领导下的国家反腐败工作机构，建立集中统一、权威高效的监察体系，为了达成目标，业务要向上一级监察委员会负责，形成类似于垂直管理的模式。

具体来说，监察委员会如何对本级权力机关负责，并接受监督？依据《监督法》，笔者认为主要从三个方面负责并接受监督：第一，必须主动接受权力机关的监督，每年“两会”上与“一府两院”一道向人民代表大会报告工作，并接受表决监督。第二，及时提请人大常委会任免组成人员，接受人大常委会日常工作监督，如人大常委会听取监察专项工作报告、开展监察专题询问。第三，需要作出决议决定的重大事项及时向权力机关提出，需要制定完善的法律法规及时向权力机关提出。〔3〕

监察委员会如何对上一级监察委员会负责，并接受监督？首先，监察委员会主任的提名

〔1〕 2017年1月9日，监察部副部长肖培在十八届中央纪委七次全会精神新闻发布会上答记者问。

〔2〕〔3〕 韩大元：《论国家监察体制改革中的若干宪法问题》，载《法学评论》2017年第3期。

权由上一级监察委员会行使，通过上一级党纪委提名下一级党纪委书记的方式实现。其次，监察业务工作主动接受上一级监察委员会的领导和监督，上级监察委员会可以撤销或改变下级监察委员会作出的违法或不合理的处理意见建议。最后，接受并完成上一级监察委员会交办的监察任务，遇到业务疑难问题及时请求上一级监察委员会指导。

监察委员会的双重负责制类似于现行检察机关的双重领导体制，但有细微差别。最大的差别在于，各级检察院的检察长经同级人民代表大会选举后，需要上一级检察院的检察长提请该级人大常委会批准；而监察委员会主任一经同级人民代表大会选出立即生效。监察委员会与公安、审计等政府机关同属双重负责体制，但有本质上的差别：监察委员会作为与“一府两院”平行的机构，向同级人民代表大会负责，负的是政治责任，这是人民主权的体现，是宪制层面的要求；而公安、审计等政府机关向本级政府和上级部门负责体现的是一种行政责任，是基于提高行政效能、加强行政管理的需要而设置的。监察委员会的双重负责制也有别于国税、海关等中央垂直管理体制，中央垂直管理单位性质上属于中央机关的派出机构，与地方没有隶属关系，人事、财政均独立于地方。[1]

监察委员会的双重负责制是立足于中国国情，汲取中西方监察体制的精华的基础上作出的制度创新，相较于历史上的监察领导体制而言优势明显。一则，充分体现了人民主权原则，保证了人民通过人民代表大会行使国家权力，实现了党的领导、人民当家作主、依法治国的有机统一。二则，保证了监察委员会的相对独立，有利于构建党统一领导下的国家反腐败工作机构，有利于建成集中统一、权威高效的监察体系。

双重负责制的优势毋庸讳言，但真正落实到位，既保证监察委员会的相对独立，又不能形成“超级机构”无人能够监督，需要多方面的努力。首先，必须在“人、财、物”上取得相对的独立。虽然，监察委员会组成人员由同级人民代表大会选举决定，但是上级监察委员会提名下级监察委员会主任，提名后的主任在本级人大中进行选举产生，这就使人事组织上得到相对独立，不受地方权力的过多影响。同时，强化监察委员会的垂直领导，垂直调控各地方监察委员会的“财权”和“物权”，使各级监察委员会的人事、财权和物权不依赖地方的财政，做到真正的相对独立，以便最大限度地发挥高效权威的反腐职能。[2]

其次，处理好两个“负责”、两种监督的关系。一方面，要在“两会”上及日常向同级权力机关报告工作并接受监督，报告内容主要是整体工作情况，而且一般是事后报告；国家权力机关开展监督一般也是针对整体工作情况，属于事后监督，监察过程中不过问个案，个案监察完结后国家权力机关可以进行监督。另一方面，每年向上一级监察委员会述职报告工作，监察过程中发现重大案件线索也要及时报告，遇到疑难案件向上一级监察委员会请示报告；上级监察委员会对下一级监察委员会进行工作监督，而且可以对个案进行监督，可以事中监督或事后监督。

---

〔1〕 李宜春：《论分权背景下的中国垂直管理体制——概况、评价及其完善建议》，载《经济社会体制比较》2012 年第 4 期。

〔2〕 童之伟：《对监察委员会自身的监督制约何以强化》，载《法学评论》2017 年第 1 期。

最后，强化对监察委员会自身的监督制约。监察委员会的权力厚重，必须强化对其自身的监督制约，把握好动态平衡，防止过犹不及。加强对监察委员会的监督，第一靠监察委员会内部决策、执行、监督科学分权，通过分权既形成有效制约，又不影响效率。[1] 第二靠外部监督。一是权力机关的监督，主要是通过“两会”上听取工作报告，对组成人员的选举、任命、质询、罢免，成立专门委员会（办公室）进行工作监督等方式；二是司法机关的监督，检察院通过行使批捕、起诉等权力开展监督、对监察委员会作出的决定或采取的措施进行法律监督，法院则主要是审判监督；三是党的监督，党委、纪委通过对监察委员会领导干部的监督，来强化对其的监督约束；四是社会监督，即媒体监督、网络监督与群众监督，通过网络媒体的宣传报道、群众的举报，形成有效的社会监督。[2]

六、宪法和法律是构建国家监察体制的顶层设计

监察体制改革是涉及国家宪制结构的重大政治改革，根据“凡属重大改革都要于法有据”的要求，改革要全面推开必须要有宪法依据，监察委员会要依法运行、高效运转必须要有相关立法作支撑。至于选择什么路径确保改革按法治化道路推进，则考验改革设计者的智慧。笔者认为，当前国家监察体制改革走的是探索型道路，在试点的基础上总结经验教训，预计十三届全国人大一次会议后将在全国范围内推开改革，十三届全国人大二次通过修宪确认改革成果。为确保改革沿着法治化轨道顺利进行，有必要先制定《监察委员会组织法》《中华人民共和国监察法》（以下简称《监察法》）等配套法律，修改完善相关的法律。具体如何启动修宪、修改什么，需要制定哪些配套法律，哪些相关法律应该修订下面详细论证说明。

我国“八二宪法”至今经历了四次修改，分别是 1988 年、1993 年、1999 年、2004 年，程序上都是按照宪法惯例由中共中央向全国人大常委会提出修宪建议，然后全国人大常委会向全国人大提出修宪议案，经全体代表三分之二以上多数通过修正案的形式。[3] 四次修宪，共通过 31 条修正案。具体来看，1988 年修宪通过了 2 条修正案，主要内容包括：明确了私营经济的法律地位，肯定了土地使用权的依法转让。1993 年修宪通过了 9 条修正案，主要内容包括：突出了建设有中国特色社会主义的理论和党的基本路线，将“把我国建设成为高度文明、高度民主的社会主义国家”改为“把我国建设成为富强、民主、文明、和谐的社会主义现代化国家”，在序言中增加“中国共产党领导的多党合作和政治协商制度将长期存在和发展”，将“国营经济”改成“国有经济”，承认了家庭联产承包责任制的宪法地位，将县级人大代表任期由 3 年改为 5 年。1999 年修宪通过了 6 条修正案，主要内容包括：确立了邓小平理论的指导地位，将“我国正处于社会主义初级阶段”改为“我国将长期处于社会主义初级阶段”，肯

---

〔1〕 李永忠：《“重大政治改革”不只是为反腐》，载凤凰网凤凰评论《高见》栏目第 91 期，http://news.ifeng.com/opinion/gaojian/special/091/，访问时间：2017 年 3 月 1 日。

〔2〕〔3〕 韩大元：《论国家监察体制改革中的若干宪法问题》，载《法学评论》2017 年第 3 期。

定了个体经济、私营经济等非公有制经济是社会主义市场经济的重要组成部分，将“依法治国”写入宪法，将“反革命的活动”改为“危害国家安全的犯罪活动”。2004年修宪通过了14条修正案，主要内容包括：在序言中增加“三个代表”重要思想，作为与马列主义、毛泽东思想、邓小平理论并列的党的指导思想；序言中将政治文明提高到宪法高度，与物质文明和精神文明并列；将“社会主义事业的建设者”纳入统一路线范围；规定为了公共利益，国家可依法对土地实行征收或征用，并给予补偿；规定公民的私有财产不受侵犯，国家依法保护公民私有财产权和继承权，但为了公共利益需要，国家可以依法征收或征用并给予补偿；规定国家建立社会保障制度；规定国家尊重和保障人权；规定在全国人大代表中增设特别行政区选出的代表；将“戒严”改为“紧急状态”；乡镇人大代表任期由3年改为5年。

四次修宪通过的31条修正案中，涉及民主政治制度的6条，有关经济制度的14条，有关我国社会所处阶段和社会主义建设指导思想的4条，其他方面7条。前四次修宪涉及经济制度的居多，涉及民主政治制度的主要是政党制度、全国人大组成、地方人大任期、爱国统一战线构成四个内容，真正涉及政治体制改革的没有过。

这次的修宪与前四次一样，应该在各项改革取得成功之后进行，属于确认性的修宪。不同的是此次修宪，将作大幅度修改，可能涉及章节的变动，主要涉及三个方面的内容：

一是将“监察委员会”作为单独一节在《宪法》中予以规定。根据《方案》设计的改革蓝图，监察委员会将与“一府两院”是平行机构，由本级人民代表大会产生，对其负责，受其监督。建议在现行《宪法》第3章中增加“监察委员会”一节，放在第4节“中央军事委员会”与第5节“地方各级人民代表大会和地方各级人民政府”之间，各节顺序做相应调整。这一节的条款不宜过多，主要对监察委员会的法律性质地位、组织活动原则、产生方式、职权范围、决策领导体制、组成人员任期等方面的内容予以规定。[1]

二是修改《宪法》中监察委员会作为权力机关产生、与“一府两院”平行的国家机构应该放置的条款。这部分的修改内容主要涉及的《宪法》条款：第3条3款，增加监察机关由人民代表大会产生。第62条，在全国人大职权中增加一项，规定选举国家监察委员会主任，放在第6项与第7项之间。第63条，在全国人大有权罢免的人员中，增加国家监察委员会主任，放在第4项与第5项之间。第67条第6项，在全国人大常委会的监督对象中，增加监督国家监察委员会的工作的规定；在第7项与第8项之间增加一项，规定为“撤销国家监察委员会制定的同宪法、法律相抵触的监察法规和决定”；在第10项与第11项之间增加一项，规定为“根据国家监察委员会主任的提名，决定副主任、委员的人选”。第73条，增加国家监察委员会作为全国人大代表在全国人民代表大会开会期间，全国人大常委会组成人员在常委会开会期间，有权依照法律规定的程序提出质询案的对象。第101条，增加一款，规定为“县级以上地方各级人民代表大会选举并且有权罢免本级监察委员会主任。”

三是在《宪法》中增加关于监察委员会与人民法院、人民检察院在办理职务犯罪案件中的关系，以及职权如何衔接的规定。《宪法》第135条规定：“人民法院、人民检察院和公

〔1〕 童之伟：《将监察体制改革全程纳入法治轨道之方略》，载《法学》2016年12期。

安机关办理刑事案件，应当分工负责，互相配合，互相制约，以保证准确有效地执行法律。”监察委员会入宪后，宪法关于人民法院、人民检察院、公安机关办理刑事案件应当分工负责、互相制约等原则，必然延伸到这个新的国家机关。建议《宪法》第 135 条增加一款，规定为“人民法院、人民检察院和监察委员会办理职务犯罪案件，应当分工负责，互相配合，互相制约，以保证准确有效地执行法律。”具体怎样配合，如何衔接可以在具体法律中进一步明确。〔1〕

监察委员会入宪之后，为确保这个新的国家机关宪法地位落到实处，履行好职能，行使好职权，进一步细化宪法规定、制定配套法律、修改相关法律必须同步进行，刻不容缓。

首先，制定《监察委员会组织法》。国家机构的组织法是关于国家机关的产生、组织、职权和基本工作制度的法律，国务院、人民法院、人民检察院都有组织法。监察委员会作为宪法规定的新的国家机关，与“一府两院”一样需要制定《监察委员会组织法》，主要确认该机关的法律地位性质、组织体系、领导体制、人员组成、产生方式、职权范围、负责任的对象等方面的内容。〔2〕

其次，制定《监察法》。《监察委员会组织法》是监察制度的组织法，此外，有必要制定一部规范监察行为的法律，笔者认为称之为《监察法》比较合适。〔3〕其主要内容包括：监察委员会的工作机制、具体职权及行使方式、工作原则、工作程序、监督制约、法律责任等内容，具体来讲，要对举报、举报处理、回复查询、立案标准、调查或侦查、询问、讯问、勘验、搜查、财物查封、扣押、鉴定、银行账目查阅、商务和私人文件审查、监察协助、监察建议、处罚、拘留、批捕、取保候审、监视居住、财物保全、存款冻结、技侦措施、通缉、侦查终结、审查起诉程序、信息公开等予以详细规定。〔4〕

第三，修订部分重要法律。监察委员会设立后形成了人大之下“一府一委两院”的格局，一方面，需修改相关法律将监察委员会放置其中。一是修订《全国人民代表大会组织法》，在第 8 条关于列席全国人民代表大会人员、第 13 条关于确定正式候选人名单、第 15 条关于可提出罢免案人员名单中，分别增加国家监察委员会主任；在第 9 条关于可以向全国人大提出议案主体、第 32 条关于可以向全国人大提出议案的主体中，分别增加国家监察委员会。二是修订《中华人民共和国全国人民代表大会和地方各级人民代表大会代表法》，在第 11 条涉及的两个人选名单中，分别增加国家监察委员会主任；在第 14 条关于可以提出质询案的对象中，增加国家监察委员会；在第 15 条关于可以罢免人员的名单中，增加从中央到地方各级监察委员会的负责人。三是修订《中华人民共和国地方各级人民代表大会和地方各级人民委员会组织法》，在第 8 条关于县级以上地方各级人大选举人员名单中增加本级监察委员会主任、听取工作报告的对象中增加本级监察委员会。在第 17 条关于列席县级以上人大会议的名单中，增加本级监察委员会主任；在第 28 条关于可以提出质询案的对象中，增加本级监

〔1〕 陈光中：《关于我国监察体制改革的几点看法》，载《环球法律评论》2017 年第 2 期。
〔2〕〔3〕 马岭：《关于监察制度立法问题的探讨》，载《法学评论》2017 年第 3 期。
〔4〕 马怀德：《〈国家监察法〉的立法思路与重点》，载《环球法律评论》2017 年第 2 期。

察委员会;在第 21 条关于可以提出候选人名单中,增加县级以上各级监察委员会主任。在第 44 条关于县级以上的地方各级人大常委会在闭会期间,由人大选出的国家机关领导人因故不能担任职务的时候,从副职领导中决定代理的人选名单中,增加监察委员会主任;决定撤销由其任命的人员名单中,增加监察委员会副主任、委员。四是修订《监督法》,在第 5、9、11、12、13、14 条相应地方,增加监察委员会或监察委员会负责人等内容。[1]

另一方面,因国家权力结构调整导致相关机构职权的变化,需要修订相关法律。一是修改《立法法》,授予国家监察委员会提出法律案、制定监察法规的权力,以及提请解释法律的权力等;二是大幅修改《中华人民共和国刑事诉讼法》,监察委员会将检察院反贪等职务犯罪侦查权并入后,《中华人民共和国刑事诉讼法》许多条款需要作相应修改。从内容来看,需要修订第一编总则中第 1 章第 3 条及第 6 章"强制措施"中的大部分条款,同时需要废止诸多条款;三是修改《中华人民共和国人民检察院组织法》,主要是第 5 条关于各级人民检察院行使的职权的规定需要修改。

法律层面还需要废止《中华人民共和国行政监察法》,对《中华人民共和国公务员法》、《中华人民共和国检察官法》、《中华人民共和国治安管理处罚法》、《中华人民共和国人民警察法》、《中华人民共和国监狱法》等相关法律作细微调整。另外,还有为数不少的行政法规、部门规章、地方性法规、政府规章等需要及时修改或废止。

结　　语

行文近尾声,笔者深刻认识到国家监察体制改革对我国政治法律制度影响的深度和广度,真可谓影响重大而深远。要确保这一事关全局的重大改革沿着法治轨道推进,除通过修改宪法法律做好顶层设计外,还需要构建完备的配套制度机制,最重要的是,改革过程中充分发挥各级权力机关的职能作用。另外,当前有两个事关改革成败的问题亟待破解:一是如何实现监察委员会与司法机关的无缝衔接,确保监察委员会更好地发挥其反腐功能,实现制度反腐、法治反腐;二是如何通过制度设计真正实现对监察委员会的有效监督,使其不致成为"超级机构",确保监察委员会的权力得到有效制衡。希望试点地区能先行先试,积累成功经验,确保改革按既定路线图、时间表顺畅进行。

[1] 童之伟:《将监察体制改革全程纳入法治轨道之方略》,载《法学》2016 年 12 期。

监察委员会的职能定位与改革路径

魏昌东*

摘　要：监督职能是国家监察权的第一职能。监督职能的制度安排，必须走“内涵式”发展道路，把握国家“治本型”反腐战略构建的关键与方向。监察委员会的监督职权的配置，涉及“对人监察权”与“对事监察权”两种模式。现行试点方案仅配置了“对人监察权”，存在监督职能设定上的“跛脚”问题。创新国家监察体制必须全面再造与优化监督职能，把握公权力与公权者的全方位、高效度监督两个中心，勘定公权边界，强力推行权力合规计划，强化公权力及其行使者合规透明度的措施，全面提升国家腐败治理能力。

关键词：监察委员会　职能定位　改革路径

积极回应现代化进程中的腐败泛滥问题，探索建立高效的腐败治理体制与机制，是世界腐败治理现代化的重要标志之一。十八大以来，中国已步入腐败治理的重要转折点与战略机遇期，《中共中央全面推进依法治国若干重大问题的决定》将腐败治理纳入法治国家建设的基础机制体系，在腐败治理形成“压倒性态势”的基础上，国家提出了创建监察委员会、全面创新腐败治理体制与机制试点的重大战略决策。十八届六中全会公报、《关于在北京市、山西省、浙江省开展国家监察体制改革试点方案》《关于在北京市、山西省、浙江省开展国家监察体制改革试点工作的决议》等重要文件正式开启了中国腐败治理体制、机制改革的进程，改革的目标是建立党统一领导下的“国家反腐败工作机构”，建立集中统一、权威高效的国家监察体系。基于国家政治体制改革的重大现实，提出监察委员会改革与功能优化的明确方案，就监察委员会改革中的监察职能定位和改革路径中的重大现实问题进行研究，具有重要的现实意义。

一、国家监察委员会属性定位之理论辨正

（一）改革方案关于监察委员会属性定位之解读

监察委员会的属性定位是监察体制改革的首要问题。《方案》作为监察委员会改革的纲领性、指导性文件，通过改革目标的设定对其进行了明确：“深化国家监察体制改革的目标，是建立党统一领导下的国家反腐败工作机构。”〔1〕尽管这一内容未在宪法性文件的《决定》

＊　魏昌东，法学博士、教授，博士生导师，上海社会科学院法学研究所刑法室主任。本文是作者主持的上海市规划办一般课题“监察委员会职权定位衔接机制研究”（课题编号：2017BZZ003）的阶段性成果。

〔1〕　姜洁：《中办印发〈关于在北京市、山西省、浙江省开展国家监察体制改革试点方案〉》，载《人民日报》2016 年 11 月 8 日第 3 版。

中得到申明，然而，由中国特色国家政治体制所决定，“国家反腐败工作机构”当为未来监察委员会的属性定位。

就未来监察委员会属性定位的选择根据，或存在两种可能：一是在独立、升级监察权的同时，解决当下国家治理的重大关切，实现监察权职能的“瘦身”，从传统的监察职能中解放出来，聚焦于国家的腐败治理事业，打造全面、高效的反腐败机关，加快完成治标性任务的节奏，同时全面推进治本性治理的进程。二是在独立、升级监察权的同时，维持监察权的固有职能，保持其职责定位，但将反腐败作为核心使命，以突出监察体制改革的方向，深入推进“反腐败”事业。由于《决定》未对《方案》以“改革目标”方式确定的监察委员会属性定位做出明确回应，而仅就更为务实的监察委员会的组成与选任、职责与职权以及法律适用等进行规定，究其原因，或许是受制于《决定》颁布主体的立法权限，毕竟监察委员会的法律属性涉及国家重大政治体制改革，当属宪法性重大事项，不宜由《决定》创立。然而，在《决定》中，一方面，关于“试点地区监察委员会按照管理权限，对本地区所有行使公权力的公职人员依法实施监察”的规定，明确了试点地区监察委员会仅依“对人监察”原则行使监察权，而无“对事监察”的权力，取消了原监察机关固有的监察职权（如行政监察）。另一方面，从监察委员会将“履行监督、调查、处置职责”，且“监督检查公职人员依法履职、秉公用权、廉洁从政以及道德操守情况，调查涉嫌贪污贿赂、滥用职权、玩忽职守、权力寻租、利益输送、徇私舞弊以及浪费国家资财等职务违法和职务犯罪行为并作出处置决定，对涉嫌职务犯罪的，移送检察机关依法提起公诉”的职权规定来看，所行使的监督职权的范围被限定为公职者的执法合规性、执法廉洁性与道德操守三项，基本确认了监察委员会“反腐败工作机构”的属性。

监察委员会作为中国国家政权体系改革中的“最新添附”，监察权是其所行使的公共权力类型，改革方案就监察委员会属性定位的设定，是否契合于现代监察权的定位与职责要求值得研究。

（二）现代监察权的品性选择与基准定位

1. 作为现代公共权力“第四权”的监察权

监察制度文明是中西方政治制度文明的重要组成部分。在国家权力结构体系中创立监察权、建构监察制度，是人类步入自主发展时期以来国家治理与社会发展的一项重要实践。“监察制度作为对行政权力实行监督、制约的一种政治制度，它是政治经济发展到一定阶段后，政治体系中不可缺少的一个重要组成部分，任何缺少监察制度设计的政治体系，均谈不上是一种成熟的政治体系。”[1]监察制度的有效运行，奠定了监察权“第四权”品性的社会基础。

集权制与民主制是中外国家创设权力体系的两大主要根基，法律文化与政治基础的差异，派生出监察权起源的两大主要支脉与范型：(1)“集权司法型”监察权。此模式肇始于国权文化深厚的东方，中国是其典型代表。中国封建制的确立以公元前3世纪秦王朝的建立

〔1〕 王晓天：《中西古代监察制度之比较》，载《湘潭大学学报（哲学社会科学版）》2015年第6期。

为标志，古代监察制度也由此滥觞，并绵延二千余年。[1] 监察权统一行使是中国古代监察制度的主要特色，在中央集权制的权力架构中，权力体系单一、皇（王）权支配整个权力体系，监察权“在皇帝的绝对控制下，对封建官吏实行司法钳制，这就决定了中国古代监察制度的类型只能是一种司法监察”[2]。监察权寄身于王权，不存在支撑其独立运行的根基，天然地缺失独立运行的基因，即使具有对权力的纠举、监督之职，甚至曾发挥过重要作用，但是，依附性始终是监察权制度的“标签”。(2)“民主弹劾型”监察权。此模式肇始于民权文化深厚的欧洲，形成于奴隶制民主共和政体开始确立的古希腊雅典国家时期，经历了由多机构分散行使（通常为民众大会、五百人会议等）向监察官集中行使监察权的历史发展，古罗马时期产生了专职监察官，[3]及至中世纪中期，欧洲监察权制度在英国议会制中获得充分发展后，为美、法等国所效仿。民主制的权力架构基础，使监察权在权力系统中获得了独立的支撑基础，属实质性权力，弹劾权是权力分支间达致力量均衡的重要机制。随着议会制的世界传播，监察弹劾权作为议会监督政府手段的基本模式得以确立。[4]

作为资本主义政治文明的重要组成部分，监察制度随同分权制与议会制一起传播至整个资本主义世界，深刻影响了由集权制向民主制转型的东方国家监察权制度的重构进程。现代社会转型之初，行政权极度膨胀，扩张至社会生活方方面面的既有权力体系内部的平衡被打破，议会监督负担加重，乃至不堪重负，权力结构存在失衡风险，构建新型权力监督机制的需求迫切。19世纪初叶，西方现代监察制度在瑞典滥觞后，独立监察权走上历史舞台，成为在传统的议会监督之外一项有力的制衡机制。

现代监察制度在发展中逐步形成两大重要支脉：(1) 国会监察使制度。瑞典是国会监察使制度的母国。监察权定位在制度演进中经历了由服务王权到服务民权的转变。[5] 1719年，瑞典议会为限制王权、扩大议会权力颁布新宪法，为议会监察专员制的形成奠定了基础。[6] 1809年，根据国王与国会平权的原则制定的宪法，强化了国会对行政权的控制，

---

〔1〕 我国台湾学者提出，“我国监察制度，最早可溯源至秦朝。秦汉以后，分成两个体系发展：一是给谏制度，设给事中或谏议大夫（属于谏官之性质），其任务是规劝皇帝的施政与德行；另一是御史制度，在中央设御史大夫、在地方设监御史（属于监官之性质），其任务是监察百官、整饬官箴。唐宋时期，制度未变，名称稍改。到明清时期，大体上仍沿袭旧制。直至乾隆以后，谏官与监官才合而为一”。参见陈运星：《论监察院的纠正权：法理学的观点》，载《朝阳学报》2001年第6期。

〔2〕 王晓天：《中西古代监察制度之比较》，载《湘潭大学学报（哲学社会科学版）》2015年第6期。

〔3〕 古罗马最早是由执政官兼领监察权，公元前443年首先设置了专职监察官。监察官通常由退职的执政官担任，由国民大会选举，起初只限于贵族担任，公元前339年法律规定两个监察官中必须有一人为平民。王晓天：《中西古代监察制度之比较》，载《湘潭大学学报（哲学社会科学版）》2015年第6期。

〔4〕 王晓天：《中西古代监察制度之比较》，载《湘潭大学学报（哲学社会科学版）》2015年第6期。

〔5〕 1713年瑞典国王册封最高监察使（Ombudsman）官署。在瑞典文中“Ombudsman”一词之原义为“代表”，该官署的主要任务为代表国王确保法令之遵守及公仆的尽忠职守。

〔6〕 艾政文、胡松：《瑞典议会监察专员制度》，载《人大研究》2004年第7期。

国会“监察使(Ombudsman)”一职〔1〕是议会外独立机构单独行使监察职责的发端。芬兰于1918年引入监察使制度,成为全球第二个设立国会监察使制度的国家。其后,随着国会监察使制度的广泛传播,〔2〕形成了监察制度传播的“四次浪潮”,〔3〕成为监察制度的主要范式,〔4〕而基本监察制度的内容也发生了重大变化。“国会监察使制度是现代国家国会弹劾权逐渐式微、一般民主国家的国会也很少使用弹劾权的背景下,而形成的一种新型监察权模式,监察使隶属于国会,因此,国会监察使制度仍是议会监察的一环。”〔5〕(2) 独立监察权制度。中国是独立监察权制度的母国。监察权独立是孙中山先生的主张。在孙中山先生的国家权力建构方案中,独立监察权堪称一项“世界性创新发明”,〔6〕绵延二千余年的中华封建监察制度在议会民主制的发展中寿终正寝。1936年5月5日通过的《中华民国宪法草案》于“中央政府”一章中设“监察院”专节,共11条,第87条规定:“监察院为中央政府行使监察权之最高机关,掌理弹劾、惩戒、审计,对国民大会负其责任。”监察院作为国家最高监察机关,在五权分立下的权力机关中与其他四院处于平等地位,不隶属于任何机关,具有独立行使监察权的宪法地位。

西方监察制度以分权原则为基础,监察权被定位为民主制度中权力“制衡”的支脉,由国

---

〔1〕 瑞典国会监察使亦称司法监察使(Justitie Ombudsman,简称JO),是由瑞典国会所推选并赋予其正式头衔,以确保政府机关及其职员遵守法律及其他规范他们行为的法规。监察使评估及调查来自民众之陈情,巡查各级政府机关,并且自行发起各种形式的调查工作以行使其职权。

〔2〕 丹麦和挪威是监察使制度的第三个与第四个输入国,分别于1953年、1963年正式设立监察使。因国际活动和丹麦第一任监察使史蒂芬·赫尔维茨(Stephen Hurwitz)的声誉,使监察使制度成为北欧的输出品。

〔3〕 “四次传播浪潮”分别是:(1) 首次传播浪潮。以瑞典监察史制度在斯堪的纳维亚半岛地区国家的传播为标志,创立形成了瑞典模式与丹麦模式。(2) 第二次传播浪潮。1962年,新西兰成为北欧以外第一个引进监察使制度的国家,监察使开始向英美地区传播。(3) 第三次传播浪潮。以议会监察制度在欧洲转型国家及整个欧洲地区的传播为标志,形成了波兰模式与欧盟区域性国际监察组织。根据1992年《马斯特里赫特条约》(Treaty of Maastricht),欧洲议会于1995年选出第一任欧洲监察使,对欧洲共同体(European Communities)内各机关组织的行政疏失陈情案进行调查。(4) 第四次传播浪潮。以监察制度在后现代化的非洲地区国家的传播为标志。

〔4〕 根据“国际监察组织(International Ombudsman Institute,简称IOI)”的资料,截至2012年,全球已有超过160个国家或地区设立独立的监察使职位或监察机制。

〔5〕 International Ombudsman Institute and Linda C. Reif ed., The international Ombudsman yearbook (2000, vol. 4), The Hague, Boston, London: Kluwer Law International, 2001, p. 1. 转引自李文郎:《修宪后我国(台湾地区)监察制度与芬兰国会监察使制度之比较分析》,台湾政治大学中山人文社会科学研究所2005年博士论文,第57页。

〔6〕 孙中山先生最早在1922年为上海新闻报三十周年而撰写的《中华民国建设之基础》一文中使用“监察权”一词,其后在1924年所作《民权主义》的演讲中提出:“纠察权,专管监督弹劾的事。这机关是无论何国皆必有的,其理为人所易晓。但是中华民国宪法,这机关定要独立。……现在立宪各国,没有不是立法机关兼有监督的权限;那权限虽然有强有弱,总是不能独立,因此生出无数弊病。比方美国纠察权归议院掌握,往往擅用此权,挟制行政机关,使他不得不俯首听命,因此常常成为议院专制,除非有雄才大略的大总统,如林肯、麦坚尼、罗斯福等总能达成行政独立之目的。况且照正理上说,裁判人民的机关已经独立,裁判官吏的机关却仍在别的机关之下,这也是论理上说不去的,故此这机关也要独立。”

会议员或隶属于国会的监察使行使，作为立法权对行政权和司法权控制的一种辅助性设计，是国会权力的延伸。现代监察制度促使监察权成为“第四权”，一方面，监察权在国家政治治理中发挥独特作用，且为其他权力分支所无法替代。〔1〕另一方面，“由于传统的三权分立已经无法满足法治国家的实际需求，对于行政权的监督，立法权和司法权已经负担过于沉重，因此，必须有独立于三权之外的其他独立部门，来负责、承担立法权和司法权无法负荷或涵括的工作，而形成所谓的‘第四权’机制。”〔2〕

2. 现代监察权制度的基本内容与定位选择

“也正因监察权本身的‘第四权’的性质，它在资源配备与实际运作中也就面临诸多困境，如何在三权之外找出合适的法制规范，并在职权运作上找到适切的切入点，实系一项政治智慧与法制设计的考验。”〔3〕

(1) 国会监察使制度下监察权的配置与定位。国会监察使的职能在创立之初仅及于调查权及部分纠举权，对行政误失及怠忽职守，一般只有建议改正之权，却无强制、惩戒及正式制裁的权力，但监察权的扩张却是一个历史趋势。瑞典“议会监察专员制度建立之初，监察专员主要监督法院、狱政及矫正机构的活动。1957 年监察专员的监督范围开始包括地方和区域性政府机构及其官员。现在，监察专员全面监督法院、行政机关及地方和区域性政府机构及其公职人员的活动。”〔4〕1974 年，瑞典宪法规定，国会监察使代表国会完全独立行使职权，负责监督法院、中央政府及地方政府，了解这些机关运用法令的状况，发现法律和政策的弊端，提出立法建议案。立法建议一般载入案件裁决和年度报告，并常常被立法文件引用，为法律的统一与合理适用做出了重要贡献。1998 年，瑞典修正《国会监察使法》部分条文，加大监察使的制裁权，例如，监察使可以充当特任检察官，关于公务员罔顾其职责或废驰职务的案件，除新闻诽谤或限制他人表达自由外，对其他犯罪行为均可提出法律告诉。国会监察使及检察部长是唯一被赋予权力，可对犯罪的高等法院或最高行政法院的执行官员提出起诉的检察官。〔5〕芬兰国会监察使的职责有别于瑞典，被设定为监督法院、政府机关、公务人员之执行公职情况，监督范围及于公共企业聘雇人员，其他依据法律、尽其义务而执行公

---

〔1〕 监察权需要独立的原理在于，“如果监督主体对权力主体的监督是在权力系统内运行，监督主体本身被权力主体‘同化’而成为另一个需要监督的权力主体，监督就不可避免地流于形式，甚至出现官官相护，监督失灵是必然的。其结果就是社会民众对当权者更无信任可言。因此，在权力系统内运行的监督不可取。”参见戴月波、徐玉生：《论权力监督的“内部人陷阱”及其对策》，载《河南社会科学》2013 年第 1 期。

〔2〕 一般而言，“第四权”的范围包括：独立的监察权、审计权和文官保障机制等。

〔3〕 周阳山、王增华：《监察权、监察使与监察院——监察功能的跨国分析》，载《展望与探索》2015 年第1 期。

〔4〕 叶建勋：《瑞典监察专员制度评析》，载《清华法治论衡》2002 年第 2 期，第 530－544 页。根据瑞典《议会监察专员指令法》第 2 条规定：“监察专员监督法院、行政机关及地方和区域性政府机构及其公职人员和雇员、监督其工作涉及公共权力行使的其他个人、公共企业中的官员和雇员等。”值得注意的是，瑞典监察使的监督范围与其历史传统有关。尽管监察使有权监督法院，但是，无权干预法院的个案审理，其监督仅限于是否符合法律程序、是否于合理时间内裁决及裁决有无逾越其职权。

〔5〕 吴秀玲：《论我国监察权的演变与未来发展》，载《国家发展研究》2006 年第 1 期，第 39 页。

共职能的人员，以及监督基本权利与人权的履行情况。国务委员会(Council of State)中，国会监察使与司法总监(Chancellor of Justice)拥有同样的权力，亦即监督政府、部长与总统，以确保其决策之合法性。并且他具有对政府机构的司法权力，当国会监察使发现一个政府机关或公务员执行职务上的犯罪证据，可以向法院提出控诉。〔1〕“丹麦模式”是监察使制度传播的一大积极成果。1953年，丹麦宪法修正案正式引进监察使制度，并逐步确立了以行政权为检查重心的制度。〔2〕尽管各国监察制度不尽相同，但“行政监察”是监察制度的起源与主要功能，从消极面而言，负责监督行政机关违法失职行为，以达到澄清吏治、肃贪防腐的目的；从积极面而言，可以促进良好行政和行政效率，维持行政正义。

(2) 独立监察权制度下的监察权配置与定位。独立监察权制度仍运行于我国台湾地区，尽管较之于设定之初已有较大调整(如，1992年第二次“修改”中，监察机构的同意权被废止)，总体上呈限缩之势，但是，“监察权负责监督政府施政及制衡政府权力，防止政府及官员违法失职”的基本定位，未发生变化。监察权对于公务人员的违法失职行为有弹劾、纠举权，对于行政管理机构及其所属机关工作设施之违法不当情事有纠正权，对于财政收支或不法财务行为有审计权，弹劾、纠举、纠正、审计架构一完整监察职权网络。〔3〕中国台湾地区独立监察权制度的基本内容有：第一，监察权主体是规定的专司独立监察之责的监察机构。第二，独立监察的对象是行政管理机构及其事务主管部门、司法机构、考试机构与地方公务人员及监察机构人员。第三，独立监察的任务是对行政措施行使纠正权，促其注意改善，在民主制衡之外，防止行政滥权与政府腐败。

(三) 监察权属性与中国监察委员会定位之思考

监察权作为“第四权”在社会发展中走出了一条以扼止公权滥用为起步，以推进权力善治、权力维护与保障为使命的成长之路，成为促进现代政府“廉能、善治”的重要推进与保障机制。监察权属性定位原理对于我国正在全面推进的监察委员会改革具有重要借鉴意义。

1. 监察委员会“国家反腐败工作机构”的定位失准，有待调整

监察委员会改革是中国特色社会主义新型权力构架建设的积极尝试，尽管改革动因在于推进国家腐败治理战略的需要，但是，若将监察委员会定位为单纯的“国家反腐败工作机构”，据以确定权力与法律资源配置，则存在理论缺陷，表现为：(1) 国家反腐败工作机构的定位，否定了监察委员会的“对事监督权”，造成监察权作用场域退缩、权力的固有属性发生变化，导致监察权在面对公权力“为权不为”“为权不彰”与“为权低效”时的无能为力。作为

---

〔1〕芬兰国会监察使在处理公务员违法案件上，具有特别检察官的身份，具有法定资格与能力调查有关民众陈诉检察官不当行为的案件，虽然实际上该陈诉是交由检察长调查。如果检察官对某特定案件决定不起诉，国会监察使有权下令重新调查或由自己提起告诉。除此之外，芬兰国会监察使的公开训诫、批评公务员执行职权的方式(或态度)，通常被认为是非常严重的制裁，具有相当程度的道德约束力。

〔2〕Bent Christensen. The Danish Ombudsman. University of Pennsylvania Law Review, Vol. 109, No. 8, Jun, 1961, pp. 1077 - 1099.

〔3〕周阳山、王增华:《监察权、监察使与监察院——监察功能的跨国分析》，载《展望与探索》2015年第1期。

一项古老的权力分支，监察权以监察行政为原初职能与核心对象，促使社会确立了公权“廉能、合规”的基本取向，否定、去除监察委员会的行政监察职能，则失去了其作为独立权力的核心职能。本质而言，公权力的腐败行使是权力滥用的极端表现，而并非权力异化行使的全部类型，这一定位将导致监察权内容的不完整。（2）监察权定位涉及面向选择问题，一方面，在权力的内系统中，监察权的表层面向是国家的其他权力分支，而深层面向则是因国家权力分配、运行而可能直接或间接触及的国民权益，在权力与权利关系的“二元”面向中，监察权成为促进权力善治是提升权利保障的基础。另一方面，在权力的价值系统中，监察权的消极面向是防止政府滥用权力，制止权力腐败运行；而积极面向则在于，促进政府效能，保障人民权益，实现国家善治。监察权面向选择影响监察制度的构建，将监察委员会定位为“国家反腐败工作机构”，仅满足了监察权的消极面向需要，改革成果也只是守住了监察权运行的底线，难以实现“两个面向”的高度统一。（3）现代监察权的诞生，是对行政权扩张与腐败运行情势的积极回应，监察权的运行校正了公权制衡的格局，形成了权力结构的形式均衡。从更深刻的视角来看，监察权的“第四权”定位与发展，也是国家人权观念确立与进化的标志，公权的腐败、滥用与任性，直接侵害国民权益，监察权扩张的背后，实际上是国民要求通过实质性机制挤压权力放任的可能与空间，进而从权力的相互制衡中衍生出更为深刻的权利保障需求，监察权的终极目的必然是保障国民权益。权利保护作为监察权运行的基本定位，提升保护的层次与水平，是现代监察权运行的目的，公权力在满足合规性要求之下的效能运行，同样是监察权运行的目标所在。监察权定位与一国人权保护能力、层次与水平正向相关，监察权直接以公权为约束对象，在维护权力合规的同时，护卫国民权益是其履职的一体两面。（4）国家反腐工作机构的定位，也必然导致未来国家监察委员会在职能定位上对调查权与处置权的过分重视，以及对监督权资源配置上的不足，其结果是国家腐败治理策略并未因国家监察委员会的建立而发生最为根本的调整。不仅如此，将监察委员会的属性定位为“国家反腐败工作机构”，也与世界监察权制度的建构方向难相吻合，无法形成双向互动。

2. 监察委员会改革的目标是激活监察权促进公权“廉能、善治”的能力

监察权在其发展中逐步实现了目标函数的历史嬗变。惩戒腐败、防范权力怠失，是现代监察使制度产生的直接肇因，强化监察权在促进公权规范运行与推进政府治理中的积极作用，则是监察权的新目标。然而，值得深思的是，廉洁监察作为监察权的最早定位，却并未伴随监察权的成长而彻底解决腐败的问题，公权的“控权失灵”，[1]造成了腐败基因难以从权力的遗传系统中彻底根除的结果，使发掘监察权新机制成为迫切需要，合规监察、效能监察作为腐败行权的有效遏制与发现机制，成为监察权的崭新内容，脱离对权力行使的合规性、效能性的评价与监察，轻则加大了廉政监察的难度，重则可能导致难以实现监察效能的结果。原因在于，所有腐败的终极目的不过是驱使权力违背其产生的宗旨扭曲运行，脱离对权力违规运行的追求，也不可能存在腐败动机。这是监察委员会属性定位中应予关注的重点。

---

〔1〕 徐玉生：《论中国特色的反腐败》，载《广州大学学报（社会科学版）》2016 年第 10 期。

监察委员会作为推进公权善治的专门机制，对作为其本原职能的“反腐败”当然应给予最充分的关注，但是，默守于此却不可能实现最佳治理效果。当下中国腐败治理的核心是推进理念转型，补齐制度“短板”，控制权力运行，挤压腐败利益空间，堵塞腐败利益转化。当务之急要加速实现“三大转型”：（1）在价值定位上，实现由“反腐败”向“腐败治理”的转型。将腐败治理纳入国家治理、社会治理的总系统，启动并全面推进中国“公共权力进化运动”，重塑公权的社会观念与价值定位，确立权力为民、权力有限、权力有序的观念，建构权力透明、规范运行的制度体系。“公共权力进化”的起点是权力“净化”，监察委员会必须成为推进中国“公共权力进化”的崭新起点。（2）在观念与制度配套上，实现由腐败惩治向腐败防范的转型。积极治理主义理念作为现代化国家腐败治理的最根本经验，要求彻底转型腐败治理的选择基点，由结果性治理向生成性治理的战略调整，推进公权净化进程。〔1〕20世纪80年代中国全面启动腐败治理运动以来，腐败治理奉行对腐败结果施以刑事法打击的策略，因未触及腐败触发点，而归属于消极治理主义的策略。〔2〕积极治理主义理念要求将对腐败已然结果的惩治性处分，转变为腐败治理由结果本位向诱因本位的策略，〔3〕应成为监察委员会改革的基本方向。（3）在治理范围上，实现由防范有形、直接腐败，向防范无形、间接腐败的转型。腐败泛化的趋势，要求及时调整国家治理战略中的“腐败”定义与定位，将防范一切公权利益冲突作为腐败治理战略的新定位，以应对传统腐败的变种与异化趋势，实现根本性治理。

二、国家监察委员会职权定位之理论辨正

（一）改革方案关于国家监察委员会职权定位解读

《决定》第2条规定：“试点地区监察委员会按照管理权限，对本地区所有行使公权力的公职人员依法实施监察；履行监督、调查、处置职责，监督检查公职人员依法履职、秉公用权、廉洁从政以及道德操守情况。”据此，《决定》对监察委员会的监督职责采用了“对人监察”原则，修正了《中华人民共和国行政监察法》（本文以下简称《行政监察法》）第三章关于“监察机关的职责”的内容，该法就监察职责则兼采了“对人监察”与“对事监察”两项原则，前者是指“以公职人员为中心”设定监督范围，明确监察内容；后者是指“以公权机关为中心”设定监督范围，将行政机关行使公权的情况纳入监察范围。《行政监察法》第15、16、18条规定的监察机关的监督职责包括：（1）在监察对象范围上，有权对国务院、地方各级行政机关和人员进行监察（第15条、第16条）。（2）在监察内容上，有权“对监察对象执法、廉政、效能情况进行监察”（第18条）。因监察对象的执法只能以行政机关名义做出，故《行政监察法》规定的监

〔1〕魏昌东：《积极治理主义提升立法规制腐败的能力》，载《中国社会科学报》2014年10月31日第2版。

〔2〕钱小平：《贿赂犯罪情节与数额配置关系矫正之辨析》，载《法学》2016年第11期。

〔3〕魏昌东：《腐败治理模式与中国反腐立法选择》，载《社会科学战线》2016年第6期。

察对象不仅包括行政机关，也包括行政机关中的公职人员；在监察类型上，则包括了行政机关的执法监察、廉政监察与效能监察三项内容。而根据《决定》，监察委员会将不再享有对行政机关执法监察、廉政监察与效能监察的权力。

（二）监察委员会职权范围与监督途径改革方案之评价

《决定》是在全面强化监察委员会反腐败职能的背景下出台的改革法，然而，改革方案中取消"对事监督权"、限缩监督范围、减少监察途径的规定，却削弱了未来机构的监督职权，不利于监察委员会充分行使国家监察权力。

1. 与强化监察委员会监察职能的改革方向难相吻合

《方案》明确提出，"深化国家监察体制改革的目标，是建立党统一领导下的国家反腐败工作机构。实施组织和制度创新，整合反腐败资源力量，扩大监察范围，丰富监察手段，实现对行使公权力的公职人员监察全面覆盖，建立集中统一、权威高效的监察体系，履行反腐败职责，深入推进党风廉政建设和反腐败斗争，构建不敢腐、不能腐、不想腐的有效机制。"据此，创建监察委员会的目标在于，在外延上，在整合反腐败资源力量、实现反腐败力量"一体化"的同时，扩大监察对象范围，实现监察对象的全覆盖；在内涵上，实现反腐资源的功能再造、机制再造与协同推进，建立集中、统一、权威、高效的监察体系。无论是历史经验，还是从改革目标来看，监察委员会改革当以增强履职能力作为一切改革的立足点与出发点，因而，坚持增量改革，增加监督职能，扩大监督渠道应当成为改革的基本导向和要求，减少监察途径的规定与改革目标之间难相吻合。

2. 回避了中国腐败治理的首要难点与重大问题

腐败是现代化之"癌"，"一把手"腐败则堪称"癌中之癌"。中国腐败治理30年最深刻的教训在于，腐发于权、败发于首、癌变扩散、久攻难克。面对改革开放进程中行政权力不断扩张、渗透至社会管理方方面面的现实，未能采取有效的先置性措施，通过制度建设的不断推进，科学地建立权力生成、分配、运行与监督的有效机制，果断地解决好"一把手"与班子腐败的问题。"一把手"权倾一时、威压一方、一手遮天，事无巨细、政出其言，外在制约难于渗入、内在制约弱不可及，用人腐败更是埋设了先天性腐败病灶，简单的刮骨疗毒难以在短期内发生机理性成效。相较于个体性、一般性腐败，"一把手"腐败败坏了公权运行机理，扭曲了所有参政关系人的道德标准与评价标准，腐败的"喇叭型"扩散极度放大了腐败的规模，其示范效应使班子腐败、群体腐败难以避免，腐败风气扭转困难。将权力运行的所有程序而非仅仅是结果透明于权力体系之外，将权力制约机制引入于权力体系之中，是攻克"癌中之癌"的关键，监察委员会"对事监察权"是破解痼疾的治本之道。通过将外部监督权引入权力运行过程，形成对权力与权力者的有效制约，才能更新"不能腐"与"不敢腐"的基础，真正塑造与构建"不愿腐"的社会文化与环境。

3. 压缩监督职权将降低监察委员会的监察效能

(1)"对事监督权"是现代监察权制度的核心

监察委员会制度的核心是监察权制度，确保"第四权"真正发挥监督职能的关键在于，促使所有公权力及其行使者处于受监督的状态，确保公权的良善行使，杜绝权力滥用。当下中国腐败治理的困局之一，就是权力分配与运行的过程性控制障碍与权力遭滥用后的发现障碍，实现对权力运行的过程性与结果性控制，将大为提升国家的腐败治理能力。[1]然而，由于尚未能建立起全面的权力系统监督机制，目前反腐败机关对腐败案件的线索只能通过公众纠举、巡视、审计等途径获取，更广泛地开辟监督公权正当运行的通道，必须依靠专司监察之责的独立机关，通过强化对公共机构行使公权力的行为、过程与结果的评估性监督，形成"聚光灯"效应，促使一切公权行使者确立敬畏权力、严守规范运行的意识与观念。

(2) "对事监督权"是实现"对人监督权"的关键

强大、全面、高效的"对事监督权"是有效扼止公权腐败的基础。一方面，公权行使者的腐败行为只能通过公权的非法行使实现，另一方面，腐败行为的实施过程高度隐秘，相较于权力运行结果的公开而言，公权的滥用与腐败属内部流转性过程，通常情况下，外部监督难以介入于权力的生成、分配及运行过程，真正强大、权威的外部监督权成为攻关之策。拓宽公权滥用、非法行使的发现渠道，关键是设定有效的观测通道，实现公权的外部化观察，评估公权机构行使公权的合规性与程度以及其制定的规范性文件、做出的决策以及所产生的后果的正当性，是实现权力运行的过程性控制基础。不仅如此，强化"对事监督权"，更是有效解决"一把手"和班子腐败的关键，通过严格管控公权运行过程与外部监督，最大限度地压缩权力被滥用的风险和空间，建构在对公权执法与效能评估基础上的制度体系，是发现公权被滥用与否的最佳观测点。

总之，现代监察制度发展中逐步形成的监察权运行机理，强调通过"对事监督"以提高"对人监督"的效能，防范公权机构与公权者的权力滥用行为，是各国监察职权配置的基本原则。根据"对事监督"原则，强化对行政机关的执法监察、效能监察与廉政监察，是监察权的固有属性。监察制度的基本内容是国家权力架构发展的必然结果，尽管世界各国监察制度不尽相同，但是，"行政监督"是监察制度最主要的功能，压缩乃至减少监察权的职责范围，将造成监察权内在运行机理障碍，从根本上影响监察权的行使效能。

(三) 完善监察委员会职权范围的立法建议

在国家发展的任何特定时段，权力都可以假定为一个恒量或常量，虽然它事实上总是处在变化之中。因此，新的国家机关在原有国家机构框架内出现，往往会以"吃进"或压缩其他国家机关权力的方式获得自己的权力(即职权或权限)，从而引起权力在一定范围内的重新配置。[2]监察委员会改革中的职权范围设定，同样存在权力重新配置问题，对此，有必要把握三个关键要素。

1. 转变立法理念，注重监督体系的"内涵式"发展

21世纪以来，中国在全面推进腐败治理的国家战略中，明确提出了"把权力关进制度笼子"的目标，监督职能恰为"制度笼子"的主体工程。但是，监督能力的提升，不能仅寄希望于

---

〔1〕 刘艳红：《中国反腐败立法的战略转型及其体系化构建》，载《中国法学》2016年第4期。

〔2〕 童之伟：《将监察体制改革全程纳入法治轨道之方略》，载《法学》2016年第12期。

“外延式”的改革，尽管通过统合所有监察资源，可以实现监察职能的统一，通过扩大监督范围，可以实现监察对象的“全覆盖”，乃至建立起世界上最为庞大的监察体系，但是，监督职能的“内涵式”发展才是改革的首要目标。监督职能“内涵式”发展，是指要通过更新治理理念，进一步提升权力监督体制的科学性与有效性，优化监察权提高监督职责的途径与方式，实现监察权对一切公权行使者及特定公权机构的监督，将监督重点贯穿于公权全过程，提升“不能腐”能力，创建“不愿腐”生态，实现廉能政治。[1]

2. 监察委员会“对事监督权”必须细化权力的内容

(1)“对事监督权”的对象是各级行政机关与中国共产党领导机关。监察委员会的设立，改变了既有政治权力格局，监察权成为与立法、行政、司法相独立、平行的“第四权”，然而，“对事监督权”的对象设定却不应突破对行政权与执政党监察的范围，原因在于：一是中国权力架构体系中，立法权优位于监察权，基于权力的源流关系，监察权无法对其上位权力进行“对事监督”，但有权对监察权行使中发现的涉及立法缺陷问题，通过专门设置的立法反馈机制，报请立法机关及时启动立法监督程序。二是基于司法权的独立性、封闭性与终局性，尽管监察权与司法权相平行，但不应将司法权的运行纳入监察对象的范围。将“对事监督权”的对象确定为行政机关，不仅积极回应了中国行政权不断扩张的现实，也针对了行政权滥用风险高于其他权力分支的问题。在具有中国特色的政治制度中，中国共产党作为执政党决定着国家与社会发展的重要方面，对其他权力分支具有领导地位，部分领域成为腐败的高发区，由此决定，应当赋予监察委员会对同级与下级党委、其他权力分支党委的“对事监督权”。

(2)“对事监督权”的内容，包括执法监督权、重大决策监督权与效能监督权。一是“对事监督权”的核心，是对行政机关的执法监督权和执政党的决策监督权。基于全面行使监督职能的需要，有必要赋予监察委员会对行政机关、同级党委的规范性文件、重大决策事项的合规性审查权力。如经评估规范性文件，发现存在权力腐败的漏洞与风险，可以责令予以完善，对于违法的规范性文件，有权提请立法机关予以撤销。二是“对事监督权”的重点，是对监察对象的效能监督权。行政监察的重要职能是提高政府效能，督促政府工作人员切实履行职责，依法行使行政权力，提高行政效率。效能监督是廉洁监督的重要评价对象，违背效能原理的权力行使，可能是权力腐败的征兆。

3. 监察委员会行使“对事监督权”的法律机制设计

法治原则要求监察委员会行使“对事监督权”必须获得法律授权，为此，有必要在未来的宪法、监察法与相关法规中明确以下内容：

(1) 明确监察委员会“对事监督权”的法律职责，是依法、依纪对同级及下级行政机关、中国共产党的机关履行公权的情况行使全面监察的职权。

---

[1] 我国学者何增科教授提出，反腐倡廉和廉政建设的目标应当是实现廉能政治，即，建设一个廉而有为、廉而有能的政权，这也是国家治理现代化的内在要求。参见徐玉生、刘俊杰：《反腐专家共话全面治党》，载《检察风云》2016年第18期。

(2) 明确"对事监督权"的法定范围。监察委员会有权对行政机关、中国共产党的机关因行使国家权力而做出的决定、规范性文件及重大决策事项进行执法监察和效能监察。对此有必要依区分原则加以处理：一是对于监察对象既往做出的决定公权行使与授予、权利批准与许可事项的规范性文件、重大决策事项，由监察委员会进行合法性审查后，由行政机关、党的机关继续行使。对违背上位法规范、存在权力滥用与腐败风险的，有权要求发布机关、决策机关废止，或提请立法机关、党的中央机关予以废止。二是通过立法对行政机关、党的机关设定具体义务，将其履行公权的程序、条件、权限、禁止性规定等内容，提交监察委员会评估，在合规性确认的基础上，由行政机关、党的机关行使，同时，监察委员会有权对合规计划运行及其效能情况进行主动、动态的监督。

(3) 明确"对事监督权"的行使方式。打破既往主要以事后的检查、调查、处理为主的监督格局，综合运用事前、事中监督，加强文件廉洁性、合法性审查，创设重点环节现场监督等方式。建议设立以下四种制度：一是公权力运行方案合规报告制度；二是公权力运行结果备案制度；三是公权力裁量运行备案制度；四是变更公权力行使条件备案制度。

(4) 明确"对事监督权"的保障机制。监察委员会"对事监督权"依赖于体系化的监督制度，为此有必要构建以下四种制度：一是公权力运行监督"合规计划"，包括经监察委员会评估的权力清单、权力程序清单、权力负面清单；二是"一把手"权力清单与裁量权行使规则制度；三是公权运行规程监察委员会查阅制度；四是公权运行结果当事人、利害关系人通告、查阅制度。

(5) 明确监察委员会行使"对事监督权"的后果机制。对作为监察对象的行政机关、党的机关怠于履行监督纠错义务、防范权力腐败风险义务的，有权对被监察对象的行政首长、党的机关的首长行使责任追究的权力。对怠于履行监察职责，造成严重后果的监察委员会首长应依法追责。

三、国家监察委员会职能定位之理论辨正

(一) 监督职能是国家监察委员会的第一职能

职能是实现职权的基本途径，职能的强化是实现职权的保证。为确保充分履职，《决定》将"监督、调查、处置"权授予监察委员会。在这三项职能中，监督职能是第一职能，其与调查、处置职能具有明显的功能差异，表现在以下几个方面：(1) 公权属性不同。监督权属积极性权力，也是伴随权力生成而形成的一种天然性防御权力；调查与处置权则属于消极性权力，是一种因权力滥用而派生的权力。二者在确保公权力的正当运行中处于不同地位。(2) 行权动因不同。现代国家权力结构中，只要存在权力的生成与运行，就应建构与之相对应的监督权力，监督权具有主动性；而调查与处置权则以权力失常运行为职权行使动因，具有被动性。(3) 行权目标不同。就腐败治理而言，监督职权以"不能腐"为目标，重在防患于未然，实现通过制度建设与动态监管，最大限度压缩公权力的腐败可能、减少腐败机会。而调查与处置权则以"不敢腐"为目标，重在追惩已然腐败，匡扶被扭曲的权力。(4) 行权过程

不同。监督职权重在对公权力实施事前与事中监督；而调查与处置职权则偏重于事后处理。(5)职权功能不同。监督职权的有效行使能够产生“拒腐于外、止腐于萌、扼腐于初”之成效；而调查与处置职能只是监督失灵后的补济手段。要实现对腐败的根本性治理，监督职权必须处于“优先、优位、优能、优势”的地位。判断国家监察权真正有效运行的标志在于，监督职权的止腐、防腐成效，而非调查与处置职权的行使状况。

(二)全面激活国家监察委员会监督职能的意义

1. 切中了腐败治理深陷困局、重疴难医的根源与最大现实

“重惩治、轻防范”“重查处、轻监督”“调查处置权分散而监督权极弱”，以至酿成腐败久攻难下的困局，是改革开放以来腐败治理的教训所在，[1]监督权的“低、散、窄、软、松”乃至衰弱，直接导致腐败犯罪纪录屡被刷新、官员“昨日台上反腐败、明日因腐被严惩”“大面积、塌方式腐败”的严峻局面，监督权的重大疏漏是其症结。国家启动重大政治体制改革，强力推行监察体制建设，核心在于摆脱监督权软弱与低效的困境。然而，尽管监察委员会的成立解决了既往监督权中的某些固有缺陷，但是若在其职能设置上不转变观念，轻视监督职能的优位地位、优先功能与优势作用，改革的意义将大打折扣，甚至徒具其形。

2. 促进腐败治理理念由消极治理向积极治理的彻底转型

20世纪80年代以来的中国腐败治理，一直深陷于结果本位、严刑峻罚为主导的幼稚性治理模式之中，[2]因无法触及腐败生成之根，仍属消极治理主义理念导向下的治理，由此导致的深层次、习惯性、遗传性腐败病灶已侵入骨髓、血液。积极治理主义是一种全新的腐败治理理念，萌芽于20世纪20年代的英国而流行于90年代的欧美，[3]是主导腐败治理产生明显成效的国家的基本理念与成功经验。其核心主旨在于，立基于权力生成、分配与运行的全过程，建构腐败治理的法律监督体系，围绕权力限制、严格监督下运行、透明与滥用惩治，建构起全面、系统的治理体系。激发立法资源聚焦监督职权、向权力生成腐败的前沿领域集聚，压缩腐败生存空间，是这一理念的最高要义。监督职权的强化、优化与积极成效，促进了世界腐败治理理念的全面转型。

3. 促进腐败治理目标由治标向治本的决定性、根本性转变

在腐败治理中，将对滥权者的严惩转向对权力不被滥用的严管，由被动控制权力者转向主动监督、透明权力，是现代化国家腐败治理的最大经验。优位的监督职能、优先的监督职权，能够确保充分发挥对权力的治理功能，实现腐败治理由治标向治本的转变。治本性腐败治理的标志是：一是建立起了权力正当运行的法律机制与规范体系。二是建立起了动态的权力运行监督机制与规范体系。三是促进了“不能腐”“不愿腐”局面的形成。铲

---

〔1〕 钱小平：《积极治理主义与中国贿赂犯罪刑法立法之全面更新》，载《南京大学学报(哲学·人文科学·社会科学)》2017年第2期。

〔2〕 钱小平：《中国惩治贪污贿赂犯罪立法运行宏观效果考察》，载《暨南学报(哲学社会科学版)》2012年第6期。

〔3〕 魏昌东：《英国贿赂犯罪刑法治理：立法发展与制度创新》，载《学习与探索》2013年第2期。

除腐败的社会文化基因，重塑中国清廉文化的根本，协调好权力合规与违规运行的后果责任体系，避免“控权失灵”所可能导致的危机，是今后一个时期腐败治理的重点所在。

(三) 激活监察委员会监督职能的有效路径

权力永远存在腐败的风险，提高国家腐败治理能力惟有依靠强化监督，以最大限度扼止腐败的发生机会才能实现。监察委员会试点解决了监察权独立性、权威性与体系性的问题，广泛的程序性权力配置增强了监察能力，然而，如果缺乏有效的监督机制，提升监督能力只是一句空话，对此，既有的理论研究未予重视，实务研究提出的方案过于虚化。监察委员会监督职责的准确定位是“监督的再监督，检查的再检查”，为此，有必要根据这一定位，构建以公权的确权、限权、运行和公权者透明为核心的“一体化”监督系统，促进监督职能由外在制约向自我约束、自我规范的转化。

1. 实施确权监督，准确勘定公权的边界与范围

权力边界不清、限度不明、职责不细，必然加剧权力滥用的风险，确定公权力及其行使者的边界，是监督权行使的基础。对此，有必要启动并全面开展“权力勘界行动”，在监察委员会的主导下，责成所有公权机关、执政党机关认真查核所获权力授权的法定根据，对公权的属性、内容、行使主体、行使条件、程序、裁量权范围、责任后果等方面进行全方位清理，对清理中发现的责任界限不清、交叉，风险度高，责任泛化、不明的问题，由监察委员会及时提请立法机关、党的中央机关进行修正。对边界清楚、行使要件明确的权力，通过限权监督加以实现，对授权性裁量权力，必须明确裁量限度的范围与条件。

2. 实施限权监督，强力推行公共权力“合规”计划

再庞大的监督机构也无法做到对权力运行全过程的监督，再有效的监督主体也无法替代被监察对象行使公权。监督职能的目标，是通过建立有效机制，实现监督职能由外部“硬”监督向权力主体自我“软”监督的转变。以公权勘界为基础，根据权力属性，由监察委员会责成国家公权机关依法拟定明确而具体的权力清单，在提交监察委员会监督部门合规性审查后，交由公权机关依规行使。在权力行使过程中，监察委员会重点行使对权力运行合规性的评估与检验职责，降低权力运行风险。当下，中国各级公权机关所进行的“权力清单运动”存在任务泛化、形式主义、目标不清的问题，未能充分发挥通过制定权力清单制约公权、消除权力潜在风险的作用。实质上，作为公权合规计划核心的权力清单，其制定目的在于为向全社会与公权力行使者提供明确的权力分配要件与责任后果，其本身是“钢性”的削权工具。在权力清单的基本类型上，应涉及公共机构权力清单与公共岗位权力清单两类，在具体内容上应包括公权力行使要件、权力行使程序要件、权力裁量范围与标准、负面权力清单等基本内容。

3. 优化运行监督，努力确保监督的动态化与实效化

合规计划是公共权力正当运行的基本标准，对被监督对象履行合规计划的情况进行监督，是监察委员会积极行使职权的途径。为优化监督职能，有必要做到以下几点：(1) 强化监督机制，实现监督体系的多元化、网络化与立体化。建立强有力的合规评估、巡视(常规巡视、专项巡视与交叉巡视)、派驻(独立派驻与联合派驻)监督制度。(2) 优化合规监督机制。

合规计划是权力主体与监督主体所共同认可的权力限制措施，具有扼制腐败的作用，要通过合规计划的自我评估制度、监督机关评估制度、第三方评估制度，促进公权力的自我监督与自我约束。(3) 建立联合监督机制。除改革前的纪检监察检察权外，应将行使国家经济监察与绩效监察的国家审计机关一并纳入监察委员会，确保监督职权的统一行使。(4) 建立公权力运行第三方评估制度。由独立第三方对公共权力及其行使者的违法行为进行监督，发挥社会审计的积极功能。(5) 建立监察委员会与公权力机构联合发布权力负面清单制度、公共权力行使相对人与关系人权利告知书制度、公共权力腐败公民纠举制度，扩大监督线索的来源渠道。(6) 建立公权力机关年度清廉状况报告制度。由权力机关负责人签署后向全社会发布，签署人对年度运行报告的真实性、合法性负责。年度报告是监察委员会实施监督职责的依据，对超出自由裁量权一般标准的事项，年度运行报告中必须说明原因。(7) 建立重大公共权力行使事项公示、公告与备案制度。(8) 建立监察委员会年度报告制度。设立监督公权力腐败治理指数评估与发布制度，低于治理指数平均标准的权力机关负责人应引咎辞职。

4. 升级行为监督，最大限度地监督公权力的行使者

推行最为严格的公职人员重大事项报告制度。重大事项的确定标准，应以是否与公权行使发生利益冲突为依据，凡涉及可能影响公权合规行使、脱逸监督、谋取私利的行为，均应纳入报告范围。当下研究中受学者呼吁建立的财产申报制度，无法真正实现对公权者的有效监督，[1]从十八大以来已审结的腐败犯罪案件来看，犯罪金额常常超过千万元乃至数亿元，表明一般的财产申报制度已无法发挥有效作用。对此，有必要建立分类监督制度。

(1) 面向既往的公权监督制度，有必要建立：一是财产申报登记制度。要求所有公权者对其本人、三代以内血亲所拥有的财产(含不动产、动产、股票、证券)进行主动申报登记。二是财产申报核验、查询与公开制度。对公权者本人、家庭成员所申报的财产，进行财产合法形成能力申报，建立由国家金融系统、金融交易系统、不动产管理系统、公司管理系统、税收管理系统、海关管理系统等联合组成的核验体系进行全面核验，建立不动产管理系统联网查询汇总制度，向社会公开查询结果。三是废止或改版流通货币。在确保社会稳定的前提下，废止或改版现行流通货币，使腐败行为所谋取的财产归于无效。四是公权者及其家庭成员入籍、海外居留、境外投资申报登记制度。五是国家机构反洗钱责任制度。在监察委员会监督部门的主导下，由国家金融机构、不动产管理机构、公司管理机构全面汇总公权者各类资产。

(2) 面向未来的公权者监督制度包括以下内容：一是国家财政银行支付制度。规定由特定的银行或者金融机构全面监督管理公职人员及其家庭成员的一切经济行为。[2] 二是

〔1〕 孙国祥：《财产申报制度建构中的相关问题刍议》，载《江海学刊》2010 年第 2 期。

〔2〕 魏昌东、钱小平：《当代中国“寻租型”职务犯罪衍生机理与控制对策》，载《社会科学》2006 年第 1 期。

公职人员无货币交易制度。规定公职人员超过千元的个人公私交易均需通过财政银行卡进行支付。三是重大消费报告制度。规定公权力行使者及其家庭成员用于购买不动产、交通工具和证券的消费,如果超过最近三年家庭的总收入需要上报制度。四是将公职人员履行财产申报制度的情况纳入社会诚信体系之中,建立全方位的监督体系,依法惩戒财产申报失信人员。

简论国民政府监察院之弹劾权及其借鉴

郭相宏*

摘　要: 南京国民政府实行五院制,弹劾权是监察院最重要的权力。在南京国民政府时期,监察院对公务员的违法和失职行为均可弹劾。在二十余年的实践中,弹劾权对于整顿吏治、惩治贪腐发挥了一定的作用。但因专制体制的阻碍、党治体制的干预和政府腐败等原因,弹劾权最终难以彰显其价值,甚至成为一党独裁的工具。弹劾权的运行和实践,对于今天设立国家监察委员会具有很大的历史借鉴意义。监察委员会的职权和监督对象都比国民政府的弹劾权及其对象有了很大的扩展,应当明确其宪法地位,制定监委会组织法等相关的配套法律,加强法律监督。

关键词: 监察院　弹劾权　监察委员会　宪法地位

弹劾权起源于14世纪的英国,后为美国采用,是现代监察制度的核心。孙中山"三民主义""五权宪法"的基本思想,在民国政府得到了较高程度的贯彻,弹劾权也发挥了相应的作用。南京国民政府实行五院制,即立法院、行政院、司法院、监察院和考试院,建立了独立的监察制度,由监察院行使监察权,弹劾权一直是监察院最重要的权力。中国台湾地区至今仍然沿用南京国民政府时期的监察制度,设立监察机构,并随着时代发展而有创新。南京国民政府的监察制度及其弹劾权,无论是在大陆二十一年的实践,还是其后在台湾的演变,都经历了不同程度的变化,彰显出较强的生命力。回顾历史,我们会发现,南京国民政府的监察制度,对于整饬吏治、惩治贪腐也发挥了一定的作用,但终究受制于国民党一党专政的独裁体制,未能实现整饬吏治、惩处贪官、肃清风纪的目的。2016年12月25日,第十二届全国人大常委会第二十五次会议通过《全国人民代表大会常务委员会关于在北京市、山西省、浙江省开展国家监察体制改革试点工作的决定》,标志着我国的国家体制将会演变为人民代表大会制度下的"一府两院一委"制〔1〕,同时也标志着国家监察体制改革的正式开始。回首国民政府的监察制度,或许能够对于我们建构新的国家监察制度提供有益的借鉴。

---

* 郭相宏(1971—),男,山西曲沃人,太原科技大学法学院教授,法学博士,硕士生导师。本文是国家社科基金重大项目"法治文化的传统资源及其创造性转化研究"(14ZDC023)的阶段性成果。

〔1〕 澎湃新闻报道,参与此次监察体制改革决策咨询的中国政法大学副校长马怀德指出,监察委不是党的机构,它和党的机构"合署办公";它也不是政府机构,因为它已经从政府机构中独立出来,形成了一个跟政府"平行"的机构。因此,它是一个国家监督机关。中央将此次改革定性为重大的政治改革,是由"一府两院"变成"一府一委两院","一委"即国家监察委员会。而这个"一委",对"一府""两院"都有监督职责。

一、弹劾权是监察机构的基本职权

(一) 孙中山将弹劾权列为五权宪法的重要内容

孙中山很早就形成了五权宪法的基本思想,弹劾权就是五权之一的监察权的核心内容。对此,早在1906年11月15日,孙中山与该鲁学尼等的谈话中就已经比较明确。他说:“希望在中国实施的共和政治,是除立法、司法、行政三权外还有考选权和纠察权的五权分立的共和政治。”[1]不久以后,他更明确地阐明,他所说的纠察权,就是以弹劾权为核心的监察权。1906年12月2日,孙中山在东京《民报》创刊周年庆祝大会上第一次提出中国应实行包括弹劾在内的五权宪法,“兄弟的意思,将来中华民国的宪法是要创一种新主义,叫做‘五权分立’。那五权除刚才所说三权之外,尚有两权。一是考选权。……一为纠察权,专管监督弹劾的事。”[2]关于弹劾机关在国家政权机构中的设置,1923年1月孙中山在论述“中国革命史”时作了明确阐述:“以五院制为中央政府,一曰行政院,二曰立法院,三曰司法院,四曰考试院,五曰监察院。……各院人员失职,由监察院向国民大会弹劾之;而监察院人员失职,则国民大会自行弹劾权而罢黜之。”[3]这里的“考选权”和“纠察权”,后来统一称为考试权和监察权。由此可见,将弹劾权作为监察权的主要内容,在孙中山的思想中也经历了一个逐渐清晰和成熟的过程。后来,南京国民政府依据五权宪法的理论,建立了五院制。1931年监察院成立后,弹劾权便作为监察院的基本职权,发挥了一定的作用。

(二) 监察院的机构设置

国民政府设立的中央监察机构即监察院,是基于孙中山五权宪法理论在“训政”时期专司监察权的中央政府机关(在“宪政”时期监察院的性质有所改变)。作为五院之一的监察院,与其他四院互相独立、职权法定且权限清晰,各司其职,互相协调。总体来说,五院制侧重于中央的分工而非分权,孙中山本人亦重视权力分工,而对西方的“权力分立”和“分权制衡”并不感兴趣,他欲通过五院的分工而达到“万能政府”的“治权”理想模式。五院制在法律上保证了监察院独立行使监察权,而不受其他机关干预。监察院本部的主要组成机构和人员有:院长、副院长;监察委员;秘书处及参事处;审计部等。其中,审计部有较大的独立性,独立行使审计权。国民政府没有设立地方专门的监察机构,而是由中央监察机构派驻。监察院派驻地方的机构主要是监察使与各监察区设立的监察使,监察使由监察委员兼任。[4]审计部还可以单独向地方派驻审计处、审计办事处以及巡回审计小组等。这些机构都直属监察院,归监察部垂直管理,代表中央行使监察权,与地方各级政府机构都不存在任何组织上、权能上的联系。这样,就从体制上保证了监察机构的独立性,使监察机构既具有独立的

〔1〕《孙中山全集》(第一卷),中华书局,1981年版,第319页。
〔2〕《孙中山全集》(第一卷),中华书局,1981年版,第330-331页。
〔3〕《孙中山全集》(第一卷),中华书局,1981年版,第62-63页。
〔4〕钱端升等:《民国政制史》(上),上海人民出版社,2008年版,第274-276页。

权威，即便是派驻地方的分支机构或临时机构也具有较高的权威，同时，也可以使监察机构能够摆脱地方政府的干预，独立、公正地行使监察权。

（三）监察院主要职权的演变

孙中山考察了中国传统监察制度，又借鉴西方三权分立思想和制度构建，以古代御史制度之长济三权分立之短，将监察院与立法院、行政院、司法院及考试院并列。南京国民政府遵循孙中山的建国大纲，仿效英美并结合中国传统的御史制度，将弹劾权赋予监察院来行使，弹劾权始终是监察院最重要的职权。

1928 年 10 月公布的《中华民国国民政府组织法》，奠定了南京国民政府五院制的基本组织架构。该法第 41 条规定，监察院依法行使的职权有二：弹劾与审计。此后，弹劾与审计作为最重要的监察权一直为实践和立法所遵循。1930 年制定的《中华民国约法草案》（即“太原约法”）中，监察院的职权有二：一是审计，二是弹劾。1936 年制定的《中华民国宪法草案》（即“五五宪草”）第 87 条规定：“监察院为中央政府行使监察权之最高机关，掌理弹劾、惩戒、审计，对国民大会负责。”尽管“太原约法”和“五五宪草”只是草案，并未实施，但它们反映了当时官方和学术界对于监察院职权的共识，即以弹劾和审计为主。

在“训政”前期的 1927 年至 1937 年，监察院的主要职权是弹劾、审计、调查、监试。抗战时期，根据战时形势之需，制定了《非常时期监察权行使暂行办法》，增加了纠举权和建议权。在 1947 年，国民党宣布进入“宪政”时期，开始“行宪”，监察院由治权机关转变为民意机关，又拥有了同意权和纠正权。1947 年 12 月 25 日开始施行的《中华民国宪法》第 90 条规定：“监察院为国家最高监察机关，行使同意、弹劾、纠举及审计权。”在监察院已经成立 16 年之后，监察权的行使也经历了较长的时间，在弹劾和审计之外，又结合实际经验增加了同意和纠举两权，共同由监察院行使。国民政府在宪法中明确了监察院行使监察权，并制定了《监察院组织法》《弹劾法》《审计法》等法律，明确了监察院的职权。此时，监察院的主要职权有：弹劾权、审计权、调查权、监试权、纠举权、建议权、同意权和纠正权等。这是监察院职权最多的时候，但这个制度行而未远，1949 年国民政府溃败，以后仅能在我国台湾地区实施。

1994 年，中国台湾当局通过所谓“宪法修正案”，对“监察机构”重新定位，规定其职权为弹劾、纠举、审计三权，其地位由民意机关变成准行政机关。[1] 可见，在历史变化的不同时期，监察院的职能也随之不断调整，而弹劾权作为监察院的基本职权，一直保留至今。

二、监察院弹劾权的行使

（一）弹劾权客体的扩大

弹劾权专属于监察院，其客体主要有二：一是人的客体，即可以纳入弹劾范围的公务人员，可以称之为弹劾对象；二是事的客体，即可以被弹劾的行为。纵观民国时期宪法和法律规定的弹劾权客体，其经历了一个范围从窄到宽的过程。这也是中国法制在向西方学习的

---

〔1〕 孙金根：《台湾“宪政体制”的演变》，载《北京农业工程大学社会科学学报》1995 年第 2 期。

进程中，从单纯的移植照搬到结合实际、变通适用的过程。

英国的弹劾对象包括内阁阁员、各部大臣和议会议员（1806年后改为不信任投票，内阁的施政方针也纳入其中）。根据《美利坚合众国宪法》（以下简称《美国联邦宪法》）第2条第4款之规定，合众国总统、副总统及其他所有文官，因叛国、贿赂或其他重罪和轻罪被弹劾而判罪者，均应免职。据此可知，美国的弹劾对象是总统、副总统及其他所有文官。

1912年的《中华民国临时约法》（以下简称《临时约法》）对弹劾的规定，有着比较明显的美国印迹。《临时约法》第19条规定："十一、参议院对于临时大总统，认为有谋叛行为时，得以总员五分之四以上之出席，出席员四分之三以上之可决，弹劾之；十二、参议员对于国务员，认为失职或违法时，得以总员四分之三以上之出席，出席员三分之二以上之可决，弹劾之。"由此可见，弹劾对象是临时大总统和国务员。根据《临时约法》第43条之规定，"国务总理及各部总长，均称为国务员。"《临时约法》对弹劾对象有着明确的规定，范围很窄，即临时大总统、国务总理及各部总长。对临时大总统的弹劾只能是其"有谋叛行为"，显然是借鉴了《美国联邦宪法》规定的总统的叛国行为。与之相比，《临时约法》规定的弹劾对象十分有限，较《美国联邦宪法》的规定要窄得多。此种规定，主要是针对袁世凯所做的约束，具有明显的"对人立法"的特征〔1〕，至于对弹劾权的深入研究和精细规定，当时的立宪者都无暇顾及、力不能逮。1913年王宠惠起草的《中华民国宪法草案》中，对大总统和副总统均可提起弹劾，弹劾之原因仍然是大总统或副总统，"有谋叛行为"。王宠惠的宪法草案，其实是对《临时约法》的补充增订。1922年的《五权宪法草案》关于对大总统提出弹劾的理由是"谋叛及违反宪法"。《五权宪法草案》是叶夏声遵孙中山之命而撰写，虽然在国会受阻未获通过，但其是获得孙中山首肯的《五权宪法》法条化文本，是孙中山五权宪法思想的条文化、系统化和具体化的表现。该草案规定的弹劾提起原因，增加了"违反宪法"，较《临时约法》范围扩大且较为理性，也反映出孙中山对弹劾权认识的深入和日趋成熟。

民国初期，无论是立宪实践还是学术研究，都倾向于严格适用弹劾案，对弹劾对象做严格限制。正如王宠惠所言："况弹劾之手续，行之固属甚难，必俟政府之罪恶已稔，而后群情共愤，弹劾案始能成立。"〔2〕临时约法时期的弹劾对象仅仅是大总统、副总统、国务总理及各部总长等极少数特定对象，并且只有他们触犯了叛国的重罪，才可以对其提起弹劾。对于一般公务员，则不适用弹劾。

南京国民政府成立之后，弹劾权的客体发生了重大变化：一是弹劾对象从国家元首、政府总理和各部部长等高级官员扩大到所有公务员，甚至连法官也在弹劾惩戒之列。〔3〕二是弹劾原因不再局限于谋叛、叛国等重大罪行，而是扩张到"公务员违法或失职之行为"。1929年公布、1932年6月由国民政府修正公布的《弹劾法》第2条规定："监察委员对于公务员违

〔1〕 李剑农：《中国近百年政治史（1840—1926）》，复旦大学出版社，2007年版，第310页。

〔2〕 王宠惠：《中华民国宪法刍议》，载《近代中国宪政历程：史料荟萃》，夏新华、胡旭晟等整理，中国政法大学出版社，2004年版，第281页。本文所引民国时期之法律条文，如无特别注明，皆出自该书。

〔3〕 李凤鸣：《南京国民政府法官惩戒程序研究》，载《中南大学学报（社会科学版）》2014年第2期。

法或失职之行为，应提出弹劾案于监察院。”监察委员是行使弹劾权的主体，其弹劾对象是政府机关的所有工作人员，包括监察委员本身，其范围不可谓不大。据统计，1931年至1937年6月底，监察院共处理弹劾案件727件，被弹劾人数为1337人，对于官员被弹劾的理由，违法者占72%，失职及其他总计不足28%。[1] 1931年监察院成立后，《中华民国国民政府组织法》第46条规定，监察院提起弹劾的原因是政府官员的违法与失职行为。这与《弹劾法》对于监察院提起弹劾的规定是一致的。在监察院成立之初，便形成了“人人可弹，人人可劾”的原则。[2]

《中华民国宪法》第90条规定，监察院为国家最高监察机关，行使同意、弹劾、纠举及审计权。弹劾权由监察院行使，具有宪法依据。同时，弹劾行为也比较宽泛，监察院提起弹劾的原因是“公务员违法或失职之行为”，“违法和失职”的范围显然远远大于《美国联邦宪法》所规定的四种行为——叛国、贿赂或其他重罪和轻罪。可见，南京国民政府时期的弹劾客体，不仅较临时约法时期有了巨大的变化，即便与英、美等国相比，监察院弹劾客体的范围也要大得多。

（二）弹劾案的提出

根据《弹劾法》的规定，弹劾权的行使程序分为五步：提出、审查、决议、移送和公布。弹劾案由监察委员提起，这是弹劾的第一步。对于弹劾案的提起，监察委员具有较大的自主权，在提起弹劾案的人数、弹劾的依据、弹劾的程序等方面都由监察委员自由裁量，法律给监察委员的限制较少，使得弹劾案的提起比较容易。关于提起弹劾案的人数，法律规定监察委员一人即可，可由监察委员个人单独提出，也可以由多人联合提出。监察委员提起弹劾案的依据也比较宽泛，可以是监察院的决议，也可以是监察委员个人的调查，还可以是行政机关或官员送请审查、报刊报道等其他途径。弹劾案须以书面形式提出，从接受书状、对弹劾之人或事件进行调查，到最终形成弹劾案，这一系列行为均可以由监察委员个人独立完成，而无需经过开会、讨论、协商、表决等程序。不仅如此，基于监察权独立的要求，监察委员独立行使包括弹劾权在内的监察权，不受他人干涉。《弹劾法》规定，监察院长不得干涉或指使弹劾案。

（三）弹劾案的审查

如此看来，监察委员的法定权力确实不小。但是，监察委员行使弹劾权也要受到限制。监察院成立弹劾案审查委员会，由全体监察委员按序轮流担任。弹劾案的提出并不等于弹劾案的成立，其成立要经过集体审查，这就是对监察委员提案权的一种制约。弹劾案一经提

---

〔1〕 钱端升等：《民国政制史》（上），上海人民出版社，2008年版，第279页。此书对弹劾之具体事项有较为详细的数据，成为后来者的研究依据，殊为可贵。今有学者认为，根据监察院1931年至1937年弹劾案的不完全统计显示，监察院共弹劾1436人，其中失职者321人，占22.4%；违法者1115人，占77.6%，此数据与钱端升等人的统计结果十分接近。参见孙学敏：《南京政府监察权的行使及其评价》，载《辽宁大学学报（哲学社会科学版）》2005年第6期。

〔2〕 周成莉：《南京国民政府监察院弹劾权的行使成效分析（1931—1936年）》，载《重庆师范大学学报（哲学社会科学版）》2013年第4期。

出就不得撤回，这就要求监察委员的提案必须谨慎，不得随意提出弹劾案。弹劾案提出后，应交给该提案委员之外的其他三位监察委员审查。经审查后，全部或多数委员认为应当交付惩戒时，弹劾案才宣告成立。对于该提案有异议的，则应提交其他五位监察委员审查，审查结论即为最后决定。此外，弹劾案审查委员会实行回避制度，如果审查委员与该弹劾案有利害关系，或者与被弹劾人有亲属等关系，应当回避，不得参与该案的审查工作。可见，弹劾案须经审查委员会之审查，在程序上对弹劾案形成了集体监督。即便监察委员有着较大的自由裁量权，但是在最终形成弹劾案的最后一步，却要受到审查委员会的监督。这在客观上既能督促监察委员秉公执法、慎重弹劾，也能减少监察委员行使弹劾权的任性和随意。这些规定，都符合程序正义的基本要求，体现了权力制衡的基本理念。

三、弹劾权的实践

(一) 弹劾权的保障

1928年2月，中国国民党第二届四中全会讨论了政府设立问题，随后通过了《训政纲领》和《中华民国国民政府组织法》，将监察院定位为“国民政府最高监察机关”，为监察院的设立奠定了法律和组织基础。1933年修订的《监察院组织法》，规定“监察院以监察委员行使弹劾职权”，并另行制定了《弹劾法》，为弹劾权的行使提供了法律保障。值得肯定的是，为保障监察委员独立行使监察权，于1929年专门制定了《监察委员保障法》，对监察委员的职位、人身进行特别保护。主要保障有：(1) 职位之保障。该法第1条规定，监察委员不得被停职或罚俸，除非监察委员具有被开除国民党党籍、受刑事处分、受禁治产之宣告、受惩戒处分等情形之一者。此外，监察委员任期六年，可以连选连任。因对连选连任并无限制，实际上是一种终身制的制度安排。(2) 人身自由之保障。该法第2条规定，监察委员除现行犯外，非经监察院许可不受逮捕；监察委员若为现行犯而被捕，逮捕机关应于二十四小时内将逮捕理由通知监察院。(3) 人身安全之保障。该法第3条规定，“监察委员在职中，所在地之军警机关应予以充分保护”。(4) 言论自由之保障。监察委员因行使职权而所发布的言论，对外不负责。[1] “行宪”之后的《中华民国宪法》第101条规定：“监察委员在院内所为之言论及表决，对院外不负责任。”目的都是保障监察委员在行使职权时，可以畅所欲言，不受拘束，能够充分地尽其职责。(5) 免责规定。1928年10月的《监察院组织法》第6条规定：“弹劾案经官吏惩戒委员会议决不应受处分时，原弹劾人不负责任。”虽然此项规定并非保障监察委员绝对免责，但是在很大程度上给监察委员设置了一道“防火墙”，即便弹劾无果或弹劾错误，也不必担心会承担法律责任。此外，监察委员独立于监察院长，监察院长也不得干预其行使弹劾权。凡此种种，都为监察委员独立行使弹劾权提供了法律上和组织上的保障。

(二) 弹劾案的实际效果

总体来说，弹劾案提起之后，真正被处理或免职的官员少之又少。从1931年到1937

〔1〕 徐百齐：《中华民国法规大全》(第四册)，商务印书馆，1936年版，第5710页。

年，监察院处理的案件中涉及贪污官吏 69500 人，而仅收到其中 1800 人的起诉书；这 1800 个案件中，有 268 人被判定有罪；在 268 人中，有 214 人未受到任何惩戒，41 人仅受到很轻的处罚；268 人中仅有 13 人是真正被罢官免职。〔1〕 数量之少，比例之低，令人咋舌！

同时，由于人力所限，监察院只有 49 名监察委员，地方没有监察机构。“监察委员最多不过四十九人，全国文武官员则何止十万，以人而言弹劾本不能周。”〔2〕以区区半百人之力，如何监督数十万计的政府官员？真是“老虎吃天，无处下口”。在抗战爆发前，监察院共收到人民书状 16555 件，经监察委员核签调查的有 6302 件；其中，监察院直接派员调查的只有 500 件。〔3〕 监察使张维翰对此颇有感言：“案件既多，本署人员有限，势难逐案派员调查，不能不委托主管机关，或其附近之其他机关代查，此等委托调查之案件，其有结果者，则居少数。”〔4〕因人数太少，力不从心，监察院难以对全国数十万公务员的违法失职行为进行有效的监督。

被弹劾的官员呈现出“四多四少”，即低级官员多，高级官员少；地方官员多，中央官员少；政府官员多，军队官员少；苏冀豫皖地区多，边疆地区少。弹劾对象以中下级官员为主，弹劾对象逐步下移。1931—1936 年间，被弹劾的县长人数占总被弹劾人数的 31.8%，“在大部分的时段内，高级官员所占比例是逐步下降，而中低级官员所占比例是逐步上升的”〔5〕。因而时人评论说，监察院虽然揭橥“人人可弹，人人可劾”，实际上却是“只拍苍蝇，不打老虎”。造成这种现象的原因，一方面是因为高级官员的数量比中低级官员要少得多；另一方面也由于中低级官员的违法失职现象日益增多，国民政府腐败严重，政府对官吏的控制力减弱。当然，更主要的原因是高级官员在官场中广有人脉，手眼通天。在差序格局的传统社会，人际关系所起的作用十分巨大，这已是人所共知。特别是很多军政要员本身就是最高政治领袖蒋介石的亲信或者同盟，自然会受到蒋氏的庇护。监察院对当时的一些政府高级官员也曾提出弹劾案，最终大都不了了之。在专制体制下，监察权实难独立，弹劾权实际效果大打折扣，也是体制的必然。

（三）党权压制下弹劾权的异化

监察院对一些军政大员的弹劾案，更能体现出监察院的真实地位和弹劾权的实际效果。例如：1931 年，监察院弹劾外交部部长王正廷；1932 年，监察院弹劾行政院院长汪精卫；1932 年，监察院弹劾东北边防司令长官张学良；1933 年，监察院弹劾铁道部部长顾孟余；1933 年，监察院弹劾江苏省主席顾祝同；西安事变后，监察院又以“犯上作乱”等名义弹劾张学良；1947 年，监察院弹劾行政院院长宋子文和中央银行行长贝祖贻案。这些弹劾案对弹劾对象大都没有实质性的处罚。外交部部长王正廷囿于时局，焦头烂额而难有作为，其辞职

---

〔1〕 周成莉：《试论 1931—1936 年南京国民政府弹劾制度》，吉林大学，2007 年。

〔2〕 王世杰、钱端升：《比较宪法》，中国政法大学出版社，1997 年版，第 465 页。

〔3〕《监察制度的运用》，行政院新闻局，1947 年版，第 10 页。

〔4〕 张维翰 1948 年 1 月 26 日在云贵监察使署的讲话，载彭勃主编：《中华监察大典（法律卷）》，中国政法大学出版社，1994 年版，第 891 页。

〔5〕 刘云虹：《国民政府监察院弹劾权的绩效分析》，载《山东社会科学》2012 年第 9 期。

并非弹劾之功，主要是王个人主动请辞。王辞职后旋即被选为中央执行委员，亦归因于蒋介石的恩宠。监察院弹劾张学良“放弃职责失地辱国”，张学良后辞去北平绥靖公署主任职务。张辞职主因并非弹劾，而是迫于汪精卫等人的压力。轰动一时的顾孟余案，最后对顾孟余未做处理。汪精卫极力袒护顾，监察院院长于右任愤然提出辞职。1934 年 7 月，中央政治会议通过了汪精卫提出的《关于监察院弹劾案等三项办法》的决议，以打击报复监察院，此举严重限制了弹劾权，监察院对此极度不满，由此引发了监察权和党权关系的激烈辩论。〔1〕这些案件都表现为党权对监察权的干预、限制甚至操纵，也是党治体制的必然现象。

耐人寻味的是监察院弹劾第十八集团军总司令朱德案。日本宣布投降后，监察院对朱德提出弹劾：“十八集团军总司令朱德竟在敌寇乞降之际，公然发布所谓‘延安总部’命令，限敌伪武装部队，向所谓‘各解放区任何抗日武装部队’缴械，嗣又有直接下令敌军统帅冈村宁次，命其部投降，等等，……特依法提出弹劾，请将第十八集团军总司令移付惩戒。”〔2〕弹劾朱德案的背景是国共两党在抗战结束后的政治斗争和军事斗争，弹劾案只是两党斗争的法律化表现。以当时国共两党之形势，对朱德进行弹劾乃至惩戒只是一纸空文，不仅监察院毫无办法，就是国民政府也无可奈何，这也是当时人人皆知的事实。从法律而言，毕竟国民政府当时还具有法统上的合法性，因此这个弹劾案只具有象征意义，从其提出之时，就注定要落空，无法奏效。弹劾朱德案也说明，弹劾权乃至监察院都已经成为国民党一党专制的工具，为党权张目，成为国民党打击政治异己的一种“合法”的借口。

四、弹劾案为什么难落实?

弹劾权难以落实的经验教训固然是多方面的，如下三方面的原因是决定性的，余不赘述。

(一) 专制体制的障碍

辛亥革命虽然结束了帝制，但并未结束专制。从袁世凯到蒋介石，都是迷信权力、维护专制统治。民国肇造，共和萌兴，国民政府在建立法制国家(而非法治国家)方面付出了不懈努力，形成了以“六法全书”为标志的法律体系，也是中国法制史上的巨大成就。但是，直至 1949 年国民政府在大陆垮台，都未能摆脱专制体制之羁束，整个民国时期都笼罩在专制体制的统治之下，这是监察机构屡遭掣肘、弹劾权难以发挥作用的根本原因。

孙中山别出心裁地提出了“政权”与“治权”理论，并进一步提出三民主义、五权宪法学说，五院制由此而来。依其理论和国民政府的实践，五权之间只是“治权”的具体分工，是为其建立“万能政府”而服务。五院之间也是权力分工，孙中山并不主张权力的制约与平衡。相对于三权分立，孙中山在晚年更倾向于国家主义，认为“世界上的大政治家都不能逃出俾斯麦的范围”，俾斯麦在德国的成功更加强化了他的国家主义思想。同时，孙中山认识到俾

---

〔1〕 卢艳香：《1934 年“顾孟余被弹劾案”再探》，载《史学月刊》2014 年第 3 期。

〔2〕 南京第二历史档案馆档案，全宗号八卷号 2146、全宗号八卷②卷号 100。

斯麦“主张中央集权的独裁政治”，反对民权，但还是推崇并效仿俾斯麦。孙中山晚年思想明显倾向于个人独裁，坚持要用专制的手段来完成革命大业。[1] 对此，孙中山公开阐明自己对独裁政治的向往：“现尚有一事可为我们模范，即俄国完全以党治国，比英、美、法之政党，握权更进一步……当俄革命时，用独裁政治，诸事均一切不顾，只求革命成功。”[2]这种“通过专制实现民主”的思路，既是他自己几十年政治生涯的经验总结，也是传统的中央集权的专制体制的制度惯性使然。蒋介石在理论上并无建树，他以执行总理遗教的名义执政，实行不折不扣的独裁统治。前文所述的对国民政府高官显贵的弹劾案，背后都有蒋介石直接干预或者幕后操纵的影子。在监察院设立之后，国民政府曾先后任命蔡元培和赵戴文担任监察院长，二人却坚辞不受。蔡元培认为，监察制度在民主国家可以发挥很大的作用，但在当时“豺狼当道”的独裁统治下，监察院将无所作为。[3] 蔡元培的认识是很清醒的，他知道在专制政体之下，监察院难以真正独立发挥作用。后来赴任的于右任，决心恪尽职守履行此“风霜之任”，宣称要“苍蝇老虎”一起打。[4] 但在任期间，监察权也屡屡受挫，很多弹劾案都无果而终。于右任也曾仗义执言，铁心惩恶，甚至不惜以辞职来抗争，到后来也不得不向现实妥协，锐气渐消，进退失据，以“超然”心态处之。

（二）党治体制的钳制

孙中山以俄为师，提出了“以党治国”的思想，将国民党改组为俄式政党。1924 年，他改组国民党，主张“用政党的力量去改造国家”[5]。1925 年 7 月，国民政府议决《中华民国国民政府组织法》，该法第 1 条规定：“国民政府受中国国民党之指导及监督，掌理全国政务。”“党治体制”自此获得了法律依据。党治体制的制度化表现主要有三：一是国民党全国代表大会在“训政”时期代表国民大会行使政权；二是国民政府组织及成员由国民党决定和产生；三是国民政府对国民党负责，接受国民党中央执行委员会的指导和监督。[6] 1927 年 3 月公布的《修正中华民国国民政府组织法》第 1 条更进一步地明确规定：“国民政府受中国国民党中央执行委员会之指导及监督，掌理全国政务。”根据孙中山“党政分察”的思想，国民政府设立了党、政两套监察系统，即国民政府的监察系统（监察院）和国民党的党内监察系统。政府的监察系统只在中央设立，而国民党党内监察系统则分中央、省、县、区四级组织（1945 年 5 月后改为中央、省、县三级）。国民党各级监察委员会也拥有调查权、弹劾权和稽核权等监察职能。[7]

---

[1] 郭相宏：《简论孙中山晚年法治思想的转变》，载《法学杂志》2012 年第 12 期。

[2] 《孙中山全集》（第九卷），中华书局，1985 年版，第 103 页。

[3] 聂鑫：《中西之间的民国监察院》，载《清华法学》2009 年第 5 期。

[4] 于右任履职后曾言：“一个苍蝇，一个老虎，只要它有害于人，监察院都给它以平等待遇。”参见徐矛：《于右任与监察院——国民政府五院制度掇要之二》，载《民国春秋》1994 年第 2 期。

[5] 《孙中山全集》（第九卷），中华书局，1985 年版，第 97 页。

[6] 徐德刚：《五权宪法监察权研究》，武汉大学博士学位论文，2006 年。

[7] 中国第二历史档案馆：《国民党政府政治制度档案史料选编》（上册），安徽教育出版社，1994 年版，第 310 页。

1927年11月，国民党中央特别委员会修正通过了《监察院组织法》，明确规定："监察院根据中国国民党党纲组织之。监察院受中国国民党之监督、指导与国民政府之命令，掌理监察国民政府所属行政、司法各机关官吏事宜。"[1]党治体制决定了党权高于政权，作为政府权力之一的监察权自然服从于党权，监察权的配置由国民党中央决定，受党权支配。

此外，国民党的党义成为国民政府的指导思想，也成为监察权行使的指南。于右任曾言："凡在国民政府之下服务，对于党义，是要有深切的认识，才能办事。""党义就是指导我们的指南，若无深切的了解，便无所适从，决无成功之望。"[2]顾孟余案引发的政治斗争，表面是汪精卫和于右任两人的角力，实际上党权扩张，党权对弹劾权的任意干涉是深层原因。在以党治国的党治体制下，监察权难以获得独立，更难以对党权形成有效的监督。党治体制使得包括监察权在内的各项国家权力都要听命于党权，实际上是听命于党魁。党治体制与传统的专制体制相结合，便产生了蒋介石这样集党、政、军等大权为一体的独裁者。监察权的行使在很大程度上要服从于党魁的独裁统治，弹劾权也只能在专制体制下发挥被独裁者所需要或所允许的作用，成为党权之附庸。

（三）"弹惩分离"的利弊

监察院只有弹劾权而无惩戒权，这种"弹惩分离"的制度设计，也是众多弹劾案无疾而终的重要因素。弹劾案经监察院审查成立后即送请惩戒机关，便宣告任务完成。对被弹劾人员的惩处，则是惩戒部门的职责，与监察院无关。而对官员的惩戒权则分属于六个部门，根据官员的级别和职务，惩戒机关各有不同。中央党部监察委员会、国民政府政务官惩戒委员会、司法院中央公务员惩戒委员会、地方公务员惩戒委员会等都是惩戒机关，只是适用对象的级别和职务不同而已。此外，军队还有自己单独的惩戒机关，少将以上军事长官的惩戒机关是军事委员会军事长官惩戒委员会；上校以下军人的惩戒机关是军政部、海军部。

弹惩分离的制度设计，可谓利弊并存。不利的一面是监察院有弹劾而无惩戒，致使大多数被弹劾官员得不到应有的惩罚，弹劾权的实际效果大打折扣。监察院因之权威大为受损，弹劾权成效不大。为此，当时曾有将惩戒权交给监察院的争论[3]，"五五宪草"也曾尝试作出这样的职权调整，而1947年《中华民国宪法》在争论声中，还是坚持了弹惩分离。如果弹惩合一，确实可以极大地促进弹劾案的落实，能够有效惩戒违法失职的公务员，也会提高监察院的地位，使弹劾权更好地整饬吏治、肃清贪渎。

问题是弹惩合一之后会怎样？弹惩合一是否符合权力分立与制约平衡的基本原理？如何约束掌握了弹劾与惩戒大权的这个"利维坦"？不受约束的权力必然导致腐败和专横，弹惩合一的监察机构，如何制约其权力的滥用？从性质而言，弹劾权类似于起诉权，惩戒权属于审判权。如果一个机构掌握了起诉权与审判权，则等同于集控审于一体，违背了"控审辨"

---

〔1〕 中国第二历史档案馆：《国民党政府政治制度档案史料选编》（上册），安徽教育出版社，1994年版，第303－304页。

〔2〕《中央日报》1931年2月18日。

〔3〕 陈之迈：《中国政府》（第二册），商务印书馆，1945年版，第247页。

三位一体的诉讼原理，使得诉讼结构失衡，不符合分权制衡的基本要求。即便弹惩合一可以收到一时之效，长此以往，也必将因其权力过大而难于制约。两害相权取其轻，利弊权衡之间，还是弹惩分离的危害更小些。按下葫芦浮起瓢，不能为了解决一个问题而制造出另一个更大的问题。这或许就是1947年《中华民国宪法》继续采用弹惩分离的重要原因。

五、弹劾权的借鉴意义

弹劾权对于正在试行的监察委员会具有较大的借鉴意义。限于篇幅，本文主要从以下几方面简要叙述。

（一）监察委员会的职权范围

如前所述，监察院的主要职权有：弹劾权、审计权、调查权、监试权、纠举权、建议权、同意权和纠正权等。虽然不同的学者认为职权还有变化，但以弹劾权与审计权为核心构成监察院的基本职权，当属无疑。

据报道，关于监察委员会的职权范围，2017年1月9日，监察部副部长肖培表示，监察委员会跟中央纪委的合署办公，用一句老话形容，就是“一套人马，两块牌子”，行使的是党和国家自我监督的职责，监察委员会要履行监督、调查和处置的职权。〔1〕

与国民政府的监察院相比，监察委员会没有审计权，审计权目前还由专设的审计部门来行使。关于监察委员会的监督权和调查权，因缺少相关权威部门对监督权、调查权的解释，可以认为，这两项职权与监察院的弹劾权相似。那么，什么是监察委员会的处置权？在现行法律体系中，“处置”并非一个含义清晰确定的法律术语，似乎涵盖了党内的纪律处分和法律上的处罚措施。抛开语义的辨析，“处置权”应当与“惩戒权”相近。这样，与监察院“弹惩分离”的制度设计相比较，监察委员会就具备了弹劾权和惩戒权。国民政府监察院监察不力的一个原因就是“弹惩分离”，我们期待监察委员会在掌握弹劾权和惩戒权之后，能够深入推进反腐事业。同时，“弹惩合一”的体制也会带来监察委员会权力过大、缺少监督的问题，这也是我们必须认真对待的。

（二）监察委员会的监督客体

监察院弹劾权的客体主要有二：一是人的客体，即可以纳入弹劾范围的公务人员，可以称之为弹劾对象。弹劾对象呈扩大之势，从《临时约法》规定的国家元首、政府总理和各部部长等高级官员扩大到所有公务员。二是事的客体，即可以被弹劾的行为。弹劾行为也逐步扩大，从中华民国初期《临时约法》的局限于谋叛、叛国等重大罪行，扩张到“公务员违法或失职之行为”。

关于监察委员会的监督客体，比国民政府监察院的弹劾权之客体大大拓宽。即在人的

〔1〕 2017年1月9日，国务院新闻办新闻发布厅举行新闻发布会，中央纪委副书记吴玉良，监察部副部长肖培，国家预防腐败局副局长、中央纪委国际合作局局长刘建超，中央纪委案件审理室主任罗东川，中央纪委宣传部部长朱国贤解读十八届中央纪委七次全会精神，并答记者问。

客体方面，根据监察部副部长肖培的说法，监察委员会将对六大类人员进行监督，分别是：国家公务员法所规定的国家公职人员，包括中国共产党机关、人大机关、行政机关、政协机关、审判机关、检察机关、民主党派机关、工商联机关的公务员以及参照公务员管理的人员；法律授权或者政府委托来行使公共事务职权的工作人员；国有企业的管理人员；公办教育、科研、文化、医疗、体育这样的事业单位管理人员；群众自治组织中的管理人员；其他依法行使公共职务的人员。

另据澎湃新闻报道，中纪委的主要职能是对党内党员领导干部进行监督，执纪问责，对党组织进行监督，执纪问责。国家监察委员会的职能，就是对所有公权力主体，意味着所有国家财政供养的组织、群体都有必要纳入国家监察范围，包括法院、检察院、医院、学校，都纳入监察范围。〔1〕

与监察院的弹劾权相比较，弹劾权的客体是公务员，而监察委员会的监督对象则超过了公务员，即“国家公务员法所规定的国家公职人员”的范围，对于一般意义上并不具有公务员身份的五类人员，也将纳入监督范围，监督范围明显扩大。

（三）宪法如何规定监察委员会？

1946年《中华民国宪法》设专章即第九章“监察”，共计17条（第90—106条），规定了监察院的性质、组织、职权、监察权之行使、对监察委员的法律保障和职业禁止等事项。第106条规定，“监察院之组织，依法律定之。”由此确立了制定专门的监察院相关法的宪法依据。我国现行宪法如何规定国家监察委员会，可以借鉴《中华民国宪法》的一些做法。

关于宪法中如何规定监察委员会，是一个很大的课题。笔者将另文阐述，此处仅述其要者：

1. 关于监察委员会的性质。监察委员会的性质应当是国家监察机关，行使监察权。至于监察权的具体内容，不宜在宪法中直接规定，可以由监察委员会专门法来做出具体规定。

2. 监察委员会的组织与职权。主要是中央的国家监察委员会的和地方各级监察委员会的具体组成人员、组织机构和职权等。

3. 监察委员会与其他国家机关的关系。监察委员会与宪法中规定的其他国家机关的关系如何安排？现行《中华人民共和国宪法》（以下简称《宪法》）第135条规定：“人民法院、人民检察院和公安机关办理刑事案件，应当分工负责，互相配合，互相制约，以保证准确有效地执行法律。”国家监察委员会入宪后，《宪法》关于人民法院、人民检察院办理刑事案件应当分工负责、互相制约等原则，必然延伸到这个新的国家机关。至于具体怎么修改《宪法》，那是具体操作层级的事务。国家监察体制改革，因设置新型国家机关而牵一发动全身，形成了《宪法》大量条款需要修改的局面。需要我们改革中积累的经验和教训。

4. 在《宪法》中，将“监察委员会”一节置于何处？是置于全国人大和国务院之后，还是置于第三章第七节“人民法院和人民检察院”之后？笔者建议，置于国务院之后、中央军事委

〔1〕 席志刚：《马怀德解析国家监察委：与行政司法机关平行，与廉署有相似性》，载《中国新闻周刊》2016年11月21日。

员会之前，较为妥当。

5. 对监察委员会的监督。应当在《宪法》中规定，监察委员会由人大产生，对人大负责，受人大监督。同时，应另行制定监察委员会监督法。

6. 监察委员会组织法及相关配套法律的制定。应当尽快制定国家监察委员会组织法、国家监察委员会委员（代表）选举法、国家监察委员会监督法等配套法律。

六、余论：谁来监督监察委员会？

国民政府的监察院及其各项职权，至今已为陈迹，但不应否定其对当代的借鉴价值。本文回顾了监察院及弹劾权的相关内容，意在提醒我们建设新制度之时，不可忘记历史。而弹劾权在弹劾客体、职权行使、实践效果等方面，都给我们提供了有益的镜鉴。其实，历史就是曾经发生的现实，弹劾权的运作、实践及其走向，都给我们监察委员会制度的设立，提供了生动的样本。

最后应当说明的是，有权力必有责任，权力与责任相统一是现代法治国家的基本内容。可以想见，未来的国家监察委员会将具有极大的国家权力。那么，谁来监督国家监察委员会？这不仅是一个理论的思考，更是制度设计所必须安排的内容，否则，不受监督的权力无论由哪个部门行使，最终都会脱离设计的方向，与其设立的初衷背道而驰。

论中国古代监察法律制度的演进规律

武　乾　徐汉明*

摘　要： 中国古代监察体制发展是从分散趋向合一，相对于庞大的监察机构，古代监察法发育相对较为迟缓，直到宋代才体系成形，到清代则基本成熟。伴随着监察体制与法制的完善，监察权也呈现出扩张趋势，从稽查、弹劾、处罚三种基本职能向督促、纠错等多元形式发展。中国古代监察法制具有积极的正面成就，是人类法律文明的重要创造，但在封建政治体制之下也存在着明显的异化缺陷，值得深入反思。

关键词： 古代监察　法律制度　演进规律

至晚从《汉书》开始，中国就开始了对监察制度史的记载和研究。历代正史中的“职官志”、制度史中的“十通”等传统著作主要限于各朝监察机构及其职能的考述，而不可能对其作近代政治学和法学的宏观分析。进入近代以来，史学、政治学及法学领域诸先辈与同仁，挟现代史学、政治学和法学的各种新理论，在监察制度的断代史和宏观通史方面的研究蔚然大观。笔者不揣妄陋，将教学之余对中国古代监察制度史演进规律之心得缀成此添足之文，以就方家之教。

一、古代各类独立的监察体制从分散趋向于合一

以监察主体、监察对象为标准，古代监察体制大致可以分为独立于政府的御史体制、首都地区的监察体制以及对皇权的监察体制（言谏、封驳系统）三大类。各类监察体制在其形成之初，均相互独立。从宋代以后，尤其到清代，各类监察体制有合而为一的趋势，统属于都察院体制。

（一）隶属于皇帝、独立于政府的御史体制

这是中国古代最主要的监察体制。

御史早在春秋时期各国就已经出现，但其职掌较杂，有负责执法监察的，有在国君左右负责机要的，有负责掌管国家图书的。到秦代，御史大夫与丞相、太尉一起，成为主要帮助皇帝监察整个官僚系统的监察机关。秦汉时，御史大夫仍兼副丞相并可由皇帝派为个别案件的司法官；同时，御史中丞亦兼掌图书秘籍，符玺御史掌管符玺。汉代之后，御史逐渐成为国家专职的监察机构。

---

* 武乾，中南财经政法大学法学院副教授；徐汉明，中南财经政法大学教授，法治发展与司法改革中心主任。

御史机构在西汉被称为“御史大夫”，东汉以后被称为御史台或都察院。御史实行全国一体化，其驻中央机构代表皇帝监察中央百官，派驻地方的机构代表皇帝监察地方。

1. 中央监察体制

(1) 御史机关及其与其他国家机关的关系。秦代，御史大夫是国家最高监察机关，其副职为御史中丞，其下设有派驻中央监察百官的侍御史。东汉时，御史台为最高御史机构，以御史中丞为最高长官(御史大夫于西汉成帝时被改为大司空，脱离御史体制)，其设于中央监察百官的监察官员为侍御史与御史。

魏晋南北朝时，设于中央监察百官的监察官员仍为各类侍御史。

唐代，御史台长官仍称御史大夫，副长官为御史中丞，其所属机构最终明晰化为三院：台院设侍御史负责纠察百僚违法、推鞫狱讼，殿院设殿中侍御史于殿廷朝会时纠察违纪以维护礼仪，察院设监察御史分别巡察地方。唐以前，御史大夫或御史台的监察对象通常为官员而非国家机关。唐德宗兴元元年(公元 784 年)，始以监察御史“第一人察吏部、礼部，第二人察兵部、工部，第三人察户部、刑部，岁终议殿最”。元和中，“乃命专察尚书省，号曰六察官”。[1] 这一制度大概就是明清时代六科监察中央各部院的滥觞。

宋代因之，但从未实际任命御史大夫，御史台向由御史中丞掌之，仍设台、殿、察三院。台院侍御史为御史中丞副职，不再负责纠察中央百官；殿院侍御史仍主纠察朝会；察院由监察御史掌管，分察中央百官，不再负责监察地方。地方由中央派出的转运使司、提举常平司、提举茶盐司、提刑按察司等各路监司负责。宋神宗元丰二年(公元 1079 年)，仿行唐代“六察官”设置，由御史台派员分察中央各部、监、寺。

元代御史台恢复了御史大夫之任，但取消了三院中的台院，对中央百官的纠察由侍御史与治书侍御史分掌，殿院改为殿中司。

明代改御史台为都察院，完全取消唐代三院，在长官左、右都御史之下，仅设十三道监察御史，分巡十三省地方官吏及法律指定的中央机关(仿自唐宋的六察法)。如贵州道除巡察贵州省外，还兼有检察吏部、太仆寺、上林苑监、内官监、印绶监、长卢盐运司以及部分都司、卫、所等地方军事机关。

清代将明代直属皇帝的监察系统——六科给事中并入都察院，与监察各地方的十五道监察御史并称“科道”。科道之外，都察院还设有五城察院、宗室御史处、稽查内务府御史处。五城察院为都察院派驻于北京东、西、南、北、中五个兵马司(相当于北京五个城区兼警备区)的监察机关，宗室御史处、稽查内务府御史处分别为都察院派驻宗人府、内务府监察其财政的机关。

(2) 御史机关内部领导体制。秦代与西汉时期，中央御史机关以长官之名名之，大抵可以说明机关内实行完全的长官负责制。御史大夫不仅为监察机关的行政首长，同时也是监察业务的最高负责人，侍御史与监察御史行使监察权须由御史大夫或御史中丞批准。

唐代以后，御史大夫或御史中丞仅为御史机关的行政首长，御史台内侍御史、御史独立

---

[1] 《文献通考》卷五十三《职官考七》。

行使监察权而无需其批准，类似于近代司法独立体制中法官独立体制。宋、元、明、清各代因之。

2. 地方监察体制

秦代御史大夫下除监察百官的侍御史外，还设有巡视地方各郡的监御史。县官由郡守监察，监御史不与焉。汉武帝将全国分为十三个监察区，称为州部，改监御史为刺史，监察所属各郡；县官依然由郡守监察。

隋朝的地方监察机关与御史台平行单列，称为"司隶台"。司隶台设长官大夫 1 人，下设别驾 2 人，分掌东都与京师；设刺史 14 人，分察京外各州。唐代，司隶台并入御史台，为三院之一——察院。察院先后下设十道、十五道监察御史（后又改称采访使、观察使），监察所属州县。唐后期，道采访使或观察使的权力日大，逐渐演变成州（府）政府之上的一级政府。

宋代，御史系统不派设地方监察御史，对地方监察由御史以外的两套专门监察系统——路级监司系统与府（州、军、监）通判系统进行。

元代因版图极大，中央各机关分别在地方设有派出机构：行中书省、行枢密院和行御史台。全国设两大行御史台——江南诸道行御史台与陕西诸道行御史台，简称"行台"。前者亦称南行台或南台，统辖江浙、江西、湖广三省共十道；后者亦称西行台或西台，统辖陕西、甘肃、四川和云南四个行省共四道；大都（北京）地区及其他行省共八道由御史台直接监察。各道设肃政廉访使，监察所属各路、府、州、县。

明代地方分十三省，各省设按察使司（与布政使司、都指挥使司合称"三司"），由中央派出，负责对各省行政与司法事务的监察。但后来该司逐渐地方化，其监察活动也仅限于司法。中央对地方的监察主要由都察院所属之十三道监察御史通过巡回视察进行，因而也称为"巡按御史"。监察御史名义上属都察院，但仅属都察院考核而已，其职权行使完全独立，其关防印信亦为"某道监察御史"而不书"都察院"。除按察使司与监察御史外，明代中后期中央政府还向地方派有巡抚、总督等监察官员，但督、抚虽然也带都察院都御史衔，但仅有兼职，而且后期有成为地方实体政权的趋势。

清代增为十五道（清末增为二十二道），各道御史除监察本监察区内的官吏之外，还负责稽察法定之中央机关的事务，并掌核本省刑名。如河南道稽察吏部、詹事府、步军统领衙门、五城察院，浙江道稽察礼部、都察院事务，山东道稽察刑部与太医院。各道对相应中央机关的稽察与六科给事中的稽察交叉进行，因而中央各机关要接受"科"、"道"的双重稽察。

（二）首都监察体制

自汉代起，各朝在中央与地方御史机构之外还设有专门的首都监察体制。隋以后，此类首都监察机构基本属于御史系列。

汉武帝征和四年（公元前 89 年），西汉政府设独立于御史系统的司隶校尉，察举京城地区及周边七郡吏民违法。后其曾一度隶于御史大夫。光武帝特诏在殿廷上为司隶校尉与御史中丞、尚书令设专席不与其他官员并坐，号称"三独坐"，其职权扩张到自三公以下无所不纠，实际成为御史系统之外兼察中央百官及首都地区的监察机关。由于司隶校尉与御史系统相互独立，终于在西晋惠帝元康年间爆发了司隶校尉傅咸与御史中丞解结之间的职权之争。鉴于双方监察职权的重叠，东晋至南朝取消了该职，但北朝依然保留。

隋代继承的是北周制度，将北周的司隶校尉改为司隶台，纳入御史台之下，掌畿内外监察。唐宋两朝首都地区监察机关无专设，元代对大都地区的监察直隶御史台。明亦无专设，清于御史台下专设五城察院（已如前述），首都监察系统最终被并入了御史系列。

（三）对皇权的监察体制——谏议、起居记载及封驳

为实现对王权的有限监察，中国在春秋时期就形成了各类对王（皇）权的监察体制。

1. 先秦时期的谏鼓、谤木、谏官与史官

先秦典籍及《史记》等著作中，屡屡记载尧之谏鼓、舜之谤木之设。凡对君主有谏击鼓，“书其过失以表木也”〔1〕。此谤木后来演变为天安门广场上的华表建筑，到汉时仍有设立；谏鼓到晋时则发展为司法上的直诉制度。西周时设有讽谏君主过失的专职谏官，“保氏掌谏王恶”〔2〕。春秋齐国谏官称“大谏官”“大谏臣”，即便是极端专制的秦朝亦设有“中大夫、太中大夫、谏大夫”一类“掌议论”的官职，属九卿之一的郎中令。自商代有文字以来，中国历朝就有专门记载朝野大事的史官。史官如实地记载君主言行，至晚于春秋时期即已形成“君举必书”“秉笔直书”等独立于君权的史官职业文化权力传统。

2. 汉代史官及谏大夫

即便是君主极端专制的秦代，亦设有史官。这一传统在唐以后即形成了正式的起居注制度。汉承秦制，于郎中令下设有中大夫、太中大夫、谏大夫之职。由于西汉诸帝大都能够惩秦极端专制之失，虚心纳谏甚至主动下诏求“直言极谏”者，因而西汉时期也就出现了许多直言之谏臣，如贾谊、晁错、汲黯等。但此时的谏大夫之职与“太中大夫、中大夫”一起，仍属负责宫廷警卫之“郎中令”（九卿之一，汉武帝时改为“光禄勋”），无定员，仅为皇帝身边以备顾问之闲员。东汉改谏大夫为谏议大夫。汉代史官制度中有一项专门对历代皇帝事迹进行记载、整理及编著的活动，称为“著记”。该项制度“即后来起居注记史体制的前身”，但“并不是即时的史事记录”。〔3〕

3. 魏晋南北朝的谏议、封驳与起居注制度

魏晋南北朝时，为制约两汉时作为宫廷内朝的尚书台日益扩张的权力，将同属内朝的中书令提升为中书省，为制约权力日张的中书省权力，又设门下省。原属九卿的谏议大夫、给事中、侍中、散骑侍郎等官从宫廷中被剥离出来，合并于门下省、中书省。其中，侍中为门下省长官，谏议大夫主议论（批评与建议），给事中主封驳中书省起草的诏书；散骑常侍为集书省长官，亦掌规谏。谏议制度在这一时期最主要的发展在于封驳诏书制度的形成，它意味着监察权已经突破了作为皇帝耳目监视的工具而具有了权力制衡的元素，尽管这一制衡的对象仅限于诏令的起草。魏晋及南朝的史官对皇帝言行的记录与整理制度已被称为“起居注”，但仍不是完全的即时记录，“真正在起居注记史体制发展上作出贡献者，应从北朝元魏

〔1〕《吕氏春秋·自知》。

〔2〕《周礼·地官·保氏》。

〔3〕乔治忠、刘文英：《中国古代“起居注”记史体制的形成》，载《史学史研究》2010年第2期。

政权说起”[1]。

4. 隋唐的封驳、谏议与起居注制度

隋代将集书省合并于门下省，且门下省无封驳诏书权，但在中书省下设立了起居舍人，即时、如实记载皇帝言行。唐代对皇权的监察制度较为完备与成熟，其权分为三项：谏议、起居注记载与封驳诏书。谏议机构分别有左、右散骑常侍，左、右谏议大夫，左、右补阙，左、右拾遗，起居舍人，起居郎等，分属中书与门下两省，专司批评、建议及如实记载皇帝言行。其左官及起居郎隶门下省，右官及起居舍人隶中书省。谏议官的批评、建议固然对皇帝有一定的制约，但缺乏强制效力。起居注如实记载皇帝的言行，源于古代“君举必书”的史官职业文化传统。“秉笔直书”的职业原则能让不愿意在史上留下恶名的皇帝有所戒惧，但对不在乎身后名的皇帝则几乎不起作用。按相关制度，皇帝是不能阅读、更不能修改起居注的，唐太宗、文宗先后屡次欲破其戒，强行索阅，但均被谏止，说明起居注在唐代对帝王是有一定的约束力的。唯中书省所属之中书舍人、门下省所属之给事中专司的封驳权能对皇帝起到一定的制衡作用。中书舍人负责代皇帝起草诏敕，如认为诏敕有所违失，可以拒绝起草。给事中则负责审核中书省移送的诏敕或政府诸司上奏的文书，如认为有违失之处，则可分别封还驳回各司或中书省。即便是皇帝手谕，如无给事中审核，亦不生法律效力。

为提高议决与执行效率，唐太宗要求三省联合办公，称政事堂。玄宗开元十一年(公元723年)，改政事堂为“中书门下”，成为中书、门下、尚书三省之外独立的宰相机构。中书省不再参与决策，沦为单纯的诏敕起草机构，但保留了右散骑常侍、右谏议大夫及起居舍人；尚书省仅于名义上存在而无实际权力；门下省虽仍行使诏敕下颁前的封驳权，但对诸司奏书的封驳权力却逐渐被中书、门下取代了，也就是说，宰相侵夺了门下省对政府审查各机关上呈奏书的监察权。此外，门下省属下之谏议机构有统一为“谏院”的趋势。

5. 宋代

宋承唐制，在元丰改制前，中央政府袭用唐代中书门下体制凌驾于三省之上的体制，封驳权仍专属门下省，言谏权与起居注由中书、门下两省分掌。设于中书省的有右散骑常侍、右谏议大夫、右司谏、右正言和起居舍人；设于门下省的有左散骑常侍、左谏议大夫、左司谏、左正言、起居郎。在宋代，政府为安置闲员实行的叠床架屋的官、职和差遣相分离的制度下，上述机构与官名均为“寄禄官”，即仅有官名、俸禄而无实权，真正履行言谏、起居注实权的是设于三省之外的起居院与谏院。起居院仅记载皇帝的日常活动，不允许起居官员在场记载皇帝与中枢官员的密议事项。此外，起居院还接受各机关定期报送的各事项记录，编辑成史册并交皇帝审阅，因而起居院实际沦为宋代中央档案机关与史馆，对皇权的监察之权大为减弱。谏院下设登闻鼓院(简称“鼓院”)与登闻检院(简称“检院”)。鼓院受理文武官员及士民对朝廷进行批评建议以及申诉冤情的章奏表疏，如不能及时回复并处理，上奏人可以诉至检院。如检院不予受理，则许御史台陈诉甚至可以邀车驾进状。因而谏院具有三重职能：言谏监察、审查章奏表疏及受理信访，其言谏权自宋真宗始延涉对百官的弹劾，与御史台的弹

[1] 乔治忠、刘文英：《中国古代“起居注”记史体制的形成》，载《史学史研究》2010年第2期。

劾权有混一的趋势。封驳权分别由中书省之中书舍人、门下省之给事中负责，中书舍人负责起草诏敕，如认为皇帝的命令有违失处，可“封还词头”，拒绝草拟诏敕。凡中书省移送之诏敕，给事中如认为有违失处，亦可封还驳回。对政府各司上呈章奏，亦可考其稽违而封还之。给事中下设通进司（又称“银台通进司”），掌受“三省、枢密院、六曹、寺监百司奏牍，文武近臣表疏及章奏房所领天下章奏案牍，具事目进呈，而颁布于中外”；设都进奏院“掌受诏敕及三省、枢密院宣札，六曹、寺监百司符牒颁于诸路。凡章奏至，则具事目上门下省，若案牍及申禀文书，则分纳诸官司；凡奏牍违戾法式者，贴说以进”。其基本分工为前者主审核百司奏牍，而后者则主封驳诏敕，但职有交叉。

神宗元丰改制，废中书、门下制，恢复唐初三省制，废谏院与起居院，唯在宋初，中书、门下两省之外分别设立中书外（后）省与门下外（后）省，将原中书的言谏权与起居注记载权归属中书后省，门下省的言谏权、起居注记载权与封驳权集中归于门下后省。南宋建炎三年（公元1129年），高宗诏令复谏院并独立于门下后省，此制一直终南宋之制。

宋代言谏制度的特点有三：其一，言谏机构进一步独立于门下省的专门化趋势；其二，言谏机构也具有了弹劾权，与御史台的职能有合一的趋势，即所谓“台谏合一”；其三，起居注渐渐失去了对皇权的制约；其四，言谏兼具信访功能。

6. 元代

元代实行一省制，废除了尚书与门下两省，原属门下省的谏官亦予废除，其言谏之职由御史兼任，进一步实行台谏合一。给事中官名虽存，但其职仅为掌管修史之起居注，封驳权完全被废。由于给事中所兼之起居注完全不记皇帝言行，所录“皆臣下闻奏事目”，故起居注对皇权的监督亦完全废止。

7. 明代

明代亦无专门的言谏机关，都察院兼纠弹与言谏。此外，通政使司、六科给事中与内阁亦兼有封驳与言谏双重职能。通政使司“出纳帝命，通达下情，关防诸司出入公文，奏报四方章奏实封建言、陈情申诉及军情声息、灾异等事”。所谓“出纳帝命”，即审核内阁票拟的皇帝谕旨，如认为有所违失，有权驳还内阁，相当于宋代给事中之银台通行司；“奏报四方章奏实封建言”，其职相当于宋代给事中之都进奏院；“关防诸司出入公文”，其职有类于宋之起居院；受理“陈情申诉”，其职同于宋代谏院下之登闻鼓院、登闻检院。由于六科给事中亦有稽审六部章奏之权且权力日重，通政使司亦不堪其繁，故“非重务者悉不以闻，径送六科”，加以通政使司受宦官控制日深，故于万历九年（公元1581年）被废置。

六科给事中亦缘于宋代给事中下设之吏、户、礼、兵、刑、工六房体制。凡六部章奏，必须通过本科给事中审核方能呈内阁票拟，在皇帝朱批后，原件必须再经本科给事中审查。如给事中认为妥当，即抄发到本部执行；如认为有所违失，则应封还内阁驳正。即便是内使传旨，亦必须经相关科给事中审查后，方能施行。凡下行各部文书，未经相应科给事中签署，不生效力。上述制度，说明明代六科给事中仍有封驳皇帝谕旨的职权。除行使封驳权外，六科给事中还享有其他各项监察权，如对各部文卷的照刷权、注销权，对朝政的言谏权以及对违法官吏的纠察、弹劾权。六科对中央各部曾经六科抄录的公文会定期核查（即所谓“照刷”）其是否已按期如实办理，如按期办理则予以注销，否则予以弹劾，是为照刷、注销权。“朝政缺失，军民利病，皆得言之”，是为言谏权。“凡两京大臣方面等官，有不职者，俱得劾奏，或大班面劾。及诸人有不公不法等事，俱得劾奏。……若系重事特旨令科道官记著者，即时纠举”，是为纠察弹劾权。此外，对六部诸项重要事务，本科给事中还有副署权。六科言事及监察，甚至不限于本部，其监察权扩张如此。顾炎武对六科给事中之封驳制度评论甚高：“泰昌（光宗年号）以后，国论纷纭，而维持禁止，往往赖科参之力，今人所不知矣！”[1]

内阁本为废除丞相以后皇帝的高级秘书机构，主要代替皇帝阅读文件并起草诏谕。如果内阁大学士认为皇帝的旨意不适宜，亦可不奉诏，“封还御批”，类于宋代中书省中书舍人或知制诰“封还词头”。

8. 清代

清承明制，不设专门的谏议机关，都察院兼纠弹与言谏职能，通政使司与内阁对皇帝诏旨的封驳权被完全取消，但六科对六部及各级地方政府章奏的审核封驳权以及对皇帝硃批后下达各部院执行的谕旨仍通过科抄制度保留下来。康熙六十一年前，受理冤情控诉的机构为都察院，与明代稍异。康熙六十一年后，恢复了明代制度，改由通政使司负责。雍正时，六科给事中被合并于都察院，与监察地方的机关合称“科道”，台谏完全合一；都察院下设五城察院，首都监察机关被并入御史系统。

（四）上级政府对下级政府的监察体制

除台、谏等专门的监察机构对包括皇帝在内的各国家机关与公务人员进行监察外，上级政府对下级政府亦可行使监察权。

汉代，御史大夫监察中央百官，刺史监察郡一级政府与官员，不包括县级政府与官员。后者由其上级郡守派出督邮进行监察。汉末及魏晋南北朝，刺史变为州级长官，其对郡的监察亦变为上级政府对下级政府的监察。西晋泰始四年（公元 268 年）六月，武帝颁布诏书，要求郡国守相必须“三载一巡行属县，必以春”。唐代取消了郡，地方仅为州、县两级，州级政府当然要行使对县级政府的监察权。

宋代，上级政府对下级政府的监察体制有了重大变化。首先，中央政府为监察各州，将原来唐代各道改为路，各路设立互不统属的专业监察机构，统称“监司”。如转运使司负责监察财政，提刑按察司负责监察司法，提举常平茶盐司负责监察茶、盐专卖，提举市舶司负责监察海关，提举学事司负责监察教育，等等。这种分工细化的路级监察体制不属于御史监察体制，属于上级政府对下级政府的监察。其次，在州（府、军、监）一级除任命知州（府、军、监）长官外，还派设有副职，称“通判”，凡知州（府、军、监）的决定必须由通判副署才能生效。同时，通判亦负责对所属各县进行监察，所谓“佐郡守之治，入则贰政，出则按县”。南宋孝宗以后，通判不再监督知州（府、军、监），但仍对所属各县行使监察权。监司与通判制为宋代所独有的监察体制。

元代，路成为一级政权，行中书省则成为中央政府监察路的上级政府，路监察州（府），州

〔1〕 顾炎武：《日知录》卷九。

(府)监察县。

明初,为防止省地方坐大,太祖将省级政权分为布政使司、提刑按察使司与都指挥使司三司,分别行使行政、司法监察(亦有纠察违法官吏之职)与军权,不设最高长官,共同对中央政府负责。但由于事权不一,三司常常相互掣肘,效率低下,宣德以后,始由中央临时差派文官到省巡视,称为“巡抚”。英宗以后,巡抚逐渐取得一省最高权力,三司成为巡抚之下的业务部门。为强化其权并协调其与各省巡按御史之关系,巡抚一般挂都察院副都御史衔,位在巡按御史之上,但实际上并不真正属于都察院系统,而成为事实上的省级长官,对府(州)、县行使上级政府的监察权。为协调相邻各省的军务和财政事务,明代自英宗正统年间开始设立总督,挂都御史衔,分管数省军政事务,但尚未成为稳定的数省之上的地方建制。

清代继承明代的巡抚与总督制度,使之分别成为一省和数省之上的地方长官,对各下级政府享有监察权。总督通常兼都察院右都御史之衔,巡抚通常兼都察院副都御史之衔。巡抚下主要有布政使司(藩司)、提刑按察使司(臬司)与提督,分别监察下级政府的民政、司法与军事等事项。与明朝不同,清代在省内设有专管某一事项以及兼管数府的道员。前者如督粮道、管河道、盐法道,佐布政使分别察核粮谷、水利及食盐专卖事务;后者又分守道、巡道两种,守道掌管数府钱谷,巡道察核数府司法事务。道员既有纠察、弹劾权,亦可上疏言事。

(五) 其他特殊监察体制

除隶于皇帝与御史台(都察院)系统与言谏系统外,中国古代尚有其他监察系统。

1. 汉代隶属丞相的司直体制

元狩五年(公元前 118 年),汉武帝在丞相之下设立丞相司直,作为直属于丞相的监察机关,有权监察除丞相外的所有官吏。光武帝时,这一职务被废除,汉献帝建安年间又得以恢复,称为司徒司直,但其职权范围缩小至仅监察京师各官府官员。汉代以后,不再设立此机构。

2. 特务监察体制

特务监察体制是指用非正式官员以秘密手段监视臣民的有组织的监督体制,其活动常常不具有正当性,不依法律程序进行。历史记载中最早的监察特务当为西周厉王为监视臣民言论而委派的卫巫;汉末曹操设立了“校事”与“刺奸”等职务,“上察百官,下摄众司,官无局业,职无分限,随愈任情,唯心所造。法造于笔端,不依科诏,狱成于门下,不服复讯”,后为曹魏所继承;孙吴也设立“校事”侦伺官员;北魏时,“(文成帝)增置内外候官,伺察诸曹外部州镇,至有微服杂乱于府志间,以求百官疵失”[1],孝文帝时裁撤;唐代武周时期武后特务活动最甚,肃宗时期太监李辅国秘密设立“察事”这一特务机构,对官吏进行政治侦察;明代厂、卫特务机关对官吏的秘密监察,其规模与严酷程度均居中国古代之最。

---

〔1〕《魏书·刑罚志》。

二、自宋至清监察法始发育成较为成熟的法律部门

监察法是指监察机关据以行使监察权的法律依据，广义的监察法应当包括监察主体、监察对象、监察方式、监察程序以及监察人员的管理。狭义的监察法则主要包括监察对象、方式与程序。相对于监察机构的庞大，监察法的发育则相对迟缓，直到宋代才开始形成较为复杂的体系，到清代则基本成熟。

(一) 宋以前以"六条问事"为主

第一部专门的监察法规为汉惠帝时的"巡察九条"。"惠帝三年，相国奏御史监三辅郡，察以九条：察有讼者、盗贼者、伪铸钱者、恣为奸诈论狱不直者、擅兴徭役不平者、吏不廉者、吏以苛刻故劾无罪者、敢为逾侈及弩十石以上者、非所当服者，凡九条。"[1]这一法规只适用于首都所在的关中地区，其适用的对象既有不法之官，亦有不法之民。武帝时制定《刺史六条问事》，其大致内容为：第一条，强宗豪右，田宅逾制，以强凌弱，以众暴寡；第二条，二千石不奉诏书，遵承典制，倍公向私，旁诏守利，侵渔百姓，聚敛为奸；第三条，二千石不恤疑狱，风厉杀人，怒则任刑，喜则淫赏，烦扰刻暴，剥截黎元，为百姓所疾，山崩石裂，详讹言；第四条，二千石选署不平，苟阿所爱，蔽贤宠顽；第五条，二千石子弟恃怙荣势，请托所监；第六条，二千石违公下比，阿附豪强，通行货赂，割损正令也。根据上述记载，刺史监察的对象主要为地方各郡的二千石官吏，其次为地方强宗豪右，其违法行为均在监察之列。无论九条或六条，其对官吏各种违法行为的表述仅仅总其纲要，且于监察方式及程序均未涉及，反映出汉代以简驭繁的监察立法思想。在宋以前各代，此六条一直是监察立法的模本。

三国时期曹魏，"州本以御史出监诸郡，以六条诏书察长吏二千石以下"。此"六条"的具体内容为："察民疾苦冤失职者；察墨绶长吏以上居官政状；察盗贼为民之害及大奸猾者；察犯田律四时禁者；察民有孝悌廉洁行修正茂才异等者；察吏不簿人钱谷放散者。所察不得过此。"[2]该六条删除了监察豪强一项，改为考察民间孝悌廉洁行修正茂才异之民。

西晋泰始四年(公元268年)六月，武帝颁布《责成二千石诏》，规定郡国守相必须"三载一巡行属县，必以春"，巡视时必须"见长吏，观风俗，协礼律，考度量，存问耆老，亲见百年。录囚徒，理冤枉，详察政刑得失，知百姓所患苦"，对县令的考评标准为："田畴辟，生业修，礼教设，禁令行，则长吏之能也；人穷匮，农事荒，奸盗起，刑狱烦，下陵上替，礼义不兴，斯长吏之否也。"太康九年(公元288年)颁布诏书："二千石长吏不能勤恤人隐，而轻挟私故，兴长刑狱，又多贪浊，烦挠百姓。其敕刺史二千石纠其秽浊，举其公清，有司议其黜陟。"[3]上述立法无论就形式抑或内容均不出汉代"六条问事"。

北周武帝于宣政元年(公元578年)"遣大使巡察诸州，诏制九条，宣下州郡"，"一曰决狱

---

〔1〕《西汉年纪》卷一引《汉仪》。

〔2〕《九朝律考》转引《文选》"齐故安陆昭王碑文"。

〔3〕《晋书》卷三《武帝纪》。

科罪，皆准律文；二曰母族绝服外者，听婚；三曰以杖决罚，悉令依法；四曰郡县当境贼盗不擒获者，并仰录奏；五曰孝子顺孙、义夫节妇，表其门闾，才堪任用者，即宜申荐；六曰或昔经驱使，名位未达，或沉沦蓬荜，文武可施，宜并采访，具以名奏；七曰伪齐七品以上，已敕收用，八品以下，爰及流外，若欲入仕，皆听预选，降二等授官；八曰州举高才博学者为秀才，郡举经明行修者为孝廉，上州、上郡岁一人，下州、下郡三岁一人；九曰年七十以上，依式授官，鳏寡困乏不能自存者，并加禀恤"。其中，纠察官吏不法者仅一、三、四诸项。

隋炀帝大业年间，设司隶台、御史台与谒者台，合称"三台"，大抵相当于汉代的司隶校尉，既负责监察东、西二京师的官吏，也设有刺史巡视畿外诸郡。司隶台按"六条"行使监察权：一察品官以上理政能否；二察官人贪残害政；三察豪强奸猾侵害下人及田宅逾制，官司不能禁止者；四察水旱虫灾不以实言、枉征赋役及无灾妄蠲免者；五察郡内盗贼不能穷逐、隐而不申者；六察德行孝悌、茂才异行隐不贡者。[1] 此六条大抵也以汉代"六条问事"为基础，唯其所察对象完全为不法官吏，且从二千石级扩大到所有品官。唐代"巡察六条"规定："其一察官人善恶；其二察户口流散，籍帐隐没，赋役不均；其三察农桑不勤，仓库减耗；其四察妖猾盗贼，不事生业，为私蠹害；其五察德行孝悌，茂才异等，藏器晦迹，应时用者；其六察黠吏豪宗兼并纵暴，贫弱冤苦不能自申者。"[2]其所察对象为不法官、民。武后"光宅元年，……以四十八条察州县"，后似减为四十四条。时任凤阁舍人的李峤上疏曰，"禁网上疏，法象宜简，简则法易行而不烦杂，疏则所罗广而不苛碎。伏见垂拱时，诸道巡察使科条四十有四，至别敕令又三十"，"今所察按，准汉六条而推广之，则无不包矣，乌在多张事目也?"[3]武周延载年间，此科条被废止。

（二）宋之后监察法逐渐系统化

宋代的法律形式多元而复杂，其监察立法亦变得丰富而复杂，其渊源有令、格等，如《御史台令》《考课令》《御史台格》《御史台仪制》《六察台格》《弹奏格》等。此外，还有敕诏，如《监司互察诏》《诫饬台官言事御笔手诏》《御史台弹劾三省举察丑正朋邪附下罔上诏》《令转运司廉访官吏能否诏》《诫饬转运使副遍诣管内检察金谷刑讼察访公私利害诏》等。为便于检索、阅览，宋代已出现了监察法规的汇编。宣和六年(公元 1124 年)，御史台奏称："每被诏旨令觉察弹奏，有牒言官之文，有揭榜长贰厅之法。阅岁寖久，被受滋多，而无成书可以总括，诏旨遂成虚文。乞令台臣搜阅修成格目，以备稽考。"徽宗"从之"。[4] 除数量较多并有专门汇编外，宋代监察立法的特点还在于开始了对中央百官的监察。

元代的监察立法更加完备，《元典章》中载入的就有：至元五年颁布的《设立宪台格例》三十六条、至元六年制定的《察司体察等例》三十条、至元十四年制定的《行台体察等例》三十条、至元二十一年颁布的《禁治察司等例》十二条、至元二十四年的《台察咨禀等事》、至元二

〔1〕《隋书》卷二十八《百官志下》。

〔2〕《新唐书》卷四十八《百官志三》。

〔3〕《新唐书》卷一百二十三《李峤传》。

〔4〕《宋会要辑稿·职官》五十五之十六。

十五年的《察司合察事理》十二条、至元二十九年的《廉访司合行条例》。元初世祖至元末顺帝，还多次汇编、续编《风宪宏纲》。据邱永明先生统计，《元典章》这一法规汇编中载入的监察法就有四十二种之多[1]，既有统一的监察立法，如《设立宪台格例》，也有单行法规，还有持续而完整的法规汇编如《风宪宏纲》。监察立法的内容包括监察机构的设置、职能、监察权限、监察程序以及监察纪律等。

明洪武元年，颁布《宪纲》四十条，是为明代第一部专门的监察法。洪武二十三年（公元1390年），制定了《责任条例》。洪武二十六年（公元1393年），在《宪纲》基础上重定《宪纲总例》。此外，明初还颁布有《诸司职掌·都察院》《纠劾官邪规定》《责任条例》《都察院条例》等监察法规。《宪纲总例》经历代增修，至英宗正统四年（公元1439年）十月修订为《宪纲事类》（亦称《宪纲条例》）。该法规包括有《宪纲》三十四条、《宪体》十五条、《出巡相见礼仪》四条、《巡历事例》三十六条、《刷卷条格》六条，大体属于监察法汇编性质。上述法规，分别被收入《皇明制书》与《大明会典》。《大明会典》所载事关都察院的监察法规分为十多个大类：宪纲总例、督抚建制、各道分隶、纠劾官邪、考核百官、急缺选用、奏请点差、出差事宜、照刷文卷、回道考察、问拟刑名、追问公事、审录罪囚、监礼纠仪、抚按通例、南京都察院事例等。此外，《大明会典》还载有另一监察系统六科给事中的单行监察法规条款共一百六十一条，分别规定了六科给事中的职责、权限及监察程序等内容。

从乾隆八年（公元1743年）始，清政府便开始汇纂专门的监察法——《钦定台规》八卷。此后，嘉庆、道光、光绪三朝又先后续修，至光绪时增为四十三卷，成为最终也是最完备的版本。《钦定台规》分为训典、宪纲、六科、五城、各道、稽查、巡察和通例八个部分共三十六目。其中，"训典"部分是历代皇帝对都察院监察工作的各种指示的汇集，分圣制、圣谕与上谕三目；"宪纲"部分分序官、陈奏、典礼、考绩、会谳、辩诉六目，分别是关于都察院的设置和职掌、奏事程序、对朝会及各种大典的礼仪纠察、对官吏考绩工作的监察、会同司法机关的会审及稽核程序以及对京控案件的处理等；"六科"部分分通掌和分掌两目，分别规定六科的任务及职责；"五城"部分分纲领、条教、听断、保甲、纠捕、赈恤、禁令、界址、司坊、街道十目，分别规定五城察院对首都五城兵马司的各项工作进行监察；"各道"部分分通掌和分掌两目，规定各道的任务及职责；"稽查"部分分京通十六仓、户部三库、八旗、宗人府等衙门以及吏部的考试、铨选六目，是都察院对一些特殊机构进行监察的特别规定；"巡察"部分分漕粮、盐政与游牧三目，分别规定都察院向各地派遣巡视员监察漕粮、盐政及游牧等特殊事项；"通例"部分分考选、升转、仪注、公署四目，是关于都察院官员的选任、升转等内部管理规定。虽然《钦定台规》的体例在逻辑上较为严密，但在每目之内的内容上却大都是按时间顺序由历代皇帝议准的规条，仍然具有较明显的法规汇编性质。

乾隆时期，与《钦定台规》同时存在的都察院监察法规还有一部《都察院则例》。该则例有两个版本存世，其一是截至乾隆十三年的上下卷本，其二是截至乾隆二十年的版本。乾隆三十九年，曾有御史呈请重修该则例，但乾隆批示"殊可不必"，而且此后历代皇帝再也没有

〔1〕 邱永明：《中国古代监察制度史》，上海人民出版社，2007年版，第364页。

修订过。其原因尚不明确，最大的可能是乾隆前期各部院大规模制定则例，都察院为应此潮流而定，后因该则例与《钦定台规》多所重复，故乾隆二十年以后便将其废止了。

与《钦定台规》相呼应的，清代还制定有《钦定吏部则例·处分则例》，其中的"处分则例"后又独立为《钦定吏部处分则例》，后又改为《钦定六部处分则例》。这些处分则例是在受到都察院弹劾后，由吏部议定、皇帝批准给予行政处分的规则，应属行政法中公务员法的范围，而不属于监察法。监察法只是启动对违法官员的调查与弹劾程序，而不涉及对官员的行政或刑事处分。从《都察院则例》的被废止，代之以法典化的《钦定台规》，说明在清代政府的组织机构中，都察院列于六部行政机关之外；在清代法律体系中，《钦定台规》既独立于各部则例之外，其效力层次亦高于六部则例。从法律体系的部门分类上说，清代《钦定台规》的出现标志着独立于行政法、刑法之外的第三大法律部门——监察法的最后形成。

三、监察权从稽察、弹劾、处罚三种基本方式扩展到督促、纠错等多元形式

（一）对官员与机关违法行为的发现与调查

监察机关通过定期巡视、临时派员检察、审阅各机关文书等途径发现各国家机关与官员的违法行为，然后进行调查。

1. 巡视制度

巡视包括定期在固定区域巡视与临时差派御史到各地巡视。秦朝时，监察御史虽负责监察各郡，但尚未有固定区域，其巡视时间也尚无一定。除监郡御史外，御史监察通常是由皇帝临时差遣进行某项专项调查。如秦始皇先后遣御史案问诸生案，"始皇死而地分"案，秦二世遣御史案问蒙毅、李斯案等。汉武帝元封五年（公元前 106 年）置十三州部刺史，"乘传周行郡国，无适所治"，"常以八月巡行所部，录囚徒，考殿最，初岁尽诣京都奏事"〔1〕。从此，形成了监察御史在规定时间在固定区域内巡察的制度。元帝时始为刺史设固定办公场所和属官。"元帝时，丞相于定国条州大小，为设吏员：治中、别驾、诸部从事，秩皆百石，同诸郡从事。"〔2〕上级政府对下级政府的监察也常常通过定期巡视的制度进行，前述西晋泰始四年（公元 268 年）六月，武帝要求郡国守相必须"三载一巡行属县，必以春"〔3〕。

汉代虽形成了监察御史在固定区域定期巡视郡县的制度，但也常常差遣御史到地方或进行一般性的巡视，或进行专项督责。"御史出使，至西汉而渐多，如绣衣直指、监郡、督运、监军之类，皆以事专行，正如今巡漕、巡察诸差之比。其他随时奉遣者，尚屡见于史。"〔4〕以

〔1〕《通典》卷三十二《职官十四》。

〔2〕应劭：《汉官仪》。

〔3〕《晋书》卷三《武帝纪》。

〔4〕《历代职官表》卷十八。

后各朝，亦常有皇帝派遣御史到各地进行广泛或专项巡视。

明代监察制度渐趋法制化，《宪纲事类》中即列有《巡历事例》，关于巡视的单行法规还有《差巡事宜》《出巡事宜》《巡视上江职掌》等。清代《钦定台规》中亦列有“各道”与“巡察”两部中专门规定种类巡察事宜。

在巡视中，御史们通过检查被监察机关的文牍、访问地方吏民、询问监狱囚犯、接受举报，甚至根据道听途说（即所谓“风闻奏事”“风闻弹人”，始于东晋恭帝元熙年间），获得违法案件信息。

2. 常规稽察

最通常的稽察，是对政府中央各机关与地方各级政府的章奏、文书的审核，可分为“科抄”“照刷文卷”“磨勘文卷”和“注销文卷”等项。唐宋时期，对中央各机关及地方各级政府章奏、文书的合法性审查是由门下省进行的，已如前述。宋代开始，御史可以对中央各机关以及各级政府检查文牍。如南宋高宗建炎三年（公元 1129 年），“御史台令”要求御史台御史“每季诣大理寺及应有刑狱去处点检”〔1〕。元以后，门下省被废除，此项审核工作由肃政廉访使进行。明清时期，中央六部向皇帝上奏的题本，先由六科给事中审核。如相关给事中认为不妥，可驳回重议。凡六部章奏通过六科审核后，送经内阁草拟出处理意见，呈皇帝硃批下发内阁。六科给事中每天派员到内阁领出属于本科的红本，并抄录一份副本（即“科抄”），将正本署名后，分发相应各部执行。科抄的意义首先在于实行“封驳”，即如果六科发现经皇帝批硃的红本“确有未便施行之处，许该科封还执奏”〔2〕，即退回内阁，向皇帝重新请旨。其次在于照刷、磨勘、注销文卷，即六部必须分别定期派人赴各科报告各项公务办理是否按法定期限如实办理，是则予以注销，否则奏闻弹劾。“照刷”公文的制度始自元代。《元典章》载：“纠弹百官非违，刷磨诸司文案。”所谓刷磨即“照刷磨勘”，即对各国家机关公文的检查与稽核。明代六部“科抄”有皇帝经内阁下发各部院谕旨的副本，因而六科给事中会定期检查各部院的公文，稽查其是否按期如实办理。其办理完结者，对其文卷予以注销，否则奏闻弹劾。此外，十三道监察御史也按规定分别对法定相对应的中央部院，按六科给事中例定期照刷。地方各省三司文卷，亦由本道监察御史照刷；省以下各级政府文卷则分别由布政使司、按察使司照刷。清代继承了这一制度。《钦定台规》在“各道”和“稽查”中，亦要求“科”“道”两大系统稽察中央各机关与地方各级政府所有章奏、文书与事务。其中，中央各机关的章奏、文书与事务还受到“科”“道”的双重稽察。

除公文外，御史还对法律规定的专项公务活动与场所监临稽察。光绪《钦定台规》规定的稽查专项项目有“京通十六仓”“户部三库”“八旗”“宗人府”“考试”“铨选”等。

(二) 对违法官吏的弹劾与处分

因为可以“风闻弹人”，因而历代监察法规基本忽视了御史的调查与取证程序，而直接赋予御史们对官员进行弹劾的权力。

---

〔1〕《宋会要辑稿·职官》五十五《御史台》之十。

〔2〕光绪《钦定台规》卷十五。

作为天子耳目，御史们的弹劾毫无例外地都是向皇帝提出。唐以前，御史的弹劾尚须御史大夫批准；唐以后，御史直接以自己的名义向皇帝提出弹劾。官员在受到弹劾以后，应当立即停职。皇帝根据官员违法情形以及其他各种综合考虑，或交刑部处以刑罚，或交吏部给予行政处分。清代制定有《钦定吏部处分则例》《钦定六部处分则例》等行政处分法规。

监察法规尚不发达时，尤其是秦汉时期，御史对违法的官员常常可以直接处分。汉光武帝时，侍御史杜诗按察洛阳，“将军萧广放纵兵士，暴横民间，百姓惶扰，诗敕晓不改，遂格杀广，还以状闻”，“世祖召见，赐以棨戟”。[1]

清代对吏部以外官吏的处分均由吏部进行，对吏部官员的处分则由都察院进行。此外，如受吏部处分的官员对处分不服，可赴都察院申诉。可见，都察院对违法官吏的处分权有所萎缩。

（三）对决策、行政与司法机关错误的纠正

古代监察机关不仅调查、弹劾、处分违法官吏，同时也还对中央决策以及各级政府、各机关的行政与司法公务进行全面监督。对后者的监督最后的方式通常是纠正其错误。这种对决策、行政和司法机关进行全面监督并纠错的方式，相当于前苏联检察制度中的一般监督。

1. 对决策机关错误的纠正——谏议与封驳

所谓谏议是臣下在认为君主可能作出错误决策或君主个人的行为不守礼法时，直接用口头或书面方式加以劝阻或制止。所谓封驳就是监察机关在对皇帝的诏令或臣下进呈皇帝的章奏进行审查时，如发现诏令失宜，则不予发布并封还皇帝进行修正；如发现臣下章奏不宜进呈皇帝则予以驳正。前者称为“封”，后者称为“驳”，是对君主决策和大臣决策建议错误的监督与纠正。其基本内容已如前述。

2. 对行政机关错误的纠正

对行政机关错误行政行为的纠正主要形成于明清时期的“磨勘文卷”。在照刷文卷时，对存在“稽迟”“失错”“埋没”等问题的文卷提出改正要求，相当于当代执法检查中的限期整改，并定期进行二次稽察。整改后合格的文卷，即可进入“注销文卷”程序，该项行政行为被视为验收合法；反之，该项行政行为被验收为不合法，主管官员应受到行政或刑事处罚。这种磨勘文卷的制度，相当于当代检察机关向行政机关的违法行为提出的检察建议，但其效力远高于检察建议。

3. 对司法机关错误的纠正

古代监察机关一向被视为法律机关，其所戴官帽因有獬豸图案，故又称为“獬豸冠”或“法冠”，有权复核刑事案件并参与对错误案件的再审。监察机关还有权对诏狱、官吏职务犯罪案件以及重大、疑难案件直接进行初审，但因为其初审活动不属于司法纠错，故在此不述。

（1）独立复审。从唐代起，就形成了较明确的级别管辖制度与审转制度的雏形。县令可决笞杖，所判徒刑以上案件上报州；州可确定徒刑，流刑、死刑判决上报大理寺；大理寺可确定流刑并移送刑部复核，死刑则由刑部上报皇帝决定。死刑以下的各类案件，均无须监察

---

[1] 《后汉书》卷六十一《杜诗传》。

机关复审。唯皇帝批准死刑执行的复奏之后,需由门下省或中书门下作最后复核。唐太宗于贞观五年(公元631年)规定,皇帝"其日尚食勿进酒肉,皆令门下覆鞫,有据法当死而情有可矜者,录状奏闻"[1]。《唐六典》正式载入这一规定:"凡决死刑,皆于中书门下详覆。"[2]在宋代,大理寺及地方各级政府的判决,包括死刑判决,亦无须由御史台及提点刑狱司复审。

在明代,凡直隶地区的徒、流、死刑案件,由刑部及都察院直隶道监察御史复审。如无异,徒、流判决即可交付执行;死刑判决则由刑部奏闻皇帝。凡各省徒、流、死刑案件,由各省提刑按察使司复审(正统四年以后,各道巡按御史逐渐侵夺提刑按察使的复审权),徒、流判决即可交付执行;死刑判决报刑部奏闻皇帝。

清代各省徒、流、死刑案件仍由各省按察使司复审,但此时的按察使司已不是中央派出的监察机关,完全成为省级司法机关,因而其复审仅为省级监督而不具有监察机关专门监督的意义了。都察院各道御史可以参与对各省死刑判决的复审,但必须与刑部(对应各省的司)、大理寺会同进行,而不是独立进行(即下文所谓"会审")。

(2)参与重大案件的会审。对重大或疑难案件,御史大夫(中丞)可以与司法机关一起会审。汉代治书侍御史,"凡天下诸谳疑事,掌以法律,当其是非"[3]。汉宣帝时,"孝宣感路温舒言,秋季后请谳。时帝幸宣室,斋居而决事,令侍御史二人治书,(治书)御史起此。后因别置,冠法冠,秩百石,有印绶,与符节郎共平廷尉奏事,罪当轻重"[4]。

唐高宗时,对重大案件形成"三司推事"的惯例性制度。《通典》载唐代三司推事云:"其事有大者,则诏下尚书刑部、御史台、大理寺同按之,亦谓此为'三司推事'。"[5]此所谓"事大者",不知是否包括普通死刑案件。由于"三司推事"最初只是出于临时遣使,因而《唐六典》中没有记载,但"初唐、盛唐时期'三司推事'中御史台地位显赫,参与推鞫大案几为定制"[6]。宋代没有实行"三司推事"制度,但在南宋后,御史台常与大理寺共同审理诏狱,已如前述。元代连大理寺都取消了,因而也没有实行"三司推事"。

明代都察院与刑部、大理寺合称"三法司","都御史……,大狱重囚会鞫于外朝,偕刑部、大理谳平之"[7],即所谓"三法司会审",简称"三司会审",民间又称"三堂会审"。孝宗之前,这一制度表现为惯例,没有明确的典制规定。孝宗弘治十三年《问刑条例》始明文规定三法司会审:"法司遇有重囚称冤,原问官员辄难辩理者,许该衙门移文,会同三法司、锦衣卫堂上官,就于京畿道会同办理。果有冤枉,及情可矜疑者,奏请定夺。"显然,三法司会审的案件为第一审的疑难案件。

明代都察院参加的初审会审类型还有审录、热审和五年大审。审录制是指为解决京师

[1]《册府元龟》卷一五一《帝王部·慎罚》。

[2]《唐六典》卷六。

[3]《后汉书·志》第二十六《百官三》,刘昭注。

[4] 刘昭:《续汉书·志补注》,载《后汉书·志》第二十六《百官三》。

[5]《通典》卷二十四《职官六·御史台·侍御史》。

[6] 陈玺:《唐代诉讼制度研究》,商务印书馆,2012年版,第202页。

[7]《明史》卷七十三《职官二》。

监狱(包括刑部与都察院狱)超期羁押，由三法司共同审理京师监狱未决系囚的会审制度；通常由皇帝决定。热审则是为避免夏天暑热导致监狱(看守所)囚犯死亡，由三法司及锦衣卫共同审理京师狱中未决系囚的会审制度；通常一年一次。五年大审则是由司礼监太监会同三法司共同审理京师各类未决犯，每五年一次。[1]

(3) 与其他机构会审死刑案、办理死刑复核、监督死刑执行。唐太宗贞观三年(公元629年)三月五日诏："自今天下大辟罪，皆令中书门下四品以上及尚书议之。"御史台尚不与焉。宋代死刑的复核或由刑部，或由各路提刑司进行，监察机关亦不参与。死刑执行必须有监察官员临场监刑。《大明律》第四三五条"有司决囚等第"规定，"直隶去处，从刑部委官，与监察御史；在外去处，从布政司委官，与按察司官，公同审决"。

在清代，"凡重辟，(都察院)则会刑部、大理寺以定谳，与秋审、朝审"[2]。凡京师死刑案，"死罪既取供，大理寺委寺丞或评事，都察院委御史，赴本司(刑部承办司——引者)会审，谓之会小法。狱成呈堂，都察院左都御史或左副都御史，大理寺卿或少卿，挈同属员赴刑部会审，谓之会大法"[3]，即所谓三法司会审。对各省死刑案，则由刑部抄送副本揭帖与拟定谳语到都察院"参核"；都察院如无异议则转送大理寺；如大理寺无意见，则由刑部以三法司名义"核拟"具奏皇帝。凡立决者经皇帝勾决，即可立即执行；凡监候者进入秋审或朝审程序，都察院仍得与焉。

在会审及死刑复核程序中，如都察院御史发现有错误，可提出纠正意见。但实际上，基本上是刑部作主，三法司会审只是形式而已。

(4) 对已经生效判决的再审——录囚、京控。录囚，即由包括御史机关在内的中央机关乃至皇帝审问已被判处徒刑的囚犯，如发现冤狱，通知郡国守相予以平反的制度。录囚制始于汉代，最初由各州刺史录问所属郡国囚犯。《后汉书·百官志》载："诸州常以八月巡行所部郡国，录囚徒，考殿最。"[4]汉代刺史没有独立的司法权，不能直接纠正原判决。到西汉后期，刺史常有越权直接行使再审权者。如哀帝时，鲍宣为豫州刺史，"代二千石署吏听讼，所察过诏条"[5]。但皇帝也会常派遣有司法权的使职赴地方平反冤狱，如汉成帝鸿嘉元年(公元前20年)"临遣谏大夫理等，举三辅、三河、弘农冤狱"[6]。此谏大夫虽亦属监察官，但属言官而非御史系统。

唐时录囚又称虑囚，其意不仅仅是发现冤狱要求平反，对长期淹禁未决人犯快决快放以及宽宥减刑也称为录(虑)囚。"凡天下之人，有称冤而无告者，与三司诘之。三司，谓御史大夫、中书、门下也"[7]，此称为"三司受事"，会审不服判决的称冤案件，与前述"三司推事"直

[1] 那思陆：《明代中央司法审判制度》，北京大学出版社，2004年版，第204-212页。
[2] 《大清会典》卷六十九《都察院》。
[3] 《清史稿·刑法志》。
[4] [晋]司马彪：《续汉书·志》第二十八《百官五》，[梁]刘昭注补。
[5] 《汉书》卷七十二《鲍宣传》。
[6] 《汉书·成帝本纪》卷十。
[7] 《新唐书》卷四十八《百官志三》。

接审理初审案件不同。御史台察院所属各道监察御史在巡察本道时，亦必须仿汉时刺史录问囚徒、疏理滞狱与冤狱。“诸在京系囚及徒役之处，恒令御史月别巡行。有安置、役使不如法者，随事纠弹”〔1〕。

宋代御史台不巡察地方，因而地方录囚不由监察御史，通常由各路监司。“诸色人诉论公事，称州军断遣不当，许于转运司理诉；转运不理，许于提点刑狱陈诉。”〔2〕元丰改制后，直接由提点刑狱司受理再审。在中央，谏院下属之登闻鼓院、登闻检院以及御史台都有受理申诉案件之权责。“诸人诉事，先诣鼓院，如不受，诣检院，又不受，即判状付之，许邀车驾；如不给判状，听诣御史台自陈。”〔3〕御史台受理“州县、监司、寺监、省曹不能直”的案件〔4〕，但仅限于刑事冤案，不包括已判决生效的民事案件。如州县无端逮捕不应逮捕之人，其亲属可“仰经刑部、御史台越诉”〔5〕。

在明代，如当事人对已经生效的刑事判决不服，可以向上级政府申请再审，直至赴京师呈控，谓之“京控”。凡直隶及地方各省军民赴京控告，可向通政使司呈递控状，亦可迎邀车驾向皇帝喊冤，更多的则是击登闻鼓呈控。登闻鼓最初设于午门外，由监察御史监之，后由六科主办。按《大明会典》记载：“凡登闻鼓楼，每日各科轮官一员。如有申诉冤枉，并陈告机密重情者，受状具题本封进。”〔6〕如皇帝同意受理，则由各科值鼓官依法或发回原审衙门再审，或转刑部再审，或送都察院处理。凡向通政使司呈告者，由通政使司奏闻皇帝处理。除当事人申诉提起再审外，各道监察御史巡按各省亦可通过录囚再审。明《出巡事宜》规定，监察御史“凡至按临处所，先将罪囚审录”〔7〕。

四、古代监察法制的异化趋向

（一）古代监察法律制度体系的正面成就

中国古代监察机关权位之重、设置之复杂、法律体系之完备、制度体系持续之长久，已经构成了中华法系的一个基本特征。纵览世界法制史，这一监察制度体系是独步于世的，是人类法律文明的重要创造。

从法观念上而言，中国古代监察法制的基本价值取向是维护国家法制。秦朝奉行法家思想，厉行法制。为保证皇帝治下统一法制的实现，设立御史系统监督中央与地方国家机关及官员奉公守法。御史机关的监察依据不是皇帝个人的命令而是国家既定的法律，这是法

〔1〕 天一阁博物馆：《唐开元狱官令复原清本》第 62 条，《天一阁藏明钞本天圣令校证》，中华书局，2006 年版，第 649 页。

〔2〕 《宋会要辑稿・刑法》三之十七。

〔3〕 《续资治通鉴长编》卷六十五。

〔4〕 《宋会要辑稿・职官》十七之三。

〔5〕 《宋会要辑稿・刑法》六之七十二。

〔6〕 《大明会典》卷二一三《六科》。

〔7〕 《大明会典》卷二百一十《都察院二》。

定的监察机关与特务监视机关的主要区别。正因为这一基本价值取向，从汉代起，以监察皇权为主要职能的言谏与封驳制度开始形成，并在唐宋时期达到了顶点。明清两代虽不再实行弹劾与言谏的分界，但所有御史乃至所有的官员，都有上书言事的权利，可以说，古代官员的言谏权利实际上是官僚体系内部言论自由权的反映。

从技术上而言，古代监察制度到唐宋以后发展得越来越成熟。首先表现为监察系统的多元化与职能分工的专门化。汉代形成了以弹劾为主的御史系统和以言论批评为主的谏议系统，而御史系统中又分为直属皇帝的御史系统和直属丞相的司直系统。魏晋南北朝时期，封驳系统开始形成。到唐宋时期，御史、谏议与封驳系统的分野更加明显，同时，在谏议系统中又发育出了信访申诉机关。明清两朝，弹劾与言事又重新合一，台、殿、察三院分工取消，有违监察职能分工专门化的历史进步趋势，但在其他方面还是有新的创造。如六科给事中制度的创设在重视对官员不法行为进行监察的同时，也注重对国家机关违法行为的监察。

其次表现为对国家机关及官员行为监察覆盖的全方位与监察的严密性。如从魏晋南北朝时开始，连皇帝的诏令也通过给事中的封驳权被纳入到了监察的范围之内。清代以前，言谏或御史系统一直拥有对皇帝的批评权，明代海瑞批评嘉靖皇帝的奏疏，其言词之激烈锋锐，在现在读来都未免心惊。清代更加专制的皇权虽然不再容忍御史的批评，但依然允许六科给事中对皇帝的硃批谕旨进行封驳。明清两代，中央各机关政务必须同时接受六科给事中及各道监督御史的双重交叉监察。监察机关既监察官员个人，也监察各个机关；既监察上行文书，也监察下行文书；既监察每一项重大的行政与司法决定，亦监察每一项决定的执行，包括其是否按期如实地执行；监察的方式主要是稽察与弹劾，同时也包括对官员个人一定程度的处罚和对行政、司法机关的纠错。依当代检察学的概念，古代监察的职能属最广义的一般监督。

最后表现为监察立法的体系化与独立化。宋代以前的监察立法一直以汉代《六条问事》这一以监察地方为主的法规为核心，其法律渊源一般都只是表现为皇帝的诏令；宋以后的监察立法开始表现为单行法，且出现了分类汇编的趋势；清代的《钦定台规》最后完成了所有监察法规的大型汇编，已经具有走向法典化的趋势，从而使得监察法成为与行政法、刑法三足鼎立的新部门法。

从历代监察制度的法律效用上看，御史监察与言谏监察对专制集权体制下必然会发生的各种非正常权力的形成与膨胀有相当的抑制作用。当监察机关尚能正常行使监察权时，外戚、宦官、军人、豪强等势力通常能被限制在可控范围之内，官吏的腐败亦会有所忌惮，如宋代。反之，后者势力膨胀到对国家的正常权力体制构成威胁乃至破坏，官吏的腐败成为常态时，通常也是御史与言谏系统失去效用之日，如汉、唐、明诸朝晚期。为什么设计如此精密的监察法律制度最后都无法克服吏治的腐败以及非正式权力的恶性膨胀？其最主要的原因不在于监察制度本身的技术设计缺陷，而在于这一制度被置于专制集权的政治体制中，必然会因为皇权与法制的背反而呈现出各种异化的趋向。

(二) 监察机构维护国家法律的基本价值要求与隶属皇权的矛盾必然会导致其角色冲突

古代监察权固然独立于行政、司法与中央军事机关之外，独立行使监察权，甚至一定程度上可以监察皇权，但在权力架构上，监察机构的设置及监察权的行使向度始终是纵向的。也就是说，表面看来，监察机构的设置是横向独立于行政、司法及中央军事机关，而且其监察权的行使似乎也是横向的（对皇权的监察甚至是逆向的），但实际上，监察权的最后依据还是皇权，是自上而下的纵向监察。尽管监察制度的基本价值取向是维护国家法制，但法自君出、君在法上，当君主的意志与法不相冲突时，监察机关既是在维护皇权，亦是在维护国家法制；当两相冲突时，监察机关便只能屈法以护君权。监察机关在法律上的基本价值要求与政治权力的来源及权力架构上的冲突，常常导致君主拒绝接受谏官批评，庇护受到弹劾的违法亲信，甚至杀害勇于护卫法制的御史和谏官。在君主极端专制的明清两代，监察机关越来越成为维护皇权的工作而不是法制的保障力量。即便如此，历代皇帝对监察机关并不信任，汉、唐、明三代，皇帝们更乐意使用完全奴才化的宦官监视百官，极端专制的明代诸帝更是大量使用特务去监视朝臣。即便在中官之患至轻的宋代，御史台在审理诏狱或重要的职务犯罪案件时，皇帝常常是"差一台官以讯劾之，遣四内臣以监视之"〔1〕。清代惩明代之失，没有宦官与特务政治之滥，但鉴于监察机关在法律上的基本价值要求与政治上隶属皇权的矛盾，大大削弱了监察机关的权力。

(三) 地方监察机构易于演变为破坏国家统一法制的地方政权

中央集权体制决定了地方政权只是中央政权尤其是皇帝在地方的代理机构，但是天高皇帝远，地方政权极易为了自身的利益而扩张自己的权力，甚至在政治上乃至军事上形成地方割据。中央政权为了贯彻中央政权的意志、执行既定的法律、避免地方割据，必然会授予地方御史很大的监察权，干预地方政权的行政与司法权甚至直接代替地方政权行使行政与司法权，从而导致监察机关异化为地方政权。东汉末年州刺史演变为州牧，宋代路演变为州、府之上的上级政权，明代省提刑按察使司从监司变为省级司法机关，明清之际的总督、巡抚成为地方政权的新层级，清代道成为省、府之间的地方行政机关直到清末成为明确的地方政府，都反映出这一趋势的必然性。秦汉时期的地方层级仅郡、县两级，到清代增加到了总督、巡抚、道、府、州县五级。

(四) 纵向监察体制必将发展为高成本、复杂化的连环监察

谁来监督监督者？这是古代的纵向监察体制必然会产生的问题。皇帝为了监察中央与地方众多的机关与官员，设立监察机关。但监察人员也会有自己的私利，也有可能违法。为对监察人员进行监察，或者让监察人员相互监察，或另设监察机关。如唐时规定，御史弹劾不当，御史台左、右丞"兼得弹之"。景德四年（公元 1007 年）五月，宋真宗下诏御史、谏官，"务遵职业，无或懈慢，令尚书都省纠举之"〔2〕。元丰改制时，尚书省内设置"都司御史房，主

〔1〕《宋朝诸臣奏议》卷二十三《上仁宗论内降旨挥差台官勘张怀恩等事》。

〔2〕《续资治通鉴长编》卷六十五，景德四年五月乙丑。

行弹纠御史察案失职”[1]。台谏系统相互监察，有台官与谏臣之间的互监、台谏机构内部长官与部属互监，仅台官与谏臣之间的互监就有七种形式，“台官论谏官、谏官劾台官、台长纠谏官、谏长弹台官、台官攻谏长、谏官击台长与台谏长官相互纠举”[2]。对地方监司，宋代制定有《诸路监司互察法》，要求路一级各类监司相互监察。

连环监察制度在设计上固然具有全方位性以及“不留死角”的严密性，但必然会造成各机关以及台谏机构所有官员乱麻式的缠斗与混斗，养成官场相互攻讦的恶习并导致党争。宋代既是监察制度最为发达的朝代，同时也是党争最为顽固持久的朝代。明清两代的党争中，各党的先锋均是言官。

多元监察与连环监察制度还必然造成监察职能的权力界限不清，导致不同监察系统的重复交叉与相互矛盾。如明代都察院兼纠弹、言谏、审理职官犯罪案件，会审及平反冤狱等多项职权，通政使司亦兼有稽察文书、陈情申诉、参与会审之职权，六科给事中通过稽察下行文书监察中央各部院，都察院各道监察御史亦有权稽察中央各部院文书。到万历以后，通政使司便在这种无序的竞争中因落败而被取消。清代恢复通政使司，但到中后期同样也因为在与都察院相互重复的职权竞争中而沦为闲散衙门。

---

〔1〕《续资治通鉴长编》卷三三二，元丰六年正月庚子。

〔2〕虞云国：《宋代台谏制度研究》，上海书店出版社，2009年版，第96页。

监察措施的合法性研究

陈越峰*

摘　要：监察措施的合法性是监察体制改革的实质性法治议题。新的国家监察机关所采取的监察措施多元混合，但是并没有创制出新的权力类型，也没有根本改变监察措施的法律性质。其中，职务犯罪调查措施属于刑事侦查，职务违法行为调查措施属于行政性措施。监察关系属于基于公务员管理而形成的特别关系，但是当监察措施涉及公民基本权利时，应受依法治国原则的调整，应当遵循法律保留原则。在监察措施的过程合法性方面，应遵循正当程序原则，妥当设置刑事和行政监察程序的分类与转换，尤其需要充分规定告知、陈述申辩、全程录音录像和听证等关键性程序权利或措施。对监察机关实施监督的最重要、最有效的法律途径是司法监督，应当根据监察措施及其程序的类型进行合理的司法衔接。其中，职务犯罪侦查的司法衔接应当适用《中华人民共和国刑事诉讼法》的规定；行政性留置等涉及公民基本权利的监察调查措施与处置措施，应当准用《中华人民共和国行政诉讼法》予以法律救济。此外，还应充分考虑律师介入与国家责任问题。

关键词：国家监察　监察措施　基本权利　监察法治

一、引言：监察体制改革的实质性法治议题

国家监察体制改革是一项事关全局的重大政治改革，也是国家监察制度的顶层设计，其目的在于建立党统一领导下的国家反腐败工作机构，〔1〕将党的领导贯彻到反腐败工作的全过程。国家监察体制改革涉及一系列重大法治议题，有待深入研究和妥善处理。

设立一个新的国家机构，是否需要修宪，是首要的宪法法治议题，引发了学界高度关注和热烈讨论。〔2〕在国家监察体制改革由中共中央作出重大政治决断，〔3〕全国人大常委会作出

---

*　陈越峰，华东政法大学法律学院副教授。本文首发于《环球法律评论》2017年第2期。

〔1〕《中办印发〈关于在北京市、山西省、浙江省开展国家监察体制改革试点方案〉》，《人民日报》2016年11月8日第3版。

〔2〕主要研究，参见马怀德：《全面从严治党亟待改革国家监察体制》，《光明日报》2016年11月12日第3版；马怀德：《国家监察体制改革的重要意义和主要任务》，《国家行政学院学报》2016年第6期，第19-20页；童之伟：《将监察体制改革全程纳入法治轨道之方略》，《法学》2016年第12期。

〔3〕中共十八届六中全会公报将原属于政府组成部门的监察机关单列，释放出监察机关将成为与政府、司法机关平行的国家机构的信息，参见《中国共产党第十八届中央委员会第六次全体会议公报》，《人民日报》2016年10月28日第1版；中共中央决定在北京市、山西省、浙江省开展国家监察体制改革试点工作，参见《中办印发〈关于在北京市、山西省、浙江省开展国家监察体制改革试点方案〉》，《人民日报》2016年11月8日第3版。

改革试点决定之后,[1]中共中央纪委工作报告在2017年工作安排中将“为十三届全国人大一次会议审议通过国家监察法……做好……准备”作为重要内容,[2]2017年全国人大常委会工作报告则明确“将行政监察法修改为国家监察法”系新一年的主要工作任务。[3]由此可见,先地方试点,再立法修法,是监察体制改革决断所选择的路径。

顶层设计的政治决断,需要具体制度安排上的完善方案。《中华人民共和国监察法》(以下简称《国家监察法》)的制定和后续可能的修宪,一定需要广泛征求意见。为此,学界需要提前进行深入研究,在具体制度安排方面提出建设性的方案,确保改革符合宪法法治原则、有利于全面推进依法治国。

监察体制改革引发的重大的实质性的法治议题,集中体现在监察职权、措施及其监督上。其中,监察措施的合法性是尤其值得关注的问题,本文拟以其为中心,分析监察措施的性质定位,考虑监察措施程序的妥当设置,探讨监察措施与司法的合理衔接。这些将关系到宪法上“国家尊重和保障人权”的原则能否得到遵循,关系到中共中央全面推进依法治国的决定是否得到贯彻。

二、监察措施的性质定位

(一) 监察职能的再定位

监察措施的设定,与监察职能的定位密切相关。在《中华人民共和国行政监察法》(以下简称《行政监察法》)上,行政监察的内容包括“检查国家行政机关在遵守和执行法律、法规和人民政府的决定、命令中的问题”。这与《行政监察法》的立法目的相关,在“保证政令畅通,维护行政纪律,促进廉政建设,改善行政管理,提高行政效能”中,促进廉政建设只是其中一个方面。效能监察与廉政监察,一直被作为行政监察机关的两项主要职能。[4]

监察部门效能监察的职能,实际效果似乎并不显著。《中华人民共和国行政监察法(草案)》于1996年审议时,一些部门和地方就建议,监察机关的检查应当主要针对有令不行、有禁不止的政纪问题进行检查。[5]实际工作中,监察部门往往将侧重点放在廉洁情况的监督

〔1〕《全国人民代表大会常务委员会关于在北京市、山西省、浙江省开展国家监察体制改革试点工作的决定》,来源:http://www.gov.cn/xinwen/2016-12/25/content_5152757.htm,2017年2月1日访问。

〔2〕《王岐山在十八届中央纪委七次全会上的工作报告》,来源:http://www.ccdi.gov.cn/xwtt/201701/t20170119_93032.html,2017年2月1日访问。

〔3〕《张德江:今年将行政监察法修改为国家监察法》,来源:http://news.xinhuanet.com/politics/2017lh/2017-03/08/c_129504841.htm;《许安标:国家监察法草案拟于2018年3月提请审议》,来源:http://news.xinhuanet.com/politics/2017lh/2017-03/09/c_129505422.htm,2017年3月11日访问。

〔4〕毛昭晖著:《中国行政效能监察——理论、模式与方法》,中国人民大学出版社,2007年版,第159页。

〔5〕蔡诚:《全国人大法律委员会关于〈中华人民共和国行政监察法(草案)〉审议结果的报告——1996年12月24日在第八届全国人民代表大会常务委员会第二十三次会议上》,《中华人民共和国全国人民代表大会常务委员会公报》1997年第3期,第338-339页。

上。监察部在1987年组建后几年间的工作方针，一直是以廉政监察为重点，全面开展监察工作，[1]早在1988年即发布文件强调“以廉政为重点，带动监察业务的全面开展”。[2]在纪检监察合署办公后，有关领导同志反复强调“不能因为反腐败斗争遇到的矛盾和困难很多，就把工作重点放到对法规政策执行情况的监督检查方面”。[3]

在廉政监察方面，监察部门针对禁止请客送礼、公款吃喝，减轻农民负担、禁止向农民乱摊派、乱收费，节假日、年终的防范措施，领导干部使用车辆、住房及装修等问题，反复制定发布规范性文件。但是，监察部门的有关研究也承认，问题依然很难解决，有些甚至日趋严重。[4]

《行政监察法》规定的监察机关职能相对宽泛，在实际工作中，监察机关承担着大量查办大案、要案的任务。[5]对此，纪检监察领导机关认为：“尽管纪检监察机关不是单纯办案的机关，但如果一定时期不办成纪检重大案件，要取得党委、政府的重视和群众的信任是不可能的。我们搞监督检查，搞教育，很忙很累，但一年查不出一两个重大案子，是难以取信于民的。”[6]中共十八大以来，纪检监察机关查办案件数量很大，其中“立案审查中管干部240人，处分223人，移送司法机关105人”，“2016年，纪检监察机关共接受信访举报253.8万件次；立案41.3万件，增长25%；处分41.5万人，增长24%；严重违纪涉嫌违法移送司法机关的1.1万人”。[7]

此次监察体制改革，将行政监察职能中的廉政监察和检察职能中的腐败类职务犯罪侦查统合起来，实际上使反腐败成为监察机关的主要和基本职能，查处职务违法、职务犯罪行为成为主要和基本任务，为此行使“监督、调查和处置”这三项职权。监察对象的范围则有收有扩，“机关”不再是监察的对象，但“人员”扩展至“所有行使公权力的公职人员”。监察职能的再定位，将会影响监察措施的选择和设定，监察措施的法律性质也需要重新加以评析和定位。

(二) 监察措施的变迁

监察职责的履行需要有相应的监察措施。监察措施的种类、设定和实施，是研究其合法性的重要方面，也将会是《国家监察法》制定和《中华人民共和国刑事诉讼法》(以下简称《刑事诉讼法》)等相关法律修订所需要重点研究的内容。

---

[1] 《尉健行在监察部第二批特邀监察员聘请大会上的讲话》(1993年3月9日)，载中华人民共和国监察部编：《中国监察年鉴：1992年—1997年卷》(上册)，中国方正出版社，2007年版，第68-69页。

[2] 《关于加强以廉政为重点的监察工作的若干意见》，载中华人民共和国监察部编：《中国监察年鉴(1987—1991)》，中国政法大学出版社，1993年版，第47页。

[3] 《尉健行在纪委书记监察厅(局)长会议上的讲话(1993年1月13日)》，载中华人民共和国监察部编：《中国监察年鉴：1992年—1997年卷》(上册)，中国方正出版社，2007年版，第67页。

[4] 左连璧主编：《中国监察制度研究》，人民出版社，2004年版，第240-241页。

[5] 左连璧主编：《中国监察制度研究》，人民出版社，2004年版，第235页。

[6] 《尉健行在纪委书记监察厅(局)长会议上的讲话(1993年1月13日)》，载中华人民共和国监察部编：《中国监察年鉴：1992年—1997年卷》(上册)，中国方正出版社，2007年版，第67页。

[7] 《王岐山在十八届中央纪委七次全会上的工作报告》，来源：http://www.ccdi.gov.cn/xwtt/201701/t20170119_93032.html，2017年3月1日访问。

在1990年《中华人民共和国行政监察条例》(以下简称《行政监察条例》)上，监察机关履行监察职责，主要采取该条例第20条规定的根据监察计划进行一般检查、根据监察决定进行专项检查和对违法违纪行为立案调查等三种方式。在检查、调查中，有权根据该条例第21条规定采取查阅复制、了解情况、暂扣封存、存款查核和通知暂停支付、要求报送材料、责令解释说明、责令停止违法违纪行为和建议停职等措施。其中，“责令有关人员在规定的时间、地点就监察事项涉及的问题作出解释和说明”，就是反腐败最有效，也引发合宪合法性争议的“双规”措施。[1]根据检查、调查结果，监察机关可以用提出监察建议或作出监察决定的方式作出处置。其中，监察决定的内容主要包括根据权限作出纪律处分，依法没收、追缴或者责令退赔，对损害采取补救措施。

1997年《行政监察法》对监察措施的适用条件作了分类规定，分为“履行职责”“调查违反行政纪律行为”和“调查贪污、贿赂、挪用公款等违反行政纪律的行为”这三个层次，分别规定了“要求提供材料并查阅复制”“要求解释说明”“责令停止违法违纪行为”；“暂扣、封存材料”“责令不得变卖、转移财物”“责令在指定时间、地点作出解释和说明”“建议停职”；“查询存款”“提请法院冻结存款”等监察措施。其中，“责令在指定时间、地点作出解释和说明”，即“责令有违反行政纪律嫌疑的人员在指定的时间、地点就调查事项涉及的问题作出解释和说明”，且增加了“不得对其实行拘禁或者变相拘禁”的但书规定。这些规定，在2010年修正《行政监察法》时得到了延续。

“监察机关要有权力、有手段。没有权力和手段，这项工作做不好”[2]，这是监察部成立之初就在国务院层面形成的一种主导认识。但是，关于监察措施方面的考虑，其落脚点几乎都在赋予监察部门行政处分权。国务院在监察部成立之初听取其汇报时，就讨论了监察部门是否需要有直接处分的权力，经过考虑认为是应该有的。对一个案子的处理，如果同有关部门协商后仍不能取得一致意见，那么监察部门就可以直接处理。[3]学者的新近研究也认为，监察机关能否起到对行政机关的制约和监督作用，主要取决于监察机关所拥有的权力，强化监察职能必须从强化监察机关的权力入手，首要的就是扩大监察机关处分权，特别是人事处分权。[4]

关于调查中的监察措施，有研究认为，《行政监察法》的上述规定令监察机关很难完成任务，主要表现在三个方面：一是很难防止涉嫌单位、人员转移在银行或其他金融机构的资金或其他物证；二是很难防止涉嫌人员相互串通；三是缺乏调查取证的手段。有的地方，监察

---

〔1〕 有关研究，参见陈光中、张小玲：《中国刑事强制措施制度的改革与完善》，《政法论坛》2003年第5期；王金贵：《“双规”与自首：合宪性问题研究》，《法学》2005年第8期；刘忠：《读解双规侦查技术视域内的反贪非正式程序》，《中外法学》2014年第1期。

〔2〕《李鹏同志会见苏联人民监察委员会代表团时的谈话(1989年10月21日)》，载中华人民共和国监察部编：《中国监察年鉴(1987—1991)》，中国政法大学出版社，1993年版，第16页。

〔3〕《李鹏同志在接见第一次全国监察工作会议代表时的讲话(1988年12月23日)》，载中华人民共和国监察部编：《中国监察年鉴(1987—1991)》，中国政法大学出版社，1993年版，第14页。

〔4〕 李翔：《反腐败法律体系构建的中国路径研究》，上海人民出版社，2013年版，第253-254页。

人员为突破案件，既要防止违纪嫌疑人互相串通，又不能造成拘禁或变相拘禁，很大程度上陷入两难境地。〔1〕在实际工作中，被采取“双规”或“双指”措施的被调查人的人身自由、通信自由等公民基本权利是受到了限制的。〔2〕 在我国实施依法治国方略并且将其写入宪法之后，“双规”或“双指”措施引发的合宪合法上的冲撞，显得更强烈了。

此次监察体制改革，《全国人民代表大会常务委员会关于在北京市、山西省、浙江省开展国家监察体制改革试点工作的决定》（以下简称《试点决定》）列举的监察措施包括了“谈话、讯问、询问、查询、冻结、调取、查封、扣押、搜查、勘验检查、鉴定、留置等措施”。这些措施，总体上属于调查措施，其中一些具有强制性。要对监察调查措施和处置措施的法律性质进行准确定位，需要厘清监察活动形成的相应法律关系的性质。

（三）监察措施的类型与性质

在《行政监察条例》的制度框架中，在政府内部，监察部对其他国务院部委进行平级监察，县级以上地方监察机关则实行平级监察和向下一级监察。就平级监察而言，监察部门通常都需得到政府的同意和支持。因此，行政监察总体上是一种政府内部的层级监督，也是行政机关对其工作人员的内部管理。这一结构性特点在《行政监察法》制定和修改后，没有发生变化。

正因为行政监察是一种行政的内部监督机制，有关领导同志才指出：“监察工作遇到困难怎么办？办法是找党委、找政府、找上级”〔3〕，“监察工作很重要，需要各级党委、各级政府的支持”〔4〕。学者也认为，此前的行政监察是行政的同体监督，其低效乏力。〔5〕也有学者建议，行政监察机关作为负责对行政机关和行政首长进行监察的专门机关，应当隶属于各级人大。〔6〕

在《行政监察法》上，人民政府的监察行政部门所采取的监察措施，包括调查措施，查封、扣押、冻结和“双指”等强制措施，以及行政处分、没收、追缴和责令退赔等处置措施，通常被认为是内部行政行为。检察机关查处贪污贿赂、失职渎职以及预防职务犯罪时所采取的措施，则是刑事侦查行为。新的国家监察机关行使统合后的监察职能后，行政监察和刑事侦查由多部门“串联”变为一部门“并联”，所采取的监察措施多元混合。但是，这些措施的性质，并不会因为统一由监察机关行使而发生本质的变化。

监察体制改革，使行使相应职权的主体和机关发生变化，有关监察措施的名称发生变

〔1〕 左连璧主编：《中国监察制度研究》，人民出版社，2004 年版，第 235 页。

〔2〕 “当事人在‘双规’期间，在纪委规定的地点内可以活动，但一般不能打电话”，参见《中纪委官员解读“双规”》，《法制晚报》2004 年 09 月 29 日。

〔3〕《宋平同志在听取监察部尉健行等同志关于监察工作汇报时的讲话》（1989 年 12 月 20 日），载中华人民共和国监察部编：《中国监察年鉴（1987—1991）》，中国政法大学出版社，1993 年版，第 23 页。

〔4〕《乔石同志在接见第一次全国监察工作会议代表时的讲话》（1988 年 12 月 23 日），载中华人民共和国监察部编：《中国监察年鉴（1987—1991）》，中国政法大学出版社，1993 年版，第 22 页。

〔5〕 秦前红：《困境、改革与出路：从“三驾马车”到国家监察——我国监察体系的宪制思考》，《中国法律评论》2017 年第 1 期。

〔6〕 李翔：《反腐败法律体系构建的中国路径研究》，上海人民出版社，2013 年版，第 176 - 177 页。

化，但是并没有创制出新的权力类型，也没有根本改变监察措施的性质。《试点决定》中暂时调整或者暂时停止适用的《刑事诉讼法》的有关条文都是有关刑事侦查职权的，监察机关职务犯罪调查措施的性质是刑事侦查行为，应无疑义；对职务违法行为采取非刑事侦查措施，系行使行政性权力，也不难形成共识。

问题的关键在于监察机关的调查和处置是否属于国家机关的内部行为，是否不受依法治国原则的调整，被调查人和被处置人的基本权利是否受到保护，受到限制后能否得到法律救济。在大陆法系国家，例如德国，公务员管理关系在 19 世纪国家法和行政法理论中被作为内部行政对待，系国家与公民之间的一种特殊关系，即特别权力关系，总体上不受法律调整，而由行政机关根据职权发布必需的规则并在必要情况下实施侵益行为。〔1〕但是，“二战”后，特别是 1972 年德国联邦宪法法院的一项判决之后，司法和学理普遍认为，基本权利、法律保留和法律保护（救济），也适用于被视为传统特别权力关系的国家与公民之间的关系。〔2〕

从行政监察到国家监察，监察机关不再属于行政序列，不是人民政府的组成部门，而是与人民政府并列，由人民代表大会产生的专责机关。看起来，监察机关的行为不再是内部行政，但是它实际上仍然是基于公务员、行使公权力的公职人员管理关系而进行的活动。监察机关对行使公权力的公职人员所实施的调查和处置仍属于国家机构的内部行为，过去通常将行政监察作为内部行政对待也并不错误。但是，当调查中所采取的强制措施和调查后的处置措施涉及被调查对象作为公民的基本权利时，当处置措施使公职管理关系消灭时（即作出辞退、开除公职决定时），监察措施就设定了有外部效果的权利义务。〔3〕此前，行政监察制度框架和实际运行忽视了这一方面。其实，这些监察措施的设定和实施，应当根据我国宪法上的“依法治国、建设社会主义法治国家”原则，适用法律保留、经过正当程序，并应当有法律上的救济途径。

三、监察措施的程序设置

涉及公民基本权利的监察措施的设定和实施，特别是限制人身自由的强制措施等，应当遵循《中华人民共和国宪法》《中华人民共和国立法法》上的法律保留原则，这一点毫无疑义。关于反腐败与法治的关系，邓小平同志曾经指出：“在整个改革开放过程中，都要反对腐败。对干部和共产党员来说，廉政建设要作为大事来抓。还是要靠法制，搞法制靠得住些。”〔4〕此次监察体制改革，先取得全国人大常委会授权再进行试点，先制定《国家监察法》再产生国

〔1〕［德］毛雷尔：《行政法总论》，法律出版社，2000 年版，第 168 - 169 页。

〔2〕［德］毛雷尔：《行政法总论》，法律出版社，2000 年版，第 170 页。

〔3〕大陆法系中的“重要性理论”认为，对国家和公民个人的意义、分量、基础性、深远性及其强度等决定着某项规则的重要性。某一项事务对国家或者国民越重要，法律调整就应当越精确和严格。参见［德］毛雷尔：《行政法总论》，法律出版社，2000 年版，第 109 - 110 页。

〔4〕《邓小平同志在武昌、深圳、珠海、上海等地的谈话要点（1992 年 1 月 18 日—2 月 21 日）》，载《邓小平文选》（第三卷），人民出版社，1993 年版。

家监察委员会，都遵循了依法治国的原则。

其实，即使是作为内部行政行为的行政监察，人民政府也一直强调依法监察。李鹏同志在主持国务院工作时就针对监察工作强调："监察机关依靠什么来监察，首先是依靠法制。处理案件不能追求指标，不能随意确定处理上是宽还是严。监察机关要始终坚持依法办事，以事实为依据、以法律为准绳，必须提倡实事求是的精神。依法办事，取证比较困难，但这有好处，能够提高办案质量，办一个成一个，不至于出现错案，经得住历史的考验。"〔1〕

坚持和发展监察法治，已经体现在制定《国家监察法》的决定上。遵循正当程序，则是监察措施设定和实施的过程合法性的重要基础。《试点决定》暂时停止适用《刑事诉讼法》部分条款，其目的既为试点排除明显的法律障碍，也为后续修订做好准备。职务犯罪侦查活动应受《刑事诉讼法》调整，应是监察体制改革的基础共识。在多元的监察措施由同一机关行使后，需要对程序进行妥当的设置。

(一) 监察程序的分类与转换

监察机关同时行使职务违法、职务犯罪的调查职权，前者是一种行政性权力，后者则属于刑事侦查权。采取监察措施总是在一定程序中进行。因此，这就需要对监察程序做一个总体安排。

其实，纪检监察部门在合署办公前后，都重视案件查处的分工协作。1988 年，中共中央纪律检查委员会和监察部发布《关于党的纪律检查机关和国家行政监察机关在案件查处中分工协作的暂行规定》(中纪发〔1988〕1 号)，指出按照党政分开的原则，明确党的纪律检查机关和国家行政监察机关在案件检查处理工作中的关系，做到各司其职，分工协作。1992 年 1 月 13 日，两机关又发布了分工协作的补充规定，更为细致地规定案件的分类主管、受理、检查、调查，以及协商、邀请联合查办和通报制度。〔2〕1992 年 10 月，中共中央、国务院作出了中央纪律检查委员会机关与监察部合署办公的决定，其目的主要在于精简和效能，〔3〕在机构设置"三定"方案中，监察职责和监察部主要权限仍然与纪检有着内部分工。〔4〕2000

---

〔1〕《李鹏同志在接见第一次全国监察工作会议代表时的讲话》(1988 年 12 月 23 日)，载中华人民共和国监察部编：《中国监察年鉴(1987—1991)》，中国政法大学出版社，1993 年版，第 14 页。

〔2〕《中共中央纪委、监察部关于印发《关于党的纪律检查机关和国家行政监察机关在案件查处中分工协作的补充规定》的通知》(中纪发〔1992〕1 号)，载中华人民共和国监察部编：《中国监察年鉴：1992 年—1997 年卷》(上册)，中国方正出版社，2007 年版，第 509 - 510 页。

〔3〕 1993 年 2 月 22 日，中共中央、国务院印发了《中共中央、国务院批转中央纪委、监察部〈关于中央纪委、监察部机关合署办公和机构设置有关问题的请示〉的通知》(中发〔1993〕4 号)，中央纪委机关与监察部正式合署办公；1993 年 7 月 2 日，中共中央发布《中共中央关于印发〈关于党政机构改革的方案〉和〈关于党政机构改革方案的实施意见〉的通知》(中发〔1993〕7 号)，进一步明确了中央纪委机关与国家监察部合署办公的体制。参见中华人民共和国监察部编：《中国监察年鉴：1992 年—1997 年卷》(下册)，中国方正出版社，2007 年版，第 1394，1404 - 1405 页。

〔4〕 1994 年 2 月 2 日，经党中央、国务院批准，中共中央办公厅、国务院办公厅印发了《中共中央办公厅、国务院办公厅关于印发〈中共中央纪律检查委员会机关、监察部职能配置、内设机构和人员编制方案〉的通知》(厅字〔1994〕4 号)，参见中华人民共和国监察部编：《中国监察年鉴：1992 年—1997 年卷》(下册)，中国方正出版社，2007 年版，第 1395 - 1396 页。

年机构改革期间，还通过保留和加强监察综合室，来加强行政监察职能。〔1〕在监察机关整合了职务犯罪侦查职能，接受检察机关反贪、反渎职和预防腐败等职务犯罪侦查机构转隶后，需要基于监察职能和主要任务进行监察程序的分类设置。

在监察程序分类设置的具体制度安排上，公安机关办理案件程序设置及其后续司法衔接的经验值得加以借鉴。公安机关一直在履行公安行政和刑事侦查的双重职能，尽管其刑事侦查行为受《刑事诉讼法》调整，但是实务中仍然有以刑事侦查的名义采取未获授权的"限制人身自由""扣押财物"等措施，且较长时间不结案也不解除强制措施的案件。对于这类案件，司法实务将其纳入行政诉讼的受案范围。〔2〕最高人民法院还作出了多项批复答复，对刑事侦查行为与具体行政行为的判断与司法衔接途径提出意见，最终形成了以"授权论"为主，以"目的论"为辅加以综合判断的司法意见。〔3〕公安部则先后于1998年发布《公安机关办理刑事案件程序规定》，2006年发布《公安机关办理行政案件程序规定》，分别根据《刑事诉讼法》和《中华人民共和国行政处罚法》《中华人民共和国行政强制法》《中华人民共和国治安管理处罚法》等行政法律法规准确规定和界定了行政和刑事案件，并详细规定了相应办案程序。其中，案件的分类以法律的授权为准。

监察程序设置的首要方面，是建立监察行政和刑事案件办案程序的分类与转换机制。为此，可以借鉴公安机关对两类案件办案程序的规定，在《国家监察法》上分类设置办理监察案件的程序框架，在《刑事诉讼法》修订中明确监察机关办理刑事案件所适用的一般规定和特别规定，同时根据《国家监察法》《刑事诉讼法》等有关法律，制定《监察机关办理刑事案件程序规定》和《监察机关办理行政案件程序规定》。其中，在监察行政案件程序的"结案"部分规定，"违法行为涉嫌构成犯罪，转为刑事案件办理"；在监察刑事案件程序的"受案""撤案"部分分别规定，"对于不够刑事处罚需要行政处理的，对于撤销案件或者终止侦查但需要给予行政处理的，依法予以处理或者转为行政案件办理"。

（二）分类程序中监察措施的设定与实施

在监察机关办理案件程序分类的基础上，需要设定两类程序中的监察措施，并规定实施的适用条件、具体程序等事项。在《试点决定》所列举的措施中，如果以现行刑事诉讼法和行政法律法规为参照，谈话应属于纪律调查措施；询问，调取，勘验检查，鉴定，查封、扣押，查询、冻结等措施，属于行政和刑事程序均可设定和实施的措施；讯问和搜查则属于刑事侦查

〔1〕《中共中央纪委办公厅 监察部办公厅关于在机构改革中保留并加强监察综合室的通知》（中纪办发〔2000〕18号），载中华人民共和国监察部编：《中国监察年鉴：1998年—2002年卷》（下册），中国方正出版社，2007年版，第2068页。

〔2〕《公安机关在刑事侦查活动终结后作出的没收行为是可诉具体行政行为——杜明星诉湖北省松滋市公安局行政处罚案》，载最高人民法院行政审判庭编：《中国行政审判案例》（第4卷），中国法制出版社，2012年版，第1-6页。

〔3〕《受理和审理阶段对刑事侦查行为与具体行政行为的判断》（2000年4月28日，〔1999〕行他字第26号）、《刑事司法行为与具体行政行为的界定》（2001年11月13日，〔2001〕行他字第13号），载梁凤云著：《最高人民法院行政诉讼批复答复释解与适用·起诉受理卷》，中国法制出版社，2012年版，第128-139页。

措施。需要明确的是，一般职务违法案件调查，是否可以设定和实施留置。

对于查封、扣押，查询、冻结的适用条件、适用范围、适用期间、实施主体、具体程序、解除条件、救济途径等，应当分别在相应程序中作出严格、详细的规定。对于询问、讯问，应当明确规定适用条件、实施主体、地点、一次持续最长时间等。对于搜查，应当严格规定适用条件、实施主体、搜查范围和程序等。

特别需要详加研究、充分讨论、妥善规定的是留置的适用条件、期限、程序和救济途径等内容。前已述及，“双规”措施是反腐败中最为有效，也是引发争议较大的措施。如果只是追求反腐败的有效性，那么完全可以不进行改革，继续在纪检监察工作中适用“双规”措施。监察体制改革是否具有正当性，能否坚持和发展监察法治，在很大程度上取决于留置措施的合法性和正当性。《行政监察法》上的“指定的时间，指定的地点”，是很不具体的概念，如果不能严格加以解释，在实践中就无法掌握，容易造成法律实施中的主观随意性，〔1〕一旦造成拘禁或变相拘禁，就会在合法性上出现问题。监察体制改革，能否切实贯彻全面推进依法治国的决定，就要看关于留置措施的规定，是否符合“依法治国，建设社会主义国家的原则”，是否“尊重和保障人权”。

留置的期限，应当有妥当合理的规定。根据《中华人民共和国人民警察法》第 9 条的规定，公安机关对违法犯罪嫌疑人采取留置措施盘问检查的，最长不超过 48 小时。有学者提出：“监察委员会的留置措施相较于公安机关的留置措施，时间上可能会长一些，但最长可能不会超过三个月。”〔2〕关于留置的期限，确实需要综合考虑职务违法犯罪案件查处的特点和需要，对留置的期限作出规定。但是，恰当的比照对象不应局限于公安机关的留置措施，还应当包括限制人身自由的行政强制措施和刑事拘留措施等性质相近的措施。实际上，如果仅以公安机关的留置措施作为参照，就只能得出留置期限应当较短的结论。根据《中华人民共和国治安管理处罚法》等行政法律的规定，行政拘留不超过 15 日。限制人身自由的行政强制措施的期限一般更短。根据《刑事诉讼法》第 125、165 条的规定，一般刑事案件的刑事拘留最长不超过 37 天，检察机关直接受理案件的刑事拘留最长不超过 17 日。在具体规定上，应当比照限制人身自由的行政强制措施、行政拘留和刑事拘留的期限加以掌握，例如调查职务违法行为时采取行政留置措施的期限不超过 15 日；调查职务犯罪行为时采取刑事留置措施的期限在 17 日—37 日之间，不宜与刑事拘留、行政拘留和限制人身自由的行政强制措施的差别过大。此外，留置的地点也需要加以严格明确规定。

(三) 监察措施的关键程序要素

关于监察程序，应当进行分类规定，即在《国家监察法》《刑事诉讼法》的框架中规定职务犯罪侦查程序和采取各类监察措施的程序，在《国家监察法》的框架中规定对职务违法行为的调查程序和采取相应各类监察措施的程序。

〔1〕 左连璧主编：《中国监察制度研究》，人民出版社，2004 年版，第 245 页。

〔2〕 马怀德：《国家监察体制改革的重要意义和主要任务》，《国家行政学院学报》2016 年第 6 期，第 20 页。

需要特别留意的是，正当程序原则所要求的关键程序要素，应当在法律程序规定中加以充分体现。其中，在行政案件办案程序中明确规定被调查对象的陈述申辩权，采取查封、扣押、冻结和留置等措施应当告知，调查过程应当全程录音录像，最终处置为程度较重的行政处理的，可以规定听证程序等。由这些关键程序要素支撑的监察程序设置，还需要与司法合理衔接，监察措施的合法性才能真正落实，监察法治的基本架构也才能真正形成。

四、监察措施的司法衔接

由于监察机关统合了行政监察、预防腐败和职务犯罪侦查职能。因此，有学者认为它将是一个"超级机构"，需要加强对监督者的监督。[1] 其实，党的领导、人大产生、社会监督，都是一种政治上的监督。法律上的监督，还是有赖于监察措施与司法的合理衔接，设置可行的救济途径，以平衡权利和权力。监察措施与司法衔接的基本思路，应当是根据案件性质和办案程序进行分类规定。

（一）监察措施在刑事诉讼程序中的分工衔接

《试点决定》中明确，"对涉嫌职务犯罪的，移送检察机关依法提起公诉"。《试点决定》在文字上采用了"移送检察机关依法提起公诉"的表述，而不是"移送检察机关依法审查起诉"的表述，似乎有检察机关对移送案件应直接提起公诉，而不能经审查后作出相应决定的意思。实际上，《刑事诉讼法》第三章"提起公诉"部分，第167条明确规定，"凡需要提起公诉的案件，一律由人民检察院审查决定"，后续条文中还规定了进行审查并作出相应决定的内容。该章内容在全国人大常委会的《试点决定》中并未被暂停实施。

因此，对于适用《刑事诉讼法》和相应程序规定办理的职务犯罪侦查案件，在采取刑事留置措施后，符合逮捕条件的，应当与检察机关衔接，即由刑事留置转为逮捕的，应当由检察机关根据批捕的条件和程序办理。检察机关收到移送提起公诉的刑事案件，在经过审查后作出相应决定，由此在监察机关和检察机关实现分工负责，互相配合和互相制约，保证准确有效地执行法律。

（二）行政性留置等涉及公民基本权利的监察措施的法律救济

监察机关办理职务违法案件，也需要与司法合理衔接。《中华人民共和国立法法》第8条规定，限制人身自由的强制措施，属于法律绝对保留的事项。因此，设定限制人身自由的强制措施，应当制定法律。但是，这是否意味着只要制定法律授权即可，而无需与司法相衔接？刑事强制措施和行政强制措施，前者受《刑事诉讼法》调整，后者受《中华人民共和国行政强制法》规范，发生争议属于《中华人民共和国行政诉讼法》（以下简称《行政诉讼法》）的受案范围。如果监察强制措施不与司法相衔接，就突破了法治原则，即"有权利，必有救济"的原则。此前，纪检部门办案中实施"双规"、监察部门实施"双指"，争议最大之处即在于与法

---

〔1〕 童之伟：《对监察委员会自身的监督制约何以强化》，《法学评论》2017年第1期；马怀德：《国家监察体制改革的重要意义和主要任务》，《国家行政学院学报》2016年第6期。

治原则的冲撞。“双规”确实非常有效，反腐败需要权威高效，但是反腐败是否有权威、是否在制度上有可持续性和感召力，还是需要法治的保障。

如果查处职务违法案件中采取了行政性留置措施，此后案件也未能转为职务犯罪侦查并依法追诉，因其涉及被调查对象的人身自由这一宪法基本权利，应当设置救济途径，除了监察复议以外，也应当与司法衔接，允许提起诉讼。从性质上来说，监察机关与被调查人的关系，不完全等同于行政法上行政主体与行政相对人的关系，因此其不属于《行政诉讼法》的受案范围。但是，监察诉讼可以准用《行政诉讼法》，由人民法院行政审判庭受理。在法律技术上，只需要在《国家监察法》上作出特别规定，然后由《行政诉讼法》第 12 条第 2 款“人民法院受理法律、法规规定可以提起诉讼的其他行政案件”加以容纳。实际上，在《行政诉讼法》制定之前，我国行政诉讼制度就曾经借助 1982 年《中华人民共和国民事诉讼法（试行）》而落地，该法第 3 条第 2 款规定：“法律规定由人民法院审理的行政案件，适用本法规定。”人民法院对行政性留置这一限制人身自由的最严厉的监察强制措施的合法性进行审查，将会是最为关键、也最为有效的监督方式。

在反腐败行动中，查封、扣押、冻结等措施相当关键。“反腐败机构有权冻结那些被怀疑属于正在接受调查者的资产，这一点很重要。在迅速行动成为问题的关键所在时，反腐败机构应当能够在得到法院命令之前冻结财产。没有这种权力，银行家可以在几分钟之内通过电子手段就将钱财转移。反腐败机构通常也拥有扣押和没收旅行证件，以防止嫌疑人逃逸的权力。在紧迫的情况下，它甚至不必等待法院的命令就可以采取这种临时措施。”[1]但是，查封、扣押、冻结等强制措施，只要涉及公民人身权、财产权等宪法基本权利的，也应当受到司法的事后监督和审查。否则，监察程序上的规定，包括全程录音录像等，无法切实发挥效用，特别是如果查封、扣押、冻结出现不符合适用条件、超出范围、超出期限等违法情形，需要有相应的司法救济途径。此外，监察调查后的后续行政处置，特别是没收或拍卖被查封扣押的财物、划转冻结的存款汇款、追缴和责令退赔等，同样涉及公民财产权这一基本权利，需要加以一体考虑。行政处置涉及辞退、开除公职的，则进入现行的相应救济途径中，自不待言。

(三) 律师介入与国家责任

在监察机关办理案件过程中，被调查对象委托律师介入的权利应当予以充分保障。律师的参与和代理基于当事人的陈述、申辩权，后者属于正当程序的基本要素。职务犯罪侦查案件的律师介入，没有理由不适用《刑事诉讼法》的规定。根据《刑事诉讼法》第 33 条的规定，侦查机关在第一次讯问犯罪嫌疑人或者对犯罪嫌疑人采取强制措施的时候，应当告知犯罪嫌疑人有权委托律师作为辩护人。因此，监察刑事程序启动后，第一次讯问或者采取刑事留置措施时，即应当允许律师介入，以帮助被调查人行使陈述、申辩权。

职务违法案件的调查，在能否获得律师的法律服务方面，也可以按照上述思路加以明

〔1〕［新西兰］杰瑞米·波普著：《制约腐败——建构国家廉政体系》，清华大学公共管理学院廉政研究室译，中国方正出版社，2003 年版，第 148 页。

确。此前，在行政监察体制下，基于监察行为属于行政机关内部行政行为的考虑，政纪案件的被调查人一直不能委托律师，监察部为此作出过专门的答复：

根据《中华人民共和国律师暂行条例》的规定，律师的业务范围主要是作为代理人或辩护人参加诉讼活动以及调解、仲裁等非诉讼活动。监察机关依法查处政纪案件是行政机关的内部行政行为，根据《中华人民共和国行政诉讼法》等法律的规定，不属于法院的行政诉讼受案范围。同时，查处政纪案件，也不属于调解、仲裁等非诉讼案件。因此，政纪案件的被调查人不能委托律师。〔1〕

在监察体制改革的制度设计中，可以对律师是否有权介入进行分类规定。如果只是采取询问、调取等措施，那么无须规定告知有权委托律师，一般也可不接受律师介入。但是，当监察调查措施特别是强制措施影响被调查人基本权利时，当调查后受到没收财物、责令退赔、划转存款汇款或开除公职等处置时，特别是进入后续诉讼的，被调查人或被处置人，完全有权根据《行政诉讼法》的规定委托律师代理。律师也有权依据《中华人民共和国律师法》依法执业。

只要是办案，就有可能会发生错误，甚至违法。对于因监察机关违法或错误办案而受到的损害，应当考虑与《中华人民共和国国家赔偿法》加以衔接，设置相应的国家赔偿路径。1990 年《行政监察条例》对此没有作出规定，1997 年《行政监察法》第 47 条规定："监察机关和监察人员违法行使职权，侵犯公民、法人和其他组织的合法权益，造成损害的，应当依法赔偿。"2010 年《行政监察法》修订时，这一规定延续了下来。在《国家监察法》的制定中，对于国家赔偿的条件、范围和途径等，有必要作出详细规定。

此外，还有必要考虑设置国家补偿的救济途径。在《行政监察法》修订过程中，全国人大常委会调研组进行了立法调研，地方政府法制部门就提出了这一建议，他们认为，被监察人的合法权益一旦受到侵害往往难以得到相应的合理补偿，这样对法的公平公正以及实施效果都可能产生影响，建议草案明确对被监察人因行政监察中的不当行为导致其合法权益受损的补偿。〔2〕 国家赔偿以违法行使职权为要件，但是实际工作中监察机关可能在合法的情况下对被调查人的合法权益造成不小的侵害，如果最后无法查实职务违法犯罪行为，就需要考虑给予适当的国家补偿，因为特定的当事人为国家的秩序承受了"特别牺牲"。

---

〔1〕《监察部关于政纪案件的被调查人是否可委托律师担任代理人问题的答复》(监法复字〔1992〕7 号)，载中华人民共和国监察部编：《中国监察年鉴：1992 年—1997 年卷》(上册)，中国方正出版社，2007 年版，第 548－549 页。

〔2〕 季耀昆：《行政监察对象应为所有国家公务员 我市有关部门就行政监察法(修订)草案提出修改建议》，《济南日报》2009 年 4 月 24 日第 015 版。

五、结　语

监察体制改革是一项重大的政治改革,需要加以深入研究和妥当处理的法治议题很多,其中,有些很重大,有些很紧急。本文讨论的监察措施的合法性问题,或许还不是改革的当务之急,但是它关系到整个国家监察是否在法治框架内运行,涉及公民基本权利的保障,不可谓不重大。要妥善处理监察措施的合法性问题,需要厘清其性质定位,妥当设置监察程序,实现其与司法的合理衔接。为此,本文进行了初步的框架性研究。在后续《国家监察法》制定和相关法律法规修改调整的过程中,还需要再详加论证、精细研究。

国家监察体制改革的宪法约束

叶海波*

摘　要：国家监察体制改革的认识分歧凸显了改革应遵从何种宪法程序、如何恪守宪法边界及如何落实宪法指示的理论问题。以修法程序改革的观点不但逻辑错误，也必然导致监察全覆盖与人大无限权力间的内在矛盾。国家监察体制改革应当遵从宪法修改的程序，先由全国人大修宪创设机构，再实施宪法建立机关。国家监察体制改革应当恪守宪法根本规范确立的边界，不得改变以"党领导人民建设一个民主、法治、权力制约和人权受保障的现代化共和国"为内容的宪法根本。权力单向监督并非宪法根本规范的核心内容，国家监察体制改革形成闭环式的权力监督结构，但并未动摇人大制度的根本。国家监察体制改革应当落实宪法的指示，合理配置监察权，建立监察组织法、行为法和基准法的融贯体系，以法律明确监察权限、监察程序和监察标准，并以既有的机关监督机制为基础建立环伺式的监察权监督模式，形成"有限"和"有效"监察的国家监察法治体系。

关键词：国家监察　宪法　约束　改革

自2013年11月12日中共十八届三中全会通过《中共中央关于全面深化改革若干重大问题的决定》以来，全面深化改革渐次展开，国家监察体制改革便是其中之一。2016年1月12日，习近平总书记指出要"完善监督制度，做好监督体系顶层设计"，"扩大监察范围，整合监察力量，健全国家监察组织架构，形成全面覆盖国家机关及其公务员的国家监察体系"。〔1〕2016年10月27日，中共十八届六中全会明确要求："各级党委应当支持和保证同级人大、政府、监察机关、司法机关等对国家机关及公职人员依法进行监督，人民政协依章程进行民主监督，审计机关依法进行审计监督。"〔2〕2016年11月7日，中共中央办公厅印发《关于在北京市、山西省、浙江省开展国家监察体制改革试点方案》，国家监察体制改革从顶层设计步入实践操作阶段。随之，第十二届全国人大常委会于2016年12月25日通过《全国人民代表大会常务委员会关于在北京市、山西省、浙江省开展国家监察体制改革试点工作的决定》，国家监察体制改革由党的意志和党内决策转化为国家的意志和法律规定。十八届六中全会公报历史性地将监察机关与人大、政府、司法机关并列，激发社会对我国监察体制

*　叶海波，深圳大学法学院教授。

〔1〕《习近平在第十八届中央纪律检查委员会第六次全体会议上的讲话》，载《人民日报》2016年5月3日。

〔2〕《中国共产党第十八届中央委员会第六次全体会议公报》(2016年10月27日中国共产党第十八届中央委员会第六次全体会议通过)，载新华网，http://news.xinhuanet.com/politics/2016-10/27/c_1119801528.htm，访问时间：2017年2月23日。

改革的热烈讨论，其中的主题之一便是国家监察体制改革的法律根据。针对这一问题，马怀德教授主张修法改革国家监察体制[1]，童之伟教授提出修宪改革国家监察体制的主张[2]，二者观点鲜明对立。同时，对于修宪改革国家监察体制的限制和限度，秦前红教授认为，监察体制改革难以突围我国以人大为核心的一元二层权力单向监督的构架，否则便颠覆了人大制度。[3] 上述理论争论反映了法治国家的基本共识，即论者均认为"改革权"的行使必须于法有据，并触及国家监察体制改革的关键议题——国家监察体制改革的宪法约束。然则，源于论题的限制，上述诸位学者并未全面论述这一议题。

国家监察体制改革旨在通过设立国家监察机关，完善国家监察制度，形成"人大制度下的一府两院一委"，实现对国家机关及其公职人员的全面和有效监察。其具有三个根本特征：(1) 国家监察体制改革是以监察权配置为核心内容的公权行为，遵循权力法定的原则；(2) 国家监察机关作为反腐败机制，具有工具性价值，服从于国家治理现代化的目标；(3) 国家监察体制改革的本质是宪法上权力关系的重新配置，属于宪制的变迁。基于这些特征，国家监察体制改革必须服从法治的根本原则，而相关理论研究则应当回答如下三个问题：一是作为一项公权行为，依照我国宪法和法律的规定，国家监察体制"改革权"属于何种性质的权力？应当由哪一国家机关行使？应当遵循何种法律程序？质言之，国家监察体制改革应当服从何种程序性约束？二是国家监察体制改革重置现行宪法确立的国家权力结构和权力关系，这种"改革权"受到何种实体层面的限制？能否变动宪法赖以存立的根本规范？是否存在宪法上的边界？三是国家监察体制改革要实现何种目标？现行宪法是否为国家监察制度的设计确立了优劣和良善的判断标准，从而构成国家监察体制改革的根本指示？上述三个问题次第铺开，依次涉及以什么方式开展改革(程序)、哪些内容可以/不可以改革(边界)、如何通过改革形成最佳制度体系(指示)三个基本问题。本文试图在回应相关学术争论的基础上对上述问题作一初步的探讨。

一、国家监察体制改革的宪法程序

现行《中华人民共和国宪法》(以下简称《宪法》)第5条规定，中华人民共和国实行依法治国，建设社会主义法治国家，一切国家机关必须遵守宪法和法律。习近平总书记将这一宪法原则在改革中的应用阐释为："凡属重大改革都要于法有据。在整个改革过程中，都要高度重视运用法治思维和法治方式，发挥法治的引领和推动作用，加强对相关立法工作的协调，确保在法治轨道上推进改革。"[4]作为一项涉及国家权力重新配置的重大改革，国家监

[1] 马怀德：《全面从严治党亟待改革国家监察体制》，载《光明日报》2016年11月12日。

[2] 童之伟：《将监察体制改革全程纳入法治轨道之方略》，载《法学》2016年第12期。

[3] 秦前红：《困境、改革与出路：从"三驾马车"到国家监察——我国监察体系的宪制思考》，载《中国法律评论》2017年第1期。

[4]《习近平：把抓落实作为推进改革工作的重点 真抓实干蹄疾步稳务求实效》，载《人民日报》2014年3月1日。

察体制改革自然也必须依法而行。考察现行宪法可发现，“监察”一语分别出现在《宪法》第89条和第107条，仅指行政监察。更为明确的是，现行宪法中的国家机关并不包括与“一府两院”并列且由同级人大产生的国家监察机关。如何在法治轨道上行使这项重大的“改革权”，依照宪法法律规定将国家监察机关安置于宪法和法律之中，是国家监察体制改革面临的首要课题，也是法学界应当回答的问题。

（一）修法抑或修宪：国家监察体制改革的法治路径之争

关于如何依法改革国家监察体制，法学界形成了修法改革国家监察体制和修宪改革国家监察体制的两种观点。马怀德、张瑜教授认为可以由国家立法机关以修改法律的程序改革国家监察体制，通过修改《中华人民共和国行政监察法》，将之更名为《中华人民共和国监察法》（以下简称《国家监察法》），改革国家监察体制，从中央到地方形成由同级人大选举产生的监察委员会，统一行使监察执法权，对所有国家机关、公务人员、法律法规授权具有公共事务管理职能的组织及国家机关依法委托从事公务管理活动的组织进行覆盖式监督。[1]如若按照马怀德教授的主张行事，国家监察体制改革可以快速铺开，但《中华人民共和国行政监察法》的修订事实上构成对现行宪法的实质修改，修法行为及修订后的《国家监察法》必然受到合宪性追问，国家监察机关的权威可能因此而弱化。我国现行宪法规定全国人大及其常委会行使国家立法权，这一追问的实质是全国人大及其常委会是否可以行使立法权实质性的修订宪法。马怀德教授对此作出如下回应[2]：人民享有国家的一切权力，全国人大是人民行使国家权力的机关，故全国人大可以行使国家的一切权力，包括设定国家机构的权力。全国人大可以制定国家机构的基本法律，故享有制定设立国家机构的法律和作出设立国家机构的决定的权力。全国人大常委会是全国人大的常设机关，可以对全国人大制定的法律作部分修改，故全国人大常委会可以作出关于设立国家监察委员会的决定。根据惯例，全国人大常委会可以通过授权的方式设立国家监察机关。这一回应的实质是认为全国人大的权力源于人民，人民享有多少权力，全国人大及其常委会便享有多少权力，其权力范围不以宪法为限，其权力行使也不受宪法限制；基于这一前提，并不存在全国人大及其常委会以法律修改方式设立监察机关是否符合宪法和法律的问题。修法改革国家监察体制论的本质是全国人大至上论，这致使该主张存在无法解决的内在矛盾：如果全国人大及其常委会享有无限的主权性权力，国家监察机关便不可能监察全国人大及其常委会，也就无法实现公权行使监察全覆盖的目标，国家监察体制改革必将功亏一篑。

童之伟教授在批判修法改革国家监察体制论的基础上提出修宪改革国家监察体制论，认为“全国人大无权在没有宪法根据的情况下创设新的国家机关”，“在全国人民代表大会闭会期间，作为全国人大的常设机关，全国人大常委会只可以行使全国人大的部分权力，无权行使全国人大的全部权力”，“讨论做重大政治改革的授权问题，要以宪法为根据，不能以对全国人大常委会‘近年来作出的授权决定的领域和范围’的主观感觉为根据”，“全国范围设

〔1〕 马怀德、张瑜：《通过修法完善国家监察体制》，载《学习时报》2016年7月14日。
〔2〕 马怀德：《全面从严治党亟待改革国家监察体制》，载《光明日报》2016年11月12日。

置国家监察机关必须修宪才行”。[1] 虽然修宪改革国家监察体制论并未明确回应全国人大与现行宪法的关系，但显然，其中隐含的前提是全国人大及其常委会的立法权源于宪法，受限于宪法，立法权的行使不能导致宪法的实质修订，否则便与宪法规定不符，实质是主张“宪法之下的立法权”。总之，童之伟教授认为全国人大及其常委会的立法权限于宪法的授权，现行宪法明确授予全国人大修宪权，不能以法律修改的方式改革国家监察体制，行修宪权之实，唯有修改宪法方能全面设立国家监察委员会，无论是试点改革还是全面改革国家监察体制，均须在法治轨道上运行。[2]

（二）“人大职权”与国家监察体制改革的宪法路径

围绕国家监察体制改革的法治路径之争凸显了国家监察体制改革中的核心命题之一，即国家监察体制改革的程序约束，其实质是全国人大改革国家监察体制的宪法权限问题。根据现行《宪法》第 62 条的规定，全国人大行使基本法律制定权，制定基本法律，享有修宪权，可以修订宪法，两种权力性质不同，行使程序有别。修法改革国家监察体制论以人民的名义确证全国人大的无限权力，在此基础上主张全国人大立法权的无限性，以常设机关的地位证成全国人大常委会的无限权力及其对全国人大的替代，若果真如此行事，组成人数较少的全国人大常委会便可以以立法的形式配置国家监察权，设立国家监察机关，实质性地修改宪法。这明显违反修宪程序和人大权限的宪法规定。修宪改革国家监察体制论主张唯有修改宪法才能全面设立国家监察机关，但未全面地从理论上批驳修法改革国家监察体制论的论据，特别是“全国人大可以行使人民所有的一切权力”的人大主权机关论，理论上应当在厘清全国人大宪法地位的基础上明确国家监察体制改革的宪法程序。

现行《宪法》第 2 条规定“中华人民共和国的一切权力属于人民”，宣告了人民主权原则。该条又规定，人民行使国家权力的机关是全国人大和地方各级人大。有学者据此认为，全国人大是代表人民行使国家权力的主权机关，[3]完全统一地行使国家的一切权力，[4]全国人大的权力是人民授予的，不受任何实定法限制，其中的规则形成权，既包括制定宪法的权力，也包括制定民事、刑事等法律的权力，属于一国的根本性权力。在《中华人民共和国香港特别行政区基本法》草案的合宪性讨论、《中华人民共和国物权法》草案的合宪性之争中，人大主权机关论均被一些学者征用为立论前提，[5]修法改革国家监察体制论同样如此。人大主权机关论及其应用者将全国人大视为位于宪法典之先、之上，创制宪法的主权者，是对现行《宪法》第 2 条的错误理解。

现行《宪法》第 2 条中“中华人民共和国的一切权力属于人民”“人民行使国家权力的机关是全国人民代表大会和地方各级人民代表大会”二者指向的权力具有本质区别，前者的用

---

〔1〕 童之伟：《将监察体制改革全程纳入法治轨道之方略》，载《法学》2016 年第 12 期。
〔2〕 童之伟：《将监察体制改革全程纳入法治轨道之方略》，载《法学》2016 年第 12 期。
〔3〕 江国华：《宪法的形而上之学》，武汉大学出版社，2004 年版，第 380 页。
〔4〕 蔡定剑：《中国人民代表大会制度》，法律出版社，1998 年版，第 28 页。
〔5〕 叶海波：《“根据宪法，制定本法”的规范内涵》，载《法学家》2013 年第 5 期。

语是“权力”并指明是“一切权力”，后者的用语是“国家权力”，但未明确是“一切国家权力”。人民享有的“权力”是一种主权意义的本源性权力，具有派生性，是一种政治决断权，主要表现为制定宪法，创制国家制度，授予具体的国家权力，形成国家权力架构。作为主权决断的结果，具体的国家权力自然也为主权者所享有，因此人民享有的“一切权力”包括本源性的主权（创制宪法的权力）和被派生的具体国家权力（宪法创制的权力）。全国人大由人民选举的代表组成，全国人大可以行使的权力只能是与其代表机关的地位相称的权力，而且必须是人民通过制定宪法授予其行使的权力，这是且仅是宪法设定的并授予全国人大的“国家权力”，而不是“一切国家权力”，更不是人民享有的“一切权力”。从逻辑上讲，作为代表机关，全国人大至少不享有授权自身具体权力的权力，也不享有选择代表的权力。基于以上的分析，不难发现，修法改革国家监察体制论的立论——“我国《宪法》第 2 条规定：‘中华人民共和国的一切权力属于人民。人民行使国家权力的机关是全国人民代表大会和地方各级人民代表大会。’这就意味着，全国人大可以代表人民通过制定法律、作出决定方式行使国家一切权力（着重号为引者加），包括设立国家机关的权力”[1]——明显不能成立。国家监察委员会的设置将国家监察执法权集中于一个机关之手，既缩小了现行宪法规定的国务院及检察机关的权限，也在形式上扩大了全国人大及其常委会的人事决定权和监督权范围，设定国家监察委员会因而是更改人民制宪授予的权力范围及宪定权力关系，是对既有授权的变更，必须由人民或其代表以修改宪法的程序来完成。总之，全国人大及其常委会不享有通过行使立法权，以制定或修改法律、作出决定的方式重新配置国家权力，根本性地改变宪定权力结构的权力。这进而决定了国家监察体制改革只能遵循修宪程序。

（三）宪法修订与国家监察体制改革的正当程序

宪法以国家权力配置为核心内容，“如果说宪法只规定一项内容，那就是规定政府权力的范围，国家机关的设立、组织及其职权，以及各国家机关之间的关系”[2]，国家权力的结构性安排属于一国宪法绝对保留的事项，国家监察体制改革的本质是国家权力结构的重新安排，改革的主体和程序必须符合宪法的程序性规定。我国现行《宪法》第 62 条和第 64 条规定了全国人大的修宪权及修宪程序，这为全国人大修订宪法改变宪定国家权力配置结构、设置国家监察委员会提供了形式上的权力依据，也构成了国家监察体制改革的基本程序。其具体内容是：只有全国人大方能展开国家监察体制改革，在全国范围内设立国家监察机关，而全国人大在推进这项改革时，必须以修改宪法的方式进行，并遵循宪法规定的修宪程序。根据现行宪法的规定以及既往宪法修订的惯例，修宪设立国家监察委员会应当以如下步骤展开：中共中央提出修改宪法部分内容的建议，公开征求意见后，全国人大常委会或者五分之一以上的全国人大代表据此提出修正案，由全国人大全体代表的三分之二以上多数通过，全国人大常委会公布宪法修正案。宪法修正案一经全国人大通过并公告天下，宪法层面的国家监察体制改革便告完成。全国人大应当随之行使立法权，制定国家监察机关组织法和

---

〔1〕 马怀德：《全面从严治党亟待改革国家监察体制》，载《光明日报》2016 年 11 月 12 日。
〔2〕 蔡定剑：《关于什么是宪法》，载《中外法学》2002 年第 1 期。

行为法等配套法律，实施宪法修正案关于国家监察机关的规定，中央与地方亦应当随之成立监察委员会，行使宪法设定的国家监察权，最终完成国家监察体制的改革。

二、国家监察体制改革的宪法边界

国家监察体制改革的目标是通过国家权力关系的重构来实现对权力行使的有效监督，属于国家权力宪法配置的更新。“监察全覆盖”意味着对各国家机关及其公职人员的监察，监察内容不可避免地扩展至民主立法、行政决定、检察事务和司法事务，进而实质性地改变人大制度的内容和国家机关间的宪法关系，形成一种相互监督的关系。概而言之，以修宪的方式改革国家监察体制，将根本性地改革宪法确立的权力架构和权力关系。那么，全国人大是否可以修改宪法建立全覆盖的国家监察体制全面监察国家机关和公职人员？即现行宪法是否确认一些核心条款，这些条款对国家监察体制改革的具体制度安排构成实质性约束和边界？全国人大修宪改革国家监察体制时是否不得改变宪法中的某些内容？如所周知，修宪权是否存在界限，理论上曾有争论，[1]但承认修宪权的宪法限制渐为共识。在宪法中明确限制宪法修改的实例并不少见，美国是始作俑者。现代国家或者规定共和政体、宪法原则和根本精神、领土范围等条款不得修改，或者规定宪法在若干时间内不得修改或必须修改。我国现行宪法虽然设定了宪法修改的程序，但并未明确规定宪法修改的界限，理论上对国家监察体制改革修宪的实体界限和边界也认识不一。本文认为，宪法根本规范构成国家监察体制改革的外在边界。

（一）国家监察体制改革宪法界限的理论分歧

马怀德教授主张以修法的程序改革国家监察体制，强调全国人大及其常委会享有人民享有的一切权力，自然不认为国家监察体制改革应受宪法约束，因而也不认为国家监察体制改革存在外在的宪法边界。[2] 童之伟教授虽然认为“在宪法规定之外新增设一种在中央与国务院平行、在地方与各级人民政府平行的国家机关，动了人民代表大会制度和宪法的根本”，[3]但这里所谓的“动了人民代表大会制度和宪法的根本”并非主张宪法对国家监察体制改革构成实体层面的约束。童之伟教授认为，“是否准许进行改革试点，属于全国人大的职权范围，要授权进行改革试点必须由全国人大为之”，在试点成功后全国范围内设立国家监察委员会时，“必须修宪才行”。[4] 这一立论的逻辑前提是，宪法是根本法，具有最高法律效力，是根本的活动准则，如果以修法而非修宪的方式设立监察委员会，便违反了宪法关于修宪权和立法权的规定，也是对宪法的权威和效力的否定，并且客观上侵犯了全国人大的修宪权，是“动了人民代表大会制度和宪法的根本”。推而论之，这种观点认为，立法权必须受

〔1〕 豆星星：《论修宪权的界限》，载《西南政法大学学报》2006 年第 1 期。

〔2〕 马怀德：《全面从严治党亟待改革国家监察体制》，载《光明日报》2016 年 11 月 12 日。

〔3〕 童之伟：《将监察体制改革全程纳入法治轨道之方略》，载《法学》2016 年第 12 期。

〔4〕 童之伟：《将监察体制改革全程纳入法治轨道之方略》，载《法学》2016 年第 12 期。

宪法约束，修宪权则不受宪法的实质约束。以修宪的方式设定监察委员会，使监察委员会成为宪法上而非宪法外的机构，正是严格遵循宪法规定的行为，也是宪法权威和人大制度的实现，是维护而非"动摇"人大制度和宪法的根本。毋宁说，该文恰恰认为，修宪权正是宪法设定的一项装置，以回应人大制度和宪法变迁的需要，全国人大修宪改革国家监察体制时，所要改革的正是宪法中设立的权力制度，因此其修改宪法时不受这些条款的限制。基于这种隐含的认识，童之伟教授在探讨如何将国家监察体制改革纳入法治轨道时，全然未提及全国人大修宪改革国家监察制度的实体限制问题。〔1〕

秦前红教授在新近发表的论文中以反问的方式提出修宪改革国家监察体制的宪法边界问题，认为国家监察体制改革的一个前置问题是监察委员会运行要求"宪制机关具备明确的权力分置"。〔2〕"这个前提是否已具备?"即"人大制度所要求的权力一元与监察体制必备的权力多元如何能相容相生?"秦前红教授持否定的观点，认为我国现行宪法规定了"议行合一"的基本原则，本级人大选举产生其他同级国家机关，其他同级国家机关对本级人大负责，受它监督。〔3〕这是一种一元二级单向监督的权力结构，国家监察体制改革要求权力一元二级转变为权力多元同级，"这意味着对'议行合一'体制和人民代表大会制度的彻底颠覆"。〔4〕质言之，这一观点认为国家监察委员会宪制化必然动摇人大制度，即便全国人大以宪法修改的程序展开国家监察体制改革，这个根本也动之不得，人大制度构成修宪改革国家监察体制的限制，一元二级单向监督的权力结构构成了国家监察体制改革的外在边界，国家监察只能限缩为对人大工作人员的法纪监督，不宜扩张至立法民主的领域。两种对立性的观点凸显了如下需要明确的问题：修宪改革国家监察体制是否受现行宪法的实体性约束？如果这种约束存在，现行宪法的哪些条款和内容构成对这项改革的约束和边界？

（二）宪法根本规范与国家监察体制改革的"宪法禁区"

现代宪法立基于"宪法核心部分理论"之上〔5〕，主要由宪法核和宪法律组成，宪法核"是一种根本规范，它提供实定法客观合理性的依据，表明实定法创始的出发点"，是"宪法的宪法"，"宪法律是一种相对意义的宪法"，"有关根本规范的内容是不得以任何形式修改与变更的，而宪法律则可根据社会变化的实际需要进行适当的修改与调整"。〔6〕宪法核与宪法律相区别的最大效应，"就是建立不得以通常修宪程序更改的宪法核心领域"〔7〕。这意味着，"修改宪法的主要目的是调整、扩大、改善和纠正宪法，不是破坏宪法的结构，或者说违反宪

〔1〕童之伟：《将监察体制改革全程纳入法治轨道之方略》，载《法学》2016年第12期。

〔2〕秦前红：《困境、改革与出路：从"三驾马车"到国家监察——我国监察体系的宪制思考》，载《中国法律评论》2017年第1期。

〔3〕秦前红：《困境、改革与出路：从"三驾马车"到国家监察——我国监察体系的宪制思考》，载《中国法律评论》2017年第1期。

〔4〕秦前红：《困境、改革与出路：从"三驾马车"到国家监察——我国监察体系的宪制思考》，载《中国法律评论》2017年第1期。

〔5〕陈慈阳：《宪法学》，元照出版有限公司，2004年版，第131页。

〔6〕周叶中：《宪法》，北京大学出版社、高等教育出版社，2000年版，第127页。

〔7〕吴庚：《宪法的解释与适用》，三民书局，2004年版，第25页。

法的根本精神，否则，那无异于‘宪法崩溃’或‘宪法革命’”[1]。以宪法核心理论反观中国现行宪法，不难发现，我国现行宪法也建立了宪法核和宪法律的二元结构。我国现行《宪法》序言最后一段宣告："本宪法以法律的形式确认了中国各族人民奋斗的成果，规定了国家的根本制度和根本任务，是国家的根本法，具有最高的法律效力。"这一宣告以递进式的恢宏气势声明现行宪法作为根本法、具有最高法律效力的缘由：本宪法"确认了中国各族人民奋斗的成果，规定了国家的根本制度和根本任务"，因而是"国家的根本法"，因而"具有最高的法律效力"，因而是"根本的活动准则"。[2] 申言之，现行宪法确认了以"中国各族人民奋斗的成果""国家的根本制度""根本任务"为内容的宪法根本规范，方才成为宪法，宪法修改不得改变这些内容，这些内容自然构成宪法修改的约束和边界。因此，修宪机关修改宪法改革国家监察体制时，其"改革权"并非不受限制，只能以修改宪法律的方式配置国家监察权，不得改变宪法核。"对宪法的‘修改’权并不包含摧毁它的权力在内。"[3]宪法核具有禁止修改的防御功能，构成国家监察体制改革的外在边界，是对国家监察体制改革的消极和否定性约束。

上引的观点之一[4]认为只要全国人大以修宪方式改革国家监察体制，便符合宪法和法治要求，显然忽视了"改革权"的宪法约束。另一观点（秦前红，2017：181）认为国家监察体制改革难以突破人大制度下的权力监督结构和关系，后者实际上是对前者的限制，但对我国现行宪法根本规范的解读值得商榷。我国现行《宪法》共有六处使用"根本"一语，分别是序言第七段的"根本任务"、序言最后一段的"根本任务""根本制度""根本法""根本的活动准则"、第 1 条第 2 款的"根本制度"。其中，"根本任务"是"进行社会主义现代化建设"，"根本制度"是"社会主义制度"，"根本法"和"根本的活动准则"陈述了现行宪法在实定法体系中的地位、效力及性质。"现代化"和"社会主义"是理解现行宪法根本规范的关键词。"现代化"既指一种过程，也是一种状态，还是一套评价标准，主要指人类以其理性对外在世界加以征服并控制的种种努力。"社会主义现代化建设"主要指中国人民运用理性建立更具合理性的社会的努力和过程。"社会主义制度"的内容通常被分解为根本的政治制度、经济制度和文化制度，人大制度是我国的根本政治制度，"党的领导是中国特色社会主义最本质的特征"（中共中央，2014）。这两条规范合而为一，即是党领导中国人民建设现代化的共和国。随着实践的推进，我国宪法进一步地明确了中国现代化建设的核心要素：首为一切权力属于人民的人民主权原则，次为依法而治的法治中国原则，再为维护人之尊严的人权保障原则。现行宪法的根本规范可具体地表述为党领导人民建设一个民主、法治、权力制约和人权受保障的现代化共和国，国家监察体制改革自然不得在形式上或者实质上更改这一根本规范，这一根本规范构成国家监察体制改革的外在边界。国家监察体制改革的目标是通过设立国家监

---

〔1〕 Charles A. Kelbley. Are There Limits to Constitutional Change? Rawls on Comprehensive Doctrines, Unconstitutional Amendments, and the Basis of Equality. Fordham Law Review, 2004, 72(5).

〔2〕 陈端洪：《宪法的法律性阐释及证立》，载《清华法学》2016 年第 3 期。

〔3〕 William L. Marbuty. The Limitations upon the Amending Power. Harvard Law Review, 1919, 33(2).

〔4〕 童之伟：《将监察体制改革全程纳入法治轨道之方略》，载《法学》2016 年第 12 期。

察机关，改变不合理的国家权力结构，实现权力监督的现代化，并强化党对反腐败的领导（王岐山，2016），显然未实质性地改变宪法的根本规范。当然，国家监察体制改革改变了人大制度的内容，因此，理论上需要明确人大制度下的权力监督关系与国家监察体制改革的关系问题，在“不得为”的层面之外，从“可否为”的角度进一步厘清国家监察体制改革的宪法边界。

（三）单向权力监督结构与国家监察体制的改革

宪法核直接以“不得侵犯”的方式划定了修宪改革国家监察体制的宪法边界，同时明确了国家监察体制改革可以涉足的空间。简单而言，宪法核犹如一个圆形，乃国家监察体制改革不得触及的“禁区”，该区域之外的范围，则可以根据国家监察体制改革的需要加以变动。理论上的描述易于理解，但实践中的操作则要复杂得多，国家监察体制改革的宪法边界并非在一张白纸上划一个圆圈并解释为宪法核那么简单，仍需要针对具体的问题作出分析，其中之一便是国家监察体制改革与人大制度的关系。秦前红教授认为人大制度下的权力一元多层单向监督结构构成国家监察体制改革的界限，应当将对人大的国家监察限定为立法民主之外的领域，主要集中于对公职人员的法纪监督，否则便是“对‘议行合一’体制和人民代表大会制度的彻底颠覆”。〔1〕 这种观点实质上将权力单向监督理解为宪法根本规范的具体内容。本文认为，应当从人大宪法地位的角度认识国家监察体制改革与人大制度的关系。

日本著名宪法学家美浓部达吉认为，代议机关具有三重依次而存的地位：始为代表国民的机关，国民是第一次的原始的国家机关，代议机关是第二次的代表的国家机关，次为行使立法权的机关，终为政治统治机关，监督政府是其主要权能。代议机关的代表、立法和监督功能源于其作为代议机关的宪法地位。〔2〕 我国人大制度亦遵循这样的逻辑，包括民主、立法和权力监督的多重内涵，人大是人民行使国家权力的代议机关和代表机关，基于民主的原理，由人民选举产生的代表组成人大并由人大选举产生同级国家机关，人大享有立法权和监督权。人大制度是党领导人民治理国家、实现国家现代化的重要和最高制度形式，任何改变人大制度的行为，若产生否定人民主体地位的结果，便是动摇宪法的根本。但需要明确的是，人民主权强调国家权力属于人民，主要由人民的代表来行使这些权力，人民代表组成的机关是最高国家权力机关，但这并非意味着人民代表的权力是绝对和不受限制的。哈耶克明确指出：“‘民主’这个术语仅仅意指：不论存在什么样的最高权力，它都应当由人民之多数或他们的代表来掌控，但是它却没有论涉到这种权力的权限问题。常常有人错误地认为，任何最高权力都必定是无限的或不受限制的。显而易见，我们根本无法从多数的意见应当占据支配地位这项要求当中推论出这样一项要求，即多数就特定问题的意志应当是无限的或不受限制的。”〔3〕申言之，人民主权和民主原则的确认并非意味着对法治、权力监督和人

〔1〕 秦前红：《困境、改革与出路：从“三驾马车”到国家监察——我国监察体系的宪制思考》，载《中国法律评论》2017 年第 1 期。

〔2〕 ［日］美浓部达吉：《议会制度论》，邹敬芳译，中国政法大学出版社，2005 年版，第 55 页。

〔3〕 ［英］哈耶克：《政治思想中的语言混淆》，载邓正来选编、译：《哈耶克论文集》，首都经济贸易大学出版社，2001 年版，第 36 页。

权保障原则的否定,民主与法治可以有机结合。[1] 我国现行《宪法》第 62 条和第 67 条通过列举的形式,将全国人大及其常委会的职权限定于该两条确定的范围,同时在第 5 条和第 33 条宣告了法治和人权原则。基于宪法至上和法治国家的现代国家原则,人大作为代议机关亦必须服从宪法和法律,其享有的监督其他国家机关的权力并不能否定对其自身权力监督的必要性,也并不意味着对人大的监督只能是人大的自我和同体监督。事实上,对于在人大中任职的公职人员违法犯罪行为,我国亦存在着多种监督机制。现行《宪法》第 3 条虽然规定人大监督同级其他国家机关,但这一规定不应当被理解为禁止修订宪法建立监督人大的制度。本质上,国家监察体制改革既未改变人大作为代议机关的宪法地位,也未否定人民主权原则,更未否定人大基于代表机关的身份而享有的监督权,而只是补缺了人大制度下权力监督的开环模式,有助于形成一个首尾相链接的闭环式监督体系,是国家制度合理化和治理现代化的一种努力。

三、国家监察体制改革的宪法指示

宪法"是以根本规范为指导的价值体系与规范体系,它既表现为实定法意义上的规范活动,又表现为超实定法的价值与原理,甚至表现为超合法性的规范"[2]。宪法构筑一国的价值秩序,设立国家权力制度和公民基本权利制度实现这一秩序,并通过这些制度的实施将观念的宪法转化为现实的宪法。国家监察体制改革正是谋求建立一种更为合理的国家监察制度,健全国家监察组织架构,落实现行宪法建立的价值秩序。宪法根本规范不仅仅具有设定禁区、禁止修改的防御性内涵,更具有价值实现的肯定性和积极性内涵,构成国家监察体制改革的指示,决定了国家监察制度的内容,要求国家监察体制改革设立落实宪法精神的最佳制度,可谓之国家监察体制改革的宪法方针。笔者认为,契合宪法根本规范、最有助于宪法精神得以实现的国家监察体制,必须是一种达致"有限"和"有效"标准的国家监察法治模式。

(一) 宪法根本规范与有限国家监察

现行宪法的根本规范是建设现代化的国家,基于现代化的原理与经验,公权力的受限性是其内容之一,这意味着国家监察权的有限性。"有限"意指权限和监督。在权限的维度上,监察权力必须是有限权力,而非无限权力。这首先要求国家监察委员会的一切权力均来源于宪法和法律的授权,而宪法和法律的授权则应当是明确、具体和清晰的,国家监察委员会的监察权力止于宪法和法律,特别是国家监察委员会组织法对其权力的列举。除了以组织法限定监察权限外,还应当在行为法层面规范监察权。申言之,针对组织法所规定的每一项具体监察权力,应当制定配套的行为法,明确权力行使的程序,包括明确监察对象、监察启动条件、监察程序、监察手段、监察决定,等等。在组织法和行为法之外,还应当制定监察基准法,明确监察判断标准。全国人大常委会关于监察体制改革试点的决定指出:"试点地区监

---

〔1〕 秦前红、叶海波:《论民主与法治的分离与契合》,载《法制与社会发展》2005 年第 1 期。

〔2〕 周叶中:《宪法》,北京大学出版社、高等教育出版社,2000 年版,第 127 页。

察委员会按照管理权限，对本地区所有行使公权力的公职人员依法实施监察；履行监督、调查、处置职责，监督检查公职人员依法履职、秉公用权、廉洁从政以及道德操守情况，调查涉嫌贪污贿赂、滥用职权、玩忽职守、权力寻租、利益输送、徇私舞弊以及浪费国家资财等职务违法和职务犯罪行为并作出处置决定，对涉嫌职务犯罪的，移送检察机关依法提起公诉。”[1]不难发现，“依法履职”“秉公用权”“廉洁从政”“道德操守”均为“口袋式术语”，其内涵和外延并不清晰。立法者应当遵从法律的确定性原则，梳理公权清单，确定合法和合理的标准，建立公德标准，实践监察权力有限性原则。概而言之，在权限的维度，防止监察权过于宽泛的关键是建立监察组织法、监察行为和监察基准法的有机体系，分别明确监察权力的范围、行使的程序和处置的标准。

在监督的维度上，有限监察要求建立基于监察权限的问责机制。童之伟教授认为[2]，防止“监察体制改革过犹不及”，最可靠的办法是“创造和维持制约者与被制约者享有的政法综合权重比大致均衡的局面”。对监察委员会的监督是如何监督监督者的问题，我国现行法律确立了多元监督机制，如人大的法律监督、政协的民主监督、检察机关的公诉监督和公益诉讼监督、人民法院的司法监督以及社会媒体、组织和公民的社会监督，这是有效监督监察权力的制度基础。监察委员会对所在地区公职人员进行监察，这自然包括对本机关公职人员的监察，因此，国家监察体制不可避免地存在同体监督和自我监督的问题。螳螂捕蝉式的设立监督机构并不经济也无必要，建立具有实效性、环伺式的监察权监督机制，是唯一选择。如上所述，相关监督机制并不缺少，关键是如何强化这些机制的实效。

（二）宪法根本规范与有效国家监察

权力有限性是宪法根本规范的基本内涵，这不仅意味着国家监察权的有限性，也意味着其他国家权力的有限性，作为监督其他国家机关及公职人员行使公权的制度，国家监察必须是“有效”监察，方才符合宪法根本规范的要求。“有效”意旨高效和实效。高效要求监察权限配置适当、相对集中，监察组织构架完整，内部组织结构合理，监察程序设定清晰，监察标准明确，权力行使流程化；实效则要求监察委员会以维护法制的权威为首要目标，将规范层面的法秩序转化为实践中的权力受监察状态。有效监察的形成，除了要求构建相关制度外，还要求以监察权激活既有监督机制。以立法、行政、检察和审判为例。监察委员会在监察人大、人民政府、人民检察院和人民法院的公职人员时，若这些机关的公职人员存在违反依法履职、秉公用权、廉洁从政等要求的情形时，其参与作出的立法与决议、行政决定与命令、检察决定、法院裁判可能违反合法性和公正性的要求，若仅仅处理履职的公职人员而放生这些存在瑕疵的决定，监察的实效便大打折扣。符合法治原则的路径是授权监察机关提请有权

〔1〕 全国人大常委会:《全国人民代表大会常务委员会关于在北京市、山西省、浙江省开展国家监察体制改革试点工作的决定》(2016 年 12 月 25 日第十二届全国人民代表大会常务委员会第二十五次会议通过). 中国人大网，http://www.npc.gov.cn/npc/xinwen/2016-12/25/content_2004968.htm，访问时间：2017 年 2 月 23 日。

〔2〕 童之伟:《将监察体制改革全程纳入法治轨道之方略》，载《法学》2016 年第 12 期。

监督上述主体的国家机关进行监督，如提请同级人大撤销或者改变其人大常委会不适当的决定，提请上级人民政府或者同级人大或者常委会撤销（改变）下级/同级人民政府不适当的决定，提请上级人民检察院监督下级人民检察院的决定，提请本级或上级人民法院再审相关案件，等等。在提请的同时，监察机关应当同时提交监察案卷或者报告监察案情，披露相关公职人员违法并影响其履职的情形。这种提请监督机制具有多重功能，既激活了既有的机关监督机制，披露制度又事实上构成对监察机关的监督，同时维护了人大立法和行政决策的自主性、人民检察院和人民法院依法独立行使检察权和审判权的宪法原则。总之，有效的监察体制应当深深嵌入现行法律设定的监督体系之中，各机关间形成互相监督、相互配合的监督方式，并以宪法和法律为监察和监督的唯一根据。

四、结　　语

宪法是国家全面深化改革的根本遵循，国家监察体制改革应当遵循宪法修改的正当程序，不得破坏"党领导人民建设一个民主、法治、权力制约和人权受保障的现代化共和国"的根本规范，并应当建立一套最佳制度落实其核心价值。

首先，全国人大独享宪法修改权，唯有全国人大才能改革国家监察体制，但全国人大必须遵循宪法确立的程序、以宪法修改而非法律修改的方式展开国家监察体制改革。宪法权力结构和权力关系的变迁属于宪法修改的范围，国家监察体制改革旨在重构宪法权力结构，实现公权的有效制约，该项"改革权"本质上是修宪权。根据现行宪法的规定，全国人大享有修宪权，因此必须由全国人大改革国家监察体制。全国人大的职权源于宪法的授权，必须服从宪法对权力行使的程序性安排，全国人大在改革国家监察体制时不能任意为之，必须以宪法修改的程序改革国家监察体制，不得以立法权的行使程序替而代之。修改《中华人民共和国行政监察法》为《中华人民共和国监察法》的改革方式，虽然高效便捷但面临合宪性、合法性缺失的先天不足，只会削弱国家监察的权威。修法改革国家监察体制的观点实际上承认全国人大及其常委会权力的无限性，但又主张国家监察的全覆盖，必然面临国家监察机关如何监察权力无限的全国人大及其常委会的问题。以修宪方式改革国家监察体制，虽然程序相对冗长，但会构筑国家监察制度的正当性和权威性，更符合以法治方式推进法治国家建设的原则。

其次，宪法核和根本规范划定了国家监察体制改革的宪法边界，全国人大修宪改革国家监察体制时不得侵入宪法根本规范划定的"宪法禁区"。历经数十年的变迁，我国现行宪法形成了"党领导人民建设一个民主、法治、权力制约和人权受保障的现代化共和国"的根本规范，包括现代化、党的领导、共和国、法治、民主、人权及权力监督等核心内涵。国家监察体制改革不能改变这一根本规范，更不能有悖于民主、人权、法治、权力制约及党的领导的原则。人大制度下的一元多层单向权力监督结构并非宪法根本规范的核心内涵，也不构成反对双向、循环式权力监督和制约机制的正当理由。国家监察体制改革改变人大制度下的单向权力监督结构，但未改变民主的核心原则，改革形成首尾相衔的闭环权力制约模式，使国家制度更符合法治、权力制约及人权保障等核心原则的要求，亦有助于强化党对反腐败的领导，因而未动摇宪法的“根本”。

最后，宪法是国家法律秩序和价值秩序的根基和根本，不仅禁止任何破坏根本规范的行为，更要求形成具体的国家制度落实国家根本规范，促成现实的法秩序，因而具有价值实现的积极和肯定内涵，是重大改革的根本指示。全国人大应当根据宪法根本规范的指示，依据宪法修改程序，改革国家监察体制，形成一个符合“有限”和“有效”标准的国家监察法治模式。有限监察要求形成监察组织法、行为法和基准法的融贯体系，以法律方式明确监察权限、监察程序和监察标准，亦要求激活既有监督机制，有效监督监察权的行使。有效监察要求监察权限集中、组织结构合理、监察流程清晰、监察标准明确，并且将监察权的行使嵌入机关监督机制之中，借助公职人员履职监察实现机关行为的监督，维护宪法和法律的权威。

国家监察委员会立法初探

——兼论党纪与国法的衔接

马俊军　刘　元*

摘　要：国家监察体制改革是当前我国政治生活中的一件大事，改革试点工作正在如火如荼展开。作为一个新的反腐败机构，改革中的监察委员会面庞已经较为清晰。监察委员会改革的推进，有利于解决长期以来党纪与国法不分的矛盾问题，整合目前较为分散的监察力量，扎牢制度反腐的笼子。本文从党纪与国法的关系问题入手，阐明了设立国家监察委员会的必要性，尝试对国家监察委员会的职能进行界定，提出了对国家监察委员会进行监督和制约的路径，以期对国家监察体制改革的推进及后续研究发挥积极作用。

关键词：国家监察委员会立法　党纪　国法　衔接

2016年12月25日，全国人大常委会通过了《全国人民代表大会关于在北京市、山西省、浙江省开展国家监察体制改革试点工作的决定》，以下简称《决定》。[1] 这一决定明确了试点地区监察委员会的权责。在当前改革试点工作中，改革者的设计是监察委员会履行监督、调查、处置职责，包括谈话、讯问、询问、查询、冻结、调取、查封、扣押、搜查、勘验检查、鉴定、留置等具体措施；同时实行党的纪委与监察委员会合署办公，履行纪检、监察两项职能。协调好党纪与国法的衔接，科学界定国家监察委员会的具体职能，是当前较为关键的问题。

一、党纪与国法的关系问题——国家监察体制改革的逻辑起点

（一）党纪与国法的区别

党纪与国法有着明显不同。从十八届四中全会有关法治体系之构造看，党规党纪和国法是分别表述的，属于两个各自不同的体系。王岐山强调，“党纪”与“国法”不能混同。党是政治组织，党规党纪保证着党的理想信念宗旨，是执政的中国共产党党员的底线；法律体现国家意志，是全体中华人民共和国公民的底线。[2] 正是在以上意义上，王岐山提出，要把纪律和规矩挺在法律前面，挺在党风廉政建设和反腐败斗争前沿。十八届四中全会提出“党规

*　马俊军（1977—），男，中共广东省委党校法学教研部副主任，教授，研究方向：宪法与行政法。刘元（1993—），男，中共广东省委党校（邮编510053），2016级硕士研究生，研究方向：宪法与行政法、企业法。

〔1〕《全国人民代表大会常委会关于在北京市、山西省、浙江省开展国家监察体制改革试点工作的决定》，载人民网，http://fanfu.people.com.cn/n1/2016/1226/c64371-28975554.html，2017年3月30日访问。

〔2〕《王岐山：把纪律和规矩挺在法律前面》，载人民网，http://politics.people.com.cn/n/2015/0511/c70731-26977250.html，2017年3月30日访问。

党纪严于国家法律”，就是表达这样一种意义，党规党纪在内容方面可提出比法律更高之要求。这在法理上和政治学上也能得到说明。法律是对一国公民提出的行为规范要求，它的制定标准应以该国的大多数公民的道德准则作标准；而政党是政治集团与政治组织，它可按照本党奋斗目标，对其党员提出高于法律标准之要求。特别对于执政的中国共产党，由其先锋队性质决定，只有以更严标准、更严纪律来约束各级党组织与广大党员干部，才可永葆其先进性与纯洁性。

从法律惩罚与党纪惩罚之视角，亦可显现出二者的重要不同。政党是以共同信仰为纽带而组成之政治集合体，以信仰相同而结合，因信仰相异而分离。所以，政党对已经失去本党信仰的个人，最大惩罚即开除出党，但不可以对其人身施加任何有形之惩罚；而法律乃一国全体公民遵循之行为规范，对犯罪、侵权等行为，法律会施加不同的惩罚方式，来恢复和保护社会秩序。法律惩罚是有形的，比如限制人身自由、剥夺政治权利、剥夺财产，甚至是最严重之死刑。这样看来，在物理意义上，法律惩罚要比党纪惩罚严酷得多，这是因为二者属于不同性质的规范。但对一些把政治生命看作最高追求的人而言，也许会认为开除出党是最重的和最严酷的惩罚。[1]

（二）党纪与国法的联系

党纪与国法也有着紧密的联系。从理论上看，党纪属于党内规范，国法属于社会强制性规范。作为代表中国最广大人民根本利益的中国共产党的党内规范，与中国共产党领导人民制定的宪法和法律，都是党和人民意志的真实反映，两者在本质上具有一致性。就实践而言，完善的党内法规体系和完备的法律规范体系都是社会主义法治体系的重要组成部分，都是人的行为规范，体现中国的政治国情。两者规范目标一致，规范内容统一，规范方式相互依存，规范适用有效互动，相互保障，互为补充。所以，在全面推进依法治国的进程中，必须将党内法规制度建设和法律规范体系建设一同推进，使党内法规在遵守宪法和法律的前提下，以提升党的执政能力和拒腐防变能力、提高党的先进性和纯洁性为目标，扎牢制度反腐的笼子，防止权力任性。

（三）协调好党纪与国法的有效衔接

一个又一个案例警醒我们，领导干部“破法”者，无不从“破纪”开始。全面推进依法治国，需要把党内法规同国家法律衔接好、协调好。在领导人民全面推进依法治国的进程中，党规党纪对党员领导干部提出了比国家法律更高的要求，必须把纪律挺在法律的前面。

在立法层面上，党内规范的立、改、废要与法律有效衔接。党内立法必须在遵循宪法和法律的前提下进行，党内规范要避免对法律条文进行重复陈述，还要避免对只能由法律进行调整的如限制人身自由、剥夺财产等进行规定。要做好党规党纪和法律法规的有效衔接，使之既有统一，又有差异，体现更高标准、更严要求。

在执法实践上，党纪监督和法律监督更要有效衔接。党内规范和法律规范的生命力都在于实施。设立国家监察委员会，纪委和监察委合署办公，就是党纪监督和法律监督有效衔

[1] 刘作翔：《论“党纪与国法不能混同”》，载《北京日报》2015 年 8 月 3 日。

接的伟大举措。

二、设立国家监察委员会的必要性

(一) 行政同体监察虚有其表

长期以来,我国的行政监察系统,由隶属于政府的监察部门、预防腐败部门、审计部门组成,其依据《中华人民共和国行政监察法》之规定对同级政府行使监督职能。就行政监察来讲,其监察工作"全覆盖"至多可达行政系统所有人员,不能覆盖所有国家机关及其公职人员。

虽然我国实行党的纪委和政府监察部门合署办公,但在监察部门隶属于政府的情况下,实际上只能发挥纪委的违纪监督职能,监察部门的功能受到很大的限制,腐败行为难以发现、防范机制乏力,惩治机制缺失,同级监督虚有其表。同体监督问题在于,将决策、执行、监督三项权力合为一体,这是现行监察制度的最大弊病。〔1〕

(二) 党纪监督和法律监督不能有效衔接

由于纪委只能给予违纪处分,且监督范围仅限党员,腐败分子的违法犯罪线索和非党员的违法犯罪行为得不到及时发现和处理,监督震慑作用十分有限。现阶段,我国的检查体系以党的纪委为中心,最大问题就是党纪审查和刑事侦查的衔接存在障碍。突出表现就是很难论证"双规"这一具有普遍性的党纪审查方式的合法性。如果有党员干部实行了职务犯罪,通常是党的纪委审查在先,检察部门查办在后。这种办案模式的弊端就是,案件进入侦查起诉阶段后,许多前期获取的证据本身是有价值的,却因"双规"使用过特殊手段,被定为非法证据不予采纳。

(三) 检察机关反腐职能受限

作为国家司法机关,检察机关的主要职能是参与诉讼与监督诉讼。同时检察机关又承担反贪污贿赂、反渎职侵权的职能,但事实上职务犯罪侦查部门不过是检察机关的内设机构,执法办案人员只占到司法办案人员的十分之一左右,反腐方面的办案力量严重匮乏。许多职务犯罪线索不能得到及时的初查,大量腐败行为无法得到法律的追究。而检察机关的内设的职务犯罪预防机构与政府序列的预防腐败局并存,一直以来同样是定位不准,权责不清,很难发挥预防腐败的功能,严重阻碍了中央确定的减少存量、遏制增量的反腐目标的实现。

正是由于职能重叠、边界不清,监督力量分散,监督覆盖不全,很难形成稳定、规范又高效的反腐合力。要改变这种困顿不堪的局面,就需要做出新的制度设计。将政府的行政监察和预防腐败职能,检察机关的反贪污贿赂、反渎职侵权、预防职务犯罪等职能整合进新设立的国家监察委员会,使纪委和监察委合署办公。这个制度设计就是要整合分散各处的反

〔1〕 秦前红:《困境、改革与出路:从"三驾马车"到国家监察——我国监察体系的宪制思考》,载《中国法律评论》2017 年第 1 期。

腐力量，使党纪与国法有效衔接，发挥出“双笼关虎”的优势。

三、科学界定国家监察委员会的职能

（一）监察范围

新设立的国家监察委员会的职能定位是，对所有国家机关的工作人员进行监督。也就是说，监督对象不仅包含行政机关工作人员，还包括共产党机关、人大机关、行政机关、政协机关、审判机关、检察机关、民主党派机关、工商联机关公务员以及参公管理的人员；法律授权或政府委托来行使公共事务职权的工作人员；国企管理人员；公办教科文医体事业单位管理人员；群众自治组织管理人员；其他依法行使公共职务人员。[1] 这避免了过去各机关监督范围不清以及出现监督“真空”的现象，实现对所有行使公权力的人员的全覆盖，做到不留死角，不漏一人。

（二）具体职权

按照国家监察体制改革的定位，监察委员会行使监督、调查、处置三项基本职权。监督权体现监察委员会的性质，是调查权和处置权的基础。调查权和处置权是监督权的有力支撑，调查权和处置权的行使就是为了达到监督目的。

1. 调查权

调查权就是按照法律规定，查证行使公权力的人员是否有违规违法和犯罪行为的权力。行使调查权是监督公权力主体是否依法履职的有效手段。根据公权力主体是否涉嫌犯罪，调查可以分为违纪违法调查和刑事侦查两种。

违纪违法调查是最常用的一种调查手段。当发现有违纪违法线索时，首先应该进行的是违纪违法调查。查证是否存在违纪违法问题，界定问题的性质。如果涉嫌犯罪，就要转为刑事侦查。

刑事侦查就是对发现涉嫌犯罪的线索进行调查，具有强制性。刑事侦查常用手段有限制人身自由、限制财产自由等。一旦发现可能触犯刑法的证据时，就必须立案侦查。

新设立的监察委员会应该享有实施刑事侦查的权力，至少是初步进行刑事侦查的权力。刑事侦查应该是国家监察权中最具有威慑性的职权。赋予监察委员会刑事侦查权，使监察委员会能够在违纪违法调查和刑事侦查两者之间有效衔接，有助于保留案件线索和完整的证据链，符合设立监察委员会的改革宗旨。

另外，出于调查的需要，留置作为一项具体措施出现在《决定》中，耐人寻味。“留置”是《中华人民共和国人民警察法》（以下简称《警察法》）中的一种行政强制措施。该法第 9 条规定对有违法犯罪嫌疑的人员，经公安机关批准，对其继续盘问，对被盘问人的留置时间自带至公安机关之时起不超过 24 小时，在特殊情况下，经县级以上公安机关批准，可以延长至 48

---

〔1〕《肖培诠释国家监察委员会与中纪委关系：“一套人马两块牌子”》，载人民网，http://fanfu.people.com.cn/n1/2017/0109/c64371-29009575.html，2017 年 3 月 31 日访问。

小时。[1] 在国家监察体制改革试点中出现的“留置”，实施的期限、方式和方法，都需要进一步做出规定。

监察委试点中的“留置”与《警察法》中的“留置”在内容上应该是不同的，它本质上是一种调查措施，在期限上也要长一些。应从制度设计上，明确相应的程序和规则保障留置权的实施。留置的调查期限可以设为三个月，必要的时候可以再延长三个月。除了严格控制期限以外，还要严格控制审批程序。目前，试点中的监察委设置到县一级，留置的审批权可以赋予到实施留置措施的监察委的上一级。在实施留置权过程中，应全程录音录像，确保取证效力，也防止发生留置权不规范使用的现象。

2. 处置权

处置权，就是按照有关法律法规，对违法违纪问题进行审查定性并做出处分决定的权力。按照违纪违法问题性质的不同，处置手段可以分为三类：撤销案件、给予监察处分和移送检察机关审查起诉，其中监察处分就包括警告、记过、记大过、降级、免职、开除公职等。

对于调查核实未发生违纪的案件，要及时予以撤销。对于仅仅违纪或违法、没有构成犯罪的公职人员，当然只需要给予监察处分，不需要移送检察机关审查起诉。而对于涉嫌犯罪的公职人员，在移送检察机关审查起诉的同时，也要给予相应的监察处分。

3. 监督权

监察委员会作为专门的国家监督机关，其履行监督权应该是一种全方位、多角度的监督，它的各项职能都是监督权的组成部分，包括前文所述的调查权和处置权。如果说调查权和处置权是发现违纪违法线索后的事后监督，那么本文在这里将监督权单列，特指未发现违纪违法线索时的事前监督，可以包括预防、巡查两个方面的内容。

首先是预防，包括主动介入的事前预防和案发后的事后预防。预防可以是针对某个个案的，也可以是针对某一类案件的。预防措施包括对公职人员进行法律法规教育，也包括根据监督、调查、处置的情况及发现的问题，采取发送监察建议、案例警示教育等多种手段，预防违法问题的发生。预防监督的宣传范围要从所有公职人员延伸到整个社会，对公众加强宣传，争取公众对监察委员会工作的支持和配合，宣扬廉洁文化，营造良好的社会环境。

再者是巡查，包括常规巡查和事后复查。专门监督必须要有制度上的强力保障。建立健全覆盖所有公权力主体的巡查制度，定期或不定期对各地区各部门及其工作人员是否依法履职进行巡查，根据需要对若干单位或部门派驻监督力量，必要时对某一领域进行专项巡查，对发现的问题及时调查、处置，防微杜渐。对腐败事件多发的地区和部门，迅速组织整改，增加巡查次数，加大巡查力度，及时复查整改情况。

(三) 监察委与检察机关有效衔接

监察委与检察机关的紧密衔接，是巩固反腐执法成果，实现反腐法治的关键环节。

一是建立案件移送机制。监察委查办案件，应将案件材料的复印件移送检察机关。对

---

〔1〕《中华人民共和国人民警察法》，载中国人大网，http://www.npc.gov.cn/wxzl/gongbao/2013-02/25/content_1790862.htm，访问时间：2017 年 3 月 31 日。

监察委移送案件，检察机关应当及时审查，做出提起公诉决定的，要及时反馈给监察委，做出不予起诉决定的，应当将不起诉决定和理由通报给监察委。

二是建立会议协调机制。出于加强办案工作衔接的考虑，针对办案过程中出现的新问题，两机关办案机构要定期或不定期开会交流，通报各自的办案情况，讨论和研究相关的法律问题。

三是建立资源共享机制。首先是制度资源。监察委和检察机关有着各自不同的执法与司法流程，这些流程需要大量的法律、法规、规章、制度作为支撑，资源共享平台的建立，可以为执法及司法依据的快速查询提供方便。其次是技术资源。司法鉴定、司法会计等专业技术资源共享，对监察委与检察机关就执纪执法及司法衔接中的专业性结论达成共识十分有利，避免进行重复工作，既节约了时间，又节约了资源。

四是建立提前介入机制。反腐执法实践的一条有益经验就是介入支持。监察委与检察机关在查办案件时，根据对方请求，可以提前介入，熟悉案件或协助分析案件，方便收集侦查证据和审查起诉证据。监察委在查办违纪违法案件的时候，发现有可能涉嫌犯罪的，可邀请检察机关派员提前介入，一同研讨后续处置方案。检察机关认为涉嫌犯罪的，可依据实际情况预先介入，为调查取证、保全证据等提供支持。

(四) 与权力机关、审判机关职能的分界

监察委员会与其他国家机关职能的分界究竟在哪里？要科学界定监察委员会的具体职能，就无法回避这个问题。因此，监察委员会与权力机关的关系、监察委员会与审判机关的关系，成为本文要讨论的两个重要问题。

1. 监察委员会能否“监察”权力机关

我国宪法以国家根本法的形式将民主集中制确定为国家机关组织原则，人民代表大会是国家权力机关，其他国家机关都由它产生，受它监督。也就是说，新设立的监察委员会也必须由人大产生，受人大监督。

而《决定》中又明确试点地区监察委员会的监察对象为本地区所有行使公权力的公职人员，人大的公职人员当然在列。那么，在这种情况下，人大监督监察委，监察委又能对人大的公职人员进行监察，如何厘清这样一种复杂的关系呢？在这里，要特别注意以下两点：

首先，监察委的监察对象是人大的公职人员并非该人大机关。〔1〕民主集中制原则决定了其他任何国家机关都不能凌驾于代表人民行使权力的人民代表大会之上。因此，不可能设立一个可以对人民代表大会进行监察的国家机关。但这并不意味着，人大的公职人员可以不受监督。要建立覆盖所有公职人员的监察网络，人大的公职人员当然也要包括在内。这似乎可以厘清监察委与人大的关系了。然而，人大的职权是由其公职人员的职务行为来实现的。监察委对人大的公职人员进行监察，是否会影响到其职务的履行进而影响到人大职权的履行？要解决这一问题，就要对监察委的监察对象范围和监察事项范围做出限制。

---

〔1〕 秦前红、刘怡达：《监察全面覆盖的可能与限度——兼论监察体制改革的宪法边界》，载《甘肃政法学院学报》2017年第2期。

也就是说，监察委不能对人大的所有公职人员及其一切行为都进行监察。人大的普通工作人员当然属于监察对象之列，但对人大代表和人大的普通工作人员的监察就要有所区别，对人大代表的履职行为和其他行为的监察也应有所区别。通常来说，我国人民代表大会及其常委会行使立法权、决定权、任免权和监督权。监察委监察范围不能及于人民代表大会及其常委会的职权范围，人大及其常委会包括人大代表行使这四项职权，即便存在问题，亦不可由监察委予以纠偏，而应当由该权力机关或上级权力机关予以纠正。但人大代表诸如贪污受贿等职务违法和职务犯罪行为，因与履行代表职责并无直接关联，故亦不可免于监察。

2. 监察委员会能否“监察”审判机关

依我国《中华人民共和国宪法》第126条之规定，人民法院依照法律规定独立行使审判权，不受行政机关、社会团体和个人的干涉。[1] 当然，审判独立并不意味着审判机关不受任何限制。首先，审判机关要接受党的领导。其次，审判机关要接受权力机关的监督。最后，审判机关还要接受检察机关的诉讼监督。那么，新设立的监察委员会能否监督审判机关呢？

在这里，笔者认为，审判独立是宪法明确规定的，监察委员会不能对审判机关进行监督。审判机关要接受党的领导是因为党是中国特色社会主义建设事业的领导核心，审判机关要接受权力机关的监督是宪法确立的民主集中制所决定的，审判机关要接受检察机关的诉讼监督是因为宪法赋予了检察机关法律监督权。但监察委员会对审判机关进行监督，没有法律依据。

然而，监察委员会不能对审判机关进行监督，并不等于审判机关的公职人员不属于监察委员会的监察对象。与人大的公职人员分为人大代表和普通工作人员相类似，审判机关的公职人员分为法官和司法行政人员、司法辅助人员。也就是说，监察委不能对审判机关的所有公职人员及其一切行为都进行监察。审判机关的司法行政人员、司法辅助人员当然属于监察对象之列，但对法官和司法行政人员、司法辅助人员的监察要有所区别，对法官的职务行为和其他行为的监察也应有所区别，监察委只能对法官职务行为以外的个人行为进行监察。至于对错误裁判的纠正，则可归于法院系统自身的上诉、申请再审等救济程序来实现。

四、对国家监察委员会进行监督和制约的路径

监察委是一个新设立的国家机关，在对一切公职人员进行监督的同时，监察委自身也必须接受监督和制约。解决好监察委自身的监督问题，是促进完整的监察网络高效运行的重要保证。

（一）人大监督

监察委作为一个新设立的国家机关，与行政机关、司法机关一样，都是由人大来产生，要对人大负责，所以也要接受人大的监督和制约。具体监督措施是，监察委的主任由同级人大

[1] 《中华人民共和国宪法》(2004年)，载中国人大网，http://www.npc.gov.cn/wxzl/gongbao/2004-04/19/content_5334617.htm，访问时间：2017年3月31日。

选举或任命，根据监察委主任的提名，副主任和委员由同级人大常委会任命，人大及其常委会可对监察委成员进行监督、质询和罢免。

（二）党的监督

国家监察委员会是一个国家机关，该机关中具有党员身份的工作人员，特别是党员领导干部理所当然要接受党的监督。加强对监察委的监督，同样是党内监督的重点。党的十八届六中全会强调，监督是权力正确运行的根本保证，是加强和规范党内政治生活的重要举措。必须加强对领导干部的监督，党内不允许有不受制约的权力，也不允许有不受监督的特殊党员。[1]

（三）司法监督

对监察委的司法监督，是通过权力的分工、制衡、制约来实现的。监察委移送给检察机关的案件，如果检察机关认为不构成犯罪，有权撤销案件或不予批准逮捕，这就是一种司法监督。另外，检察机关还享有法律监督权，可对监察委做出的决定或采取的措施实施法律监督，这同样是一种司法监督。

（四）社会监督

普通公民和社会舆论的监督同样是对监察委员会进行监督的有效途径。监察委同其他国家机关一样，也要自觉接受包括公民监督、舆论监督在内的各种社会监督。新闻传媒要坚持党性和人民性的统一，坚持正确的宣传导向，强化舆论监督，对典型贪腐案例进行深刻剖析，发挥警示教育作用。

（五）自我监督

十八大以来，党中央采取的一系列反腐举措，就是党的自我监督。中国共产党作为一个拥有 8000 多万党员的执政党，如果不靠自我净化、自我革新、自我提高，腐败问题就很难得到解决。监察委对一切公职人员的监督既是国家机器的自我监督，也是监察委对自身的监督，因为监察委的成员也是公职人员，也属于监察对象之列。十八大以后，中纪委专门设立了监督纪委工作人员的内设机构，着力解决“灯下黑”问题。已有十多人被移送司法机关处理，有数十人受到不同程度的纪律处分。新设立的监察委同样要发挥好自我监督功能，只有很好地解决自我监督问题，人们对国家监察体制改革的信心才会增强。

---

〔1〕《中国共产党第十八届中央委员会第六次全体会议公报》，载新华网，http://news.xinhuanet.com/politics/2016-10/27/c_1119801528_3.htm，访问时间：2017 年 4 月 1 日。

第二专题　监察委员会的权力配置与运行模式

我国监察体制的现实反思与原则构建*

张德森

摘　要： 国家监察体制改革是事关全局的重大政治改革，是国家监察制度的顶层设计。在改革试点实践的基础上制定《中华人民共和国监察法》势在必行。其中，监察权运行的基本原则应贯穿于整个监察体制立法与运行的全过程。在全面依法治国的背景下，党的领导、职权法定、依法公正独立行使、权力制约、人权保障和程序正当等原则，是监察权运行的基本法治原则。这些原则在我国监察法律制度与监察权运行过程中具有统率和价值引导作用。

关键词： 监察体制　现实反思　运行原则　体系构建

2016年11月7日，中共中央办公厅印发《关于在北京市、山西省、浙江省开展国家监察体制改革试点方案》（以下简称《方案》），正式标志着中国监察体制全面深化改革正式拉开序幕，意义深远，影响巨大。"凡属重大改革都要于法有据。"〔1〕为全面整合国家监察资源和力量，实现制度反腐的效度，在改革试点实践的基础上制定《中华人民共和国监察法》（以下简称《国家监察法》），确认巩固并全面推行监察体制改革成果势在必行。监察权运行基本原则具有重要意义，将贯穿于整个监察立法过程。面对《国家监察法》的编纂，我们必须在反思现实监察体制的基础上，正视并回答以下问题：《国家监察法》应当确立哪些基本原则？决定这些基本原则的法律理念是什么？监察权法律规范如何体现和贯彻这些基本原则？简言之，即监察权运行基本原则从何而来（法律理念）、向何处去（体系建构）及如何表述。

一、政治改革背景下我国监察体制的反思

我国现行的监察制度有两套，一套是管党的纪委监察制度下的纪检监察权，一套是管理行政机构的《中华人民共和国行政监察法》（以下简称《行政监察法》）下的行政监察权。过去纪检部门与行政监察部门分立，通过各自行使党的纪律检查权（党权）与行政监察权（国权），共同承担着对党和国家的监督。两个部分形式上是分开的（挂两块牌子），但实际上常是一套人马，党权与国权长期存在着混合行使的情况。改革国家监察制度，完成机构的整合，要

* 张德森，男，湖北仙桃人，中南财经政法大学教授，法学理论专业博士生导师。本文是徐汉明教授主持的中国法学会研究阐释中共十八届六中全会精神重点专项课题"国家监察立法研究"的阶段性成果。文章根据徐教授设计的主题内容以及提纲撰写而成，并由徐教授进行了统稿和完善，特致谢忱。博士生董鑫、韩娜、张乐、杜朴等也参与了本论文的资料收集、整理和文章修改工作。

〔1〕 中共中央文献研究室编：《习近平关于全面深化改革论述摘编》，中央文献出版社，2014年版，第4页。

建立在对国家监察权的权力反思的基础之上。

(一) 纪检监察权体制的反思

纪检监察权在运作上有先天优势。从党的权力结构上看，高度统一的领导体制形成有力的上命下从关系，这决定了只要中央反腐败的决心和行动固定化，那么纪检监察的超强力度和强度会日常化。从身份上看，中国共产党是执政党，其超强的领导地位和严格的纪律约束，决定了其反腐意志的权威性和行动的有效性。从管辖范围上看，纪委监察不仅调查违纪问题，也调查违法和违纪问题。鉴于党内法规对法律不作约束的问题，如“私德”〔1〕问题，都进行了约束，其管辖的范围更广，对国家工作人员的形象有更高的要求。从权力行使方式上看，纪委行使调查及有关权力，没有来自刑事诉讼程序的限制，较为灵活，使纪委在反腐败过程中没有多少羁绊，这也是纪委在查办案件时比人民检察院更为有力也更能够取得成效的原因。〔2〕

纪检监察权在运行效应上有先天不足。首先，纪委监察的监察对象范围过窄，仅限于共产党员。而民主集中制是共产党的根本组织原则和领导制度，国家公务机关的组成人员有很大一部分并不是共产党员，这就导致纪检监察权的优势，无法延伸到这个行政机构当中。其次，纪检监察权现行的侦查手段，其合宪性存疑。《中华人民共和国宪法》(以下简称《宪法》)第 37 条规定：“中华人民共和国公民的人身自由不受侵犯。”而纪委采用的“双规”〔3〕，其适用对象在较长时间内被完全剥夺人身自由，直到调查事项得到查明、证据得到收集以及赃款赃物得到起获、扣押。该强制手段，与宪法保障人身自由权存在矛盾。最后，纪委调查程序合法性存疑。对于纪委移交的证据，对于不同的证据形式，人民检察院在证据的司法转化过程中，采用的方式通常是：对犯罪嫌疑人、证人等重新讯问、询问，形成新的笔录，但是对于物证、书证等只有审查其真实性和关联性，对其取得“合法性”，尤其是程序的合法性，不做，也无法做出认定。这不仅使得《中华人民共和国刑事诉讼法》(以下简称《刑事诉讼法》)确立的非法证据排除规则无法实现，《刑事诉讼法》确立的不得强迫任何人自证其有罪的规定也难以在贪腐案件查处中落实。

(二) 行政监察权体制的反思

现行的行政监察体制存在以下问题：第一，《行政监察法》监察对象受限。将对象确定为国家行政机关及其公务员、国家行政机关任命的其他人员，并未将立法机关、司法机关等国家机关及其公务员纳入，这与《中华人民共和国公务员法》的调整范围不衔接，未能形成全覆盖的国家监察体系。第二，监察机关的独立性保障受限。按照《行政监察法》，我国县级以上地方各级人民政府监察机关负责本行政区域内的监察工作，对本级人民政府和上一级监

〔1〕 2015 年 10 月中共中央印发的《中国共产党纪律处分条例》和 2016 年又陆续印发的《关于新形势下党内政治生活的若干准则》和《中国共产党党内监督条例》，都强调“慎独”，始终做到公德和私德的表率。

〔2〕 张建伟：《法律正当程序视野下的新监察制度》，载《环球法律评论》2017 年第 2 期。

〔3〕 双规又称“两规”“两指”，出自《中国共产党纪律检查机关案件检查工作条例》第 28 条第 3 项：“要求有关人员在规定的时间、地点就案件所涉及的问题作出说明。”

察机关负责并报告工作，监察业务以上级监察机关领导为主。实践中，监察机关的干部人事、财物经费都由地方政府控制。由于监察机关在工作中缺乏应有的独立性，导致监察权的权威性受限。第三，监察手段不完善，导致监察权行使受限。虽然《行政监察法》赋予监察机关检查权、调查权、建议权和行政处分权等，但由于监察手段有限，且偏重事后监督，导致一些方式方法在实践中形同虚设。如第23条，监察机关对"本级人民政府所属部门和下级人民政府作出的决定、命令、指示违反法律、法规或者国家政策，应当予以纠正或者撤销的"可以提出监察建议的规定，在实践中基本没有得到有效执行。第四，监督程序设置不科学，导致现行监察权作用受限。如受理申诉的渠道过于单一，监察结果的公开性不足；一些程序规定过于原则，缺少细化的操作步骤和要求。如第23条，虽然赋予监察机关"纠正和撤销建议权"，但没有规定具体程序，在实际工作中难以执行。

上述问题导致监察机关和党内监督所覆盖的面不一致。党内监督，目前对党内领导干部已经做到了全覆盖，不管是人大常委会、政府、法院、检察院、人民政协、社会团体都能监督到。而行政监察的覆盖面太窄，仅限于政府职能部门、各级政府以及政府任命的工作人员，无法实现与党内监督"面"的有效重合和衔接。因而要健全国家监察制度，将"中央纪委"和"行政监察"职能进行融合，重构"国家监察权"，构建对党员领导干部和党组织进行执纪问责，对所有公权力主体，即涵盖所有国家财政供养的组织（包括法院、检察院、医院、学校群体）实施全面监察的国家监察体系。

（三）监察体制重构引发的国家监察机构的重新定位

长期以来，我国人民代表大会制度及其理论框架下，"一府两院"权力结构中，监察机构隶属于政府，国家监察职能由各级政府管辖的行政监察机关行使，尚未确立集中统一的国家监督权。实践中，行政监察机关与纪律检查机关合署办公，人员编制都属于党的系统。为改革现行监察权在权能设置、权力行使、立法作用和权威性发挥等方面的缺陷，未来将在各个层级成立的新的"国家监察委员会"。它在机构性质上，既不是一个党的机构，只是和党的机构"合署办公"，也不是政府机构，它已从政府机构中独立出来，形成了一个跟政府"平行"的机构，一个独立的国家监督机关。因此，不难理解为何中央将此次改革定性为重大的政治改革，因为自此，我国由"一府两院"变成"一府一委两院"，其中"一委"，即国家监察委员会。而这个"一委"，对"一府""两院"都有监督职责。

改革后，国家监察委员会是中共中央政治局领导国家监察工作的议事决策、协调统一的最高监察机关，独立行使国家监察权，上下级之间实行垂直领导。国家监察委员会贯彻执行党中央及其政治局有关国家监察工作的重大方针、政策、决定，依照宪法法律和党内法规，行使国家监察权与党的纪律检查权，服从党中央的统一领导，对党中央负责、向党中央报告工作、接受党中央的监督；对于实施国家监察法律、法令、政令的情况，向全国人民代表大会及其常委会负责、向其报告工作、接受其监督。国家监察委员会是与国家最高行政机关、最高审判机关、最高检察机关并行的国家最高监察机关，贯彻分工负责、互相配合、互相制约的原则，统一行使国家监察权，保障国家公共权力机关、国有机构、社会公益组织及其工作人员廉洁履行职务，维护中国共产党的执政地位及其执政权威，维护宪法法律与党内法规统一正确实施，保障和促进政治清明、经济发展、文化繁荣、社会进步、生态文明，以及党的政治生活规范化、制度化、法治化。

二、《国家监察法》中监督机制的理念重构

（一）本体性与结构性理念重构

本体性重构强调国家监察权以国家性为主，辅之以地方性。国家监督权建立在对国家权力运行监督的基础之上，其工作的展开以个案式的监察为方式，对国家机关、行使国家公共权力的公务人员进行全面的监督及制约，国家监察权是一个全局性、系统性的权力，权力运行的效益及于全国范围，其从本体上而言是具有国家性的权力。但国家检察权在具体的实施过程中，不能离开地方国家机关的支持与协助，某一个地方的国家监察机关发挥有效功能也会对当地的公共权力形成有效制约，保护公民的个人权利。因此，国家监察权还具有一定的地方性。就监察权的性质而言，应当以国家性为主，地方性为辅。

结构性重构则强调监察权应以独立性为主，辅之以兼容性。为保证国家监察权的有效运行，监察权必须独立，只对全国人大负责，以法律法规的规定进行监察活动，不受其他国家机关、党政机关或个人的干扰，独立行使宪法法律赋予的职权。独立性是监察权的核心要素。

（二）功能性与层级性理念重构

功能性重构强调监察权应以监督性为主，辅之以行政性。国家监察机关的重要职能就是对其他国家机关、行使公权力的公职人员及授权的相关人员在履行公共权力活动时进行监督，对其行为及活动是否符合法律法规的强制性规定，是否违反党的纪律要求，是否对社会公共秩序、经济秩序、生态秩序等造成损害进行全面覆盖的监察，这既是国家治理体系和治理能力现代化的必然要求，也是法治建设的必然阶段。除了这些监督性的工作之外，国家监察机关的正常运转及职能的发挥也不能缺少行政活动，行政活动是其有效发挥职能的必要方式，当然这种行政活动在整体上而言只是处于辅助的位置，在整个监察权的运行中只占较少的一部分。

层级性重构则强调监察权应以垂直性为主，辅之以双重性。监察机关的上下级之间是垂直性的关系，以此来确保权力运行的中立性，避免地方性影响，干扰监察权的正常运行。中国是一个单一性的大国，为维持国家的有效秩序，必须赋予地方以主动性，发挥中央和地方的两个积极性，这样才能促进整个国家的创新与活力。监察权作为中央事权，以国家性为核心性质，故而其以垂直性为层级管理上的特性。省级国家监察机关的设置建立在其他监察主体划转的基础之上，与同级纪委合署办公，仍然存在一定程度的地方性，或者说与同级权力机关之间仍然存在一定的关系，也就是存在一定的双重性。

（三）目的与手段性理念重构

在目的与手段方面，强调监察权的行使以权利保障为主，以程序合法性为要。监察权是针对违反国家法律法规，违反党纪党规，破坏社会秩序的行为展开调查、侦查，进行处置的权

力，涉及当事人的人身权利以及财产权利，在当前我国的宪法法律体系之下，其受到合法的保护，非经法定程序不得剥夺或限制。监察权是宪法授权的国家权力，在行使之时，应当按照法律规定的权限、依照法律规定的程序进行。

三、我国监察权运行基本原则的体系建构

《方案》明确强调，深化国家监察体制改革的目标，是建立党统一领导下的国家反腐败工作机构；实现对行使公权力的公职人员监察全面覆盖，建立集中统一、权威高效的监察体系；同时，也要强化对监察委员会自身的监督制约。概括而言，即是确立了国家监察体系建设的十六字原则：集中统一、全面覆盖、权威高效、监督制约。由此，《国家监察法》监察权运行基本原则的设立，必须在结合新的监察制度的基础上，围绕该十六字原则进行科学的建构。

（一）党的领导原则

党的领导是中国特色社会主义最本质的特征，是社会主义法治最根本的保证。把党的领导贯彻到依法治国全过程和各方面，是我国社会主义法治建设的一条基本经验。〔1〕我国宪法确立了中国共产党的领导地位。坚持党的领导，是社会主义法治的根本要求，是党和国家的根本所在、命脉所在，是全国各族人民的利益所系、幸福所系，是全面推进依法治国的题中应有之义。〔2〕党的领导和社会主义法治是一致的，社会主义法治必须坚持党的领导，党的领导必须依靠社会主义法治。现代社会民主政治离不开政党活动，当今各种民主政治比较发达的社会中，民主政治均体现为政党政治。政党已经成为区别于立法权力、司法权力、行政权力，与国家不同的、独立于国家的一种权力实体。〔3〕

在人类社会发展进程中，任何一项大的认识和改造客观世界的实践活动，都是有组织的活动，都需要一个领导核心。中华人民共和国成立以来，我国各级立法、行政、司法等机关都是在党的领导下行使职权的。国家监察委员会是中共中央政治局领导国家监察工作的议事决策、协调统一的最高监察机关。监察权的运行要坚持党的领导原则。这表现在国家监察委员会贯彻执行党中央及其政治局有关国家监察工作的重大方针、政策、决定，依照宪法法律和党内法规，行使国家监察权与党的纪律检查权，服从党中央的统一领导，对党中央负责、向党中央报告工作、接受党中央的监督。国家监察权行使之所以要坚持党的领导，是因为国家监察委员会是实现人民民主专政的工具。中华人民共和国成立以后，我国的国家性质为无产阶级专政亦即人民民主专政。按照马克思、恩格斯、列宁和毛泽东的国家治理学说，在无产阶级专政及人民民主专政的国家，必须组织相应的国家机器，对人民实行民主，对敌人实行专政，国家监督机关是这一国家机器的重要组成部分，而共产党又是无产阶级的先锋队和领导者，所以，国家监察权的运行必须坚持党的领导。如果没有党的领导，国家监察工作

〔1〕《中共中央关于全面推进依法治国若干重大问题的决定》，人民出版社，2014 年版，第 2 页。
〔2〕《中共中央关于全面推进依法治国若干重大问题的决定》，人民出版社，2014 年版，第 2 页。
〔3〕 宋惠昌：《现代社会权力结构新探》，载《政治与法律》1999 年第 1 期。

很难推进，这是一个重大而又现实的问题。党的领导原则主要体现在以下方面：

首先，党的领导主要是政治、思想和组织的领导。这是我们党总结领导革命、建设和改革的历史经验特别是长期执政实践得出的基本结论，也为中国共产党党章确认、规范，并予以保障。从政治领导方面来看，党对国家监察工作的领导，从根本上是政治领导。所谓政治领导，实际就是路线、方针、政策和措施的领导。党的政策是实现政治领导的体现，它本身也是政治领导的重要内容。[1] 因此，监察权的运行必然离不开党的政治领导。从思想领导方面来看，就是坚持不懈用马克思列宁主义、毛泽东思想、中国特色社会主义理论体系武装全党、教育人民，巩固全党全国各族人民团结奋进的共同思想基础；通过形式多样的宣传工作、舆论引导工作、思想政治工作，广泛深入宣传党的理论和路线方针政策，把党的主张变成全党全国人民的自觉行动，监察权的运行是党的思想领导在预防与抵制腐败问题、推进清明政治建设方面的体现。从组织领导方面来看，组织领导包括坚持党管干部原则，制定干部路线，确定选人用人标准，组织干部接受培训、经受实践锻炼，从严教育、从严管理、从严监督，建设高素质干部队伍。落实党管干部、党管人才原则，就是要按照信念坚定、为民服务、勤政务实、敢于担当、清正廉洁的好干部标准，大力培养选拔党和人民需要的好干部，优化领导班子知识结构和专业结构，注重培养选拔政治强、懂专业、善治理、敢担当、作风正的领导干部，担任监察委员会的成员。

其次，坚持"四个善于"，加强和改善党对监察权的领导。第一，善于使党的主张通过法定程序成为国家意志。加强党对监察立法的领导，这不仅要加强对监察立法规划和重大立法项目的领导，还要在具体工作中密切注意和研究公职人员履职守则是否存在徇私舞弊、贪赃枉法、失职渎职等腐败问题，广大人民群众所关注的经济发展过程中的重大突出问题，如社会公平公正正义、城乡公共服务保障均等化、改革发展的成果更多、更公平惠及人民，是否存在利益藩篱、发展差距拉大、公平公正正义受到挑战、改革发展成果让少数不法分子侵蚀侵吞，惩防腐败、建设清明政治的法律制度、行政法规等是否健全等，以便适时制定指导监察工作的方针政策、工作重点。同时，党通过督促、支持和保证监察机构履行监察职能，确保对公职人员及受委托从事公务的人员的监察全覆盖，并广泛联系专家学者、建立多种形式的决策咨询机制和信息支持系统等。此外，通过法定程序，对现有的监察立法进行梳理，及时完善监察法律制度。需强调的是，除了通过法定程序，使党的主张上升为国家意志外，还须使监察工作制度化，进一步使党对监察立法的领导科学化、民主化。第二，善于使党组织推荐的人选通过法定程序成为国家政权机关的领导人员。党管干部，是中国共产党执政的具体体现和根本保证，也是中国特色社会主义政治制度建设的成功经验。党管干部不仅包括党内的干部，还涉及国家机关内部的干部。管理任用党内干部，要严格依照党章党规，而管理国家机关的非党员领导干部，就不能简单照搬党章党规，而须依据宪法法律，同时参照党的有关规定。第三，善于通过国家政权机关实施党对国家和社会的领导。"把党总揽全局、协

---

[1] 刘松山：《彭真论党的领导与政法机关独立行使职权》，载《法学论坛》2013 年第 4 期。

调各方同人大、政府、政协、审判机关、检察机关依法依章程履行职能、开展工作统一起来。”[1]善于通过国家政权机关，实施党对国家和社会的领导，当然也包括对监察权的领导。第四，善于运用民主集中制原则维护党和国家权威、维护全党全国团结统一。[2] 民主集中制原则是我国政权组织必须始终坚持的基本原则。监察机构行使国家监察权，同样需贯彻民主集中制的原则，以确保国家监察权统一、公正、高效行使。

最后，坚持党的领导，切实履行组织领导职责。第一，监察机关须牢记政治使命，勇于承担责任。监察机关必须具备强烈的主体意识，根据责任承担的不同主体和方式构建完善的责任内容体系，具体可分为集体责任、第一责任以及其他工作范围内的相关责任。第二，监察机关要敢于肩负重担，积极履行职责。监察机关要从自身出发，加强党风廉政建设，在反腐工作中明晰自己的权责，在完善自我的同时提高自身的工作能力。第三，监察机关要在实践中落实工作，全面践行职责。监察任务的实现需要紧密联系中央和各地方的实际，需要在发现问题的基础上解决问题，这就要求监察机关克服权力越位或者缺位的弊端，区分反腐工作的共性和个性，在具体工作中明确监察的目标、监察人员的职责等内容。

党对监察权运行的领导，要求监察机关注重自身的党性建设，克服监察委员会行使权力时出现的各种不良现象，使之坚定不移地忠于党和人民。党领导国家监察机关加强自身建设的标准就是宪法、党章和党规、党纪。监察委员会只有加强自身建设，才能在现实的反腐工作中正确行使权力。当然，党的领导与监察机关依法独立行使职权在本质上是一致的，党的领导是对监察机关工作的宏观指导，能够促使监察机关依法独立行使职权。

（二）职权法定原则

职权法定原则即依法行使原则，是指监察权的存在及运行方式应当由宪法法律明确规定，监察机关依照法律规定的监察手段、监察程序等，在法定的权限范围内行使监察权。监察机关依法行使职权，内容主要包括主体法定、职权法定、监察手段法定及程序法定等。

第一，监察机构的设置法定。监察权的行使往往涉及具有公职人员身份的公民的政治权利、经济权利、文化权利、社会权利、人身权及财产权是否合规合法进行监察、调查及处置。这种监察、调查及处置往往具有一定的约束性、强制性及法律后果性。其监察权、调查权、处置权依法定授予之后，需设置健全的机构，优化监察权力结构配置，监察权运行程序的设计，对监察权力的监督制约，以及保障监察权正确实施的相关配套制度。因此，监察机构的设置必须有宪法和法律的依据，这也是依法治国、依法执政、依法行政的题中应有之义，是建设法治国家、法治政府、法治社会的必然要求。监察机构的产生、机构设置、运行机制必须做好顶层设计，并用法律固化下来。

第二，监察机关的权限法定。监察机关及其工作人员的职权必须依法取得，没有法律的依据，监察权就没有存在的合理性，也就失去了对其他组织或者个人的强制力和优先性。职权的法定渊源有两种：一是监察机关依法成立时即合法取得的权力，这是监察机关固有的

---

〔1〕《中共中央关于全面推进依法治国若干重大问题的决定》，人民出版社，2014 年版，第 4 页。

〔2〕《中共中央关于全面推进依法治国若干重大问题的决定》，人民出版社，2014 年版，第 4 页。

权力；二是由宪法、法律授予的职权，监察机关行使监察权同其他国家机关行使职权一样，都应当奉行“法律规定必须为，法无明文规定即禁止”的法治原则。

第三，监察人员选举产生（罢免）、任免条件法定。监察人员的素质事关监察工作的成败，有必要对监察机关负责人的选举产生（罢免）、监察机关工作人员的职业准入、任免条件、任免程序、权利义务、单独职务序列及职务工资、绩效考核与奖惩、职业保护、职业荣誉、职业伦理等通过法律做出明确规定。国家权力机关对监察机关负责人的选举产生（罢免）及监察机关工作人员的任免，应当依照法律的规定，按照法定程序进行。对于监察人员行使职权的行为，依据相关规定进行考核，并将考核结果作为奖励惩戒的重要依据。

第四，监察机关行使监察权的程序法定。一方面，监察机关行使监察权的程序应当由法律事先明确规定，如监察机关行使职权的管辖范围、方式、程序及时限等。监察机关在行使监察权的过程中必须严格遵守法律规定的程序，按照法律规定的监察权行使方式、行使步骤、时限要求等程序要求行使，不得随意违反或变更。如果监察机关行使监察权过程中出现违反法定程序的行为，应当予以撤销或被确认违法。另一方面，监察机关与其他行政机关，行政执法机关，审计机关，金融、工商、技术质量等监督机构的外部协作、联系的方式、程序，监察机关与公安机关（国家安全机关的侦查机构）、检察机关、审判机关、刑罚监管与看守机构就反腐败特别调查涉及触犯刑事法律规范的违法监察对象（犯罪嫌疑人）的移送，接受司法审查、起诉、审判、刑罚执行的方式、程序及时限。

第五，监察机关的职责法定。职责法定强调的是与权力相关的责任和义务。监察机关及其工作人员必须依法行使监察权，即按照法律设定的职权范围、行为方式，谨慎地行使自己手中的职权。没有法定的职权而做出的监察行为是无效的监察行为，否则可能会导致监察目的的异化，致使反腐工作不能顺利进行。监察机关及其工作人员超越其所拥有的职权范围、违反法定的程序和行为方式所作出的监察行为也是无效的，有关监察机关可以在依法提起的监察诉讼中撤销这类监察行为。监察机关及其工作人员违法行使监察权对监察对象造成损害的，制度设计应当赋予监察对象救济请求权，设置救济程序，通过类型化的救济方式使救济申请得到依法裁断，由此国家监察机关及其工作人员应当承当《中华人民共和国国家赔偿法》等规定的相应法律责任。

（三）公正独立行使职权原则

独立行使职权原则是指监察机关及其工作人员行使监察权时，必须严格依法办事，只服从宪法和法律，不受其他国家行政机关、社会团体和个人的干涉。监察机关独立行使职权是监察权运行的必要条件。

第一，监察机关与监察对象地位平等，互不隶属。监察机关行使监察权不受其他任何行政机关、社会团体和个人的非法任意干涉。监察机关行使职权向产生其的权力机关负责，向它报告工作，接受它监督。监察权本身是一种具有强制性的国家公权力，表现为监察机关对监察对象的规范和制约。这就要求监察机关保持相对的独立性，能够独立行使自己的职权，包括监察机关依法设置的独立性、监察人员依法选举产生（罢免）、任免的独立和监察活动依法进行的独立性。其中，监察机关依法设置的独立性是指监察机关不隶属任何一个政府部门，其由人民代表大会产生，对人民代表大会负责，向人民代表大会报告工作。监察权是作为与行政权、审判权、检察权并行的权力而存在的。监察人员依法选举产生（罢免）、任免的独立性是指监察机关的人事选举产生（罢免）、任免独立，即监察人员由享有监察人员选举、任免权的法定机关依法独立产生（罢免），不受其他任何行政机关、行政团体和个人的干预，以保障监察人员行使监察权的独立性。监察活动依法进行的独立性是指监察机关及其工作人员在行使职权过程中，只服从宪法和法律的相关规定，不受任何其他行政机关、社会团体和个人的干预。

第二，监察机关与监察对象相对独立，互不交叉。如果监察机关处于监察对象的控制和支配之下，必然不会产生完整有效的监察权力。同样，监察权的运行必须纳入规范的运行程序，确保其公正、高效、有效行使。一方面国家监察权与国家行政权、审判权、检察权处在同一位阶，互相制约；另一方面，行使监察权的主体应受到党规党纪与国法的监督和制约。如果监察权不受监督而恣意行使，将会造成国家权力结构失衡，也容易出现破坏法治秩序的后果。监察的目的是督促权力行使者认真行使职责，因此，监察权与立法权、行政权、审判权、检察权在维护社会运行中，应当遵循《宪法》第135条规定的基本原则，实行分工负责，互相配合，互相制约。既要实现对所有行使公权力的公职人员监察的全覆盖〔1〕，又要防止监察权力的异化，首要的是保持监察机关的独立性，使其在自身的权限范围内依法独立行使职权。

第三，监察机关的人、财、物保障实行“省以下统一管理”，与地方、部门脱钩。借鉴已有司法管理体制改革推行省以下人、财、物统一管理的经验，可从以下几个方面来保证：(1) 改革传统的纪检、监察编制及人员管理，实行地方分级管理的体制，整合纪检、监察人力资源，实行省以下统一管理，根除传统纪检、监察体制运行中监察受制于地方、监督不力的弊端，从编制、人员统一管理体制创新方面提供保障。(2) 改革传统纪检、监察人员职务工资保障体制，建立监察人员单独职务序列，职务工资、津贴、廉政风险金、住房、医疗及退休制度，形成与普通公务员职务序列及职务工资、津贴、福利待遇相衔接、相配套、相区别，与法官、检察官、警官单独职务序列及职务工资、津贴、待遇相平行、相对应的职务待遇保障体系，根除传统纪检、监察体制有关监察人员职务待遇偏低、东中西部地区监察人员职务待遇不公平不统一、基层监察待遇低与“同工不同酬”等弊端，增强其履职的神圣感、使命感和责任感。(3) 改革传统纪检、监察经费保障“分灶吃饭、分级负担”的体制，建立省以下监察公用经费、监察业务费、反腐败专项调查费、技术装备费、基础设施建设费、教育培训费、国际合作费、反腐败大情报系统专项建设费等保障标准、预（决）算管理制度，根除传统纪检、监察经费保障滋生“办案为钱、为钱办案”、插手经济纠纷、利益驱动，损害监察公正、公平、权威等弊端，为国家监察权统一、公正、高效行使提供充足的财力保障。(4) 改革传统纪检、监察监督制约体制，建立监察人员人身安全保护、职业荣誉、职业惩戒、职业伦理制度体系。为保障监察人

〔1〕 王岐山在北京、山西、浙江调研监察体制改革试点工作时《实现对公职人员监察全覆盖 完善党和国家的自我监督》的讲话，载《中国纪检监察报》2016年11月26日第1版。

员忠于职守、公正监察，防止内部监察负责人不当干预与外部干扰，建立监察人员人身安全保护制度，规定监察人员非因法定事由、非经法定程序不得免职、降职、辞退和处分，对于侵犯监察人员合法权益的行为，依法予以查究；赋予监察人员对内部非法干预、插手监察事项或反腐败特别调查案件的抗辩权或者职务移转权，对监察人员遭受不公正待遇或者受到处分、刑事追究错误的赋予其申诉权、特别程序救济权等。(5) 改革传统纪检、监察涉案款物管理体制，建立监察机构查封、冻结、暂扣、强制划拨、追缴监察对象或者反腐败调查涉案违法款物的统一银行特别暂存账户，统一上缴省级公共财政部门监管，对已发生法律效力的财产、款物需发还被监察对象及其亲属的，实行流程登记发还管理，并接受当事人及社会的监督，对需依法依规上缴国库的，应及时足额上缴省级公共财政机关制定的专门账户并接受审计的专项审计监督，根除传统纪检、监察涉案款物管理体制形成的挪用、乱开支等违规违法弊端，确保国家监察机构履行职责的公正、清廉、文明。

第四，对干预监察权的行为要有明确的惩戒措施。监察权的行使要做到全程留痕，能够实现倒追和回溯。对于干预监察权的行为，要规定明确的法律责任。对于违反法律规定，妨碍监察机关正常工作秩序，阻碍监察人员依法行使监察权的违法行为，坚决依法予以惩处，相关人员应当依法承担相应的法律责任。

(四) 人权保障原则

人权保障原则是指监察机关通过行使监察权，通过各种途径和形式确保公民享受各种平等的权利和自由，保障公民基于宪法所获得的基本权利。人权是指人依据其自然属性和社会本质所应平等享有的权利。在我国人民代表大会的政治体制下，每个人都应享有被尊重和被保护的权利。

要使监察机关通过行使监察权来达到人权保障的目的，应当从几个方面入手：首先，从立法程序上，对已经存在的人权保障原则和制度进行认可，并在监察实践活动中予以保障。其次，在执法程序上，着重监督执法人员滥用职权的行为，尽量避免执法无序的情况；时刻警觉执法人员超越职权的行为，并对该种行为予以监督和处置；监督执法人员是否存在违反法定程序的情形。行政执法人员在执法中忽略程序的法定性，执法人员故意或无意中省略一些手续，常使一些违反法定程序的事件发生，由此造成严重的后果。最后，在司法程序上，监察机关同样需要监督和处置司法机关人员超越职权、滥用职权和违反法定程序的司法行为。司法作为维护社会公平正义的最后一道防线，监察权自然需要对司法权行使主体进行监督，从而保障人民群众当家做主的权利，确保公民享受各种平等的权利和自由。

监察机关高效、公正行使监察权对人权保障具有重大现实意义：

第一，国家监察权的创设与行使，有助于人权保障体系的完善。从人权保障与国家治理关系出发，人权保障是国家体制与治理体系现代化的基础和标志。而设置国家监察权是中国特色社会主义法治理念、国家治理体系现代化、国家治理能力现代化的必然要求。落实人权保障的国家价值观，需建立一套行之有效、统一权威的国家人权保障体系。制度体系层面，一个国家的人权保障是多方面的，包括立法保障、行政保障、司法保障以及监察保障等。这意味着，监察权的建立和监察权的正当运行是与我国人权保障原则紧密联系在一起的，监察权的确立和行使有助于推动我国人权保障事业的发展。

第二，监察机关通过行使监察权，有助于营造保障人民群众自由、平等行使权利的环境和氛围。国家监察机关行使监察权是对国家公职人员及其受委托工作人员破坏党规党纪、破坏国家法律法令政令，滥用职权、贪污贿赂、徇私舞弊、失职渎职、侵犯人权，损害国家利益、公共利益、人民群众合法权益的行为予以监察的监督活动。监察机关对监察对象有关违反宪法法律、行政法规规章、党内纪律规范等规定，继而破坏宪法法律统一正确实施、破坏政治秩序、经济秩序、社会秩序以及文化秩序等行为予以监察、调查和处置。国家监察机关对我国现存的违法、违规和违纪现象予以整顿和处理，有助于改善违反法治和贪污腐化的作风环境，有助于净化人民自由、平等行使权利的空间，更有助于对人权保障原则的呼应。

第三，监察机关在监察活动过程中，需以保障人权为原则。国家监察体制改革的目的在于整合国家监察资源和力量，加大国家反腐力度，预设的监察机构被授予监督、调查、处置等权力，这可能使涉腐人员的人身、财产等宪法赋予公民的基本权利和自由遭到克减。[1] 尽管监察机关是以维护国家利益、公共利益以及公民个人利益为目的，对有关违宪、违法、违纪等活动予以监察和惩处，但是在对监察对象予以监察的过程中，也要以人权保障为原则，不管监察对象是否存在违法、违纪、违规现象，都应以人权保障原则为基础，对被监察对象予以监察、调查和处置，尤其在反腐败特别调查中适用强制措施限制被监察对象的人身自由，查封、扣押、冻结、拍卖、强制划扣或处置涉案人的财产，请求有关机关给予刑事司法强制措施等方面都必须遵守法定程序，符合人权保障和人道主义的基本精神。

第四，监察人员自身享有的人权也需得到保障。监察机关的工作人员身份具有多重性，其作为监察权行使主体的同时也是人民群众的一员，在行使监察权过程中其人身安全、基本权利同样需要得到保障。因为监察机关的工作人员行使监察权的过程，也是为人民群众自由、平等行使权利扫清障碍的过程。行使监察权时会牵涉到对有身份地位的依法行使公权力的公职人员的调查和处置，以及反腐败特别调查等活动的开展，这使得监察人员可能在执行监察权过程中、过程外招致被监察对象的报复。这时，不仅涉及普通人民群众的人权保障，还涉及了监察人员自身的人权保障。

由此看来，在监察权运行过程中，人权保障原则显得尤为重要。人权保障原则作为监察权运行的基本原则之一，要求监察机关在行使监察权时尊重和保障人权；同时，正确有效地行使监察权又有利于整体性人权保障活动的推进。

(五) 权力制约原则

权力制约原则是指享有国家监察权的监察机关与掌握国家权力的其他各个机关之间相互监督、彼此制约，以促使其能够依法独立公正地行使权力。监察委员会作为全面行使监督职权的国家机关，依法行使监察权，使得监察权成为立法权、审判权、检察权、行政权之后的第五种权力。预设的监察机构将集立法权、行政权、司法权、执纪权等于一身，可谓权力无比

〔1〕 秦前红：《全国人大常委会授权与全国人大授权之关系探讨——以国家监察委员会为研究对象》，载《中国法律评论》2017 年第 2 期。

强大，这不仅可能破坏国家权力间的制约平衡关系，也使涉腐人员以及其他所有公职人员的公民基本权利面临监察权的威胁。[1] 所以该原则，不仅包含对相关职能机关的监督与制约，更重要的是对监察权本身的监督和制约。

第一，监察权对行政机关及其工作人员进行监督与制约。监察机关依法行使监察权，对行政机关及其工作人员的违法行为和不当行为进行监督。如发现行政机关及其工作人员确有违法或不当情形出现，需要予以更正的，监察机关有权依照法定程序责令撤销其行政行为，或者通过提起诉讼的方式来达到监督和制约行政权的目的。

第二，监察权对审判机关、检察机关及其工作人员进行制约。监察机关行使监察权的过程实质是一个监督的过程。若法院、检察院工作人员在行使审判权、检察权过程中存在违法失职行为，监察机关有权依法对涉嫌违法失职的法官、检察官依法予以监察、调查和处置，以此达到监督履行审判权、检察权的工作人员正确履行职权的目的。但是，需要注意的是，监察机关监察、调查和处置违规违法的审判人员、检察人员的过程中，不得干预司法个案、不得干预正常的审判活动、检察活动。

第三，监察权自身的监督和制约。首先，监察权受权力机关监督。监察机关依照权力机关制定或通过的法律来进行设立和职能分工，国家监察机关所进行的一切监察活动，必须在宪法法律范围内依法实施，定期向全国人民代表大会及其常委会报告工作，对其负责，受其监督。其次，监察权受审判权、检察权监督。一是受到检察机关的法律监督。检察机关作为国家的法律监督机关，针对监察机关在行使监察权活动中破坏宪法法律、法令、政令统一正确实施的行为行使检察权；对于监察机关反腐败特别调查的活动实施监督，主要体现在：对反腐败调查的立案及其立案活动实施监督，对涉嫌腐败违法可能触犯法律规范的监察对象决定逮捕或决定延长逮捕羁押期限；对移送审查起诉腐败案件的犯罪嫌疑人，可以侦查补证，决定提起公诉、退回补充调查、不起诉决定、建议撤销案件；发现反腐败特别调查具有暴力取证、刑讯逼供、徇私舞弊、贪赃枉法、失职渎职导致监察对象自杀、行凶、逃跑或其他违法情形的，有权提出检察建议，督促其纠正，以保障监察权在法定权限、法定程序内得到正当行使。二是监察权受到审判机关的制约。监察机关和审判机关同属于国家权力机关配置的产物，自然会受到彼此的制约和影响。再次，监察权的运行要做到内部协调，就应该分工制约，相互监督。最后，监察权受社会的直接监督，这需要监察权公开透明，人民作为一切公共权力的监督主体，理应有权对监察机关及其工作人员的滥用职权行为进行监督。

由此可知，权力制约原则既保证了监察机关对行政机关及其工作人员、司法机关及其工作人员的监督和制约，同时，监察机关自身作为权力机关之一，也必然受到权力机关、司法机关和社会的监督制约。正是基于这种权力之间监督与被监督、制约与被制约的关系，才使得各国家机关之间的权力得以平衡和更好地运行。

---

〔1〕 秦前红：《全国人大常委会授权与全国人大授权之关系探讨——以国家监察委员会为研究对象》，载《中国法律评论》2017年第2期。

（六）程序正当原则

国家监察机关需要遵循程序正当原则。国家监察机关的“监察”，即要求在各级党委支持下，各级人大、政府、监察机关、司法机关，依法对行使公权力的公职人员进行监督。监督的对象是所有国家财政供养的组织机构，不仅包括对法院和检察院司法方面的监察，同时也包括对人大以及一些行政机关的廉政情况进行监察，还包括对一些事业单位、社会团体的运行状况进行监察，可见监察的范围十分广泛。在涉及如此广泛的监察对象之中，时刻遵循程序正当原则就显得十分必要。

所谓正当程序，或称为正当法律程序，它始于英国的《自由大宪章》，完善于美国宪法修正案。美国法学家罗伯特·萨默斯提出了程序正当的标准。他认为程序价值包括十个要点：参与性统治；程序正统性；程序和平性；人道并尊重个人的尊严；保护个人隐私；协议性；公平性；程序法治；程序理性；及时性和终结性。[1] 在司法领域，我们极其重视正当程序，在监察领域就应当更加注重程序。一方面，遵循程序正当原则就是一种遵守规则与秩序的体现，一旦整个过程能够按照既定的方式合理有序地进行，我国监察机关多头承担预防和惩治腐败的职能将会形成相对统一的监察局面，也就更容易节约执纪执法、司法资源，有利于提高监察效率，增强权威性，降低国家监督成本。另一方面，遵循正当程序也是最大限度尊重人权的体现，因为程序就意味着要公开、合法。如果在监察过程中监察权随意的适用，可能造成处理监察事务效率低、自身价值得不到体现的局面。此外，监察机关如果行使权力违反正当程序，其监察的真实性也得不到保证，很容易导致监察、调查和处置过程中运用裁量权时被滥用，监察机关的反腐败功能得不到真正的实现。因此，将程序正当原则贯穿于整个监察过程，是监察权行使的重要原则。

程序正当是实体正义的体现，更是程序正义的体现。对于如何实现程序正当，有学者认为包括以下几个方面：第一，监察过程必须公开透明。公开是民主的保障，公开也是保障人民知情权的重要途径。第二，充分听取意见，即使监察过程中发现腐败仍需保障公民的民主参与权。第三，保障知情权与救济权，监察必须保障当事人的合法权益。第四，监察人员在审计、一般调查、特别调查、采用强制性调查措施、处置等监察活动中与相对人存在利害关系应当回避。[2] 具体到实际工作中，就如在查处违法、违纪案件时，党纪和政纪要分开，如果触犯不同的规定则要分别处理；处理案件应当及时，在保障当事人权利的同时提高办事效率。

总之，国家监察立法事关中国监察体制改革成败，只有坚持党领导下的现代法治原则，才能从根本上保障国家的政治生活的法治化与现代化，保障国家治理体系的法治化与现代化。

---

〔1〕 肖波：《刑事庭审调查制度的正当性》，上海人民出版社，2015 年第 2 版，第 22 页。

〔2〕 陈瑞华：《程序正义理论》，中国法制出版社，2010 年版，第 99 页。

监察委员会调查权：性质、行使与规制的审思

左卫民　安　琪*

摘　要：监察委员会的调查权具备国家性、强制性、综合性等特征，其与侦查权的权力内涵及外延具有一定差异性，但也有不少相似之处。《中华人民共和国监察法（草案）》中勾勒出调查权运行程序，并明确证据收集、运用应与审判标准一致。但仍有待明确之处：监察委员会调查程序应结合反腐调查的特殊性，确立调查权行使的权力法定、程序规范、比例原则，厘清监察委员会与检察院、法院分工负责、相互制约的权力关系，将调查权纳入法治化轨道，保障调查权在实践中的合法、有效展开。

关键词：监察委员会　调查权　侦查权　司法　《中华人民共和国监察法（草案）》

2016年12月，全国人大常委会授权北京市、山西省、浙江省作为国家监察体制改革试点，标志着这一重大政治体制改革开始试水。2017年10月，党的十九大报告在部署"健全党和国家监督体系"时指出，"深化国家监察体制改革，将试点工作在全国推开，组建国家、省、市、县监察委员会，同党的纪律检查机关合署办公，实现对所有行使公权力的公职人员监察全覆盖。"2017年11月，全国人大常委会会议通过《关于在全国各地推开国家监察体制改革试点工作的决定》，要求在全国各地成立省、市、县三级监察委员会。尔后，《中华人民共和国监察法（草案）》（以下简称《草案》）也进入了面向社会征求意见的阶段。鉴于监察体制改革的一些命题有待明晰，下文将分别论述：监察委员会调查权的特征为何，其与检察机关自侦案件侦查权的异同；结合《草案》内容，对调查权行使的基本原则提出己见；论析司法机关与监察机关之关系及其具体表现。笔者拟通过上述审思，对监察体制改革提供些许参考意见。

一、调查权特征之审思

（一）监察委员会调查权之特征

在权威文件表述中，监察委员会被定位为"国家反腐败工作机构"，将监察厅（局）、预防腐败局及人民检察院查处贪污贿赂、失职渎职以及预防职务犯罪等部门的相关职能予以整合，从而打破了以往行政同体监察的低效及乏力、对检察监督中司法公信力的质疑、人大常委会等国家主体异体监察受到人事、财务束缚等弊端[1]，实现对公职人员的全面性监督。

---

* 左卫民，四川大学法学院教授；安琪，四川大学法学院博士研究生。

〔1〕 秦前红：《困境、改革与出路：从"三驾马车"到国家监察——我国监察体系的宪制思考》，载《中国法律评论》2017年第1期。

从先行试点的三地区情况来看，监察对象范围与监察力度都显著强化。[1] 根据《草案》的规定，“各级监察委员会是行使国家监察职能的专责机关”，“监察委员会由本级人民代表大会产生。监察委员会主任由本级人民代表大会选举产生；监察委员会副主任、委员，由监察委员会主任提请本级人民代表大会常务委员会任免”，可见，监察委员会为平行于政府、司法机关的国家机构，监察权成为继立法权、行政权、司法权之后的“第四权”。监察职权具体包括监督、调查、处置三项子权属，实现方式为“谈话、讯问、询问、查询、冻结、调取、查封、扣押、搜查、勘验检查、鉴定、留置等措施”。笔者认为，监察委员会调查权具备以下特征。

首先，调查权行使的国家化。我国纪委属于执政党内部纪律检查机关，依据党规、党纪等党内规范文件，有权对党员、党组织的违纪行为展开调查，体现“党治”的特征。而监察委员会监察对象为行使公权力的公职人员，调查权的来源为国家法律的授权，与纪委调查行为具有权源、性质方面的显著差异。从这一意义而言，虽然现行试点改革中监察委员会与纪委采用合署办公的模式，体现出具有我国反腐特色的党政关系，但二者调查权性质有异，纪委调查权遵守党内法规，监察委员会调查权则在法律授权范围内体现出国家权的权力面相，具有毋庸置疑的国家权威性。

其次，调查措施的强制性。在反腐职能的定位引导下，监察委员会调查权的行使无疑需要借助一定的强制手段。《草案》规定的监察委员会调查手段范围包含了强制性从无到有、由弱及强的 12 类不同类型措施，其中对财物的强制措施体现在监察委员会有权冻结、查封、扣押、搜查，对涉嫌职务违法、职务犯罪的被调查人员，可以采取讯问、留置的方式。无疑，“留置”措施已具备暂时性剥夺公民人身自由的强制性特征，对此，从监察试点地方做法及《草案》中“留置”可以一比一折抵刑期的规定得到印证。[2]

再次，调查权的综合性。较之其他国家机关所享有的调查权，监察委员会调查权具有构成复合性与调查对象的二元化：一方面，从调查措施内容来看，其囊括了职能整合前不同调查权（侦查权）行使主体的部分权力措施，如行政监察机关的查询权、检察机关的搜查权等都被吸纳，呈现出多样化；另一方面，监察委员会调查对象包括一般职务违法行为和触犯刑法的职务犯罪行为。这一复合性调查权体现了决策者的反腐决心，也会为实践中监察委员会职能发挥提供助力。

（二）职务犯罪调查权与侦查权之比较

虽然监察委员会调查权具体内容与改革前被赋予的调查权（侦查权）有所重合，但机构整合与人员转隶并不简单等于各部门职能相互叠加，更不意味着监察委员会当然具有整合前机构的所有权属，如检察机关逮捕、监视居住等强制措施在权威规定中就并无涉及。职务

---

〔1〕 新华社：《积极探索实践　形成宝贵经验　国家监察体制改革试点取得实效——国家监察体制改革试点工作综述》，http://www.gov.cn/xinwen/2017-11/05/content_5237440.htm，访问时间：2017 年 11 月 5 日。

〔2〕 程姝雯：《监察体制改革试点地区首现判决，明确留置期限可折抵刑期：判决前留置一日可折抵刑期一日》，《南方都市报》2017 年 9 月 15 日第 2 版。

犯罪领域中，监察委员会调查权同职能整合前的检察院侦查权关系为何值得思考。

对此，有关方面作出“调查权不等同于刑事侦查权”的基本性质界定。[1] 在笔者看来，二者差异首先体现在调查行为与侦查行为所适用的法律不同，监察机关调查职务违法和职务犯罪适用监察法，案件移送检察机关后适用刑事诉讼法，而侦查机关的侦查行为则是受到刑事诉讼法规范、约束。其次，二者的强制手段有所不同。监察机关的调查手段并不包括如拘传、取保候审等刑事诉讼法中所规定的强制措施，不能简单将其画等号。最后，二者的非直接强制手段也有差异。监察机关并不直接展开技术调查等手段，《草案》规定，对调查过程中需要采取技术调查等措施的，需经审批后按照规定交有关机关执行。从上述几个方面来看，监察委员会对职务违法和职务犯罪行为的调查权不能简单等同于检察机关的侦查权，其权属内涵与外延都具有差异性。

不过，应当认识到调查权与侦查权仍具有重要相似之处。具体而言，监察委员会调查手段的强制程度严于原行政监察机关，与侦查权有所类似，均通过对物、对人较高程度的强制手段实现查证犯罪，监察委员会针对职务犯罪以“调查”为名展开的一些手段及其强制性都与检察机关职务犯罪侦查手段相似。

更重要的是，当下反腐布局意味着我国刑事诉讼流程将面临两种不同模式：一类为非职务犯罪类案件的“侦查—起诉—审判”模式，另一类为职务犯罪类案件的“调查—起诉—审判”模式。作为起诉、审判机关，如何面对、处理不同种类案件呢？笔者认为，不论是监察委员会的调查行为抑或是公安机关的侦查行为都需要经过检察院的审查起诉环节，由检察机关对所移送案件是否达到起诉条件予以审查后决定是否、如何提起公诉，最后得由法院经审判审查判定控方主张能否成立、予以支持。其间，检察机关经审查后认为需要补充核实的，应当退回监察机关补充调查，必要时可以自行补充侦查。同样，对于建立在监察委员会调查移送基础上的刑事公诉案件，秉着事实为依据、法律为准绳的原则，法院可以认定或支持，也可以不予认定或支持。从这一意义上，调查权与侦查权所需要遵守的刑事起诉、审判标准是一致的，这在《草案》的规定中也有所体现，即“监察机关在收集、固定、审查、运用证据时，应当与刑事审判关于证据的要求和标准相一致”。可见，在全面推行依法治国特别是审判中心主义的要求之下，对监察委员会职务犯罪调查行为的审查标准将比照刑事诉讼中审判机关对公诉机关、公诉机关对侦查机关的标准。故起诉、审判阶段对侦查的审查与对调查的审查并不因权力行使主体与内容的不同而有所区别，调查权与侦查权所需达到的刑事诉讼标准与程序规范具有相当的一致性。也正因为此，监察委员会的调查行为将显著区别于曾经的党内调查或行政监察。

---

〔1〕 中央纪委监察部：《深化监察体制改革 推进试点工作之四——使党的主张成为国家意志》，http://www.ccdi.gov.cn/xsjw/series27/201707/t20170716_102950.html，访问时间：2017年5月6日。

二、调查权行使基本原则之审思

基于上文论析，结合改革方向，监察委员会的调查权行使应当遵循以下原则：

首先，调查权的行使主体与行使权限必须得到法律层面的明确授权，包括搜查、留置在内的强制性措施都应当被纳入法制轨道，监察委员会调查权的合法性应当来源于法律明文规定。若调查权内容无法得到法律明确授权，缺乏适用条件与具体场域，则难以搭构一个可预测的行为框架，不仅可能无法确保调查权有效、规范运作，也可能会使公民、组织的合法权利因调查权的不当行使而受到侵害。目前《草案》已公布，《中华人民共和国宪法》《中华人民共和国刑事诉讼法》《中华人民共和国人民检察院组织法》等相关法律规定也可能面临修改，可以期待未来监察委员会调查权在立法层面有着更为明确、详尽的规定。

特别需要指出的，调查权措施中对公民人身权影响程度最深的"留置"措施该如何理解与界定？现行的《中华人民共和国行政监察法》《中华人民共和国刑事诉讼法》等中均未出现"留置"的表述，公法领域中出现"留置"的法律为《中华人民共和国人民警察法》，法条将其定义为一种行政强制措施，即对有违法犯罪嫌疑的人员，经公安机关批准，对其继续盘问，对被盘问人的留置时间不超过 24 小时，在特殊情况下，经县级以上公安机关批准，可以延长至 48 小时。但监察委员会的留置权肯定未简单移植警察法，仅有 48 小时的留置时间显然无法适应监察委员会在反腐调查方面的职能发挥。事实上，《草案》规定的留置措施不同于警察法中的留置，同时，显著不同但也不能说完全不同于我国纪委监察机关曾经使用的"双规""两指"调查手段，《草案》规定了有必要适用留置措施的情形以及留置的审批程序等，留置时限最长可达六个月。似乎，留置权的行使有点类似于公安机关自行决定最长可达 37 天的刑事拘留。此外，从试点情况来看，留置场所为"纪委原'两规'场所、公安机关看守所"，存在一定的地方实践差异性[1]，但《草案》中并未明确留置的"特定场所"的内涵，相关规定有待进一步明确。

其次，调查权的行使应当保障被调查者基本权利。调查权的行使目的为查明特定对象涉嫌违反监察法或刑法的事实。在该目的指引之下，程序的起点在于发现可能涉嫌违法犯罪的情况或接受检举、举报，待监察委员会查清楚所调查事宜之后，或作出处置决定，或将涉嫌职务犯罪的案件移交到检察机关审查起诉，由司法机关对调查结果进行裁决。在有效打击腐败的同时，具有强烈公权色彩的调查权在行使过程中理应遵循适当的法律程序，对人权予以保障。被调查者在被采取留置措施后是否有权聘请律师？有学者认为应允许涉案人员"留置"阶段的律师介入。[2] 虽然在监察体制改革前纪委与行政监察机关调查过程中采取

〔1〕 新华社：《积极探索实践　形成宝贵经验　国家监察体制改革试点取得实效——国家监察体制改革试点工作综述》，http://www.gov.cn/xinwen/2017-11/05/content_5237440.htm，访问时间：2017 年 11 月 5 日。

〔2〕 陈光中：《关于我国监察体制改革的几点看法》，载《环球法律评论》2017 年第 2 期。

“双规”“两指”措施时律师无权介入，但监察委员会的国家权属性意味着在如此长期限限制人身自由的时间中是否应当完全取消被调查者获得律师帮助权呢？《草案》中对这一问题未予直接回应。笔者认为，监察委员会的反腐职能与被调查者获得律师帮助权并不直接矛盾冲突，这从域外及我国香港地区的反贪机构的做法也能看出，如香港廉政公署在采取拘捕措施之后，被拘捕人便有权会见律师。鉴于在涉嫌职务犯罪调查领域，监察机关的调查权与侦查权具有一定的相似性，在不妨碍调查的前提下，律师在监察委员会调查阶段似乎可以适当参与，否则对于职务犯罪嫌疑人而言，获得律师帮助的权利便被推延至审查起诉阶段。

再次，调查权的行使应遵循比例原则。比例原则要求权力的行使不仅应有法律依据，还应将对公民权益的不利影响控制在尽可能小的范围和限度内〔1〕，该原则在监察委员会行使调查权时理应同样适用。调查权行使必然应当符合其查明涉嫌违法事实的目的，调查权的内容、手段应当与违法、犯罪行为相称，不宜对被调查人采取超过调查目的的措施。例如，上文分析调查权具有复合性，所针对的职务违法与职务犯罪两类调查对象性质有别，故所运用的调查手段及其强制程度也都似应有所区分，可能不宜将重大强制手段适用于一般违法行为。未来国家监察立法中似更宜采用区分式、递进化的调查手段适用情形，以更为清晰地界定与规范这一复合构成下的调查权，避免采取不当的调查手段。

最后，调查权的行使，特别是涉嫌职务犯罪行为的调查行为应当受到其他国家机关的权力制约。“不受监督的权力是危险的”，“有权必有责、用权受监督，纪检机关也不能例外”。〔2〕监察委员会行使职权无疑应遵循全面依法治国的基本理念，这就意味着其应被纳入其他国家机关制约之中。监察委之所以在诞生之日起便引发各界关注与讨论，一个重要原因在于：这一独立的、平行于“一府两院”的全新国家机构在打击一般职务违法行为、职务犯罪行为方面势必会起到无可比拟的震慑效果，但强大的调查权也可能对公民或组织的权利产生重大影响，应当得到适当监督。

需要指出，我们在探讨调查权行使规则等相关问题时，当然不能忽视我国特有国情及反腐需要，在当下反腐形势依然严峻的背景下，职务犯罪案件本身往往具有无直接被害人、无物理意义上的现场、嫌疑人反侦查能力强等特征〔3〕，调查难度很大。故监察委作为专门反腐机构，决策层为保证其反腐职权得到最大程度发挥，便赋予其相当大的权威，这与我国国情密不可分。所以，在探讨调查权所应遵循的相关原则时，应注意到我国特有的反腐语境，不宜以普适的权力规则一概论之，如上文中所提到的留置阶段律师介入问题，相较于普通刑事案件中的律师辩护权，可以设置一定限制规则或适用条件，以平衡适当程序框架下对调查权行使可能带来的影响。

---

〔1〕 姜明安：《行政法基本原则新探》，载《湖南社会科学》2005 年第 2 期。

〔2〕 中央纪委监察部：《严格执行监督执纪规则、不断强化自我监督之二——把纪委的权力关进笼子》，http://www.ccdi.gov.cn/xsjw/series23/201702/t20170205_93525.html#Art3，访问时间：2017 年 5 月 6 日。

〔3〕 刘忠：《读解双规侦查技术视域内的反贪非正式程序》，载《中外法学》2014 年第 1 期。

三、司法如何规制调查权之审思

(一) 司法权制衡监察权之必要性

在探讨司法如何规制监察委员会调查权的行使之前，应当首先厘清其与司法机关的关系。笔者认为，本质上监察委员会与检察院、法院机关应当为“分工负责、互相制约”的关系。监察委员会与检察院、法院为处于同一平面的国家权力机关，相互之间各自独立、互不隶属。对于涉嫌职务犯罪的案件，检、法机关分别承担着公诉、审判的法定职能，诉、审程序是对监察机关调查结果在司法层面上予以审查的程序，检、法机关通过对监察机关移送案件予以审查、认定，以司法手段支持与制约调查权力的运行。

在“分工负责、相互制约”的关系前提下，笔者认为，可以考虑司法权的适当参与。考察域外及我国香港地区专门反腐机构的调查权发现，强大的调查权并非可以随意为之，司法均在一定程度上介入。以我国香港地区为例，廉政公署虽然享有包括技术侦查手段在内的广泛性的调查权，但其职权同样被严格限制在调查与收集证据的范围内；且司法机关也会通过司法审批的方式介入廉政公署的职权行使，如当廉政公署人员认为有必要将犯罪嫌疑人继续关押超过 48 小时，则必须在 48 小时内将带至法官席前，由法官作出是否同意继续关押还是对犯罪嫌疑人进行保释的决定。〔1〕

从我国试点做法及《草案》内容来看，监察机关的监督机关为本级人民代表大会及其常务委员会，司法目前似乎尚难以在调查环节参与。根据山西省监察委发布的对三名被调查者采取留置措施的公告内容，山西省试点中留置措施是经省级监察委批准而作出〔2〕；《草案》规定“省级以下监察机关采取留置措施，应当由监察机关领导人员集体研究决定，报上一级监察机关批准。省级监察机关决定采取留置措施，应当报中华人民共和国监察委员会备案”。但结合我国国情，从监察制度的长远运行来看，笔者认为可以考虑让司法机关在调查过程中“有效且有限地参与”，以对诸如留置等调查措施的作出进行适当的制约。理由在于：一方面，留置若仅为同一权力体系的上下级审批，则可能并不能充分实现对调查权的有效监督，为避免权力的非规范化行使，可以由其他主体对监察委员会调查权的运行予以制衡。但另一方面，基于我国反腐领域中职务犯罪严重性、调查困难性的现实语境，监察机关应被赋予更大权限，不能完全以普通刑事案件中司法机关对侦查活动的制约作为标准，而应当体现一种相对有限、事中或事后的司法参与。

---

〔1〕 刘艳红：《香港、新加坡的廉政法治及其启示》，载《清华法治论衡》2002 年第 3 期。

〔2〕 山西省监察委员会：《山西省监察委员会对山西煤炭进出口集团有限公司原董事长郭海采取留置措施，对其涉嫌严重违纪违法问题进行调查》，http://www.sxdi.gov.cn/lzyw/2017041312356.html，访问时间：2017 年 5 月 6 日；《运城市监察委员会对运城市水务局防汛抗旱指挥部办公室主任卫典臣采取留置措施，对其涉嫌严重违纪违法问题进行调查》，http://www.sxdi.gov.cn/ttxw/2017/041412366.html，访问时间：2017 年 5 月 6 日；《运城市监察委员会对运城市林业局调研员张驰采取留置措施，对其涉嫌严重违纪违法问题进行调查》，http://www.sxdi.gov.cn/ttxw/2017/041412365.html，访问时间：2017 年 5 月 6 日。

（二）调查权规制规则之设想

那么，如何架构相关制度呢？首先，应当划清监察委员会的调查权与起诉权、审判权界限，使我国反腐工作各环节之间可以相互衔接又相互制约。监察委员会将调查结果移送司法，意味着该调查结果将由检察机关审查起诉及法院审理裁判，监察委员会和司法机关各自在职权范围内履行职责，监察委员会负责反腐败职务犯罪调查，而检察机关与审判机关分别负责对腐败犯罪的起诉与审判，各自在法律的授权下遵循规则、依法行使。在三地先行试点中也出现了检察机关在审查起诉时退回监察委员会补充调查的情形。〔1〕这也说明司法机关并非对调查结果"照单全收"，而是各自依照司法标准对案件予以判断审查，可能存在部分接受甚至完全否定监察委员会调查结果的情况。检察机关对于案件是否起诉应有自主判断能力，也有权在认为现有证据不足以证明被调查者涉嫌犯罪时，作出退回监察委员会补充调查或不起诉的决定。同理，法官在判断被调查者是否有罪、如何量刑时，应遵循以事实为依据、以法律为准绳的原则。

其次，鉴于调查权的职权特征，在监察委员会决定适用限制、剥夺公民人身自由等重大调查措施时，可以适当对该决定予以制约。对于何者应当担任制约主体？笔者认为，作为我国法定监督机关，检察机关的部分部门转隶并未改变其宪法定位，由其担任这一角色更为适宜。对于何时应当予以制约？如同公安机关可以自行决定刑事拘留（时间可长达 37 天），但逮捕的决定权由检察机关把握一样，可以赋予监察机关相当期限的自行决定留置权，但超过此一时限的留置则可以考虑由检察机关审批。

最后，在监察委员会涉嫌职务犯罪案件的调查过程中，监察委调查结果应以最终能得到司法机关的认可作为标准，以实现对调查权规范行使的"倒逼"，尽量避免因调查行为的单一性与主动性，忽略对调查行为的法律要求。当下监察委员会对职务违法及犯罪行为的调查人员构成，将包括原检察机关负责职务犯罪侦查的部门及纪委监察部门人员，如何将这些转隶人员的调查思路与方式予以融合和统一，是一个需要引起重视的实践命题。监察委员会可以考虑该如何按照司法的标准展开调查活动，以使调查结果得到司法机关更好的认同。

四、结　　语

我国监察体制改革之路无疑将迎来光明前景，从改革目的而言，这一反腐机构的设立整合了反腐资源，强调了国家机构在打击职务违法、犯罪行为方面权威与无可比拟的中坚作用。在监察职权诸多内容中，调查权是关键所在，通过上文的反思，可以归纳出调查权具有行使机关国家化、调查措施强制性、权属构成复合性等特征。虽然监察委员会调查权与检察机关侦查权二者之间不能全然画上等号，但在手段运用及制度设置中具有重要的相似之处。

〔1〕新华社：《积极探索实践　形成宝贵经验　国家监察体制改革试点取得实效——国家监察体制改革试点工作综述》，http://www.gov.cn/xinwen/2017-11/05/content_5237440.htm.

《草案》勾勒出“监察委员会调查、检察机关起诉、法院审判”的职务犯罪调查、诉讼流程，并对调查权行使规则、适用情况等做出界定与说明，亦明确了所移送的调查材料与程序需以刑事诉讼的审查标准为准，但依然未充分明确一些事项。应在监察机关与司法机关“分工合作、互相制约”的基础上，通过司法权力机关适度、有限地参与，使监察委员会调查权得以在法定程序框架下规范行使，从而令其反腐职能发挥到最优。

国家监察委员会职权的立法配置与逻辑思考

李　森*

摘　要：国家监察委员会的设立是腐败治理“中国模式”在完善与发展中实现由治标转向治本、由被动转为主动、由分散走向整合的一项重大体制与机制创新。国家监察委员会全面履行与优化腐败治理能力的关键在于，监察委员会的职权配置及运行机制的立法设计。现行监察委员会试点改革方案在职权配置上存在闭合系统与博弈失势上的理论障碍，监督、调查、处置的三权运行设计，尚缺乏整体性的权力指导与反馈性的权力依托支撑。借鉴监察制度发达国家与地区建构完整监察职权体系的有益经验，应当在正式的国家监察法中将立法建议权与策略制定权配置于国家监察委员会的职权体系。

关键词：监察委员会改革　职权配置　反腐策略制定权　监察立法建议权

有效地组织起对腐败犯罪的斗争，坚定不移地推进严惩腐败犯罪的治理政策，逐步建构起完善的防范权力腐败的体制与机制体系，是新中国成立以来，中国国家治理体系建设的重大任务之一，〔1〕由此推进了腐败治理“中国模式”的探索与初步形成。整合腐败治理资源，建立更加高效、统一的腐败治理体制，全面提升国家腐败治理能力，实现由治标向治本的战略大转移，是中共中央《关于在北京市、山西省、浙江省开展国家监察体制改革试点方案》（以下简称《方案》）与第十二届全国人大常委会第二十五次会议通过的《全国人民代表大会常务委员会关于在北京市、山西省、浙江省开展国家监察体制改革试点工作的决定》（以下简称《决定》）所全力推进的一项“重大政治体制改革”。自《决定》颁布以来，试点地区监察委员会制度改革受到高度重视、得到全面推进，以监察体制改革为中心的中国腐败治理体制改革序幕正式拉开。十二届全国人大五次会议将《中华人民共和国监察法》的制定正式纳入国家立法计划，理论界与实务界对试点地区监察委员会全面履行新型腐败治理职权寄予了深切期望。然而，就当下《决定》所规定的试点地区监察委员会职权配置情况来看，存在着职权配置与全面反腐需要之间的供需“落差”，就将监察委员会定位为国家反腐败工作机构的改革目标而言，改革方案所预设的职权定位或将存在全面应对公职人员监督中的需要“缺口”，值得通过理论研讨加以明确。

---

*　李森，男，法学博士，浙江财经大学法学院讲师。本文是上海市法学会课题“完善我国法治反腐体制机制研究”的阶段性成果，并受国家社科基金课题“积极治理主义与中国反腐刑事立法完善研究”（课题编号15BFX055）的资助。

〔1〕　孙国祥、魏昌东：《反腐败国际公约与贪污贿赂犯罪立法研究》，法律出版社，2011年版，第82页。

一、腐败治理“中国模式”的探索与创新

自新中国成立后第二次现代化进程开启以来，中国即遭遇了腐败的严重侵袭，腐败甚至成为危及国家政权安全的严重行为，[1]腐败治理成为开国之初国家治理的重要内容之一。在腐败治理实践中创立形成的执政党主导腐败治理的动员体制与机制，成为中国腐败治理的重要经验，腐败治理“中国模式”由此滥觞。

20 世纪 80 年代初期，中国在全面推进第三次现代化进程中再次面临腐败的严峻挑战，社会管理体系的日趋复杂、行政权对新型社会资源领域调控范围的日益扩大、经济领域各项改革的层层推进，加之，国家法制建设、权力规范体系建设的滞后，导致腐败蔓延趋势加剧的结果，现实地提出了更新腐败治理体制的内在需要，腐败治理“中国模式”开始向“政党—国家”二元主导推进体制转型，以期调动更为广泛的社会资源扼止腐败“大流行”，腐败蔓延与膨胀趋势得到有效扼止。在中国共产党的直接主导下，党的纪律检查机关、政府的监察机关与人民检察院成为直接行使惩腐职责的“三驾马车”，共同推进着腐败治理事业发展。

党的十八大以来，我国进入腐败治理的战略机遇期与重要转折点，全面掀起的反腐风暴、不断推进的腐败惩治战役、坚定而鲜明的“苍蝇、老虎一起打”的治理策略，在确保腐败治理取得积极成效与丰硕成果的同时，也丰富与完善了腐败治理“中国模式”的内容。当下中国，“廉政拐点”已经显现，为实现全面的“不敢腐、不能腐、不愿腐”目标打下了坚实的“治标”基础。监察委员会改革作为执政党期望将反腐引向体制机制建设的治本之策，具有重大的理论与现实意义。腐败治理“中国模式”的探索呈现出三个主要特征。

（一）从治标到治本的转换

腐败一般被定义为“利用公权力不合道德地或非法地谋取私人利益的行为”。[2] 腐败是世界公害，治理腐败也是世界性难题。在现代化进程中，许多国家尽管对腐败治理投入了足够关注、付出了更多精力，但是普遍性地面对腐败的挑战仍是无法回避的现实。不得不承认，我国自全面进入现代化以来一直处于严峻的腐败挑战之中，腐败模式已从“点式腐败”发展到“结构性腐败”，多地官场出现的“塌方性”腐败，加剧了腐败治理的难度与危机。[3] 面对腐败，执政党大刀阔斧重惩贪腐，初步遏制腐败蔓延势头，促进了“不敢腐”局面的形成，为治本之策的预防腐败赢得了宝贵的时间。

瑞典政治学家罗斯坦经过对世界各国反腐成败的考察后指出：在严惩腐败的前提下经过一系列制度变革，使民众改变对腐败的态度，触发腐败治理的“谢林式”拐点，方可改变滋

〔1〕 刘艳红：《中国反腐败立法研究》，中国法制出版社，2016 年版，第 40 页。

〔2〕 D. Treisman. The causes of Corruption: A Cross-national study. Journal of Public Economics, Vol. 76, No. 3, 2000.

〔3〕 钱小平：《贿赂犯罪情节与数额配置关系矫正之辨析》，载《法学》2016 第 11 期。

生腐败的政治生态与社会环境，进而生成廉洁政府与清廉社会。[1] 在厉行"老虎、苍蝇一起打"的治理策略之后，我国的腐败治理亦须进入真正的"把权力关进笼子"的阶段，国家监察委员会制度改革正是对这一制度预期的积极反映。监察委员会的设立既有对于中国古代监察制度的传承，亦有对域外反腐机制的借鉴。监察委员会赋予古老的监察权新的权力定位——从单纯的监督权到监督制衡权。通过监察委员会既可实现对公职人员秉公用权的监督，又可实现行政权、司法权、监察权之间的相互制约。如此，实现权力对权力的制衡，形成治理腐败的长效机制。

（二）从严厉惩处到"预防为先、预惩结合"的调整

中国自古即存在严惩腐败的法律文化传统，但是，刑罚却从来没有吓退"前赴后继"的贪官，随着刑罚投入量的加大，腐败不仅降幅不彰，反而增幅不减，"在腐败犯罪日益间接化、群体化、隐蔽化的背景下，刑法立法时刻面临边际效益递减与调整失灵的风险"[2]。如此悖论不仅出现在中国，也在世界其他地方不断上演。比如，苏联解体之后，面对巨大的国有财产被金融寡头瓜分殆尽的局面，俄罗斯政府延续以往的重刑治腐方式，但是"越治越腐"，连现任总统普京的亲信都深陷腐败丑闻。[3] 这说明仅仅利用刑罚的威慑力不能遏制腐败。面对腐败蔓延，现代国家纷纷调整反腐策略，从注重打击到注重预防。"我们要把注意力集中于腐败为什么会滋生和在什么环节滋生这些问题，然后再对症下药，通过建立一些有针对性的体系和程序来预防和控制它。"[4]

监察委员会的设立，体现了我国从被动打击腐败到主动治理腐败的转变。1982 年 4 月 10 日，邓小平同志在同中央领导同志讨论《中共中央、国务院关于打击经济领域中严重经济犯罪活动的决定》时指出：改革开放不过几年时间，就有大批干部被"糖衣炮弹"腐蚀，要坚决刹住这股贪腐风，一定要从严从重从快处罚，否则我们的国家就会发生"改变面貌"的问题。[5] 从严、从重、从快打击腐败的确在一定时期内起到立竿见影的成效，表明了执政党旗帜鲜明反贪腐的决心。随后，我国继续延续严厉打击腐败的策略，颁布惩治贪腐特别刑法，增设新罪名。直到 20 世纪 90 年代后期，我国才开启预防腐败的立法进程，相继制定了一批反腐性法律。[6] 但是，由于反腐执法力量分散，反腐机构职权有限且不独立，使反腐法律的实际效果大打折扣。中共十八大以来，中国腐败治理战略最为根本、重大的转型在于，新"两

---

〔1〕［瑞典］罗斯坦：《政府质量：执政能力与腐败社会信任和不平等》，蒋小虎译，新华出版社，2012 年版，第 123 页。

〔2〕钱小平：《"积极治理主义"与匈牙利贿赂犯罪刑法立法转型——兼论中国贿赂犯罪刑法立法改革之方向抉择》，载《首都师范大学学报（社会科学版）》2014 年第 6 期。

〔3〕徐海燕：《俄罗斯反腐法制体系的阶段性：历程、内容与特征》，载《理论月刊》2016 年第 7 期。

〔4〕［新西兰］杰瑞米・波普：《制约腐败——建构国家廉政体系》，清华大学公共管理学院廉政研究室译，中国方正出版社，2003 年版，第 22 页。

〔5〕《邓小平文选》（第 2 卷），人民出版社，1994 年版，第 403 页。

〔6〕国家先后颁布《中华人民共和国行政监察法》（1997 年）、《中华人民共和国招投标法》（2000 年）、《中华人民共和国政府采购法》（2003 年）、《中华人民共和国行政许可法》（2004 年）、《中华人民共和国公务员法》（2005 年）、《中华人民共和国反洗钱法》（2006 年）等。

手抓”策略的系统推进，即一手抓严厉惩治腐败，降低对腐败的“容忍度”，一手抓将预防腐败纳入腐败治理的“顶层设计”。监察委员会集合分散的反腐机构，秉掌独立于立法权、司法权、行政权的监察权，行使对公职人员履行公职的监督之权，目的在于强化“权力制约权力”，提升预防能力。

(三) 从“各自为战”到监察委员会“统领三军”

我国存在行政监察系统，检察院反贪、反渎系统，党的监察系统，在行政监察系统内又包括审计系统、信访系统。由此导致国家反腐资源非常分散、反腐机构执法力量有限、监察范围较窄、监督力度较松，正如学者所言：监督权的“低、散、窄、软、松”直接导致了腐败记录不断被刷新。〔1〕其实，我国古代的监察系统也以分散著称，主要分为谏官系统与台官系统，分散的监察力量造成了“台官论谏官、谏官劾台官、台长纠谏官、谏长弹台官、台官攻谏长、谏官击台官与台谏长官相互纠举”〔2〕的党争局面。根据现代权力理论，权力是对团体和个人行动的动员。〔3〕面对腐败浪潮，反腐机构需要“集中兵力”，监察权需要被统一独立行使，因此，从行政监察到国家监察，实现监察权独立于行政权、司法权、立法权的“第四权”属性是现实所趋。世界著名的监察机构如瑞典的国会监察机构、芬兰的监察专员公署、新加坡的贪污调查局、香港的廉政公署、美国的联邦调查局均是独立集中行使监察权的典范。

而且，独立、集中行使监督权是腐败犯罪积极治理主义的要求。魏昌东教授在国内首倡腐败犯罪积极治理主义，他指出积极治理主义以腐败所赖以生存的本源性要素、内生性环境改造为重点，降低社会对腐败的容忍度，增加权力滥用障碍。〔4〕腐败积极治理主义是总结世界反腐成败的经验之谈，是从“打击型”策略向“预防型”策略的转型。〔5〕预防型腐败治理策略天然地要求国家监察机关具有集中而强大的监督权力，从而足以制衡日益膨胀的行政权。

二、国家监察委员会职权配置质疑

监察委员会的设立是国家从源头预防腐败，构建腐败预防机制的体制机制创新。要实现制度目的，监察委员会需要具备相应职权并能有效行使职权。从《决定》的内容来看，监察委员会享有监督权、调查权、处置权。此三项职权能否满足反腐需要？能否保证监察权有效行使？能否实现权力之间的制衡？

〔1〕 魏昌东：《国家监察委员会改革方案之辨正：属性、职能与职责定位》，载《法学》2017 年第3 期。

〔2〕 虞云国：《宋代台谏制度研究》，上海书店出版社，2009 年版，第 96 页。

〔3〕 [美]塞缪尔 · P. 亨廷顿：《变化社会中的政治秩序》，王冠华、刘为等译，生活 · 读书 · 新知三联书店，1989 年版，第 130 页。

〔4〕 魏昌东：《积极治理主义提升立法规制腐败的能力》，载《中国社会科学学报》2014 年 10 月。

〔5〕 魏昌东：《贿赂犯罪“预防型”刑法规制策略构建研究》，载《政治与法律》2012 年第 12 期。

(一) 国家监察委员会职权配置的现实疑问

1. 职权配置能否满足反腐需要：系统论质疑

根据学者的研究，世界性的腐败类型主要有两种：一种为经济支配权力类型，另一种为权力支配经济类型。经济支配权力型腐败多发生于内生性现代化的国家，表现为掌握经济资源的阶层通过贿选掌握政治权力；权力支配经济型腐败常见于应激性现代化国家，表现为政府权力深入经济领域进行寻租。[1] 中国的现代化模式属应激性现代化，是依靠政府通过自上而下的推动进行的，因此，中国的腐败问题主要表现为权力寻租。[2] 为了遏制权力寻租，政府正在以"壮士断腕"的勇气推进简政放权，缩减政府权力对市场的干预范围。但是，自己控制自己往往是最难的，而且在缺乏反腐法制环境与法治氛围，国家反腐策略缺失的情况下约束公权力何其难也。

世界反腐专家杰瑞米·波普指出，各国在努力提高政府的治理水准的时候，一直对有可能是所有方法中最重要的这一条思路重视不够，即系统地、有意识地建构本国的"国家廉政体系"，体系之间互相联系，共同服务于国家整体的反腐策略。[3] 国家监察委员会作为我国治理腐败的顶层设计，集合了我国重要的反腐力量，应当说，国家监察委员会在我国廉政体系中具有举足轻重的作用。尽管具有举足轻重的作用，监察委员会仍然是整个反腐体系的一环。可以将整个反腐体系视为一个反腐系统，这个系统包含立法反腐、司法反腐、监督反腐、反腐宣传教育等子系统，每一个子系统都互相联系共同服务于国家整体的反腐策略。

系统论认为，系统之间存在着能量、物质、信息的交换，以维持系统自身的发展以及系统之间的"能量守恒"，因此系统具有开放性。系统之间以及系统内部各要素之间存在互相联系与互相作用。[4] 如上所述，反腐系统也具有开放性。反腐事业为一庞大系统，纵向上可分为决策系统、执行系统、反馈系统；横向上可分为信息收集系统、信息分析系统、研判与处置系统。无论纵向与横向，系统内部都会形成传入与传输等子系统，以便于获得外界的信息，并做出反应。当前监察委的职权设立体现了一种封闭式反腐思维，监督、调查、处置三职权封闭式运作，同外界隔离，既没有反腐经验的总结升华也缺乏反腐策略的顶层设计。

国家监察委员会的职权配置，导致其缺乏反腐立法反馈机制与反腐策略制定机制，而且，此种职权配置对于其内部资源的统合也缺乏力量。因为，一个系统要统合内部要素，必须有命令发布机制，具体到一个机构，即为规则制定权。但是，监察委员会还不具备规则制定权。由此形成的困境是：监察委员会对上无法反馈反腐立法的疏漏，对内无法形成"上命下达"的整合，对外无法形成反腐策略的指导。在此困境下，监察委员会既无法统合内部资源，也不能盘活廉政体系。如此的监察委员会能否满足繁重的反腐任务不禁令人质疑。

---

〔1〕 魏昌东：《腐败治理模式与中国反腐立法选择》，载《社会科学战线》2016 年第 6 期。

〔2〕 权力寻租是发生在政府和私人之间以及经济活动领域的，旨在获取权力租的腐败行为。

〔3〕 [新西兰]杰瑞米·波普：《制约腐败——建构国家廉政体系》，清华大学公共管理学院廉政研究室译，中国方正出版社，2003 年版，第 51 页。

〔4〕 [美]贝塔朗菲：《一般系统论：基础发展和应用》，林康义、魏宏森等译，清华大学出版社，1987 年版，第 36 页。

2. 职权配置是否与国家监察委员会地位相称：博弈论质疑

根据《方案》，国家监察委员会是党领导下的反腐败机构。具体来讲，监察委员会通过行使监督权、调查权、处置权来履行反腐职能。但是，从宏观上来看，似乎没有那么简单。设立国家监察委员会是一次重大的政治体制改革，监察委员会可以监督一切行使公权力的人员。从我国的权力架构来看，监察委员会可以监督行政机关与司法机关依法履职，运用监察权制衡行政权与司法权，防止行政与司法腐败。表层为反腐职能，实质为权力制衡，而权力制衡一方面可以预防腐败，另一方面则可以促使公权力合法与合理运行。因此，有学者将监察委员会定位为促进公权"廉能、善治"的独立权力机构。〔1〕所以，通过设立国家监察委员会，我国的权力谱系增加了独立于立法权、司法权、行政权的"第四权"——监察权。在这种情况下，监察权欲发挥制衡其他权力的作用，必然需要同立法权、司法权、行政权进行博弈。那么，什么是博弈？博弈的目的是什么？

当代博弈论涵盖的内容非常广泛。尽管"博弈"一词一般用来指室内游戏（棋类游戏、桥牌、扑克……），但在博弈论中，这个词应理解为明智的、理性的个人或群体间冲突与合作的情形。对于这些明智的、理性的个人或群体来说，他们的目标通常远比单纯地去击败对手复杂得多。通常，特别是在经济学中，参与者可以某些方式相互对抗；在另一些方面，他们也可通力合作达到某一同样的结果。〔2〕由此可知，博弈是双方或多方面临利益冲突时寻求利益均衡的过程，即实现帕累托最优。〔3〕可是，监察委员会的职权是否能够支撑监察委员会同行政机关、司法机关进行博弈？能否使监察权同行政权、司法权形成均势？

监察委的职权缺乏同行政机关与司法机关博弈的筹码。博弈论主张均衡，因为均衡意味着在给定的预设条件下，行为者的行为是稳定的。〔4〕但是，从"一府两院一委"的权力架构来看，监察委的职权同行政机关与司法机关并不均衡。行政机关与司法机关都拥有规则制定权，这种规则制定权不仅可以在内部产生"上命下达"的功效，而且可以对外部权力进行钳制，从而形成权力之间的均衡。比如，行政机关制定的行政法规与部门规章既可以影响司法机关对于案件的裁判，又会成为立法机关进行相关立法的参考资料；司法机关的司法解释会受到行政机关的遵守，也是补充、解释立法的重要途径。丹麦监察公署的最重要职能即是提出立法建议案，并通过立法建议案实现对行政立法的监督。〔5〕监察委缺乏规则制定权，

---

〔1〕 魏昌东：《国家监察委员会改革方案之辨正：属性、职能与职责定位》，载《法学》2017 年第3 期。

〔2〕 [法]克里斯汀·蒙特、丹尼尔·塞拉：《博弈论与经济学》，张琦译，经济管理出版社，2005 年版，第1 页。

〔3〕 帕累托最优指资源分配的一种理想状态，即假定固有的一群人和可分配的资源，从一种分配状态到另一种状态的变化中，在没有使任何人境况变坏的前提下，也不可能再使某些人的处境变好。需要指出的是，帕累托最优只是各种理想状态标准中的"最低标准"。也就是说，一种状态如果尚未达到帕累托最优，那么它一定是不理想的，因为还存在改进的余地。参见张昊：《"囚徒困境"理论与我国食品质量安全的法律探析》，载《江西社会科学》2017 年第 2 期。

〔4〕 王水雄：《社会学与博弈论相融合：社会博弈论》，载《学术研究》2016 年第 2 期。

〔5〕 Bent Christensen. The Danish Ombudsman. University of Pennsylvania Law Review. Vol. 109, No. 8, 1961.

在权力架构中成为"跛脚鸭"，既无法影响立法权也难以制约行政权与司法权。

(二) 国家监察委员会职权配置的逻辑质疑

1. 三权运转缺立法建议权依托

缺失监察立法建议权致使监督权"闭环"运行，难彰其效。监察委员会的监督职权是监督、检查公职人员依法履职、秉公用权、廉洁从政以及道德操守情况。监督检查涉及对人监察与对事监察两个基本路向，前者是指对一切行使公权力的人进行监督检查；后者是指对公权力运行的过程及产生的效果进行监督与检查。对人监察虽然坚持了监察范围的全覆盖，但其实质却是一种依赖纠举信息的被动监察。因为"全覆盖"带来的结果即是"不告不理"，监察委员会即使合并了行政监察与反贪反渎机构也无力做到对"公权力大军"进行"全方位无死角"的监察，就如同"不冤枉一个好人"即会"放纵坏人"，"不放纵一个坏人"即会"冤枉好人"一样。对事监察理应成为监察委行使监督权的重要方向，更为重要的是，对事监察的核心在于主动监察。对公权力运行的过程可以通过其效能进行反向监察，还可以通过对公权力运行的规则监察，实现公权力运行过程的动态监督，而此两种监察方式都可以主动而为并不需要耗费巨大的人力、物力，甚至运用一些多媒体技术或计算机技术就可以实现。因此，监督权的行使重在发现公权力运转的制度缺失，而非简单地被定位于纠举贪官。从而监察委在对事监察过程中发现的制度漏洞，理应有向立法机关提出立法建议以弥补不足的权力，但是，监察委目前恰恰缺乏监察立法建议权，从而使监督权"闭环"运行，没有效果。

2. 三权运行缺策略制定权统合

如同前述，反腐事业为一经济社会系统性事业，需要集合社会各类资源、集中国家反腐权力，形成预防与治理腐败的合力。而要形成以上局面，非须具备整体反腐策略不可，否则仍然是"各自为政"。通过采取一种整体性的反腐战略，并把一切重要的行动者融入反腐败改革的过程中来，一个国家或地区就能增强自己把腐败减少到一个可控制的水平的能力。[1] 但是，国家监察委员会并没有反腐策略制定权。国家监察委员会作为党领导下的整合全国反腐资源的机构缺乏反腐策略制定权的配置，就如同即将上战场的将军仍然没有军权一样。监督权、调查权、处置权的运转缺乏策略的指导，监督资源、调查资源、处置资源缺乏策略的统合。反观廉政指数在世界名列前茅的丹麦，历史上其监察公署在成立短短六年的情况下即通过了五份年度报告，形成对于行政权特殊的监督策略与形式。[2]

三、国家监察委职权配置的域外经验

域外监察机构职权设置可以成为我国监察委职权设立的宝贵借鉴资源。本文将选取斯

---

〔1〕 [新西兰]杰瑞米·波普：《制约腐败——建构国家廉政体系》，清华大学公共管理学院廉政研究室译，中国方正出版社，2003年版，第14页。

〔2〕 Bent Christensen. The Danish Ombudsman. University of Pennsylvania Law Review. Vol. 109, No. 8, 1961.

堪的纳维亚地区与亚洲新兴国家(地区)作为借鉴对象。前者是现代监察制度的发祥地,也是世界上清廉指数最高的区域。中国香港、新加坡、韩国作为新兴的现代化国家与地区,较为成功地遏制了腐败,获得世界赞誉。

(一) 斯堪的纳维亚半岛的经验

1713年,瑞典国王查理十二世创立了监察使公署,用于监督法律的执行与公务员的履职。1719年,监察使公署更名为司法大臣公署,代表国王监督、起诉政府各部部长。直到1810年3月1日,瑞典第一任国会监察使被选出。正、负监察使的产生从国王任命调整为国会专门委员会选举。瑞典监察公署分为司法监察、民权监察、军事监察三个办公室。司法监察的内容是监督法律与条例的遵守情况,军事监察的内容为监督涉及军事的行政法律的遵守情况,民权监察的内容是监督其他涉及法院、公共机构、雇主的法律与条例的遵守情况。[1] 1974年,瑞典宪法规定,国会监察使作为国会的代表机构独立行使监察权,监督政府机关、司法机关履职情况,发现法律与政策的不足,提出立法建议。瑞典国会监察使的立法建议经常得到国会采纳从而被写入法律。[2]

芬兰于1919年引入瑞典的国会监察使制度,并于1930年代大幅度扩展了监察使的职权,使没有任何一项公权力活动可以自外于监察。芬兰的监察使可以监察所有的中央政府机构与地方政府机构、所有的法院以及自我管理的教堂。从20世纪60年代起,芬兰的国会监察使将工作重点从调查、处置转移到立法建议。国会监察使每年都会向国会做年度报告,在报告中会着重指出即将通过的法案存在的反腐疏漏。国会监察使的立法建议会被国会中的宪法委员会详细考虑,并会被邀请就相关立法建议进行口头咨询。[3]

1956年,丹麦国会采纳了建立国会监察使制度的建议,丹麦国会监察使的任务范围相较于瑞典与芬兰要小,其不能监察司法机构与地方政府,其主要监察对象为中央政府机构。但是,同瑞典、芬兰相同的是,丹麦国会监察使被赋予立法建议权,其可就法律与行政法规中存在的反腐漏洞向国会提出立法建议。[4]

1952年,挪威成立军事监察使办公室。1963年1月1日,挪威第一任民权监察使就职,在此之前的1962年6月22日挪威颁布法律赋予监察使监察权力。根据《挪威监察使法》,监察使由国会选举,对国会负责,独立行使监察权。挪威国会监察使同丹麦国会监察使职权类似,主要监察中央政府机构,对于地方政府与司法机构没有监察权。《挪威监察使法》第12条规定,国会监察使必须每年发布一个年度报告,并且在其认为必要的任何时候发布特殊报告。第14条规定,国会监察使的报告应当包含对于公众关心的立法疏漏进行总结与建议。

〔1〕 Lester B. Orfield. The Scandinavian Ombudsman. Administration Law Review, Vol. 19, No. 1, 1966.

〔2〕 魏昌东:《国家监察委员会改革方案之辨正:属性、职能与职责定位》,载《法学》2017年第3期。

〔3〕 Lester B. Orfield. The Scandinavian Ombudsman. Administration Law Review, Vol. 19, No. 1, 1966.

〔4〕 Lester B. Orfield. The Scandinavian Ombudsman. Administration Law Review, Vol. 19, No. 1, 1966.

这将成为修改与制定法律的来源，也是其他斯堪的纳维亚国家惯常的做法。[1]

（二）中国香港、新加坡与韩国经验

香港廉政公署是世界公认的反腐成效最为显著的反腐机构之一。香港廉政公署成立于1974年，是集合多种反腐职能的独立机构。其职能主要涉及三个方向：监控打击腐败、建构廉政机制预防腐败、反腐宣传教育。它们分别对应执行处、防止贪污处、社区关系处。廉政公署直接对特区政府行政长官负责。为公众所熟识的是执行处雷厉风行的反腐行动，但是，除了执行处进行的反腐调查与处置之外，廉政公署的另外一个部门——防止贪污处所起的作用也是不可或缺的。防止贪污处每年会展开大约三百次廉政审查，通过政策建言与对策制定的方式帮助政府及公立机构强化制度建设，堵住滋生腐败的制度漏洞。[2] 从某种程度上说，执行处的反腐调查与社区关系处的反腐宣传均是在防止贪污处建构的反腐机制上运作或指导下进行。

新加坡是世界上廉洁指数名列前茅的国家。新加坡反贪污调查局是与我国香港廉政公署齐名的反腐监察机构。反贪污调查局成立于1952年，成立之初反腐效果并不显著，其中重要的原因在于：一是成立之初的反贪污调查局内嵌于检察机关，独立性不强，二是反贪污调查局缺乏整体反腐策略与反腐法律的指导。新加坡自治政府于1960年颁布《防止贪污法》，1970年颁布《反贪污（财产罚没）法》。通过两部主要的反腐法律制定了整个国家的反腐策略，赋予反贪污调查局强大的职权，并使其直接对内阁总理负责，大大提升了反贪污调查局的独立性。[3] 反贪污调查局的工作包括三个方面：一是接受针对公立机构与私营机构腐败的举报；二是对贪腐举报展开调查；三是审查政府机构的工作制度，提供廉政机制建设建议。

韩国建立了较为完善的监察制度。1963年，韩国将审计院和监察委员会合二为一成立监察院，以履行国家审计和监察职责。监察院地位独立，直属总统管辖，监察院院长直接对总统负责。韩国宪法规定，监察院的主要任务是审计国家决算的收支以及受国家与法律约束的团体的财务，监察国家行政机关及公务员履行职务的情况。[4] 但由于韩国监察委员会缺乏规则制定权与反腐策略制定权，导致其运转成效不彰，黑金政治与政党分肥仍时有发生。为了有效预防和控制腐败行为，韩国通过《腐败防止法》建立直接向总统负责的腐败防止委员会。其主要职能在于制定和建议修改政策，提出制度上的改进措施；调查和评估为预防公共机构中腐败所采取的政策措施进展情况；拟定和执行为防止腐败而采取的教育和透

〔1〕 Lester B. Orfield. The Scandinavian Ombudsman. Administration Law Review, Vol. 19, No. 1, 1966.

〔2〕 徐汉明、周凌：《域外反腐监察体制建构模式的评价及启示》，载《创新与发展：监察委员会制度改革会议论文集》。

〔3〕 徐汉明、周凌：《域外反腐监察体制建构模式的评价及启示》，载《创新与发展：监察委员会制度改革会议论文集》。

〔4〕 李秋芳、孙壮志等：《反腐败体制机制国际比较研究》，中国社会科学出版社，2015年版，第45页。

明度计划;记录总统提出的有关防止腐败议程;受理对腐败行为的举报等。[1]

(三) 域外监察机构职权设立的借鉴

通过梳理域外反腐监察机构的职权,可以发现,域外反腐监察机构的职权对于"上"即设立它的机关,有立法建议权或政策建议权,对于"下"即内部机构与受其监察的对象,可以通过规则或策略制定权实现管理与监督。因此,形成了对上与对下,对内与对外开放的职权设立体系。学者通过观察域外监察反腐的经验,总结了反腐监察机构工作的四个方向:一是趋势监控、政策研究与制定;二是实施制度反腐;三是反腐教育与宣传;四是腐败犯罪的惩处机制。并指出,上述反腐监察方向都必须被清晰地落实到反腐监察机构的具体职能中。[2]政策研究与制定被放在了反腐监察机构职权的首位,因为此种权力的确可以起到统合反腐资源,反馈反腐经验的承上启下作用。

另外,立法建议权与策略制定权也保证了域外反腐监察机构可以独立、全面地行使职权。无论是亚洲新兴国家与地区的反腐监察机构,还是斯堪的纳维亚半岛国家的国会监察使制度,它们要行使对公共机构的监督、调查与处置,均必须依赖于最高立法机关或行政首脑的赋权,监察过程中发现的制度漏洞均须向立法机关或行政首脑反馈,制衡行政机关与司法机关需要规则制定权的支撑,反腐宣传、教育与惩处等职能的发挥需要策略的指导。因此,立法建议权与策略制定权是反腐监察机构独立、全面行使职权的重要保证。

四、中国国家监察委员会职权配置之应然选择

中国国家监察委员会应当配置监察立法建议权与反腐策略制定权。监察立法建议权、反腐策略制定权、监督权、调查权、处置权共同构成监察委员会的新"五权体系"。

(一) 监察委员会应增设监察立法建议权与反腐策略制定权

1. 监察立法建议权

监察立法建议权是监察委员会在行使"对事监察权"与"对人监察权"过程中,对所发现的国家腐败预防制度漏洞提出立法或修法建议的权力。在中国现行的政治权力架构中,立法权是优位性权力,行政权、司法权、监察权都由其产生、受其监督。因此,监察权并不能制衡立法权,但是,对于监察权在运行过程中发现的法律漏洞,监察委员会应当有权通过反馈机制向立法机关反馈,并提出立法建议。[3]

当下中国的腐败类型主要表现为"政治支配经济型"的腐败,核心是权力寻租。对于权力寻租较好的治理办法在于,设定权力清单并依照权力清单加强监管。为此,监察委员会对事监察的主要对象即为公权力机构的权力清单,包括权力主体、运行程序、权力范围、权力对

---

〔1〕 李秋芳、孙壮志等:《反腐败体制机制国际比较研究》,中国社会科学出版社,2015年版,第45页。

〔2〕 徐汉明、周凌:《域外反腐监察体制建构模式的评价及启示》,载《创新与发展:监察委员会制度改革会议论文集》。

〔3〕 魏昌东:《国家监察委员会改革方案之辨正:属性、职能与职责定位》,载《法学》2017年第3期。

象。监察委要对各公权力部门的权力清单进行合规性与合法性检查，对于不合规与不合法的情形，可以要求公权力部门即行整改；而对于规章制度或立法疏漏，则可以向行政机构或立法机关提出修改行政法规与规章或立法与修法建议。监察委员会对人监察主要体现为两个方面：一是主体用权备案；二是公权力主体的财产与信用申报。因此，监察委对人监察的立法反馈主要在于，建立覆盖各类公权力机关的公职人员用权备案制度，以及覆盖全国金融机构并与国际接轨的公职人员财产申报核实制度，在严密运行财产申报制度的基础上，建构公职人员社会信用系统，以之作为监督的重点内容。

2. 反腐策略制定权

反腐策略制定权是指监察委员会在国家宏观反腐方略指导下，根据国家腐败治理总体发展情况制定国家整体反腐策略与具体反腐策略指南的权力。国家监察委员会所独立行使的国家"第四权"，及其在执政党与国家政权体系的集合体架构与定位，要求其必须将执政党关于推进腐败治理的政策全面转化为具体而明确的反腐策略，以之为基础，将所提出的腐败治理策略通过法定渠道转化为国家权力系统的具体策略，这是国家监察委员会主导中国腐败治理事业中的基本使命。经济社会系统性反腐策略应当是，预判各种改革方案的反腐缝隙，研究各种政策措施的反腐疏漏，考察经济社会的反腐承受力与国民对于腐败的态度，借鉴域外先进的反腐经验，从而形成包含政策制定的反腐前瞻性安排、制度反腐疏漏的事后弥补机制、腐败分子的严厉惩处措施等整体性反腐策略。也就是说，在出台重大改革措施、制定经济社会发展规划、修改与制定法律、法规、规章之前，都要将反腐倡廉作为预设目的予以考虑，而且，要论证是否有利于反腐倡廉，最终做到存利去弊，完善决策，未雨绸缪，预防在先。[1]

反腐策略制定权具有对内与对外两种功能。对内功能包含两层内涵：一是指监察委员会在行使监督权、调查权与处置权时运用统一的反腐策略，达成反腐的最大效能；二是国家监察委可以制定反腐规章统合地方各级监察委员会，实现监察委员会的垂直领导体制。对外功能为指导公权力机关制定内部的廉洁规范，依策略向社会开展反腐宣传教育以及国际反腐合作。

（二）五权之属性、定位与关系设定

在国家监察委员会的新"五权"系统中，监督、调查与处置权是监察权的行动性权力，居于权力系统的主干部分，反腐策略制定权则是监察权的指导性权力，居于权力系统的先导部分，而监察立法建议权则为监察权的检验性与推进性权力，作为对前四种权力分支的总结，具有经验提升的功能。虽然监察立法建议权主要为监督权运行领域的问题反馈，但是反腐系统具有开放性，监察委的各项职权互相联系、互相影响，在调查权、处置权、反腐策略制定权运行过程中也可能会发现监督漏洞，形成监察反腐经验。

反腐策略制定权是监察委员会面对反腐局势的积极应对与推进之策的选择与决定权，其可根据需要分配监督、调查、处置三权的资源，也可作为监察立法建议权的资料库。反腐

---

〔1〕 江泽民：《论党的建设》，中央文献出版社，2001 年版，第 475 页。

策略制定权是一种整体性权力，监察立法建议权是一种反馈性权力，监督、调查、处置三权为局部性权力，五种权力可以构成一个完整的权力体系，它们的顺序可以如此排列：

反腐策略制定权

↓　↓　↓

监督权→调查权→处置权

↓　↓　↓

监察立法建议权

五、结　　语

建立一个良好的国家廉政体系，要求系统地识别一个国家在反腐方面的差距、不足，并补强这些差距，从而把其并入到一个统一的框架里面。[1] 将反腐策略制定权与监察立法建议权纳入国家监察委员会的职权体系，正是补强监察委员会的职权，“从消极治理主义转向积极治理主义，加强反腐立法的预防能力建设”[2]，塑造我国廉政体系的重要步骤。

---

〔1〕［新西兰］杰瑞米·波普：《制约腐败——建构国家廉政体系》，清华大学公共管理学院廉政研究室译，中国方正出版社，2003 年版，第 56 页。

〔2〕 魏昌东：《腐败治理模式与中国反腐立法选择》，载《社会科学战线》2016 年第 6 期。

我们需要一个什么样的监察委员会

王春业*

摘　要：作为惩治职务犯罪的机构，理想化的监察机构必须具有职权集中性、地位独立性、管理垂直性、权力广泛性等特点。然而，在我国部分地区试点中的监察委员会却与这个理想模式有较大距离：没有将所有负有监督职能的机构合并进来；在管理体制上还存在着受地方制约以及难以保证监察委员会在人、财、物方面的独立性等问题。为此，必须在监察体制上进行大幅度的全新改造：将纪委以及审计机关中的监察职权整合到监察委员会之中；对监察委员会实行完全独立的垂直的领导，使之在人、财、物方面完全摆脱对地方的依附；要赋予监察委员会以更为强大的监察职权，尤其是对职务犯罪的调查职权；与此同时，要设计一套对监察委员会进行监督的机制，要通过立法的方式使监察委员会的构建法定化。

关键词：监察委员会　惩治职务犯罪　独立垂直的监察体制

2016年11月7日，中共中央办公厅印发了《关于在北京市、山西省、浙江省开展国家监察体制改革试点方案》(以下简称《试点方案》)，决定在北京市、山西省、浙江省开展国家监察体制改革试点工作。由省(市)人民代表大会产生省(市)监察委员会，作为行使国家监察职能的专责机关。[1] 紧接着，2016年12月25日，全国人大常委会作出《全国人民代表大会常务委员会关于在北京市、山西省、浙江省开展国家监察体制改革试点工作的决定》(以下简称《试点决定》)，决定在北京市、山西省、浙江省及所辖县、市、市辖区设立监察委员会；[2]其试点的方式是将三个部门的相关职责合三为一，即政府的监察部门、政府的预防腐败局、检察机关的相关部门(查处贪污贿赂、失职渎职以及预防职务犯罪等部门)，经过重新整合，成为监察委员会。对这个监察委员会，目前有不少学者进行了探讨，甚至提出了对立法的构建和修改完善的建议等。[3] 但本人认为，在探讨对监察委员会的立法问题之前，必须就监察委员会的准确定位、应当构成一个什么样的监察委员会等问题进行研究，只有这个问题厘清了，才能谈得上立法等问题。

---

* 王春业(1970—)，男，安徽明光人，汉族，法学博士，法学博士后，河海大学法学院教授。研究方向：行政法与行政诉讼法学。

〔1〕 详见 http://politics.people.com.cn/n1/2016/1108/c1001-28844012.html，访问时间：2017年2月28日。

〔2〕 详见 http://www.gov.cn/xinwen/2016-12/25/content_5152757.htm，访问时间：2017年2月28日。

〔3〕 例如，马怀德教授就撰写了《〈国家检监察法〉的立法思路与立法重点》(载《环球法律评论》2017年第2期)；姜明安教授撰写了《国家监察法立法的六大问题》(载《中国法律评论》2017年第2期等)。

一、理想的监察委员会[1]应是什么样的机构

监察是一种法律监督，而监督是有其自身规律的，必须把握监察规律，并按照监察规律对监察机构进行科学设计，才能取得好效果。作为监察委员会，其主要职责是对行使公权力的国家工作人员职务行为进行监督，对职务犯罪行为进行调查和处理。因此，作为这样一个拥有特殊职能的机构，必然具有其自身的特点，这些特点至少应当包括以下几个方面。

(一) 监察职权的集中性

监察权是对国家公职人员依法行使职权的监督，是惩治公职人员腐败犯罪的权力，是一项独立的权力，应该有专门的机构来行使。因此，在一个国家里，监察职权不应该有多个部门来行使，而应该由唯一的部门来行使，换言之，监察委员会不应当是诸多监督部门中的一个，而应是这个国家所有有关监察职权的整合，整合后的部门职权全部由监察委员会行使，其他机构无权行使。因此，监察委员会是唯一行使监察职权的国家机关，以实现监察权力的集中统一。监察职权集中的好处在于：一是可以克服多头监督，防止重复监督、交叉监督；二是避免政出多门、分散监督所带来的监督效果差异，影响法治的统一；三是减轻被监督对象的负担，无须花精力去应对多个监察机关；此外，监察权力的集中性也是加强监察委员会权威的需要，只有唯一性，才能显现权威性，也才能实现高效运转。

(二) 监察地位的独立性

独立性的要求侧重于监察权对其他权力的独立，不能与监督对象所处的权力体系属于同一个系统，监察权必须是一种独立的权力系统，正如孙中山先生所讲的那样："裁判人民司法权独立，裁判官吏的纠察权反而隶属于其他机关之下，这是不恰当的。"[2]特别是，监察权不能受制于行政权力，监察委员会不能隶属于所有级别的党委序列，而是一种超脱于被监督对象的一种权力和监督机关。由于监督对象的特殊性，监督对象都是国家公职人员，尤其是那些领导干部，手握重权，也具有较强的反监督能力，不会轻易允许对其进行监督，必然有形形色色的对监督的干预，如果不能保持作为监督机关的监察委员会的高度独立，就无法排除监督对象的干扰，也就无法保证监督收到实效，"如果监督者不具有独立的权力，被监督者就会取得独裁者的地位"[3]。因此，监察委员会的高度独立是其顺利开展工作的前提和基础，

---

[1] 说理想的监察委员会，其实还是有参照物的，这个参照物就是在世界各地运行比较好的反腐机构，借鉴它们成功设置的经验和失败设置的教训，归纳出较为理想的体制特点。这里主要有美国、英国、德国、韩国、新加坡、瑞典的相关机构，以及我国香港廉政公署等，与此同时，还包括对我国古代在反腐方面做得较好的朝代做法的借鉴。纵观我国历史上的监察机关，其都具有监察制度受到高度重视、监察官具有显赫地位、监察机构拥有强大职权和大多垂直领导等共同特征，即"职专纠劾，为天子耳目之司"，贯穿了从战国到清朝两千余年的封建君主制社会，当然，也有形同虚设的失败案例。

[2] 《孙中山全集》(第1卷)，中华书局，1981年版，第320页。

[3] 孟子寻：《监察委员会试点：宪法视野下监察权分配问题研究》，载《河北工业大学学报(社会科学版)》2017年第1期。

也是监察委员会客观公正、实事求是地行使监察权的需要。独立性要求监察委员会独立查处职务犯罪案件，只对少数直接领导负责，排除任何组织和个人的不当干扰。监察委员会高度的独立性实际上就是要构建一个完全的异体监督[1]的主体，即监察的主体与监察的对象，不能属于同一系统，不能有较为密切的利害关系等，以保证可以进行充分的监督。

（三）监察的垂直领导性

垂直领导的体制实际上也是一种独立性的要求。如果说独立性的要求主要是要求监察委员会独立于其他权力，特别是独立于被监督对象的权力，那么垂直性则要求监察委员会独立于地方。作为有地方单位的国家，全国不可能只有一个监察机构，必然要在地方上设置相应的监察机构，以保证对地方上国家公职人员的监督，这里就有一个如何设计管理领导体制的问题。垂直领导体制主要是在人、财、物方面实行垂直管理，监察委员会不仅不依附于地方，而且完全独立于地方。没有这个条件，监察委员会就会再次沦落为地方的监察委员会，就会处处受制于地方，难以发挥其应有的效能。而且，由于监察委员会往往在执行着国家的监督职能，必须按照国家的统一部署和安排开展工作，实行全国一盘棋的做法，而不能出现一地一个样、不同地方宽严有差异。这就要求，监察委员会采取垂直领导的方式更为适宜，不受地方的干预，不需考虑所谓的各地特点，对于职务犯罪，任何地方都应按一个尺度进行惩处。而只有实行垂直领导，监察系统才能形成整体统筹、上下一致、协调灵敏、协作配合，统一行使国家监察权力，才能做好对地方公务人员的同样尺度的监督。在垂直领导的体制下，监察人员的来源应当以全国性的调配为主，尽量避免地方化问题，并在一段时间之后实行定期交流对换。

（四）监察权的强大性

作为对国家公职人员进行监督的机构，监察委员会必须具有与其职责相对应的职权，这是监督所必需的。监察委员会对国家公职人员的监督，是一种权力制约权力的监督方式，监督主体与监督对象形成了监督的法律关系，监督主体只有具有强大的权力，才能处于优越地位，才能对监督对象形成有力的监督。监察委员会必须有对任何级别的官员特别是对高级别官员直接监督的权力，而一个权力弱小、动辄需要层层请示、汇报的监察委员会，不可能有较好的监督效果。监察委员会的权力主要是：充分的调查权，包括利用一些技术手段收集情报等对相关人员进行调查的权力；必要的强制权，当涉嫌犯职务犯罪的人企图逃避调查或毁灭证据时，调查人员有权采取强制措施，包括进入或搜查办公或住宅场所，必要时使用武力的权力等；移送司法机关权，即对认为构成职务犯罪的公务行为，有权力向相关司法机关提交，让犯罪行为接受司法机关的审判处理。对于监察委员会而言，没有广泛的权力，尤其是调查权、强制权，就无法实现监察的职能，也难以达到监察的效果。

不同的国家，不同的时代，尽管没有固定不变的监察体制，而且每个监察体制都与其所

---

〔1〕 异体监督是相对于同体监督而言的。同体监督更多的是作为一种系统内部的监督，包括同一行政系统内的上下级监督和同一行政层级的左右监督；异体监督是指来自该系统外部的其他主体与监督对象之间构成的监督关系。

服务的政府有关，但监督作为人类共同毒瘤的腐败问题，监察体制具有共通性，那就是具有较为集中而强大的监察权力，超脱、显赫的高度独立的法律地位，否则就难以实现对国家公职人员进行有效监督的目的。对此，我们完全可以从中借鉴对我们有益的经验来构建一种新型的监察委员会体制，切不可以政治制度、法律体系、国情不同为由而拒绝吸收人类治理的宝贵经验。

二、试点的监察委员会体制及其存在的问题

根据理想化的监察机构条件，对比我国当下正在三个省级地方进行监察体制改革的试点工作，从中可以看出，目前的监察体制改革至少存在以下几个问题。

(一) 没有将所有负有监督职能的机构合并进来

在我国，行使监察职能的机构较多，除了政府的相关部门〔1〕、检察机关的相关部门〔2〕外，还有审计监督机关〔3〕、党委领导下的纪律检查委员会，呈现出碎片化状况。目前，试点地区只是将政府内和检察机关内行使监察职能的机构合并进来，但没有将其他应该合并的机构进行有效整合，仍然没有完全破解我国监察体制碎片化的难题。首先，没有将纪律检查委员会与监察委员会进行机构整合。《试点决定》虽然规定了党的纪律检查委员会与监察委员会合署办公，但合署不等于合并，不是合为一体，在人事编制、工作职责等方面还是两个机构，仍属于双轨制模式。由于他们分别都有不同的上级领导和下级单位，有不同的职责职能，〔4〕因此，在反腐方面的协调工作仍不可能像一个机构那样运作自如，会出现权力与职能协调上的问题，“合署办公，其职能职责、管理体制、工作机制、班子配备、人员配置等方面比独立机构办公要复杂，……从某种意义上说，合署办公比独立办公更难”〔5〕。从1992年开始，我国的纪委与监察一直以来也是合署办公的，实行的是一套工作机构、两个机关名称的体制，但并没有收到预期的效果，两个机构没有形成预防和反腐的合力，实践中发挥作用的

---

〔1〕 即行政监察机关，主要对国家行政机关、国家公务员和国家行政机关任命的其他人员违反行政纪律行为进行调查和处理。

〔2〕 检察机关的反贪局主要针对刑法第八章规定的国家工作人员贪污贿赂、挪用公款、巨额财产来源不明等12种犯罪情况进行立案侦查工作，以及检察机关内负责反渎职、预防犯罪等。

〔3〕 审计是由独立的审计机构和受托的专业人员，根据国家的有关法律法规，按照一定程序、方法对被审单位的财政、财务收支及其有关的救济活动进行检查、审核、公证、控制等，对其真实性、合法性和效益性做出评价和结论的独立的综合经济监督活动。参见郭志平：《行政监督》，北京出版社，2005年版，第176－177页。

〔4〕 例如，中央纪委在中央委员会领导下，党的地方各级纪委和基层纪委在同级党委和上级纪委领导下，具有以下职责：(1) 协助同级党的委员会组织协调党内监督工作，组织开展对党内监督工作的督促检查；(2) 对党员领导干部履行职责和行使权力情况进行监督；(3) 检查和处理党的组织和党员违反党的章程和其他党内法规的比较重要或复杂的案件；(4) 向同级党委和上一级纪委报告党内监督工作情况，提出建议，依照权限组织起草、制定有关规定和制度，作出关于维护党纪的决定；(5) 受理对党组织和党员违犯党纪行为的检举和党员的控告、申诉，保障党员的权利。

〔5〕 董凤伍：《合署办公：怎样“合署”才能“办公”》，载《领导科学》2005年第7期。

主要是纪律检查委员会，而不是行政监察机构。实际上，党的纪检与监察是两种完全不同的监督机制，是一种典型的不同性质的且不属于同一权力位阶的党政合署办公类型，合署办公却难以使它们进行职能整合；而且，合署办公还存在着职能重合、权限难以明晰的弊端；更为甚者，作为执政党的领导机构之一，党的纪检机关拥有监察机关所不具有的优势，如果不能处理好二者在合署办公中的关系，监察权容易淹没于党的纪律检查权之中，影响到监察委员会的独立性，不利于其作为国家法定权力监督机制功能的发挥和成长。[1] 因此，在这次监察委员会的机构重组中，没有将党的纪律检查委员会完全纳入其中，仍采取合署办公的形式，将会使监察委员会的功能大打折扣。其次，没有将审计机构的监督职权进行合并，也是一个很大缺憾。审计监督，特别是政府审计监督，是对公职人员监督的一种重要的监督方法，侧重于对国家机关或国有企事业单位的财政、财务收支以及其他有关经济活动的监督，属于国家监察权中的组成部分，也是应该合并整合的监察权力。

（二）在人事管理体制上存在问题

按照《试点决定》的规定，在地方上，地方监察委员会由同级人大产生，要对同级人大及其常委会负责，同时，地方监察委员会还对上一级监察委员会负责，这实际上明确了监察委员会要接受双重领导。然而，从地方监察委员会的人员任免来看，地方实际上更有决定权，因为地方人大选举产生监察委员会主任，而副主任、委员也是由地方人大常委会任免。按照我国的政治体制，地方人大任免的事项，往往是地方党委确定候选人，地方党委具有重要的人事决定权，同时地方政府的首长也是地方党委中的重要成员，这样，地方党委和地方政府实际上都可以对地方监察委员会的人选起着决定性的作用。既然主要负责人的人选由地方决定，而且在政绩考核上也不可避免要受地方上的考核，必然形成对地方负责的态势。可见，由于地方对监察委员会组成的介入，即使表面上是人大的介入，也难以摆脱地方的桎梏。

虽然监察委员会可以与法院、检察院甚至政府处于同一地位，然而作为前车之鉴的是，当下与政府处于并列地位的法院与检察院，地方化的倾向不是一直没有能够改变？有鉴于此，即使是“一府两院一委”的架构，又怎能保证监察委员会能有比检察院、法院更好的地位呢？地方监察委员会要对地方人大负责，实际上变成了地方的监察机关，怎能保证对该辖区内职务犯罪进行严格的监察？其地位实际上还不如现在的检察机关的地位，因为现在的检察机关的检察长还要求经过上级人大常委会任命这一关，而监察委员会的主任任命则没有这一要求。双重领导，往往是谁掌握了领导的人事大权，谁就是真正起作用的领导，正如当下的许多行政机关一样，双重领导实际上主要是地方的领导，而上级只是业务指导而已。地方人事的决定权就难以保证监察委员会能够摆脱地方的干预，难以查办同级公职人员职务犯罪的案件。实际上，我国于 2007 年就已经成立了国务院的直属机构国家预防腐败局，并由监察部的部长兼任局长，接着，各地方也都成立了地方预防腐败局，然而，由于人事体制上的问题，这个机构并没有达到预期的目的，没有实现中央当初所希望的反腐效果。这从一个

---

〔1〕 徐理响：《现代国家治理中的合署办公体制探析：以纪检监察合署办公为例》，载《求索》2015 年第 8 期。

侧面说明，不进行反腐体制上的创新，无论成立什么机构，都难以达到反腐的实际效果。

（三）在财和物的供给方面没有规定独立支付渠道

对监察委员会在经费、办公等方面，《试点决定》没有作出具体说明，但也没有强调必须是上级的拨付。这也就意味着，地方监察委员会在财和物的供给上也主要是来自地方。这个管理体制让我们有似曾相识之感。想当年，我国对法院、检察院工作环境进行反思时，就抨击司法机关财与物受制于地方，导致司法机关成为地方的司法机关，不能公正司法，特别是检察机关在办理职务犯罪案件的过程中，由于财和物与地方有千丝万缕的联系，没有真正意义上的独立办案，在办理贪污贿赂案件中受行政干扰较大。这个诟病被多年抨击，由此引发了一场司法改革的浪潮，最终形成了省以下的检察机关和法院由省直接领导的司法改革，以摆脱地方的不当干预。然而，正当司法改革方兴未艾时，新成立的监察委员会不仅在人事体制上而且在财和物的供给体制上又一次重蹈以往的覆辙，将具有重要职能的监察委员会交由地方，这种体制，怎能保证其能独立地不受干扰地开展监察工作？怎能保证其可以公正客观地对公职人员进行有效监察？谁掌握着财与物的供给权，谁就拥有着较大的控制权。如果仍采取财与物受制于地方的这种管理体制，监察委员会又重新沦为一个地方监察机关，而当将本来就具有很大威慑作用的检察机关的反贪、反渎等职能合并过来后，不但没有充分发挥原有查处职务犯罪的权力，相反却弱化了检察机关本来较强的反贪能力。

由于上述体制设置上的问题，虽然《试点决定》对监察委员会赋予了一定的权力，包括“履行监督、调查、处置职责”[1]，并赋予实施这些权力的手段[2]，但实际上是很难实施到位的。

三、监察委员会建构的几个建议

（一）实行监察职权的完全集中

监察委员会是对国家公务人员职务腐败犯罪行为进行监察的机构[3]，而目前的公务人员的范围已非常广泛，不仅包括行政机关的工作人员，还包括党的机关、人大机关、政协机关、审判机关、检察机关、民主党派、人民团体与群众团体以及其他单位中行使国家公权力的工作人员。对这种范围广泛的监督对象，应由统一的监察机关来监察，不能有区别地进行监察，且只有一个机关来监督才能保证好的监督效果。为此，必须将国家范围内所有具有监察职能的机构都整合到新组建的监察委员会中来，实行监察权的完全集中。首先，要把党的纪

〔1〕 监督检查公职人员依法履职、秉公用权、廉洁从政以及道德操守情况，调查涉嫌贪污贿赂、滥用职权、玩忽职守、权力寻租、利益输送、徇私舞弊以及浪费国家资财等职务违法和职务犯罪行为并作出处置决定。

〔2〕 监察委员会可以采取谈话、讯问、询问、查询、冻结、调取、查封、扣押、搜查、勘验检查、鉴定、留置等措施。

〔3〕 正如王岐山同志在试点地区考察时所讲的那样：“监察委员会实质上是反腐败机构。”详见http://www.cnfazhi.net/fznj/2016/1128/60250.html.

律检查委员会的监督职能整合到监察委员会之中。目前，纪委与监察委员会的合署办公不等于监察机关的统一，尤其是我国执政党在国家政治生活中起着非常重要的作用，纪委必须完全纳入其中，才能从体制上保证监察委员会的权威性和有效性。而且，只有完全纳入了，才能保证将纪委查处案件纳入法治的轨道。[1] 同时，纪律检查委员会的职能也要作相应的转变，应以党纪教育为主，而将党员干部职务犯罪的查处职能全部转交由监察委员会来履行。其次，要把审计部门中对国家机关、国有企事业单位工作人员审计监督的相关职能也合并过来。[2] 审计，不仅是一种监察手段，也是一种调查职务犯罪的监察权力。经济上的审计往往是非常重要的手段，作为对职务犯罪监察的审计，也应当列入监察委员会之中。只有将其整合到监察委员会之中，才能进一步加强监察的力量。这一点，韩国的做法有一定借鉴意义。在韩国，监查院将监察与审计融于一体，边监察边审计，特别是“随着韩国政界和社会腐败现象的增加，韩国监查院努力发挥其监察、审计双重职能的优势，或审计先行，监察殿后，或审计、监察同时出击，加大对腐败现象的打击力度”[3]。当然，在各种机构整合到重组的监察委员会之后，监察委员会内部可以分设不同的部门，做不同的分工，分管不同的领域，针对不同的监察对象，行使不同的监察手段，但在对外则要统一行使监察权。

（二）监察委员会要实行独立的垂直的管理体制

一般而言，监察最好的效果是同级监察委员会对同级机关国家公职人员进行监督，因为，同级的监察委员会身处被监察对象的周围，对其周围的国家机关中的公职人员更为了解，而上级监察委员会对下级监督对象的监察则在信息、熟悉程度等方面远不如处于被监督对象身边的监察委员会。[4] 然而，如果监察委员会受同级地方党委的领导，就无法破解对同级党委中公职人员进行有效监督的困境，实际上也难以监督同级党委领导下的其他部门的国家公职人员。这里，有一个如何界定监察委员会与党和人大关系的问题。监察委员会作为反腐机构，必须接受党的领导，这是毫无疑问的，也是我们必须坚持的原则，但关键是接受哪一级党委的领导；监察委员会由权力机关产生也是必然的，人大制度是我国的基本制度，不能改变，但关键是由哪一级权力机关产生，对此，必须进行科学的设计。实际上，接受党的领导，不一定是让所有层级的党组织都有机会干预监察委员会的工作，尤其是不能让层级低的党组织有干预的机会。为此，在人事管理上，监察委员会实行垂直人事的管理体制：中共中央领导国家监察委员会，国家最高领导人直接指挥国家监察委员会，国家监察委员领导省级监察委员会、省级监察委员会领导设区的市级的监察委员会、市级监察委员会领导县区级的监察委员会。同样，在人大与监察委员会的关系上，国家监察委员会的主任由全国人大选举产生，国家监察委员会的副主任以及省级监察委员会的主任，由国家监察委员会主任

---

〔1〕 例如，可以有效避免纪委办案程序性不够，以及社会多有微词的“双规”手段等。

〔2〕 审计监督通过对政府财政预算和决算的监督，约束财政资金的适用；通过对公务人员在职期间的经济责任审计，排查是否存在违法违纪行为；通过专项审计，对特定对象的资金往来实施监督。

〔3〕 侯志山：《外国行政监督制度与著名反腐机构》，北京大学出版社，2004 版，第 202 页。

〔4〕 真正有效的监督是同级对同级的监督，而不是上级对下级的监督，监察委员会的监督也应该是对同级所有国家公职人员的职务犯罪的监察。

提名，全国人大常委会任命；省级监察委员会的副主任以及其他监察委员会的主任、副主任，包括市县级的监察委员会主任，都由监察委员会系统采取层层任命的形式来产生，这样，既保证了高层的党组织对监察委员会的领导，又不违背我国人大制度的基本要求，更能发挥监察委员会作为异体监督的制度设计的要求。因此，监察委员会整个体系独立运行，监察委员会之间是垂直领导，只对上级负责，而不对其他机关负责；监察委员会独立于地方党委、独立于地方人大，独立于政府、独立于公检法机关。而各级监察委员会的其他工作人员，由国家监察委员会和省级监察委员会通过对外公开招考的方式来任用，这些工作人员不属于地方编制，不接受地方的领导，而属于国家监察委员会统一派出的工作人员，只对本系统的领导负责。在监察委员会的财、物供给方面，不能将财与物的供给权力交给县级、设区的市级，这是保证监察委员会独立性的基本要求，监察委员会的人、财、物要与地方彻底脱钩。最好的方式是监察委员会所需经费在经过全国人大法定程序批准后，各级监察委员会实行国家统一拨款、单独拨款，独立开支，不受地方的制约，摆脱对地方财政的严重依赖，最大限度地减少地方对职务犯罪查处的干预，以此保证监察委员会能真正独立办案。而且，也只有这样，监察委员会才能以一种超然的地位对监督对象进行公正的严格的监督。

当然，在强调监察委员会独立地位和垂直管理体制的同时，建立一支专业性很强的监察队伍是非常必要的。监察委员会的工作人员应当是经过专业训练的，适合从事对职务犯罪的侦破、调查等职责，要由更为专业的、高素质的人员充实到监察委员会之中，以担负起监察的职能。为此，建立一个稳定的人员遴选机制也是必然要求。可由监察委员会经过专门的招考、专门的训练、专门的考核吸收人员，也可以通过多渠道从精英人士中吸纳进来，还可以直接从专家中吸收进来，要德才兼备，以确保高素质的、训练有素的、适用监察工作要求的人员进入监察队伍。〔1〕这些专业人员不必纳入公务员系列，对其实行单独的管理；不搞所谓的行政级别，〔2〕一切以工作实绩说话；要享有较高的待遇，以促进其努力工作，珍惜自己工作，这对他们形成敬业的精神和维持稳定的队伍，大有裨益。同时，对监察委员会的工作人员要有严格的管理要求，并定期实行轮换，其人员不得有任何社会兼职，以确保他们的廉洁性。

（三）对监察委员会的职权及其行使手段进行明晰

在《试点决定》中，全国人大常委会虽然对试点地区监察委员会的职权进行了赋权，即“监督、调查、处置”的权力，但实际上并没有精准地对监察委员会的权力进行定位。例如，“监督”的权力是一种什么权力？具体包含哪些内容？“处置”的权力包括哪些内容？等等。

---

〔1〕在日本东京，有一支被称为“最强侦查机关”的东京地检特搜部，该部不仅有一流的法律专家，而且更有精通银行、证券、会计等业务的行家里手，成为查处日本政要犯罪的重要力量。

〔2〕在行政管理过程中，设置一定层级的行政级别有利于管理工作，但在监察委员会中设置行政级别，并将行政级别与其工资待遇相挂钩，不但不利于调动办案人员的积极性，还会因提升行政级别慢于其他单位而挫伤办案人员的积极性，产生不良的副作用。

实际上，监察委员会的职权最主要的还是对职务犯罪的侦查权，[1]是一种发现犯罪事实、调查犯罪事实并收集和获得犯罪证据的权力，这是监察委员会最主要的权力和最主要的职责。监察委员会应着眼于大的职务犯罪行为的查处，而不是忙于一些小的违纪违法的处理。为了实现这个权力，必须允许使用必要的强制手段，这些强制性手段，除了《试点决定》中的“谈话、讯问、询问、查询、冻结、调取、查封、扣押、搜查、勘验检查、鉴定、留置等措施”外，还必须拥有更为进一步的调查手段，包括使用武力、监听甚至卧底等“任何”手段，这也是针对隐蔽性较强以及高智能的职务犯罪所必须的手段，否则，难以对付较为顽固的对手。与此同时，还要为其配备实现这些手段的现代化设备和器材，改善当下办案条件简陋、办案手段落后的现状。

当然，在监察委员会拥有较大权力的同时，要注意与其他机关的权力界限和分工。一是与检察机关的分工。监察委员会主要是对职务犯罪的侦查权，而检察机关仍然承担着职务犯罪的批捕、公诉的职能，对监察委员会移送的案件进行审查，并对监察委员会行使查处犯罪行为的权力形成一定的制约。[2] 因此，对于批捕、公诉方面的职权，仍是由检察机关来行使，而监察委员会不能越权。二是与纪律检查委员会的分工。如果将党的纪律检查委员会所拥有的职务犯罪查处职能合并到监察委员会，前者的主要职能应当转变为纪律宣传教育和一定的违纪处理，同时，监察委员会要经常为纪委提供职务犯罪查处中的非保密材料，作为纪委宣传和党员教育的材料使用，当然，这个宣传教育不应只限于党员干部，还应通过各种方式向普通百姓宣传，以形成良好的反腐社会舆论和氛围。也就是说，监察委员会重在查处违法犯罪的职务犯罪，重在执法，而纪律检查委员会重在执纪和纪律教育。三是与公安机关的分工。监察委员会在对职务犯罪进行侦查过程中，确属必要时，也可以采取强制措施，但涉及长时间的人身权限制的，仍需由公安机关来执行，而监察委员会仅对可能出现紧急的危急情况的问题进行暂时性地处理。

（四）要建立对监察委员会的监督机制

“权力与权力之间的功能秩序以功能最适当原则为检验标准，功能最适当原则意味着权力与权力之间以最佳模式出现，从而能够发挥权力运行的合力，以避免权力异化或无效。”[3]监察委员会要具备较强的侦查职务犯罪的能力，要具有获取职务犯罪充分证据的能力，必然要赋予监察委员会非常强大的调查权，然而由此也会相继带来权力易于滥用的担忧，任何权力都需要监督，而监督者更应当被监督。因此，加强对监察委员会权力行使的监督和制约也必然成为赋权的同时必须做的事情，以防止监督者因没有监督而形成新的腐败。正如童之伟教授所讲的那样：“监察委员会位高权重，对它自身的监督制约力度须足以防止

---

〔1〕 侦查权是指国家特定机关以及特定人员依法定程序，运用特定手段开展证据收集活动的权力，是一种特殊的调查权。使用“侦查权”比“调查权”更能体现对职务犯罪的揭露和查处。

〔2〕 检察机关与监察委员会的分工，也从根本上改变了职务犯罪案件中，检察机关中“既当运动员又当裁判员”的弊端，体现了侦、诉、审独立运行和相互制约的控权效果，增强了法治反腐的公信力。

〔3〕 姜涛：《检察机关行政法律监督制度研究》，载《东方法学》2016 年第 6 期。

监察体制改革过犹不及。被监察者权利的保障与监察者权力的运用具有同等重要性。”〔1〕为此,不仅要有通常的监督方式,例如,党的监督、权力机关的监督、检察机关审查起诉的监督、公众监督、新闻媒体的监督等,同时,还要创新监督形式,建立对监察委员会特有的监督方式。具体而言,可以建立和完善以下监督手段:一是对任何一级监察委员会及其监察人员所办的案件,要建立终身职责追究制度。即不管过了多久,都要对所办的违法错误案件承担法律责任,以此确保监察委员会日常办案的认真负责和谨慎用权。二是对监察委员会工作人员违法犯罪行为实行更加严格的追查制度。即比普通人违法犯罪苛以更为严格的法律责任,使其不敢、不愿违法犯罪。三是建立被追究对象的控诉制度。让被监督者来监督监督者,也是一种较好的监督方式,同时,也要建立被监督对象的法律救济的内部与外部救济途径。四是在监察委员会内部设立专门的内部监督机构,且对内部监督机构的人员采取不同的管理方式。这方面,可以借鉴我国香港的某些做法,〔2〕这是一种较好的防范内部工作人员违法办案和腐败行为的监督方式。要在形成对国家公职人员“螳螂捕蝉黄雀在后”的有效监督的同时,又要对监督者构筑“黄雀后面弹弓在下”的再监督。总之,要对监察委员会工作进行无缝隙的监督,做到不留死角,不留空白点,以最大限度地保证监察委员会秉公执法和廉洁办案。

(五) 关于监察委员会立法以及试点期间法律依据问题

公权力机关的权力必须法定,遵循法无授权不可为的原则。作为新组建的监察委员会无论是其机构设置、监察资格的取得、监察职能的定位,还是职责的赋予,都必须通过法律的形式予以法定化。在监察委员会体制构建完成后,要以法律的形式对监察委员会的一系列问题进行规定,包括:监察委员会的组织机构、工作机制、人员的产生方式、监察职权、监察程序、法律责任、对监察权行使的监督等。可以制定一部《国家监察法》,对上述问题进行全面规定,同时,还要对监察工作的具体问题制定相关单项法律或配套法律,以便作出更为详细的可操作性的规定。同时,要启动对宪法相关条款以及相关法律法规的全面修改工作。就目前试点期间而言,虽然全国人大常委会在《试点决定》中规定了可以在这些试点地区不执行某些现行的相关法律。〔3〕但试点工作仍需要有法可依,特别是如此重大的改革,必须边试点边提供法律依据,不能任试点地区任意为之。而在当下没有统一法律依据的情况下,可以做如下暂时性安排:各试点地方的每个具体方案要向所在地的省级人大常委会汇报,

〔1〕 童之伟:《对监察委员会自身的监督制约何以强化》,载《法学评论》2017年第1期。

〔2〕 香港廉政公署内部的L组,负责内部的监督和调查,该组编制、人员组成不公开,但任务明确,即密切注视所有廉政公署成员,及时发现和处理廉政公署内部的违纪行为。为了确保行事公正,廉政公署在派出调查组调查某件案件的同时,L组也秘密派遣人员,全程监督检查调查组的行为。

〔3〕 根据全国人大常委会的决定,在试点地区暂时调整或者暂时停止适用《中华人民共和国行政监察法》,《中华人民共和国刑事诉讼法》第三条、第十八条、第一百四十八条以及第二编第二章第十一节关于检察机关对直接受理的案件进行侦查的有关规定,《中华人民共和国人民检察院组织法》第五条第二项,《中华人民共和国检察官法》第六条第三项,《中华人民共和国地方各级人民代表大会和地方各级人民政府组织法》第五十九条第五项关于县级以上的地方各级人民政府管理本行政区域内的监察工作的规定。

并经过同意后开展试点。因为监察工作毕竟是对人的权利易造成损害的一种监督行为，在没有国家法律规定的情况下，也要采取必要的措施，让权力机关进行适当介入，以免对监督对象权利造成不必要的损害，真正做到“积极稳妥”“依法有序”。

总之，作为一种新型的打击职务犯罪行为的机构，监察委员会必须是高效的、有力的和权威的。它必须像一支利剑一般插向职务腐败毒瘤，彻底根除贪污腐败现象。因此，应该在“国家监察体制改革是事关全局的重大政治改革，是国家监察制度的顶层设计”的思想指导下，对监察委员会的体制进行大幅度的全新改造，而不是在原有的基础上修修补补。

国家监察权的运行机制探究

眭占菱　吴荣顺*

摘　要： 国家监察权属于国家权力范围内的重大职权，在传统的行政监察权基础上构建专门的国家监察机构具有重要的社会价值与法治意义。国家监察权运行涉及若干理论与实践问题，其理论基础包括公权力限制、公正与效率以及自由与秩序等原理；国家监察权运行应当坚持党的领导原则、法治原则和以民为本原则；独立运作、制度规范、透明公开、民主参与构成了国家监察权运行的基本要素。

关键词： 国家监察权　权力运行　机制　原则

引　言

中华人民共和国成立以来，中国共产党作为无产阶级先锋队组织，面临着一个根本性的转型，即从领导无产阶级革命斗争的革命党，转型为领导人民发展社会主义的执政党，其地位和使命发生了深刻变化。马克思主义政党的宗旨是全心全意为人民服务，党的性质不能容忍腐败现象。要有效防止腐败和保持廉洁就应当接受监督，特别是坚持和完善党的纪律检查制度，把各级纪律检查机关建设作为党建设新的伟大工程的重要任务认真完成。党的十七大报告对反腐倡廉建设这一新概念进行了详细论述，将反腐倡廉工作提升到一个更为显著的地位。胡锦涛在党的十八大上所做报告中又强调，要走坚持中国特色反腐倡廉道路，坚持标本兼治、综合治理、惩防并举，注重预防方针，全面推进惩治和预防腐败体系建设，做到干部清正、政府清廉、政治清明。面对世情、国情、党情发生新的变化，国家监察体制改革日益成为制约反腐败斗争深入发展的瓶颈因素。因此，研究和探讨我国监察体制改革，加强党在纪律检查机关的自身建设，完善纪律检查机关的职能，增强纪律检查机关的权威性，不断提高纪律检查工作的水平，对于党风廉政建设和反腐败工作，巩固党的执政地位，提高执政能力，保持党的纯洁性和战斗力，具有重要的实践依据和现实意义。

---

* 眭占菱，东南大学反腐败法治研究中心助理研究员；吴荣顺，东南大学反腐败法治研究中心研究员。
本文系教育部人文社会科学研究专项“高校党风廉政建设‘两个责任’封闭机制研究”（15JDJYLZ01），江苏省高校哲学社会科学研究项目“高校党委主体责任、纪委监督责任落实机制研究”（2014SJA019），东南大学党建重点研究项目“控制论视域下高校‘三不腐’有效机制的实施路径研究”（DJ201502）的中间研究成果。

一、监察权运行机制概述

(一) 监察权及其运行方式

一般而言，监察是特定时期的国家政权通过在其政权内部设立的职官或机构，对国家公共权力掌握者权力行使的监督，以防止其失职、渎职和滥用职权，从而提高行政效率，维护政治秩序，调整社会关系。其重点是监督各级国家机关和机关工作人员的工作并检举违法失职的机关或工作人员。

“人，无监于水，当监于民”[1]，“监”字多次出现在古代文献中，有“像照镜子一样审视自己”的含义。“监察”，即“监督察看”，是专司监察的官名。中国古代监察制度起源于周朝，有文献记载了自传说时代到商周时期惩处腐败的许多事例，而完善的监察制度是伴随着统一的中央集权的产生而在秦汉时期出现的，隋唐时期臻于完备。元朝虽不太崇尚法制，但很重视监察。元朝监察汉官，也有监察蒙古族贵族的习惯，不仅提高了监察官的品级，而且在地方设立了两个行御史台。明朝是巡按御史发达时期，明朝将监察机关改革为都察院。清朝大体上延续明朝制度，清朝的监察官的法律依据是《钦定台规》，其已达到了法典的高度。

现代监察权是公共权力的一种，它属于社会关系范畴。孙中山主持起草国民党党纲时最早提出了“监察权”一词，随后陆续被理论界沿用。孙中山先生提出的独立于立法、行政、司法、考试的监察权，就是对百官弹劾纠举、实施监督的权力。监察权属于治权，应独立行使并设置监察机构。社会监察权是与社会管理权同时出现的。摩尔根在《古代社会》中指出，“氏族成员由于具有罢免权，并不时地行使这种权力，才能维持主权来控制他们的首领和酋帅。”[2]这种监察权力较为成熟的运行机制曾经出现在古希腊的雅典和斯巴达城邦国家。监察权是人类社会实践的成果、智慧的创造，它经历了原始社会的民主监察阶段、阶级社会的混合民主监察或王权监察阶段，随着生产力的发展，国家监察权逐步趋向社会监察权阶段。

国家监察权的运行有多种类型，有行政系统内设监察机关，有独立于行政、司法、军事等国家机构之外的监察机构，有通过议会等代议机构实行的监察方式。以英国为代表的北欧等国家则采取议会监察专员制度。议会监察是西方现代监察体制的核心，最具权威性与代表性。议会监察，是“民意代表机关”(议会、国会)对政府施政、财政、人事等其他法定事项的监督检查。[3] 无论采取议会监察专员制，还是在行政系统内设监察机关，均通过立法保障监察权独立行使，明确监察对象的广覆盖。如1810年瑞典的《监察专员法》规定监察的对象包括法官，检察官，公立学校老师，公立医院医生、护士及委托从事公务的人员。监察手段也比较多样，如埃及的行政监督署拥有公开或秘密调查、调档、侦查、搜查、逮捕、建议、越级报

---

〔1〕《尚书·酒诰》中周公旦告诫康叔所言。

〔2〕[美]摩尔根：《古代社会》，商务印书馆，1997年版，第72页。

〔3〕张恒：《英国监察制度：在漫长曲折的道路上逐步形成》，载《中国监察》2004年第15期。

告等权力，瑞士赋予监察机关拘捕权、搜查权，直至公诉权。

（二）国家监察权运行的理论基础

国家监察权运行的理论基础，即监察权存在的法理价值，如公权力限制原理或曰国家治理控权理论、公正与效率原理、自由与秩序原理等。

1. 公权力限制原理

公权力限制原理也称国家治理控权理论。这种理论认为限制政府权力、保障公民权利才能遏制腐败。这一原理可以包括三个层次：其一，以权利控制权力。权利属于社会全体成员，每个社会成员均具有监督国家权力的权利。社会成员的这一监督权利源自“市民社会决定政治国家”的传统政治学、法学理论。以社会权利来制约国家权力是防范权力扩张和腐败的有效路径，也是国家权力运行的最基础的逻辑所在。权利控制权力更多是权力主体的外部制约。其二，以权力制约职权。社会主义国家通过人民代表大会制度让人民成为国家的主人，人民代表大会是国家最高权力机构，人民代表可以充分行使人民赋予的各项权力。人民代表大会将权力授予行政、司法、军事等各类国家机构及相应的职能部门，形成为数众多的职权，各职权机构具体实行人民代表大会的决议及各项职权任务，同时，人民代表大会作为最高国家权力机关，享有对各国家机关工作人员的监察权力。其三，职权相互监督制约。在确立国家立法权、行政权、司法权相互独立、相互制衡的职权运行机制的基础上，我们国家实行的是行政权、司法权等职权相互分工、相互制约的制度。各职权部门依循各自的职权分工的同时，相互间需要必要的制约、监督职能的存在。实践中时常因为职权运行的主客观因素引发职权错位、职权滥用等不良现象，司法权干涉行政权、行政权侵越司法权现象时有发生。因此，职权相互之间的监督制约有其重要的制度价值，这种监督制约既具有权力内部制约的内涵，也具有外部制衡的实践意义。

对公权力的限制除了上述的三个层次之外，需要特别关注的是，权力限制离不开包括法律在内的制度性机制以及物质性保障。“在一个社会的舆论、行政和法律等诸方面的监督体系中，法律的制约监督力量强。确立以法律制度作为我国权威的根本目的，就在于强化法律的监督力量，其本质就是以法律制衡权力。但这种理论不能解决法律如何制约权力的问题。”〔1〕此外，对于权力的监督和制约不能仅考量精神的力量、道德的力量，而必须有相应的物质力量。〔2〕

2. 公正与效率原理

公正与效率是人类社会制度的首要价值，是我们千百年来所孜孜以求的共同目标。“自古以来，什么是正义这一问题是永远存在的。为了正义的问题不知有多少人流了宝贵的鲜血与痛苦的眼泪，不知有多少杰出思想家，从柏拉图到康德，绞尽了脑汁；可是现在和过去一样，问题依然未获解决。”〔3〕国家监察权应当围绕这一主题进行，这是经过多年的探索总结

〔1〕 梁红莉：《腐败治理机制研究》，黑龙江大学硕士学位论文，2004 年。

〔2〕 王海峰、赵晓呼：《基于控权理论的党内监督：巡视制度》，载《理论导刊》2009 年第 12 期。

〔3〕 [奥]凯尔逊：《什么是正义》，载《现代外国哲学社会科学文摘》1961 年第 8 期。

出的基本经验。国家监察权的制度创新来自中国社会发展的要求，而这一要求蕴含着社会公平、制度正义等多方面的利益取向，因而，监察权设置的理论逻辑和价值基础在于公正，并以此为基础，追求现代社会经济发展特别是全面建设小康社会需要的效率。国家监察权运行离不开公正与效率之间辩证统一关系的协调与衡平；监察权运行的法治化离不开公正与效率关系的制度性保障。公正与效率既是一种理性的价值追求，也是一种权力运行的指引方向。

3. 自由与秩序原理

自由和秩序的协调是意思自治与社会控制的最佳状态，是人类社会所期望的理想社会的基本价值选择。秩序与自由这对具有互补性的价值取向，在国家监察体制改革的理论与实践中存在着普遍而深刻的关系互动，如何调整好两者关系直接关涉到监察权运行的成败。国家机构遵从公权力设定的秩序逻辑，特别倾向于国家利益、公共利益的兑现，创立有序的社会治理秩序，但这种秩序的实现又不能忽略社会主体的自由愿望的合法呈现，因而，包括监察权在内的国家公权力运行必须要在秩序与自由之间找到平衡点，协调、组织好权力与各类群体的利益诉求关系。

就监察权内在结构而言，也需要把握好自由与秩序的关系。诸如监察机关内部的机构设置、分工、监察规程，以及监察行为的规则设计，均应以有利于提高监察效能、发挥监察机关的最佳效应为标准，并以此进行组建和完善；通过标准化、规范化监察技能的拓展，提升监察队伍的专业素养，以此表达国家监察权运行的秩序价值。与此同时，国家监察权的运行必当体现权力运行所遵从的自由理念，特别是在制度尚不齐备、权力界限不够明晰的状态之下，在宪法法律框架之内，依据合理性原则创造性地行使监察权，以期实现自由与秩序的最佳协调关系。

（三）新中国国家监察体制沿革

新中国成立后，除了建立法律监察机关即人民检察院以外，在行政系统内还设置了专门的行政监察机关，建立了行政监察制度。大体来说，中华人民共和国成立后的行政监察制度经历了四个阶段。

1. 1949 年至 1954 年，行政监察制度确立

1949 年 10 月 1 日，中华人民共和国中央人民政府成立。根据《中国人民政治协商会议共同纲领》和《中华人民共和国中央人民政府组织法》的规定，10 月 21 日，政务院成立，下设政治法律委员会、财政经济委员会、文化教育委员会、人民监察委员会和各部、院、署、行。四个委员会分别由董必武、陈云、郭沫若、谭平山担任主任。政法、财经、文教三个委员会协助总理具体领导和指导中央有关部门主管的国家行政管理工作。人民监察委员会则协助总理监察政府机关和公务人员是否履行职责。

从 1950 年开始，政务院相继批准和颁布了关于在中央、大行政区、省（行署、市）、县和各专业部门设立行政监察机关的法规和法令，在全国范围内建立系统的国家行政监察制度。到 1956 年，已有五个大行政区，一个中央所辖的民族自治区，28 个省，12 个中央或大行政区直辖市，345 个县（市、旗）成立了人民监察委员会。

2. 1954 年至 1959 年，行政监察制度的调整和撤销

1954 年 9 月，一届全国人大一次会议通过、颁布了《中华人民共和国宪法》，政务院改组为国务院，人民监察委员会改组为中华人民共和国监察部。同年 12 月 17 日，监察部发出关于调整地方各级监察机关及其有关事项的通知，文件指出：为加强对国家政策、法令、决议、计划特别是经济建设计划的执行情况的监督检查，以保证国家建设工作的顺利进行，今后应本着力量集中、机构精简的精神，适当地扩大省、直辖市和专员公署监察机关的组织，加强这些监察机关的干部管理，在工作特别需要的县和不设区的市，由专署和省的监察机关重点派遣监察组，并且受各级监察机关垂直领导。这个文件还对组织形式改变后省市监察机关的任务等作了规定。

但是，由于 1957 年反右派斗争的扩大化，"左"的指导思想逐渐在党和国家工作中占据主导地位，民主法制建设受到干扰和冲击，行政监察制度也同样遭到破坏。到了"文革"时期，由于当时的政治氛围，根本谈不上行政监察体制的重建问题，党的监督也只能流于形式。

3. 1986 年至 1993 年，行政监察制度的恢复和发展

1978 年，党的十一届三中全会作出了工作重心转移的重大决策，把社会主义现代化建设、民主和法制建设提上了议事日程。1982 年宪法规定，国务院领导监察工作，为行政监察制度的恢复和发展奠定了宪法依据。

1986 年 11 月，国务院向全国人大常委会提出《国务院关于提请设立中华人民共和国监察部的议案》。12 月 2 日，第六届全国人大常委会决定，为了恢复并确定国家行政监察体制工作，设立中华人民共和国监察部。经过半年的筹备，1987 年 6 月，监察部正式设立。同年 8 月，国务院发出了《国务院关于在县以上地方各级人民政府设立行政监察机关的通知》。到 1988 年年底，按照上述通知精神，基本完成了县以上各级监察机关的组建工作。监察部和各级监察机关恢复以后，在各级党委、政府的领导下，紧密结合改革开放形势下出现的新情况和新问题，在惩腐肃贪、勤政廉政建设方面做了大量工作，得到了人民群众的信赖和支持，初步积累了行政法制监督的经验。

4. 1993 年至今，纪检监察合署办公，集中力量开展反腐斗争

1992 年 10 月，党的十四大明确要求，要切实加强各级党组织和纪律检查机关对党员干部的监督，要强化行政监察机关的职能。由于在具体工作中行政监察和党的纪检机关存在交叉和重复的地方，根据我国的实际情况，1992 年年底，中共中央、国务院决定纪检、监察机关合署办公，实行一套班子两种职能。

1993 年 1 月 7 日，中纪委和监察部合署运作。随后各省、自治区、直辖市和地、市、县各级纪委和监察厅(局)也分别进行了合署。这次合署办公的指导思想和总的要求是：有利于在中央和各级党委的统一领导下，进一步强化党的纪检和政府行政监察职能；有利于国务院和各级政府继续加强对行政监察工作的指导，使监察机关领导班子便于继续向政府负责；有利于避免纪检、监察工作的重复交叉以及精简机构和人员。

纪检监察合署以来，在党中央、国务院的正确领导下，明确了党风廉政建设的指导思想、目标要求和基本方针，形成了反腐败斗争的三项工作格局(领导干部廉洁自律、查处违纪违

法案件、纠正不正之风），并正在逐步找到一条围绕经济建设这个中心，把反腐败斗争同改革、发展、稳定有机结合起来，依靠自身的力量和人民群众的支持，努力把消极腐败现象减少到最低限度的路子。

二、国家监察权运行基本原则

（一）党的领导原则

党的领导是中国特色社会主义最本质的特征，是社会主义法治最根本的保证。把党的领导贯彻到依法治国全过程和各方面，是我国社会主义法治建设的一条基本经验。我国宪法确立了中国共产党的领导地位。坚持党的领导，是社会主义法治的根本要求，是党和国家的根本所在、命脉所在，是全国各族人民的利益所系、幸福所系，是全面推进依法治国的应有之义。党的领导和社会主义法治是一致的，社会主义法治必须坚持党的领导，党的领导必须依靠社会主义法治。只有在党的领导下依法治国、厉行法治，人民当家作主才能充分实现，国家和社会生活法治化才能有序推进。

为实现国家监察权运行目标，首先要处理好党的领导与监察权运行的关系。党的领导是中国特色社会主义执政制度的基本要素，党的领导与国家监察权行使的价值目标具有一致性，党的领导可以高效率保障监察权行使的成果。

当然，党的领导也不是无原则地干预国家监察权的各个领域。十八届四中全会特别强调，国家行为要在遵从党的意志这一重要源泉的基础上展开，党的执政能力应当通过法治路径展开，党要在宪法法律范围内活动。

（二）法治原则

法治的字面含义是"法的统治"，法治意味着政权机构的全部行为必须有法律依据，并且能给人们的行为提供有效的指引。"法治是国家治理体系和治理能力的重要依托。全面推进依法治国，是解决党和国家事业发展面临的一系列重大问题，解放和增强社会活力、促进社会公平正义、维护社会和谐稳定、确保党和国家长治久安的根本要求。要推动我国经济社会持续健康发展，不断开拓中国特色社会主义事业更加广阔的发展前景，就必须全面推进社会主义法治国家建设，从法治上为解决这些问题提供制度化方案。"〔1〕

国家监察权的运行必须依法进行，在法治的框架下实施监察行为。法律是国家监察权运行的依据和基本标准，其基本内涵就是要求国家机关工作人员守法，要求监察权运行活动的主要方面以及主要环节都以法律规范为依据，而不由长官意志决定。国家机关只能在法定权限范围内活动，不得"法外设权"，法定权限以外的行为无效。

阿克顿认为，不管是什么权力，只要它是以暴力为后盾的，只要它失去了制衡，必然要成为"绝对的权力"，而成为"绝对的权力"后，就必然会倾向于残暴、腐败和不义。习近平总书

---

〔1〕 习近平：《关于〈中共中央关于全面推进依法治国若干重大问题的决定〉的说明》，载《人民日报》2014年10月29日第1版。

记也曾指出，如果权力没有约束，结果必然是导致腐败。因此，国家监察权的设置和运行，既要有利于强化对国家机器的监督，实现对国家公务人员的全覆盖，又要有利于国家反腐败机构的自身监督和外部监督，包括人大监督、司法监督、社会监督等，以确保国家监察权运行法治原则的实现。[1]

国家监察权运行法治原则，要求首先有监察权方面的“良法”，良法是善治之前提。就监察权制度改革而言，“凡属重大改革都要于法有据，在整个改革过程中，都要高度重视运用法治思维和法治方式，发挥法治的引领和推动作用，加强对相关立法工作的协调，确保在法治轨道上推进改革”[2]。可见，把包括国家监察权在内的重大改革纳入法治轨道，是维护宪法法律权威、全面有效实施宪法的需要，也反映了中央核心领导层的期许。将国家监察体制改革全程纳入法治轨道，有必要制定监察委员会组织法和其他配套法律。同时对现有法律修改或废止其中过时部分的问题，也有必要提上全国人大常委会议事日程。2016 年 11 月 7 日，中共中央办公厅印发《关于在北京市、山西省、浙江省开展国家监察体制改革试点方案》[3]，引起广泛反响。当下的紧要工作是争取国家监察体制改革试点在十二届全国人大五次会议上获得授权。[4]

（三）以民为本原则

以民为本原则，强调国家公权力行使必须体现出对人的尊重，树立以人为本、以民为本观念，在制度设计、权力运行中以人民利益为出发点与目标。以民为本是法治中国的核心理念。以民为本的基本内涵便是尊重人格及财产权，关注民生，把广大人民的根本利益作为党和国家一切工作的出发点和落脚点，尊重人民主体地位，保障人民各项权益，促进人的全面发展。四中全会对法治中国方略的定位再三提及满足人民群众的法治需求，保障人民群众的合法权益这一法治的核心要素。马克思主义认为，商品生产交换为基础的经济生活条件，阐发了主体地位平等、独立、意志自由、保障财产权等权利要求。这些要求直接制约着国家立法行为。社会主义市场经济体制的确立，培育了广泛的尊重人、关注民生等以民为本理念阐发的社会经济土壤。在此背景下，中共中央提出“以人为本”“关注民生”的战略构想。

党的十八届四中全会更是将“以民为本”作为法治建设的核心理念与目标。[5] 以民为本思想的贯彻是法治建设的重要任务。就国家监察权运行而言，“以民为本”意味着监察权规则的设立，应尊重主体在社会经济生活中广泛形成的以平等、安全、秩序等为内容的权利

---

〔1〕 吴建雄、李春阳：《健全国家监察组织架构研究》，载《湘潭大学学报（哲学社会科学版）》2017 年第 1 期。

〔2〕《习近平主持召开中央全面深化改革领导小组第二次会议强调　把抓落实作为推进改革工作的重点 真抓实干蹄疾步稳务求实效》，载《人民日报》2014 年 3 月 1 日第 1 版。

〔3〕 姜洁：《中办印发〈关于在北京市、山西省、浙江省开展国家监察体制改革试点方案〉》，载《人民日报》2016 年 11 月 8 日第 3 版。

〔4〕 童之伟：《将监察体制改革全程纳入法治轨道之方略》，载《法学》2016 年第 12 期。

〔5〕《十八届四中全会公报全文》，载新华网，http://www.js.xinhuanet.com/2014-10/24/c_1112969836_2.htm.

要求，而不应仅仅考虑监察权的行使便利，更不能为少数或个别的利益团体而回避甚至损害主体普遍的利益要求；“以民为本”要求监察机构各项具体操作规则之设计、改革应当保障相关主体的尊严；“以民为本”还要求在监察工作中树立人民群众的“主体性”理念，尊重社会主体的各类权益及其他诉求。

三、国家监察权运行要素分析

（一）独立运作

国家监察权运行需要独立行使监察权，即独立于其他国家机关及各类事业单位、社会团体，依据先行设定的职权范围，通过有效的体制机制，对被监察对象实行监督、弹劾。

十八届六中全会后，中央推进了国家监察体制改革的步伐，监察委员会成为改革中新设的重要机构，它以权力授予级别高、独立性强、监察权能大的特点，被视为“中国大陆版的廉政公署”。任何一项改革必然会涉及权力分配的问题，在试点设立的监察委员会，是对现行宪法确立的权力分配模式进行的大整合。实现监察权的独立是保证监察效能的前提，而监察权的过分膨胀会带来难以预计的后果，这就要求在宪法的视野下，分析如何合理分配监察权、如何处理监察委员会与相关机构的职权关系，进而保证在宪法格局大致稳定的前提下，稳步推进监察体制改革。

实践中，干扰监察工作的越权行为时常发生，比如对监察调查不予支持或故意刁难，对立案、受理的案件通过关系网说情、打招呼，进行直接或间接干预。由是，监察权独立必须作为一项制度和宪法原则被明确贯彻落实。〔1〕各级党政机关和领导干部要支持国家检察机关依法独立公正行使职权。可以参照司法独立行使职权的改革举措，建立领导干部干预监察活动、插手具体案件处理的记录、通报和责任追究制度。任何党政机关和领导干部都不得让监察机关做违反法定职责、有碍公正监察的事情，任何监察机关都不得执行党政机关和领导干部违法干预监察活动的要求。同时，建立监察工作人员依法行使监察权的具体规则，建立健全惩戒妨碍监察机关依法行使职权等违法犯罪行为的制度规定，建立健全监察工作人员履行法定职责保护机制，非因法定事由、法定程序，不得将监察工作人员调离、辞退或者作出免职、降级等处分。〔2〕

（二）制度规范

国家监察权的运行离不开制度规范，而监察制度规范首先在于监察机构设置、职权配备的规范化。中华人民共和国成立后的行政监察机构经历了曲折的过程，从1954年的建立到1959年的撤销再到1986年的恢复。1988年在全国县级以上各级政府中设立了相应的行政监察机构，并于1997年通过了《中华人民共和国行政监察法》，到如今国家监察体制改革，在部分地区进行试点，先行先试，积累经验，然后向全国推开从而开始了我国监察制度的完善

〔1〕郁忠民：《论监察机关行使监察权的原则》，载《社会科学》1990年第5期。

〔2〕《中共中央关于全面推进依法治国若干重大问题的决定》，人民出版社，2014年版，第20页。

过程。[1]

首先，监察职权配置至关重要，需要明确相关法律中规定由行政监察机关及其他拥有相应监察权的机构行使的监察职权，可以将其一并调整由国家监察机关行使；通过监察法律、法规的制定，明确监察权行使的具体范围、权力行使方式、行为效力等，为监察机关履行法定职责做好立法准备。

其次，监察制度规范需要高质量的监察权行使程序规则的不断建构与完善。可相应制定《国家监察权行使程序条例》《国家监察行为保障条例》等行政法规。在国家监察委员会制定发布相应监察法规前，对原由最高人民检察院单独或与有关部门联合制定的涉及职务犯罪举报、侦查工作的司法解释和司法解释性文件中规定的检察机关作为职务犯罪侦查机关的职责权限，亦应一并调整由监察机关行使。比如，最高人民检察院、国家保密局2016年12月14日发布的《人民检察院、保密行政管理部门查办泄密案件若干问题的规定》，最高人民检察院、公安部、财政部2016年3月30日发布的《关于保护、奖励职务犯罪举报人的若干规定》等。[2] 以上举措体现了在依法治国和监察体制改革全面深化发展的大背景下，国家监察权的运行在国家推进反腐败立法和"法治反腐"的历程中的"规范"要素。

（三）透明公开

国家监察权运行之"透明"要素表明，政务活动和监察机关的检查活动是透明公开、受到相关主体乃至全社会监督的行为。监察权的公开性，决定了监察机关行使监察权活动必须是透明的。政务活动的透明，特别是重大案件或重大事务，除了法律规定涉及国家机密的，均应当让人民知晓并且接受群众监督、参与和讨论。政务活动公开是监察活动公开的前提条件。

监察活动的透明性具体表现为：监察机关的组织原则和活动准则透明，立案调查案件的程序透明，案件处理的过程和结果透明，等等。可以说，监察机关在行使监察权的过程中，只要不违反宪法和法律，监察活动中的任何内容、情况、细节，都可以通过传播媒介报道，让公众知道、议论和选择；建立监察机关的新闻发言人制度，定期、不定期召开新闻发布会，介绍监察活动的情况和回答有关问题。

监察机关和监察人员作为执法者，同时也要受到监督。政府要时刻向民众公开我们反腐倡廉建设的一切行动，做到真正的政务透明化、公开化，虚心接受群众监督，通过各种渠道让群众参与到廉政法律文化建设实践中，做到"廉为民所建"。在监察活动公开透明的基础上，由国家权力机关、检察机关和社会舆论依法对其进行监督。

（四）民主参与

国家监察权的权力来自人民的赋予，监察权的行使必须坚持"以民为本"和"群众参与"原则，必须改变以往的根深蒂固的"官本位"思想的影响，让监察行为真正能够做到"权为民

---

[1] 魏建新：《我国古代监察机构之演变及其法治意义》，载《广西政法管理干部学院学报》2004年第1期。

[2] 沈思：《国家监察体制改革中法治保障初步思考》，载《中国纪检监察报》2017年2月15日第8版。

所用、利为民所谋”。只有当人民主权的思想根植在每一位监察工作人员心中，廉政建设才有坚强的民意基础，才能彰显反腐败工作的强大生命力。

在反腐倡廉的问题上，要将群众的参与度和满意度作为反腐败成效的最高标准。这就要求各级政务机构本着求真务实的精神，本着一切为民的理念，本着认真负责的态度，严格遵循宪法法律，全心全意为人民服务，切实落实反腐倡廉工作责任制，从严治政，从源头上预防和治理腐败问题，从而将监察权运行的成效切实落到实处。

为此，国家监察机关应当建立人民群众沟通机制，开展多种有益活动，加强与人民群众的沟通协调工作，充分发挥政协委员、民主党派、工商联、无党派人士、人民团体、社会组织在监察活动中的作用；积极构建、创立有关专家学者、民间团体等参与的涉及监察权行使的重大利益问题论证咨询机制，鼓励建立组织公民有序参与监察活动的途径；建立健全人民群众对监察工作的意见采纳情况反馈机制，广泛凝聚社会共识。正如习近平总书记强调的："强化国家监察是为了保证国家机器依法履职、秉公用权，强化群众监督是为了保证权力来自人民、服务人民。"〔1〕

结　　语

十八大以来，中央强力反腐，以雷霆万钧之势横扫腐败官场，以霹雳手段重拳出击，创造了史无前例的反腐记录。看到反腐巨大成效的同时，也应当清醒地认识到，这是一场输不起的斗争，形成不敢腐只是反腐第一步，要实现不能腐、不愿腐尚需长远的战略谋划、严密的制度体系和完备的法治保障。实践证明，惩治是最好的预防，制度是最大的保障。只有集中全党力量，形成高压态势，通过严厉惩治，才能形成巨大的震慑效果，有效预防腐败；也只有加快建立制度体系，把权力关进制度的笼子里，才能重建政治生态，建设廉洁政治。国家监察体制改革是全面从严治党、实现党内监督与人民监督有机结合的需要。十八大以来的经验告诉我们，只有坚持全面从严治党，集中有效的反腐力量，才能从根本上解决腐败问题。推进国家监察体制改革，是全面从严治党的需要，是加强党对反腐败统一领导，形成制度化、法制化成果的需要，有利于实现党内监督与人民监督有机结合。可以说，改革国家监察体制，既是时代的要求，也是我们在吸收古今中外有益经验基础上与时俱进的表现，体现了中央全面从严治党、全面依法治国的决心。

〔1〕 习近平：《在第十八届中央纪律检查委员会第六次全体会议上的讲话》，载人民网，http://politics.people.com.cn/n1/2016/0503/c1001-28319087-2.html，2016年11月27日访问。

国家监察体制改革中的程序分离与衔接

冯俊伟 *

关键词： 法律程序具有规范权力行使、促进权力分工、防范权力滥用的功能。程序分离原则要求不同法律程序之间应当相互独立，不得出现程序混淆、程序借用、程序规避等情形。我国拟设立的监察委员会具有政务违纪违法调查和职务犯罪调查的复合性权力，其运行应遵循程序分离原则。为实现提升反腐败能力、强化对公权力监督之目的，在程序分离的基础上，还应重视不同调查机构在人员配备、专业培训、工作机制、证据使用等方面的衔接。

关键词： 监察委员会　复合性调查权　程序分离　程序衔接

引　言

为进一步提升反腐能力，强化对公权力的监督，促进国家治理现代化的实现，我国在部分省份试点监察体制改革。2016 年 11 月，中共中央出台了《关于在北京市、山西省、浙江省开展国家监察体制改革试点方案》(以下简称《试点方案》)；同年 12 月，全国人大常委会通过了《全国人民代表大会常务委员会关于在北京市、山西省、浙江省开展国家监察体制改革试点工作的决定》(以下简称《试点决定》)。根据《试点决定》的规定，监察委员会将整合政府监察部门、预防职务犯罪部门，检察机关反贪部门、反渎部门的部分职能，打破既有反腐机构"多元治理"的现实困境，构建"权力集中型"国家反腐败机构。在《试点决定》确立反腐权力从"分散"走向"集中"之后，在试点过程中，如何通过法律程序促进监察委员会权力的有效运行具有重要意义。在这一背景下，我国监察体制改革中面临的重要问题是，如何通过法律程序促进权力之间的分工、如何通过一定法律程序原则的贯彻和具体法律程序的设计确保权力规范运行。从当前研究来看，学者对监察体制改革的意义、相关立法的调整、监察委员会的权力配置、权力制约等方面作了细致讨论。[1] 相关讨论深化了对上述问题的认知，丰富了其制度内涵，但仍有深入讨论之必要。本文将立足于试点改革的完善，以监察委员会的调查权为分析对象，在阐述程序分离及其内在法理的基础上，对国家监察体制改革中的程序分

---

* 冯俊伟(1983—)，男，内蒙古通辽人，法学博士，山东大学法学院副教授。感谢张保生教授对论文写作的指导，感谢阳平博士提出的修改建议。基金项目：国家社科基金青年项目"刑事诉讼中行政执法证据运用问题研究"(项目编号：14CFX024)阶段性成果；"2011 计划"司法文明协同创新中心资助。本文首发于《法律科学》2017 年第 6 期。

〔1〕 代表性论文如熊秋红：《监察体制改革中职务犯罪侦查权比较研究》，载《环球法律评论》2017 年第 2 期；张建伟：《法律正当程序视野下的新监察制度》，载《环球法律评论》2017 年第 2 期。

离与衔接进行分析，略陈管见。

一、程序分离及其内在法理

从约束公权力运行的角度出发，程序对于法治具有基础性意义。法律程序运行应遵循程序公开、程序透明、程序参与、权利保障等基本原则。除了上述原则外，在不同主体或者同一主体享有或行使多种权力时，为了促进不同程序目的、程序功能的有效实现，还应遵循程序分离原则。具体言之，有以下几方面。

（一）程序分离及其意义

从程序与法治之间的关系观察，程序的意义在于对公权恣意的限制。“程序的实质是管理和决定的非人情化，其一切布置都是为了限制恣意、专断和过度的裁量。”[1]程序为公权力的行使划定了空间，对公权力的行使形成了外在限制。在此背景下，即使一个人犯下了故意杀人等严重罪行，也应当按照《中华人民共和国刑事诉讼法》（以下简称《刑事诉讼法》）的规定，通过刑事诉讼程序追诉犯罪，这是刑事程序法治要义之所在。

在不同主体或者同一主体享有、行使多种不同权力时应遵循程序分离原则，属于法律程序运行的基本要求之一。由于以往的研究更多从内部视角研究法律程序，因此对这一原则的论述并不多见。在我国学者的论著中，仅在未成年人刑事诉讼程序中论述了“程序分离”原则，其论述重心在于，刑事诉讼中对未成年人犯罪嫌疑人、被告人和成年人犯罪嫌疑人、被告人原则上应分案处理。[2] 在上述语境中，程序分离是指办理未成年人刑事案件时，应当适用特别刑事诉讼程序（指未成年人刑事诉讼案件程序）的规定，以促进未成年人特殊诉讼权益保障（如惩罚与教育结合、促进未成年人早日回归社会）目的之实现。在更一般的意义上，程序分离原则是指为了保障特定程序目的之实现，不同法律程序应当相互独立，不得出现程序混淆等情形，其实质在于保障权力正确行使、防范权力滥用。

在程序分离原则之下，民事、行政、刑事案件的处理应当遵循不同的法律程序，不同法律程序之间不可以相互越界、相互混淆。这也是我国法制建设过程中的基本经验之一。最典型的例证是，要求公安机关“不得以刑事手段插手经济纠纷”[3]。其内在法理在于，刑事手段的行使必须以案件属于刑事案件为前提。刑事诉讼法上的强制措施、侦查措施都必须在刑事立案后，在符合法律规定的条件下行使，更为重要的是，刑事手段的行使必须以实现刑事追诉为目的。“以刑事手段插手经济纠纷”混淆了刑事程序和民事程序之间的界限，违背了刑事诉讼的立法目的，是滥用刑事诉讼权力的典型，不仅属于严重的违法行为，也严重违背了依法治国的基本要求。在司法实践中，还存在着另一方面的问题，即公安机关通过行政

---

〔1〕 季卫东：《法治秩序的建构》，商务印书馆，2014 年版，第 55 页。

〔2〕 刘军：《刑事诉讼法原理与实务》，中国政法大学出版社，2014 年版，第 322 页。

〔3〕 相关规定，可参见《公安部关于严禁公安机关插手经济纠纷违法抓人的通知》（1992 年 4 月 25 日）、《公安部关于公安机关不得非法越权干预经济纠纷案件处理的通知》（1989 年 3 月 15 日）。

手段办理刑事案件。[1] 早在1992年,公安部针对实践中存在的公安机关滥用收容审查等行为,就强调不得使用收容审查的方式办理外国人在我国涉嫌犯罪的案件。[2] 为了规避办案责任制可能带来的不利后果,一些公安机关将本应立案侦查的刑事案件先作为行政案件来处理。实践中还存在将行政法上的检查、扣押等措施用作办理刑事案件手段等情形。[3] 类似做法在美国、日本等国司法实践中也屡见不鲜。上述做法违背了程序分离原则的要求。

综上,程序分离原则对于确保公权力规范运行具有重要意义。季卫东教授指出,"程序的对立物是恣意,因而分化和独立才是程序的灵魂"。[4] 这里所指的"分化和独立",不应当仅指程序内部"权力与权利"的分化和独立,还应当包括法律程序之间的"分化和独立"。在同一主体享有多项不同性质的权力时,应当贯彻程序分离原则的基本要求。

(二) 程序分离的基本要求

从工具主义立场出发,如果法律程序存在的最终目的就是为了实现一定的实体法目标,那么不同法律程序的分离并无实际意义。但是,在现代法治之下,法律程序除了工具价值之外还具有内在价值,本身彰显着独立的价值。程序分离有助于强化对权力运行的外在约束,有助于促进权力之间的分工与制约,有助于防范权力运行中可能存在的权力恣意。违反程序分离原则会带来三方面不利影响:一是难以彰显每一个法律程序的独立价值,导致法律程序功能紊乱。不同性质的权力行使需要适用不同的法律程序,不同法律程序中程序主体的权力(利)、义务并不相同。在民事程序中,当事双方具有平等的权利、义务,刑事诉讼中控辩双方的权力(权利)义务天然具有不平等性。不同法律程序有着不同的程序目的,如果将刑事诉讼中严格的证据规则适用于民事诉讼中,将阻碍民事诉讼纠纷解决目的的实现;如果要求行政执法中执行司法裁判中的证据规则,也将严重损害行政效率。[5] 二是难以有效保障程序相对人的各项权利。这可以区分为三方面:(1)不同法律程序中,程序相对人的法律地位并不相同。如行政相对人、犯罪嫌疑人、被告人等具有不同法律地位。(2)不同法律程序中,程序相对人享有的程序权利也不相同。如在刑事诉讼中,犯罪嫌疑人在被侦查机关第一次讯问或者采取强制措施之日起有权聘请辩护人,为其提供必要的法律帮助。但在行政执法程序中,行政相对人并无类似权利。(3)不同法律程序中,程序相对人享有的程序救济权利也不同。三是难以促进程序公正的实现,程序公正有两个基础性要求,即程序参与和程序控制,[6]多种法律程序不分离,会带来缺乏有效程序参与和程序控制的问题,使得法律程序的内在价值(程序公正)大打折扣。

---

〔1〕 洪家殷:《行政调查与刑事侦查之界限》,《东吴法律学报》2013年第1期。

〔2〕《公安部关于严禁公安机关插手经济纠纷违法抓人的通知》(1992年4月25日)。

〔3〕 左卫民:《规避与替代——搜查运行机制的实证考察》,《中国法学》,2007年第3期。

〔4〕 季卫东:《法律程序的意义》,中国法制出版社,2012年版,第24页。

〔5〕 Kuehnle W. H. Standards of Evidence in Administrative Proceedings. 49 N. Y. L. Sch. L. Rev. 829,845(2004-2005).

〔6〕 [日]谷口安平:《程序的正义与诉讼》,王亚新、刘荣军译,中国政法大学出版社,2002年版,第12页。

为了彰显程序的内在价值和外在价值，程序分离原则包括两方面要求（见图 1）：

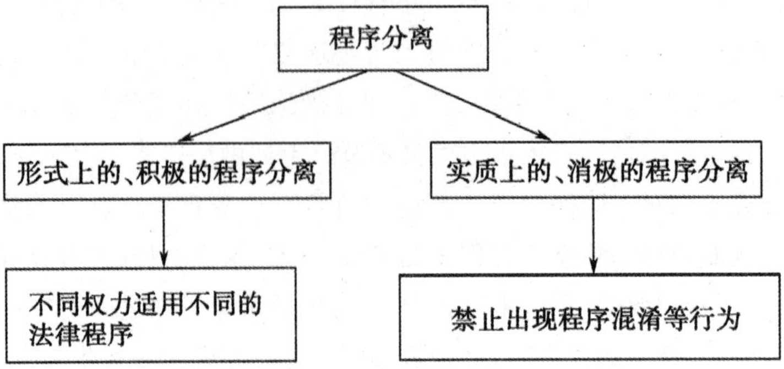

图 1　程序分离原则的基本要求

一是形式上的、积极的程序分离，是指立法上应当针对不同的权力制定不同的法律程序规则并分别适用。如针对行政执法，制定《行政程序法》，在治安处罚、行政许可等领域，还存在针对特定领域的执法程序规定。根据我国法律规定，公安机关同时具有行政执法权和刑事侦查权，为了有效区分不同权力的行使，公安部分别制定了《公安机关办理行政案件程序规定》（以下简称《办理行政案件程序规定》）和《公安机关办理刑事案件程序规定》，在办理行政案件、刑事案件时分别适用不同的法律程序规定。《办理行政案件程序规定》中还对案件性质无法确定时的法律程序选择问题作了规定。形式上的或者积极的程序分离属于广义的立法层面事项，强调相关主体（广义的立法者）应当积极制定相关法律程序并以一定形式（如法律、法规、规章、规定或其他规范性文件等方式）呈现，是程序分离原则第一层次的要求。

二是实质上的、消极的程序分离，是指在法律实践层面，各类法律适用主体应当保障不同法律程序在运行中实质独立，不得实施程序混淆、程序借用等行为。实质上的、消极的程序分离反对的是损害程序分离原则的行为；鼓励法律适用主体实施一定行为促进不同法律程序之间的区分。我国公安机关通过内部机构（刑事侦查大队、经济侦查大队、治安大队等）的区分，使被调查人可通过对警察组织或者公安机关内部机构及其人员身份的识别，较容易地判断警察行使的到底是行政权还是刑事司法权力。上述做法有利于保障实质上的、消极的程序分离原则得以贯彻。实质的程序分离原则反对以下几方面的实践：第一，程序之间的混淆。这是指将不同性质的法律程序相互混淆，其实质是权力混淆、权力越位。例如，我国司法实践中公安机关与其他行政机关进行的联合执法活动就存在着权力越位、程序混淆等情形。〔1〕第二，程序之间的借用。这是指借用其他法律程序的措施实现本法律程序的目的〔2〕。较为典型的是前面提及的借用较为宽松的行政执法措施办理刑事案件的行为。〔3〕

---

〔1〕吴鹏，范学臣：《“联合执法”的问题及完善路径》，《中国行政管理》2006 年第 5 期。

〔2〕需要说明的是，这里所说的程序借用，仅指故意借用其他程序措施以规避法律规定的行为。在实践中，公安机关先以行政案件处理，后来发现相关行为涉嫌犯罪而转为刑事案件的，是正常的执法行为。

〔3〕实践中，公安还可以借用治安拘留措施“以拘代侦”、利用审批劳教的权力“以劳代侦”，参见刘忠：《读解双规：侦查技术视域内的反贪非正式程序》，载《中外法学》2014 年第 1 期。

第三，程序之间的规避。在同一法律程序中，由于法律上对于不同程序主体的权利保障不同，司法实践中还存在着程序规避的情形，也属于权力滥用的情形。主要表现为通过故意将涉案人归入某一程序主体，实现规避涉案人本应享有的权利保障的目的。例如，在刑事诉讼中，将本应作为犯罪嫌疑人的某甲列为证人。由于证人负有真实作证的义务，其难以行使“不被强迫自证其罪”或“沉默权”等犯罪嫌疑人享有的权利。上述做法弱化对某甲的诉讼权利保障，使其在法律程序中处于不利境地，属于比较典型的“程序规避行为”。在同一主体享有多种不同权力时，程序分离原则可以进一步区分为内部的程序分离和外部的程序分离；前者是指同一权力主体内部不同权力适用程序的分离，后者是指该权力主体与其他权力主体之权力适用程序的分离。比较而言，内部的程序分离规范的重点是实质的程序分离的违反；在外部的程序分离方面，虽然“联合执法”“提前介入”等做法也可能违反实质程序分离，但其重心在于不同法律程序之间的外部制约。

需要重点说明的是，上述对程序分离原则的论述更多停留在理论层面，忽略了实体法目标、法律程序运行成本等多元影响因素，因此具有一定局限性。虽然不同法律程序在具体程序目的上存在差异，但在程序设计、程序运行中不应当将程序分离原则绝对化。程序分离原则存在着割裂法律程序、提高法律适用成本等内在缺陷。在具体实践中，法律程序的设计，一方面应当遵循程序分离原则，另一方面，鉴于违纪、违法、犯罪等不同行为存在彼此交错之现实情形，以及不同法律程序在程序目的上具有深层次上的一致性（如对公正之追求）或者构建统一、高效法律制度之目标，必须重视不同法律程序的有效衔接问题，只有这样，才能有效实现共同追求之制度目标。下面将首先阐释监察委员会的复合性调查权，然后分析监察委员会的内部程序分离与衔接。鉴于监察委员会与检察机关、公安机关、审判机关等机关之间的外部程序分离问题学者已经作了诸多探讨，限于篇幅，本文不将其纳入讨论范围。

二、监察委员会享有复合性调查权

关于监察权的性质，学界存在着独立国家权力（独立于立法权、司法权、行政权之外）、行政权、立法权等不同观点。[1] 本文认为，监察权的性质与一国的法律传统、宪法规定及具体制度设计等密切相关，我国试点改革中的监察权性质还有待讨论。根据《试点决定》的内容，无论我国监察权属于何种性质，事实上都形成了由专门反腐败机构对职务犯罪进行调查的制度现实。[2] 在试点改革中，监察委员会享有政务违纪违法调查和职务犯罪调查的复合性权力。

一方面，监察委员会享有政务违纪违法调查权。监察委员会的设立是为了实现对所有公职人员的全面监督。根据《试点决定》的规定，监察委员会享有政务违纪违法调查权。其具体包括两方面的调查权：一是政务违纪调查权，是指监察委员会有权调查被监察人是否

〔1〕 张建伟：《法律正当程序视野下的新监察制度》，《环球法律评论》2017 年第 2 期。
〔2〕 熊秋红：《监察体制改革中职务犯罪侦查权比较研究》，《环球法律评论》2017 年第 2 期。

存在违背依法履职、秉公用权、廉洁从政等行为；按照既往纪检监察工作的规范和实践，对于违纪行为的调查处理一般称为“检查”，《试点决定》沿用了这一表述。因此，监察委员会享有针对被监察人是否存在违背依法履职、秉公用权、廉洁从政等行为的调查权。二是政务违法调查权，是指监察委员会有权调查被监察人“涉嫌贪污贿赂、滥用职权、玩忽职守、权力寻租、利益输送、徇私舞弊以及浪费国家资财等职务违法行为”。目前，在监察委员会享有政务违纪违法方面的一般调查权上争议不大，争议之处在于监察委员会是否享有或实际享有职务犯罪侦查权。

另一方面，监察委员会享有职务犯罪调查权。从《试点决定》及相关表述来看，监察委员会可以“调查”国家公职人员“涉嫌贪污贿赂、滥用职权、玩忽职守、权力寻租、利益输送、徇私舞弊以及浪费国家资财等职务违法和职务犯罪行为”，并未使用“侦查”一词。但从学理上分析，陈光中教授指出，“针对职务犯罪的特殊调查，相当于原来的职务犯罪的刑事侦查”。〔1〕具体言之，这一观点的相关理由包括：

首先，在职能设定上，《试点决定》中规定，“将试点地区人民政府的监察厅（局）、预防腐败局及人民检察院查处贪污贿赂、失职渎职以及预防职务犯罪等部门的相关职能整合至监察委员会”。从文本解释来看，《试点决定》中并未规定将政府的监察机构、预防腐败机构与人民检察院查处贪污贿赂、失职渎职以及预防职务犯罪等部门“转隶”至监察委员会，其核心是要求将上述部门的“相关职能”纳入其中。《试点决定》中使用“相关职能”而非“职能”的表述表明，“是否将检察院反贪、反渎和预防职务犯罪等部门的全部职能都整合到监察委员会”还需要讨论，这也为监察体制的下一步改革预留了制度空间。根据相关规定，人民检察院反贪、反渎部门依法享有对贪污贿赂犯罪、渎职侵权犯罪的刑事侦查权，因此，试点地区的监察委员会对相关职务犯罪也具有侦查权限。

其次，在调查权限上，《试点决定》中明确规定，试点地区监察委员会“调查涉嫌贪污贿赂、滥用职权、玩忽职守、权力寻租、利益输送、徇私舞弊以及浪费国家资财等职务违法和职务犯罪行为”。这里使用了“调查”一词而非“侦查”。从语义上看，在中英文的语境中，前者的含义都要大于后者。在英文中，虽然 investigation 也包含有“侦查”的意思，但是 criminal investigation 被更广泛地运用于对“刑事侦查”的界定。在中文语境中，“调查”一词被用于描述所有领域调查核实的活动，而“侦查”一词被特定为针对刑事案件的专门调查活动。本文认为，“调查”之用语本身并不排斥“侦查”，我国香港廉政公署的相关文件中也使用了“调查权”一词，其中包含了诸多的刑事诉讼中的侦查权限。

再次，在调查措施上，是否有权适用刑事侦查措施，也是辨认相关主体是否享有或实际享有职务犯罪侦查权的重要方面。按照我国刑事诉讼法的规定，只有在刑事立案后，法定主体才可以适用刑事诉讼法上的强制性侦查措施，否则属于违法办案。但在不存在独立的刑事立案程序的国家或地区，按照强制侦查原则的要求，侦查机关一旦发现足够犯罪嫌疑，就

〔1〕 陈光中：《关于我国监察体制改革的几点看法》，《环球法律评论》2017 年第 2 期。

必须启动刑事侦查。在这些国家或地区，刑事侦查是一种事实行为[1]，表现为一定刑事侦查措施的采取，尤其是强制性侦查措施的启动，如讯问、查封、冻结、扣押、搜查、监听、监视等。《试点决定》中规定，试点地区的监察委员会可采取谈话、讯问、留置等措施。讯问、询问、查封、冻结、搜查、扣押、勘验、检查、鉴定在我国《刑事诉讼法》及相关司法解释上也有所规定。因此，虽然《试点决定》使用了"调查措施"的概括表述，仍可辨别出其中包含了部分刑事侦查措施。

最后，在实践需要上，《试点决定》中规定，在试点地区调整和暂停部分法律的适用。结合《试点决定》的内容可知，这些条文主要涉及检察机关在刑事诉讼中对直接受理案件的管辖和侦查权限（《刑事诉讼法》第3、18条、第2编第2章第11节）、检察机关对直接受理案件进行侦查的有关规定（《中华人民共和国人民检察院组织法》第5条第2项、《中华人民共和国检察官法》第6条第3项）和检察机关对技术侦查措施的使用（《刑事诉讼法》第148条）等。根据上述规定，在试点地区，相关法律规定暂停适用后，检察机关将不再享有对职务犯罪的侦查权。在部分检察人员"转隶"到监察委员会后，如果不允许试点地区监察委员会行使职务犯罪侦查权，将形成职务犯罪立案管辖权上的"真空地带"，这与打击腐败犯罪的现实需要直接相悖。从浙江省等地的试点情况来看，"转隶"后的检察人员仍然在履行职务犯罪侦查职责。因此，从实践需要角度出发，试点地区的监察委员会也享有针对职务犯罪进行侦查的权力。[2]

综上，试点地区的监察委员会享有政务违纪违法调查权和职务犯罪调查权的复合性权力。[3] 按照程序分离原则的要求，一方面，两种不同性质的调查权在运行上应当适当分离；另一方面，鉴于违纪、违法和犯罪又具有行为上的牵连性，两种调查权在打击腐败方面具有目的上的一致性，还应当重视两种调查权的程序的有效衔接。因此，在未来的《中华人民共和国监察法》中，应当明确监察委员会的调查权具有复合性。

三、监察委员会试点运行中的程序分离

在监察体制改革过程中，中央明确要求要强化对监察机关权力行使的监督和制约。贯彻程序分离原则有助于促进监察机关依法履职，规范权力运行，也有助于提高办案质量，强化国家对腐败行为的治理。[4] 具体言之，监察委员会试点运行中的程序分离包括两个方面。

---

〔1〕 傅美惠：《侦查法学》，中国检察出版社，2016年版，第14页。

〔2〕 熊秋红：《监察体制改革中职务犯罪侦查权比较研究》，《环球法律评论》2017年第2期。

〔3〕 监察委员会享有不同性质调查权已形成一定的共识。参见陈光中：《关于我国监察体制改革的几点看法》，载《环球法律评论》2017年第2期；熊秋红：《监察体制改革中职务犯罪侦查权比较研究》，载《环球法律评论》2017年第2期。

〔4〕 吴建雄：《监察委员会的职能定位与实现路径》，《中国党政干部论坛》2017年第2期。

(一) 形式上的、积极的程序分离方面

诚如前述，监察委员会在办案上享有针对所有公职人员的政务违纪违法调查权和针对国家工作人员职务犯罪行为的刑事调查权。按照程序分离原则的要求，两种权力的法律依据和法律性质等方面都有所不同，应分别适用不同的法律程序。对此，在试点之前，我国制定了《中华人民共和国行政监察法》(以下简称《行政监察法》)、《刑事诉讼法》等法律、法规，并分别适用于政务违纪违法调查和刑事侦查领域(见图 2)。

	法律依据	程序性质	程序目的	程序结构	程序主体	调查措施	程序权利	程序结果	程序救济
政务违纪违法调查	《行政监察法》及相关规定	行政程序范畴	促进行政高效、廉洁	两方结构	监察人员—监察对象	询问、查询、冻结、调取等	被监察部门、人员有权陈述、申辩	政务处分：警告、记过、记大过、降级、撤职、开除	申诉、申请复核
刑事侦查	《刑事诉讼法》及司法解释、规章	刑事司法范畴	打击犯罪、保障人权	准三方结构	侦查机关—犯罪嫌疑人—监督机关	讯问、搜查、技术侦查等	犯罪嫌疑人享有多种诉讼权利	可能带来刑罚	申请侦查监督、提出证据排除申请等

图 2　政务违纪违法调查与刑事侦查比较

从图 2 的对比可知，对于政务违纪违法调查权和刑事侦查权的行使，立法机关分别制定了不同的法律依据，一是《行政监察法》及相关规定，二是《刑事诉讼法》及相关司法解释、(公安部的)规章、其他法律文件[1]等。政务违纪违法调查与刑事侦查在程序性质、程序目的、程序结果方面的差异，决定了两者在具体制度方面的差异。在程序性质、程序目的方面，政务违纪违法调查属于行政权的运行范畴，刑事侦查属于刑事司法权的运行范畴。前者的运行目的是促进行政的高效与廉洁，“保证政令畅通，维护行政纪律，促进廉政建设，改善行政管理，提高行政效能”；[2]后者的运行目的是查明犯罪事实、查获犯罪嫌疑人，在此基础上实现惩罚犯罪与保障人权的双重目的。在程序结果方面，行政监察程序可能带来一定的政务处分，而刑事侦查可能导致犯罪嫌疑人、被告人承受刑罚的不利后果。刑事侦查措施比政务违纪违法调查措施的种类更多(如讯问、匿名侦查、控制下交付等)，对涉案人的宪法权利也更具有侵入性(如各类技术侦查措施的使用)。按照程序法理，某一法律程序运行及其结果所涉权益愈是重大，其程序设计愈应严格。[3] 因此，刑事诉讼程序更为严格，行政监察程序与之相比，较为宽松。由于刑事诉讼涉及的犯罪嫌疑人、被告人的权益重大，国际刑事司法文件中也更为关注犯罪嫌疑人、被告人基本诉讼权利的保障，根据《公民权利与政治权利国

---

〔1〕 例如，最高人民法院、最高人民检察院等出台的《关于实施刑事诉讼法若干问题的规定》。

〔2〕《行政监察法》第 1 条。

〔3〕 陈瑞华：《程序正义理论》，中国法制出版社，2010 年版，第 6 页。

际公约》第 14 条、《欧洲人权公约》第 6 条的规定，犯罪嫌疑人、被告人享有无罪推定、获得律师帮助、获得免费翻译、不被强迫自证其罪等基本诉讼权利。我国《刑事诉讼法》中也对犯罪嫌疑人、被告人享有的各项诉讼权利作了规定。而在行政监察程序中，被监察人员并不享有无罪推定、获得律师帮助、获得免费翻译、不被强迫自证其罪等权利。根据行政正当程序的要求，其享有的一项重要权利是陈述意见的权利，我国《行政监察法》第 34 条也规定，被监察部门和人员有权进行陈述和申辩。

综上，《试点决定》中暂停《行政监察法》和《刑事诉讼法》部分条文的适用，主要是为了支持试点地区进行制度探索。但从贯彻程序分离原则，促进权力规范行使的角度出发，试点运行中仍应当重视两种调查权运行程序的不同。具体言之，在试点地区，应当分别规定政务违纪违法调查程序和职务犯罪调查程序。在相关立法上，可以在《行政监察法》及相关法律文件的基础上规定新的政务违纪违法调查程序；对于职务犯罪调查程序的规定有两个方案可供参考：一是在立法中直接规定职务犯罪调查程序，并重视其与刑事诉讼法的衔接；二是借鉴香港廉政公署的经验，制定反贪污特别刑事程序，将该立法作为刑事诉讼法的特别法。在特别法未规定时适用一般法(刑事诉讼法)的规定。〔1〕

(二) 实质上的、消极的程序分离方面

实质上的和消极的程序分离强调的是政务违纪违法调查和职务犯罪刑事调查在具体实践中相互分离，执法主体不得实施程序混淆、程序借用、程序规避等行为。这对于监察委员会试点运行的程序化、规范化运行具有重要意义。依笔者浅见，为了实现两者的实质分离，在监察委员会试点运行中，应当重视如下方面。

1. 程序主体的分离

政务违纪违法调查、职务犯罪调查在程序主体上应当保持分离。这主要包括三方面的要求：一是政务违纪违法调查主体与职务犯罪调查主体相互区分。根据现行《刑事诉讼法》的规定，职务犯罪案件应当由检察人员进行侦查。根据《中华人民共和国检察官法》第 2 条的规定，检察人员的范围较为宽泛，包括各级检察机关的检察长、副检察长、检察委员会委员、检察员以及助理检察员。在当前司法改革的背景下，这里检察人员应当包括进入员额的检察官和检察官助理，书记员能否属于检察官的范畴还需要讨论。同时，检察官的任职资格中包括必须通过国家统一司法考试的要求。本文认为，在检察机关反贪污贿赂部门、反渎职侵权部门、职务犯罪预防部门的相关职能“转隶”监察委员会之后、《中华人民共和国监察法》出台之前，为了确保案件质量，仍应当按照刑事诉讼的一般规定，要求职务犯罪调查只能由具备特定法律资格的主体承担。二是政务违纪违法调查主体与职务犯罪调查主体相互独立。政务违纪违法调查主体不得参与职务犯罪调查主体才有权实施的程序活动，反之亦然。三是政务违纪违法调查主体与职务犯罪调查主体地位平等。〔2〕这一要求与中央对纪检监察工作的要求是一致的。在十八届三中全会之后，“中央调整了反腐败有关部门的职能定

---

〔1〕 熊秋红：《监察体制改革中职务犯罪侦查权比较研究》，《环球法律评论》2017 年第 2 期。

〔2〕 何家弘：《中国反腐治标论》，《法学杂志》2015 年第 10 期。

位，中纪委对构成犯罪的案件一律移交司法机关查处，并且不再负责案件的具体指挥协调工作”。

2. 程序事项的分离

如前所述，根据《试点决定》的规定，监察委员会享有政务违纪违法调查权和职务犯罪调查权。在监察委员会享有复合性调查权的情形下，可以借鉴公安机关的做法，通过内部机构或办案机构的分立，区分监察委员会调查中的不同程序事项，以贯彻实质上的、消极的程序分离原则。

从试点地区的实践来看，北京市、山西省等地监察委员会的内设机构，仍然保持了第一纪检监察室、第二纪检监察室等内部办案机构的设置，将从检察机关“转隶”到监察委的人员编入不同的办案部门，未设立新的调查部门。本文认为，为了有效贯彻党中央提出的“法治反腐”的要求，应当通过监察委员会内设机构的分立促进实质程序分离的实现。有两种方案可以选择：第一种方案是监察委员会内设机构中设立信访室、案件监督管理室、政务违纪违法调查室、职务犯罪调查室、案件审理室等不同业务部门。其中，信访室接受所有政务违纪违法、职务犯罪线索；案件监督管理室对线索进行核查并根据不同性质进行立案；政务违纪违法调查室负责调查所有公职人员的政务违纪违法行为；职务犯罪调查室负责对国家工作人员职务犯罪进行调查；案件审理室负责的内容是对政务违纪违法案件进行处理和涉嫌犯罪案件的移交。（见图 3）[1]第一种方案的核心是政务违纪违法调查机构和职务犯罪调查机构的分立。

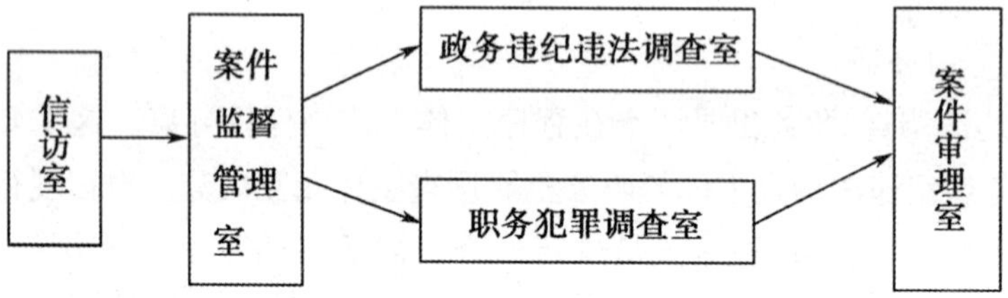

图 3　监察委员会办案基本流程构想

第二种方案是部分试点地区的当前做法。即监察委员会不再新设立办案机构或者调查机构，保持原有第一纪检监察室、第二纪检监察室等科室，赋予每一个纪检监察室全面的调查权，既包括政务违纪违法调查权，也包括职务犯罪调查权。但是，在同一纪检监察室内部设立不同的办案组织，设立较为严格、健全的内部工作机制，规范不同调查权的行使。从理论上看，这两种方案都有助于促进不同调查权的独立行使，都有助于保障政务违纪违法调查与职务犯罪调查之间的合理分工、适度分离。在制度选择上，第一种方案更切合程序分离的

〔1〕 考虑到合署办公的需要，监察委员会的内设机构参考了纪检监察部门的内设机构设置，一些内设机构名称继续沿用，参见 http://fanfu. people. com. cn/n/2014/0317/c64371 - 24650193. html，最后访问日期：2017 年 4 月 11 日。有论者还主张设立职务犯罪侦查合作部门，参见沈思：《国家监察体制改革中法治保障初步思考》，《中国纪检监察报》2017 年 2 月 15 日第 8 版。

要求，但在实践上存在着难以应对腐败行为复杂性的缺陷；第二种方案具有实践优势，有助于促进高效反腐目标的实现。

3. 调查措施的分离

根据《试点决定》的规定，监察委员会可采取谈话、讯问等 12 项调查措施。其中，讯问、询问、查封、冻结、搜查、扣押、勘验、检查、鉴定在《刑事诉讼法》上有所规定。《监察机关调查处理政纪案件办法》在"调查"一章中规定了询问、调取、查核、暂停支付、勘验、检查、鉴定等调查措施。"留置"被认为是一种新的调查措施。

本文赞同，在"调查措施"这一名称上，应当将政务违纪违法调查与职务犯罪调查相区分，以免在实践中带来刑事诉讼法上相关规定不适用的"法律规避"行为。〔1〕除此之外，在试点改革和相关立法中，还应当对不同性质的调查措施作适当区分。具体言之，一是不同程序中的调查措施应有所区别，即使是同一名称的调查措施也应加以区分。例如，行政监察程序中的鉴定与刑事诉讼中的鉴定有所不同。根据《刑事诉讼法》的规定，司法鉴定是由公安司法机关指派或聘请的鉴定人运用专门知识对诉讼中涉及的专门性问题进行鉴别、判断并提供鉴定意见的活动。在鉴定人方面，我国对司法鉴定人实行登记注册制，不属于鉴定人名录的主体不得担任鉴定人，对司法鉴定意见应当着重审查鉴定机关和鉴定人的资质、鉴定程序的合法性等方面。由于在证明目的、证明对象、证明标准等方面都有所不同，行政监察程序中的鉴定则无需像司法鉴定一样严格。如果要求行政监察程序中的鉴定履行司法鉴定的严格手续，将严重损及程序效率。二是在分别规定的基础上，政务违纪违法调查措施、刑事调查措施的设定应当遵循比例原则。由于程序性质、程序目的的不同，政务违纪违法调查措施对于被监察对象的权利干预应当小于刑事调查措施对于被追诉人的权利干预，政务违纪违法调查措施应当比刑事调查措施更为宽松。三是不同程序中的调查措施服务于不同的调查目的。政务违纪违法调查措施的适用是为了发现违反政纪或者违反相关行政法律的事实，而刑事调查措施则是为了发现犯罪事实以有效惩罚犯罪，因此，不宜将政务违纪违法调查措施用于刑事调查目的。最高人民检察院《关于人民检察院在办理直接立案侦查案件工作中加强安全防范的规定》第 10 条也作出过类似规定："不得借用其他机关的行政、纪律措施控制犯罪嫌疑人、被告人，不得参与其他机关对违法违纪人员的看管。"

四、监察委员会试点运行中的程序衔接

我国监察体制改革的重要目标就是通过非刑事手段和刑事手段并用，形成反腐败的合力，〔2〕构建集中统一、权威高效的国家监察体系。因此，在强调监察委员会试点运行遵循程序分离的同时，还应当重视政务违纪违法调查与职务犯罪刑事调查的程序衔接，以促进上述改革目标的实现。具体言之，包括如下几方面。

〔1〕 张建伟：《法律正当程序视野下的新监察制度》，《环球法律评论》2017 年第 2 期。

〔2〕 吴建雄：《监察委员会的职能定位与实现路径》，《中国党政干部论坛》2017 年第 2 期。

（一）人员方面，建立岗位、人员交流机制

为了强化政务违纪违法调查与职务犯罪调查的衔接，在各级监察委员会，可以由一名副主任主管调查工作，既包括政务违纪违法调查，也包括对职务犯罪的调查。上述做法并不违背程序分离原则，程序分离要求的是法律依据的分离（形式上的程序分离）和程序之间的相互独立，不得出现程序混淆、程序规避等行为（实质上的程序分离）。在我国司法实践中，公安机关负责人统管治安工作和刑事侦查工作，法院副院长可以同时分管民事审判和刑事审判工作，类似做法长期存在，并不违反程序分离的要求。另一个重要的方面是，建立不同调查科室的领导、工作人员的工作交流机制。政务违纪违法调查室领导在一定期限后可以担任职务犯罪调查室领导，职务犯罪调查室领导也可担任政务违纪违法调查室领导。在工作人员方面，职务犯罪调查人员可以转任政务违纪违法调查部门，如果政务违纪违法调查人员具备职务犯罪调查人员的资格，也可以到职务犯罪调查部门任职。人员交流机制有助于提高调查人员的业务能力。

（二）专业培训方面，加强不同调查人员的统一培训

政务违纪违法调查与职务犯罪调查的衔接可以进一步区分为两个方面：一是政务违纪违法案件转化为职务犯罪案件；二是职务犯罪案件转化为政务违纪违法案件。因此，政务违纪违法调查人员不仅要掌握行政监察方面的法律规定、证据要求，还应当熟悉刑事诉讼法及其司法解释、相关法律文件的规定。对于职务犯罪调查人员而言，也应当熟悉行政监察法律、政策与证据要求。司法实践中，双方人员对于相关规定、证据要求不熟悉，是造成纪检监察和刑事诉讼衔接不畅的一个重要原因。为了解决上述难题，最好的方式是加强对不同调查主体的统一知识培训，打造具有共同知识背景的执法共同体，提升执法人员的专业化能力。〔1〕这具体可包括三方面的内容：(1) 反腐败领域法律、政策方面，对于党的政策、相关法律规定、国际条约等进行学习；(2) 反贪取证技能提升方面，包括侦查学、讯问学、犯罪心理学、物证技术学、司法鉴定、电子取证等方面的知识；(3) 金融知识、审计知识等，其中较为重要的是证据收集、保全、保管、运用方面的知识。在当前监察委员会试点改革的过程中，为了促进人员融合和工作能力提升，两方面的培训尤其重要：一是针对检察机关"转隶"人员进行党纪、党规知识培训，深入学习党的纪检监察知识；二是加强纪检监察人员刑事法律、职务犯罪调查知识的学习。〔2〕

（三）工作机制上，建立不同调查处室的衔接机制

为了加强不同调查主体的通力合作，形成打击腐败犯罪的制度合力，还应当建立不同调查程序的衔接机制，主要包括：

---

〔1〕 这也是促进反腐败机构专业化的重要方面，参见任建明、杨梦婕：《国家监察体制改革：总体方案、分析评论与对策建议》，载《河南社会科学》2017 年第 4 期。

〔2〕 有论者指出，纪检监察人员、检察机关办案人员在知识和办案方面各有欠缺，参见刘振洋：《论国家监察体制重构的基本问题与具体路径》，载《法学》2017 年第 5 期。监察委员会试点中人员融合的重要性，参见黄武：《做好深度融合这篇大文章》，载《中国纪检监察》2017 年第 13 期。

一是明确案件移送的标准。明确案件移送的标准既有利于促进政务违纪违法案件与刑事案件在程序起点上的分离，也有利于促进两类案件的程序衔接。具体言之，包括政务违纪违法调查中发现涉嫌犯罪的移送和职务犯罪调查中发现政务违纪违法线索的移送。关于第一方面，《行政监察法》第 44 条规定，监察机关办案中发现“涉嫌犯罪”的，应移送司法机关，但未规定“移送时间”。《监察部、公安部关于监察机关在查办案件中公安机关予以协助配合的问题的通知》(以下简称《协助配合通知》)〔1〕第 2 条规定，“已构成犯罪”且应由公安机关管辖的，应及时移送公安机关。因此，在涉嫌犯罪案件的移送问题上，相关法律文件中确立了犯罪嫌疑的标准；在移送的时间上，则存在“及时”和“适时”等不同规定。本文认为，在政务违纪违法调查中发现涉嫌犯罪的，应当将案件及时移交其他办案处室，不得继续进行调查，在立法上规定具体时限更好(比如 3 日或 5 日内)。关于职务犯罪调查中发现政务违纪违法线索的移送，《中共中央纪委、最高人民检察院、监察部关于纪检监察机关和检察机关在反腐败斗争中加强协作的通知》(以下简称《加强协作通知》)〔2〕中规定，检察机关在办案中发现的违反党纪、政纪线索，应适时向纪检监察机关移送。在未来立法中，也应当将“适时”改为“及时”，并规定具体时间。

二是明确案件交叉时的办案原则。在监察委员会试点过程中，必然存在某一案件既涉嫌政务违纪违法也涉嫌犯罪的情形。如果发现政务违纪违法与涉嫌犯罪有交叉的情形，应当确立如下原则：(1) 分别调查。如果政务违纪违法行为和涉嫌犯罪行为属于不同行为，办案处室应当及时将犯罪线索移送给相应部门。不同科室可以对同一涉案事实进行分别调查，即刑事调查和政务违纪违法调查同时进行，并且在证据、信息等方面可以共享。〔3〕(2) 协助调查。如果行为人的政务违纪违法行为和涉嫌犯罪行为属于同一行为，在政务违纪违法调查部门将案件移送职务犯罪调查部门后，职务犯罪调查部门可以要求政务违纪违法调查部门协助调查，但政务违纪违法调查人员不得使用刑事诉讼手段(刑事调查措施、刑事强制措施)，更不得假借政务违纪违法调查手段获得刑事证据。协助调查的方式在我国《行政监察法》中也有所规定，如《行政监察法》第 22 条规定，监察机关在办案中可要求有关行政部门、机构协助，但不包括检察机关和审判机关。因此，在“涉嫌犯罪应及时移交职务犯罪调查部门”的移送标准下，实质上确立了同一涉案事实刑事处理优先的原则，这里说的协助调查，仅限于政务违纪违法调查部门协助职务调查部门进行案件调查。(3) 联合调查。必要时的联合调查，有助于借助不同调查部门的权限和及时信息沟通的优势，尽快查清案件。既往的法律文件也规定了监察机关与侦查机关在一定条件下可以联合调查。《加强协作通知》中规定，对于查处有阻力或涉及党纪、政纪、法纪交叉的大案要案，一定条件下可由纪检监察机关和检察机关联合调查。《协助配合通知》中也规定了监察机关与公安机关的联

〔1〕 监发〔1989〕31 号。

〔2〕 高检会〔1993〕31 号。

〔3〕 也有学者将这一方式称为“并行衔接模式”，参见宋小海、孙红：《国家监察体制改革试点的初步研究》，载《观察与思考》2017 年第 2 期。

合办案问题。在监察委员会试点过程中，仍可沿用上述联合调查的规定，但必须严格限于特定案件。除了上述几个方面外，在特别重大贪腐案件指定管辖、抽调办案人员进行侦查等实践经验的基础上，试点地区还可以探索设立专案调查制度，但需要在立法上严格限定专案调查中的人员构成、职责权限和运行程序等。

（四）证据方面，重视不同证据的衔接和统一证据保管库的建设

在证据衔接方面，《刑事诉讼法》第 52 条规定，行政机关在执法办案中收集的物证、书证、视听资料、电子数据等，可作为刑事证据使用。这里的行政机关应包括监察委员会中的政务违纪违法调查部门，但并不包括党的纪检机关。〔1〕因此，政务违纪违法调查所获得的物证、书证、视听资料、电子数据可以直接进入刑事诉讼，作为刑事证据使用；而党的纪检机关获得的物证、书证、视听资料、电子数据仍需履行传统司法实践中的"转化"手续。关于统一的证据保管方面，在监察委员会内部设立统一的证据保管库。针对政务违纪违法证据、刑事证据按照分类保管、专人保管等要求进行妥善保管，既有利于防止相关证据丢失、毁损或者被污染，也有助于促进案件查处的公正性。〔2〕

（五）信息档案方面，建构违反政纪、国法行为人信息档案库

这里所说的信息档案包括三个方面：一是人的信息方面，包括涉案人姓名、年龄、职务等基本信息，还包括涉案关系人的信息（如行贿人信息）；二是涉案行为的基本信息，主要是指违反政纪国法行为的信息，如行为人在何时何地因何情何故，实施了哪些行为或者收取了哪些财物，重点方面是所属领域、行为方式、行为手段等。三是涉案领域、涉案部门的基本信息，属于何种领域、相关领域的制度建设、所属机构或者部门的制度建设、近几年的廉政情况等。上述信息档案在反腐败过程中具有重要意义，其不仅有助于打击腐败犯罪与行为，也有助于犯罪统计与腐败行为的预防。首先，这些记录在一定情形下可以作为日后起诉的刑事证据使用。根据证据法基本原理，"品格不得证明行为"，"一次做贼也不等于终身做贼"。但是，根据美国联邦证据规则 404 的规定，虽然品性证据不可以用于证明被追诉人实施了犯罪行为，但可以用作认定犯罪动机、意图、计划等方面的证据。〔3〕其次，这些记录在以后查处相关领域或者相关人员违法违纪案件时，可以作为重要的背景信息，有助于促进案件事实的查清。最后，这些信息档案，对预防腐败行为、腐败犯罪具有重要作用。通过这些信息可以分析腐败犯罪的多发领域、多发行业、多发年龄段等，可以发现相关单位内部制度建设与腐败犯罪的关联度等，将为我国腐败预防工作的积极开展起到重要作用。

结　语

法律程序具有规范权力行使、促进权力分工、防范权力滥用等多重功能。我国的监察体

〔1〕 石学友：《使用纪委移送的"证据"需依法转换》，《检察日报》2013 年 3 月 29 日第 3 版。

〔2〕 证据保管制度，参见陈永生：《证据保管链制度研究》，载《法学研究》2014 年 5 期。

〔3〕 [美]罗纳德·J. 艾伦：《证据法：文本、问题和案例》，张保生 译，高等教育出版社，2006 年版，第 261 页。

制试点改革，尝试将分散在不同权力体系下的反腐败机构整合成专门的反腐败机构，实现反腐权力从“权力分散”到“权力集中”的制度转变，这一改革对于促进国家治理现代化和全面依法治国的实现具有重要意义。本文立足于试点改革的完善，提出应当重视监察委员会试点权力运行中的法律程序分离问题。从理论上说，法律程序的适度分离有助于促进权力分工，有助于规范权力运行，但是，这一原则也存在着割裂法律程序、增加法律适用成本等内在缺陷，不能将其绝对化。因此，在监察体制改革过程中，必须重视法律程序的有效衔接，以促进改革目的之有效实现。

监察体制改革下行政决策不作为责任追究机制探讨

陈咏梅*

摘　要：行政决策不作为已然的存在、现实的危害与其鲜少被追责的现状呈现出逻辑上的矛盾，其所面临的难题需要制度性的破解。以国家监察体制改革为契机，确立过错兼结果之责任原则，形成异体追责主导的追责模式，建构规范的责任追究监督机制，有助于形成有效的行政决策不作为责任追究机制，实现对行政决策不作为的责任追究，减少和降低其所造成的社会危害。

关键词：行政决策不作为　监察体制改革　过错兼结果责任原则　异体追责主导　责任追究监督机制

党的十八届四中全会要求“建立重大决策终身责任追究制度及责任倒查机制，对决策严重失误或者依法应该及时作出决策但久拖不决造成重大损失、恶劣影响的，严格追究行政首长、负有责任的其他领导人员和相关责任人员的法律责任”；党的十八届六中全会提出，“各级党委应当支持和保证同级人大、政府、监察机关、司法机关等对国家机关及公职人员依法进行监督”；中共中央办公厅《关于在北京市、山西省、浙江省开展国家监察体制改革试点方案》（以下简称《国家监察体制改革试点方案》）指出，“国家监察体制改革是事关全局的重大政治改革，是国家监察制度的顶层设计”。有必要在国家监察体制改革的背景下探讨建构规范的行政决策不作为责任追究机制的新思路，解决行政决策不作为责任追究面临的诸多难题，促进行政决策不作为责任追究的实现。

一、行政决策不作为责任追究机制建构之现实障碍

行政不作为影响结果上的间接性一定程度上遮蔽了其危害性，传统的行政法治更多强调的是对作为状态的行政行为的约束和规范。然而，正如博登海默所言：“正义提出了这样一个要求，即赋予人的自由、平等和安全应当在最大程度上与共同福利相一致”〔1〕，如若法定的行政职责不被履行，正义的实现将因此变得渺茫，对行政不作为法律责任的追究是为应然，在行政决策领域，这一要求更显重要。作为行政管理活动的核心环节，行政决策影响的是或一定群体，或一定地域的相关利益，行政机关依法应该及时作出决策但久拖不决将导致

* 陈咏梅，广东金融学院法律系副教授，法学博士。

〔1〕［美］博登海默：《法理学——法哲学及其方法》，邓正来译，华夏出版社，1987年版，第325页。

应然的行政管理活动无从启动，其危害性与行政决策不当或失误的危害性并无二致，某些情况下当为而不为造成的危害后果甚至更为严重，对行政决策不作为的责任追究具有理论上与法律上的正当性。然而，行政决策不作为已然的存在、现实的危害与其鲜少被追责的现状呈现出逻辑上的矛盾，究其原因，一个重要的因素在于缺乏有效的行政决策不作为责任追究机制，依据已有的行政决策责任追究机制难以实现对行政决策不作为的责任追究。核心的缺陷主要体现为归责原则的模糊性、同体追责主体的弊端以及监督机制的欠缺。

(一) 归责原则的模糊性

归责原则被视为是“对行为人应当承担责任的正当事由的共性特征的抽象和概括”[1]，回应的是对行为人应当基于何种事由进行责任追究，责任主体实施了为归责原则所要求的追责行为为启动行政决策不作为责任追究之必要前提。因统一的行政程序法典及行政决策程序法典的缺乏，现行对行政决策责任追究的规范文本主要体现为党的纪律性文件、地方性法规及相关行政指导文件，以及《中华人民共和国公务员法》(以下简称《公务员法》)、《中华人民共和国国家赔偿法》(以下简称《国家赔偿法》)及《行政机关公务员处分条例》等的相关规定。考察前述的规范文本不难发现：

首先，归责原则多元化，归责标准难统一。如党的纪律性文件规定的给予党纪处分的归责原则应当是违法加结果归责原则[2]，要求责任主体兼有违法行为及损害后果；《公务员法》及《行政机关公务员处分条例》规定的追责原则为违法责任原则[3]，要求责任主体行为违法；《中华人民共和国国家赔偿法》规定的为过错责任原则[4]，追责的前提是责任主体存在主观上的过错；各地对行政决策责任追究归责原则的规定更是各异，基于何种事由启动行政决策不作为的责任追究并无统一的标准，主观性较强，同一事件在不同地方应否予以追责后果不一，容易导致责任追究的懈怠性及责任主体的规避、开脱、委屈心理，也容易引发公众的同情或不满，尤其是相关责任主体发生职务或地域上的变动时，这一后果更为明显。

其次，前述规范文本虽对行政决策责任追究的归责原则进行了规定，但是，一则部分地方仅对行政决策不当或失误的责任追究提出了要求，并未涉及行政决策不作为，兼之上位法规定的原则性，使得追究行政决策不作为的相关责任缺乏可供操作的规范依据；二则相关规范文本虽然对决策归责原则进行了规定，但责任追究程序要求等的规定简单、粗陋，导致归责原则无法落实，加大了责任追究的难度。

最后，这些规范文本均未对条文中作出的造成“重大过失”“重大损失”及“恶劣影响”等的责任要求作出进一步的规定，或进行必要的解释和说明，行政决策不作为是否构成“重大过失”“重大损失”及“恶劣影响”缺乏客观的认定标准，导致对行政决策不作为的责任追究能否被启动处于不确定的状态，难以保证责任追究的落实。

〔1〕 林鸿潮：《公共危机管理问责制中的归责原则》，载《中国法学》2014年第4期。

〔2〕《中国共产党纪律处分条例》第127条的规定。

〔3〕《公务员法》第53、55条，以及《行政机关公务员处分条例》第19、20条的规定。

〔4〕《国家赔偿法》第16条的规定。

（二）同体追责为主导的追责模式之弊端

依据相关规范性文件之规定，有权对行政决策责任主体进行责任追究的追责主体主要包括：① 中国共产党的纪检监察机关和组织人事部门〔1〕；② 全国人大及其常务委员会，以及地方各级人大及其常务委员会〔2〕；③ 国务院及地方各级人民政府〔3〕；④ 人民法院〔4〕；⑤ 权利主体等其他追责主体，主要包括公民、民主党派、新闻媒体、其他社会团体等〔5〕。就形式而言，已经架构起了包含权力追责主体及权利追责主体在内的多元主体体系，形成了涵盖同体追责及异体追责的完整的追责体系，但从责任追究的实践来看，现行追责模式以同体追责为主导，面临追责主体分散、追责弊端难克服、追责效果欠佳等亟待解决的问题。

一是追责主体分散且未能形成追责的合力。基于合法性原则之要求，追责主体仅能对其职权范畴内的特定追责对象进行问责，不能超越其法定的职权范畴，追责对象和追责范畴是有限的。如党的纪检监察机关和组织人事部门的追责对象只能及于共产党员，不能及于党员以外的其他责任主体；国务院及地方各级人民政府的追责对象不能及行政公务人员以外的相关责任主体；人民法院的追责受诉讼范围的限制，且必须遵循"不告不理"的诉讼原则。要保证追责的实际效能，必须形成追责的合力。然而，实践中衔接机制的缺乏使得对责任主体的追责未能实现有效的衔接，极大地限制了追责的实际效果。

二是决策权、执行权、监督权一体的同体追责的弊端难以克服，不仅责之有效的预期较难实现，而且容易导致追责机制的失效。行政不作为因缺乏外在的行为表象，更易在同体追责的模式下逃避对其的责任追究。就行政决策责任追究的具体运作来看，目前对领导干部予以追责的追责主体主要是党的纪检监察机关和组织人事部门，责任承担的方式主要体现为对相关领导干部政治责任的追究，因行政决策引发的刑事责任以及国家赔偿的追偿责任等法律责任很少得到追究，〔6〕实践中几无因行政决策不作为而被追责的范例。

三是异体追责的追责手段有限，未能满足对责任追究的要求，且追责程序不够完善、可操作性不强，难以充分发挥问责的效能，导致实际的追责效果有限。如全国人大及其常务委员会，以及地方各级人大及其常务委员会的追责囿于程序机制等的限制，常常难以实现对相关责任主体的有效问责。

---

〔1〕 可依据《中国共产党纪律处分条例》等的相关规定对违犯党纪应当受到党纪追究的党组织和党员予以党纪处分。

〔2〕 可依据《中华人民共和国各级人民代表大会常务委员会监督法》等的规定以质询、罢免等方式展开对行政决策不作为责任主体的问责。

〔3〕 可依据《公务员法》《行政机关公务员处分条例》，以及各地方制定的行政决策程序规定等对相关责任主体进行问责。

〔4〕 可依据《中华人民共和国行政诉讼法》《中华人民共和国刑事诉讼法》等的规定对涉及行政决策不作为的行为予以相应的责任追究。

〔5〕 这些追责主体虽然不能直接对相关责任主体作出处理决定，但是可以通过向有权的追责主体检举、揭发等的形式促使追责程序的启动。

〔6〕 韩春晖：《行政决策终身责任追究制的法律难题及其解决》，载《中国法学》2015 年第 6 期。

(三) 责任追究监督机制之缺乏

“机制这一概念无论在哪个领域中使用,都体现为某种主体自动地趋向于一定目标的趋势和过程。”[1]相较作为状态的行政决策,行政决策不作为责任追究的复杂性更加要求所建构的责任机制规范、科学、高效,能够最大程度地满足责任追究的需要,在消减决策不作为危害后果的同时,推进权利的保障和发展。如学者所言,“如果无人维护权利,在法律中确立权利将是毫无意义的”[2]。对行政决策不作为责任主体的责任追究当然为责任追究机制的题中应有之义,与此同时,尊重决策不作为责任主体合法的权利要求,对追责主体等的追责行为进行必要的监督,保证责任追究的合法性与适当性,亦为责任追究机制应有之要求。监督机制的建构当为行政决策不作为责任追究机制必要之考量。

实践中对行政决策责任追究已有的探索中,往往强调责任追究的运行机制,缺乏对监督机制的必要关注,不利于责任追究机制目标的完整实现。考察各地业已制定的行政决策程序规定,几无涉及对责任追究监督机制的规定,责任追究能否启动、追究效能能否得到足够的保障缺乏有效的监督与必要的规范支持,责任主体受损的权利能否得到救济等均难以依据现有的规范获得足够的支持。全面推进依法行政,加快建设法治政府,要求保证对行政决策不作为责任追究的客观性、科学性和充分性,建构行政决策不作为责任追究机制,不应缺少监督机制的必要构成。特别是对行政决策不作为而言,是否构成行政决策不作为,应否对其进行责任追究,如果缺乏必要的监督,极易导致责任追究的缺失,助长“懒政”“怠政”等不良风气,因而尤其应当强调对不作为责任追究的监督。

二、行政决策不作为责任追究与国家监察体制改革之契合

“权力趋于腐败,绝对的权力导致绝对的腐败。”[3]对权力的规范和控制素来为党和国家所高度重视,特别是党的十八大以来更是上升到了前所未有的高度。党的十八届六中全会公告首次将监察机关与人大、政府、司法机关并列;《国家监察体制改革试点方案》要求“建立集中统一、权威高效的监察体系”,“构建不敢腐、不能腐、不想腐的有效机制”。以国家监察体制改革为契机,探寻建构行政决策不作为责任追究机制的新思路,形成科学、高效的责任追究机制,有助于切实解决实践中责任追究难落实等的难题,实现对行政决策不作为责任的追究。

(一) 行政决策不作为责任追究与国家监察体制改革目标之契合

《国家监察体制改革试点方案》指出,国家监察体制改革是事关全局的重大政治体制改革,要求形成集中统一、权威高效的监督体制,对本地区所有行使公权力的公职人员依法实施监察,监督检查其依法履职、秉公用权等情况,调查其涉嫌滥用职权、玩忽职守等职务违法

〔1〕 李景鹏:《论制度与机制》,载《天津社会科学》2010 年第 3 期。

〔2〕 [美]麦基文:《宪政古今》,翟小波译,贵州人民出版社,2004 年版,第 62 页。

〔3〕 [英]阿克顿:《自由与权力》,侯建译,商务印书馆,2001 年版,第 342 页。

和职务犯罪行为并作出处置决定,[1]规范权力的运行,对行政权力的规范为国家监察体制改革的重要目标。

就行政决策而言,负有决策义务的行政决策主体应当依法履行其法定职能,在其权限范畴内及时作出行政决策,如果法定的决策主体久拖不决造成重大损失、恶劣影响,则构成行政决策不作为。基于行政决策在行政管理活动中的重要地位,对行政决策主体履责情况的监督当属权力监督的重要范畴,如果行政决策主体的行为构成行政决策不作为,应当对其进行责任追究。行政决策不作为责任追究在实践中的缺位不利于行政法治的推进,缺少对决策不作为责任追究的责任机制是不完整的。对行政决策不作为的责任追究契合了国家监察体制改革的目标要求,实践中行政决策不作为责任追究遭遇的难题可以在国家监察体制改革的框架下寻求解决的方案。

(二) 国家监察体制改革的制度创新对行政决策不作为责任追究之推进

依据《国家监察体制改革试点方案》的规定,在试点的北京市、山西省、浙江省及所辖县、市、市辖区设立监察委员会,将试点地区人民政府的监察厅(局)、预防腐败局,以及人民检察院查处贪污贿赂、失职渎职及预防职务犯罪等部门的相关职能整合至监察委员会。[2] 作为国家监察制度的顶层设计,国家监察体制改革系列的制度创新有助于推进对行政决策不作为的责任追究。

1. 国家监察体制改革的制度创新

(1) 独立于政府之外的统一的监察主体

《全国人民代表大会常务委员会关于在北京市、山西省、浙江省开展国家监察体制改革试点工作的决定》(以下简称《国家监察体制改革试点工作的决定》)对监察委员会的法律地位及法定职权进行了规定,监督委员会为行使国家监察职能的专责机关,统一行使国家监督权,其独立于政府之外,由本级人民代表大会产生,对本级人民代表大会及其常务委员会和上一级监察委员会负责。[3] 统一的、独立于政府之外的监察委员会的设立,标志着其监督已"由行政监察上升为国家监察"[4],这一改变将使目前以同体监督为主导的分散监督的弊端得到根本性的克服。

(2) 监察对象之全覆盖与监察手段之创新

依据《国家监察体制改革试点工作的决定》的规定,试点地区所有行使公权力的公职人员依法履职、秉公用权、廉洁从政以及道德操守情况等均纳入监察的范畴,监察委员会可以采用谈话、讯问、调取、查封、扣押、鉴定、留置等多种监察措施履行其监察职权,监察对象、监察范围、监察手段等得到了明确;《国家监察体制改革试点工作的决定》同时赋予了监察委员会调查权和处置权,有助于解决实践中亟需解决的监察对象范围狭窄、监察范畴不明确、监

---

[1] 《国家监察体制改革试点工作的决定》的规定。
[2] 《国家监察体制改革试点工作的决定》的规定。
[3] 《国家监察体制改革试点工作的决定》的规定。
[4] 吴建雄:《国家监察体制改革的法理思考》,载《学习时报》2016年12月15日,第006版。

察手段有限、监察程序可操作性不足等弊端，保证了监察的实际效果。

(3) 对监督监察委员会之强调

“要防止滥用权力，就必须以权力制约权力。”〔1〕作为国家监察制度的顶层设计，对监督监察委员会的强调彰显监督机制的重要意义。《国家监察体制改革试点方案》要求“强化对监察委员会自身的监督制约”，《国家监察体制改革试点工作的决定》规定，“监察委员会对本级人民代表大会及其常务委员会和上一级监察委员会负责，并接受监督”，明确了监察委员会行使监察权必须接受监督和制约，有利于解决实践中追责能否被启动以及追责效能能否保障等问题。

2. 行政决策不作为责任追究追责模式创新之契机

(1) 异体追责主导的追责模式之形成

行政决策不作为责任追究所面临的追责主体多元化但追责合力未形成，同体追责主导的追责模式难以保证追责的客观性，以及异体追责因手段、程序等的限制效能有限等难题需要制度性的破解，国家监察体制改革提供了责任追究机制建构的良好契机。统一的监察主体、全覆盖的监察对象、创新的监察手段以及可操作的执行程序成为创新行政决策责任追究机制的良好契机。以国家监察体制改革为推进，整合现有的追责主体，丰富追责手段，规范追责程序，形成异体追责主导的追责模式，切实保证追责的效力，实现对行政决策不作为的责任追究。

(2) 行政决策不作为责任追究监督机制之建构

行政决策不作为长期以来鲜少受到追责，有效监督的缺乏显然是一个重要的原因。行政决策不作为因其所特有的缺乏外在的行为表象、危害结果的间接性以及结果呈现的长期性等特点，启动对其的责任追究较行政决策不当或失误更为不易。加强对行政决策不作为责任追究的监督不仅有助于解决行政决策不作为应否被追责以及如何被追责面临的诸种难题，堵塞逃避责任追究的漏洞，而且有助于推进责任追究的合法性和适当性，防止行政决策不作为责任主体及相关当事人的合法权利被不当侵害，其应当为责任追究机制建构的重要构成。国家监察体制改革对制约监督监察委员会的强调既提供了行政决策不作为责任追究机制建构的重要思路，也为监督机制的建构提供了顶层支持。

三、行政决策不作为责任追究机制之必要考量

追责原则、追责模式及追责实效的保障为建构行政决策不作为责任追究机制应予考量之重要要素，应当确立多元化的责任原则，形成异体追责主导的追责模式，并建构起有效的行政决策不作为责任追究保障机制，以形成科学的行政决策不作为责任追究机制，实现对行政决策不作为的责任追究。

〔1〕 [法]孟德斯鸠：《论法的精神》(上)，张雁深译，商务印书馆，1986 年版，第 154 页。

(一) 过错兼结果责任原则之确立

责任并非与生俱来，而是由某种作为担当的 Responsibility 转化而来，确定这些事由的标准和原则，即为归责原则。[1] 归责原则的确立必须兼顾公平性与正当性之双重要求，并有利于责任追究的确定。作为启动行政决策不作为责任追究之前提要求，确立对行政决策不作为责任追究之归责原则应作如下之考量。

其一，行政决策不作为责任主体主观上有过错。行政决策为法定的责任主体基于其职权及职责要求当为之行为，决策的形成应当基于客观之要求，并有形成的可能性。如果客观上缺乏形成决策的可能性，对责任主体的责任追究有违正当性之要求，因此，决策责任主体不应当为客观上不能为之行为承担责任，对其的责任追究只能基于行政决策责任主体因主观上的过错所导致的决策不作为，行政决策责任主体主观上的过错应为其责任承担之起点。

其二，该决策不作为造成了损害结果。这包含三个基本的要素：一是不作为的事实，二是损害的结果，三是不作为与损害结果之间的因果关系。未形成行政决策为行政决策不作为之外在表现，其为一种消极的未行为状态。如果行政决策不作为并未导致损害的产生，对行政决策责任主体的未行为予以追责有违公平性之要求，损害结果之产生为行政决策不作为责任追究之实质要求，如果行政决策不作为导致了损害结果的产生，行政决策不作为责任主体应当为其不作为行为负责。需要考量损害后果的程度要求，现行党的纲领性文件的要求为“造成严重后果、恶劣影响的”[2]，已有的立法规范大都对损害后果规定为“严重后果”，就行政决策在行政管理活动中的地位及其对权利义务的影响来看，这一要求是合理的，因此，需要明确的是对“严重后果”及“恶劣影响”的厘定。建议由中央层面的立法予以统一规定，而不宜由地方自行规定，以避免标准不一及对责任追究的规避。

过错兼结果责任原则兼顾了责任追究的合理性与正当性的要求，将责任程度的界定交由中央层面立法予以统一规定保证了责任追究标准的确定性和统一性，有利于解决目前归责原则不一、损害后果缺乏客观的认定标准的实践难题，落实对行政决策不作为的责任追究，推进对行政决策不作为的规制。

(二) 异体追责主导之追责模式

同体追责难以克服对其客观性的置疑，以同体追责为主导的追责模式要求为异体追责主导之追责模式所替代，通过异体追责主导，同时充分发挥政府内部追责效能的追责模式，克服传统追责模式下决策权、执行权、监督权合一的缺陷，满足对行政决策不作为责任追究的要求。

一是异体追责主导。其包括监察委员会、人大及其常务委员会、人民法院以及权利主体等的追责。监察委员会整合了行政监察机关等相关部门的监察职能，独立于政府之外，作为国家监察体制改革的顶层设计，其对行政决策不作为的责任追究将是行政决策不作为责任追究至关重要的构成，能够克服现有的责任追究的分散且缺乏必要协调等的弊端，形成追责

---

〔1〕 林鸿潮：《公共危机管理问责制中的归责原则》，载《中国法学》2014 年第 4 期。

〔2〕《中共中央关于全面推进依法治国若干重大问题的决定》的规定。

的合力，实现对追责的要求；人大及其常务委员会的追责可以通过完善追责程序等举措提升追责的效力，发挥国家权力机关的追责效能；人民法院的追责可通过扩大行政诉讼的受案范围等措施，加强人民法院的个案监督；权利主体的追责虽不能对行政决策不作为责任主体产生直接的法律效力，但可通过其监督启动监察委员会等权力主体的监察，实现对行政决策不作为责任主体的责任监督，完善政府信息公开制度、公众参与制度、政府回应制度等制度体系，有助于权利主体监督效能的实现。

二是政府内部的追责。基于科层制的管理要求，政府内部的追责仍是行政决策不作为责任追究的重要构成，仍将发挥重要的追责职能，且行政管理活动的专业性特点及效率性要求也需要政府的职能部门承担其职权范围内的追责职能。在异体追责主导的追责模式下，既能够克服传统同体追责的弊端，又有利于发挥政府内部追责及时性、专业性等特有的功能，实现行政决策不作为责任追究的公正性与效率的统一。

（三）监督机制之建构

对行政权力监督的已有实践、国家监察体制改革的价值目标及逻辑安排等提供了行政决策不作为责任追究监督机制建构之基本思路。一是整合现有监督机构的监督职能，含作为执政党的中国共产党的监督、作为权力机关的人大及其常务委员会的监督、作为法律监督机构的人民检察院的监督，以及作为民主监督机构的各级人民政协的监督等，通过必要的程序设计、有效的制度安排及合理的机制衔接等克服现有监督存在的问题，形成监督的合力，提升监督的实际效果。二是采取有效的措施提升监督机制的监督效能，满足对监督的实际需要。可以考虑在人大增设常设的监督委员会，将对行政决策不作为责任追究的监督纳入该监督委员会的职能范畴，对相关追责主体的责任追究行为进行监督，推进行政决策不作为责任追究的启动、进行及效能的落实；同时，充分发挥人民政协民主监督、参政议政的作用，在人民政协内部同步增设专门的监督委员会，承担对行政决策不作为责任追究民主监督的功能，将人大的权力监督与人民政协的民主监督结合起来，全方位地发挥监督的效能。三是重视权利监督广泛性、全面性等特点，充分发挥权利监督的作用，将权利监督与权力监督结合起来，用权利监督弥补权力监督可能存在的不足，全方位地实现对行政决策不作为责任追究的监督。

四、结　　语

《国家监察体制改革试点工作的决定》指出："实行监察体制改革，设立监察委员会，建立集中统一、权威高效的监察体系，是事关全局的重大政治体制改革。"以国家监督体制改革为契机，依托国家监察体制的价值目标及制度创新，深入思考行政决策不作为责任追究之追责原则、追责模式，充分认识监督机制之于责任追究的重要性，将责任追究及对其的监督有机结合起来，从责任追究的启动、进行及实效保证等方面予以考量，形成对行政决策不作为责任追究机制之必要认识，为建构行政决策不作为责任追究机制提供理论支持。

论国家监察委架构下信访制度的转型

高　峰*

摘　要：国家信访制度作为我国一种特色的政治制度，近年来面临“信访潮”的严峻考验，其解决纠纷的职能侵蚀法治生存发展的空间，又因其极低的解纷率而备受质疑。国家监察委制度的改革和出现，整合了国家权力监督体系，但同时也面临处理信访投诉工作量巨大等挑战。国家监察委架构下，两种制度可以有机统一于公民控告检举权，信访制度应回归其民情反馈职能，适当规范和强化其程序分流功能。通过明确诉求分流标准、规范程序等制度建构，发展为公民权利制约国家权力的制度运作形式。信访部门可为监察委提供充足线索，而监察委可以对信访转型后相关公职人员对公民诉求依法依规办理进行监督。

关键词：国家监察委　信访制度　职能转型

我国信访制度历史悠久，它起源于古代的直诉制度。立肺石、挝登闻鼓、邀车驾、上表等是古代最具代表性的直诉方式，采取“击鼓鸣冤”“告御状”等方式，直接向统治者申诉。[1]虽是“信权不信法”的人治思想的体现，但有时可以得到有效回应。新中国成立后，1950 年，中央办公厅秘书室成立，其主要职能是负责接待上访群众，处理群众写给中央领导同志的信件，这被视为新中国信访制度的前身和雏形。1951 年，政务院颁布《政务院关于处理人民来信和接见人民工作的决定》，是我国信访制度化设计的起点。[2] 1963 年，中共中央、国务院发出《国家机关处理人民来信和接待人民来访工作条例》，对信访的功能进行了全面总结，把信访界定为思想政治教育、收集社情民意、调解人民矛盾、群众监督渠道四项功能，并重申人民有写信或上访的民主权利。在计划经济条件和“人治”为主的国家治理模式下，信访发挥了“传声筒”和“减压阀”的作用。但在建设社会主义法治国家的历史背景下，它与法治体系产生剧烈冲突，又因权能所限无法有效回应信访需求，信访机构只能扮演“踢皮球”的角色，制度自身陷入泥潭无法脱身。信访人往往感觉其投诉“石沉大海”，信访的有效回应率和解决率极低。2016 年 12 月 25 日，全国人民代表大会常务委员会第二十五次会议通过了《全国人民代表大会常务委员会关于在北京市、山西省、浙江省开展国家监察体制改革试点工作的决定》，国家监察体制改革的试点和启动，为信访制度在国家监察委架构下的职能转型提供了有利契机。

---

*　高峰，江苏省宜兴市人民法院研究室副主任、审判员，中南财经政法大学博士研究生。

〔1〕　胡铭：《我国古代申诉制度之演进及现代影响》，载《西南政法大学学报》2005 年第 5 期。

〔2〕　赵凌：《中国信访制度实行 50 多年　走到制度变迁关口》，载《南方周末》2004 年 11 月 4 日第 3 版。

一、当前国家信访制度的弊端

信访部门囿于自身制度设计缺陷，很难真正解决信访人的问题，信访部门、信访人和被信访人均陷入信访制度的泥潭中不能自拔。同时，现行信访部门横跨立法、行政、司法等国家机关部门，耗费了大量的社会资源，甚至还衍生出了更多的问题。

（一）信访是权力"人治化"的表现

信访制度为党政、行政机关通过正规渠道干预司法活动提供了制度化的空间，使法律的作用和司法的权威大打折扣。很多通过信访获得高层关注并得到利益补偿的鲜活事例的存在，如湖南的唐慧案，六七年间，其所在镇已在唐慧身上花费达上百万元，使得群众更多地倾向于信访是解决问题的最终手段，并把其作为最后的希望所在。信访使社会纠纷解决机制陷入了"恶性循环"的怪圈：一方面，通过更广泛、更经济的信访制度，公民可以使法律正义的目标，甚至法律外的利益得到实现的可能；另一方面，这种体现执政者体恤民情、关心民众疾苦的制度，虽然可以为党政官员展现"为民做主"的亲民正义形象，但却是以牺牲法治的生存土壤和法律取得合法性基础依托的程序性价值为代价的。〔1〕

从法治国家的根本要求上来说，司法救济应成为公民权利救济最主要和最终的救济手段。在国家整个救济体系中，应贯彻"司法终局"的原则。在所有类型的信访中，涉诉信访对司法权威的危害最大。"法官无上司"的法治原则受到现实的制度化挑战。领导的批示、维稳的需要都有可能使法外权力通过施压启动法律程序，而改变一个既定判决。在涉诉信访面前，司法程序的稳定性、司法裁判的权威性都受到了极大动摇。〔2〕

信访制度本质上是权力"人治化"的表现〔3〕，法律与信访的并存，实质是法治与人治的共存。一个国家出现违背法治的人治现象不足为奇，但在法治国家，这种博弈的最终结果是法治战胜并纠正人治。如果在一个国家，法治无法抵挡人治，法律无法战胜权力，即使这个国家有众多成文法律，但本质上还是人治的。这足以危及和摧毁公民的法律信仰，出现"信访不信法"的现象。

（二）信访解决纠纷效率低下

信访问题涉及国家权力的方方面面，其范围比法院有过之而无不及，体现了"全能政府"的面貌，其职能后来又嬗变为实质处理纠纷，这使信访机构承担了过多、过大的社会责任。但是，《中华人民共和国信访条例》（以下简称《信访条例》）并没有赋予信访机构解决问题所必须具备的有效资源和实际权力，就必然出现信访"责重权轻、效率低下"的情况。根据《信访条例》第21条的规定，信访机构的全部职权仅包括受理权、转发权、建议权。即受理信访

〔1〕 陈柏峰：《缠讼、信访与新中国法律传统——法律转型时期的缠讼问题》，载《中外法学》2004年第2期。

〔2〕 易虹：《涉诉信访制度困境与解决机制的整合》，载《江西社会科学》2010年第2期。

〔3〕 应星：《作为特殊行政救济的信访救济》，载《法学研究》2004年第3期。

事项并登记，区分情况将信访事项分别转交有权处理的本级或下级国家机关；对于情况重大、时间紧迫的事项，提出建议并报请本级人民政府决定。因此，各级信访机构的法定职权确实比较弱，基本上没有任何解决实际问题的权力。2004 年 5 月至 10 月，中国社科院于建嵘研究员和他的 6 人课题组一起对中国的信访制度进行了专项调查研究。调查显示，实际上通过上访解决的问题只有 2‰。

信访被赋予了太高的期望，是官员被要求体恤民情、为民解忧的重要方式，寄托着权力走群众路线的“人情味”。信访机构需要解决的问题十分重大，不仅涉及党政、司法权力的滥用职权或腐败问题，还涉及改革中企业改制、劳动保障等影响面较大的政策性、法规性问题，这都是法院受案范围所无法比拟的。专门信访机构是接待信访人、受理并处理信访事项的直接责任机构，信访者也都把信访部门当作解决问题的直接责任者。这样，信访部门“权责错位”的设计缺陷，就直接把信访部门摆在了矛盾的最前线。[1]

（三）信访程序不规范

信访机构拥有的最大职权是《信访条例》规定的向有关国家机关转交、转办信访事项的权力，但现行信访制度立案和答复均十分的随意，缺乏严格、明确的标准确定相关国家机关办理信访事项的职责，导致各转办国家机关间均可借口种种理由相互推诿。作为信访人来说，其等到的最常见的答复是“正在研究”，最深的感受是“石沉大海”，他们也认为信访机构最擅长的就是“踢皮球”。由于信访机构有责无权，接到“皮球”的国家机关能否依法、及时处理转交的信访问题，信访机构在这个环节上没有任何影响力。信访诉求便成了“脱线的风筝”，程序得不到保障，实质效果可想而知。

根据《信访条例》第 4 条和第 21 条第 3 项规定，“属地管理、分级负责，谁主管、谁负责”是信访的分工和处理原则。按照信访部门受理信访事项和转交规定的相关细则，负责信访人诉求处理的责任机关主要包括以下两类：其一，在信访发生地和信访人所在地重合的大多数情况下，信访争议的一方当事人成为解决信访争议的责任者。这是一种“既当运动员，又当裁判员”的体制，从法律程序正义的角度来看，显然欠缺基本的公正保障。我们也可以期望有少数国家机关能主动发现错误、承认错误、改正错误，但大多数情况下，这种期望是不切实际的。反而，大多数信访事项负责人会认为信访影响了其仕途，是对其工作能力的否定。现实中一些信访事项负责机关的看法通常是：信访人故意找茬，损害其政绩形象。所以，出现打击报复有越轨行为的信访人，甚至把信访人送进看守所、精神病院的行为，也就不见怪不怪。其二，信访人所在地不是信访事项发生地时，信访人所在地党委政府成为信访的主要责任者。然而，信访的数量和频率、是否有进京访是上级考核地方的一项重要指标，如果这项指标偏高，严重影响政府政绩考核，对地方执政主要官员晋升晋级十分不利。信访人所在地党委政府一定会千方百计压制信访态势，甚至采取非理性手段，而更加加剧信访中的矛盾冲突。因此，无论哪种情形，均不利于合法、合理地解决纷争，负责主体均与信访事项有

〔1〕 陈继清：《我国信访制度存在的问题及其完善措施》，载《中国行政管理》2006 第 6 期。

利益相关,都欠缺基本的公正。[1]

(四)信访降低了地方政府治理能力

我国实行的是单一制的国家结构形式,但中央权力与地方权力的分权和博弈一直现实存在。除了人事、财政方面的宏观控制外,中央权力还借助信访这一特殊渠道强化对地方权力的控制。中央权力通过过问和介入地方的信访事务彰显其亲民作风,也通过这种方式有效控制地方权力,防止地方权力膨胀,体现中央权力的终极权威。但是,在"信访潮"的大背景下,中央介入信访争议的实质处理时,由于不了解信访事发地的情况,调查非常困难,其精力、人手也显得力不从心。在中央权力没有进行实质、实地调查可能的情况下,一个地方辖区内的访民进京上访的数量和频率越高,中央只能宏观判断这一地方的社会治理存在问题,这严重影响地方政绩考核,对当地官员的仕途产生较大的不利影响。地方法院自身也处于属地党委的领导下,实质是地方党委统领下权力的组成部分,其工作情况也属于地方政绩的组成部门,体现着地方稳定和公正的形象。在涉诉信访中,如果案件当事人对既判案件持续上访,也会造成中央权力对该地区总体权力的否定评价。这个压力通过地方党委传导到地方法院后,法院判决重要的稳定性特征将大打折扣,其法律效果可能因此而让位于政治效果、社会效果。[2]

各级信访机构对信访案件层层转办,又无法对其办理情况施加影响,在缺乏监督的情况下,导致了层层"踢皮球"的现象。原本的信访事项责任主体更加模糊不清,又在信访过程中因接访、转办等衍生了更多的矛盾,并不断升级,各种问题和矛盾焦点向中央聚集。据国家信访局统计数据,2003年国家信访局受理群众信访量上升14%,省级只上升0.1%,地级上升0.3%,而县级却下降了2.4%。

当数以百万计的访民纷纷涌向京城时,中央事实上也不堪重负。据于建嵘教授对6位进京上访农民的抽样调查,他们走访的部门平均在6个以上,最多的达到18个。信访人来京后不停地在各信访机构之间来回奔走,多方投诉,但由于中央与地方的权力和地理屏障,问题难以得到真正解决,反而使更多群众质疑中央政治权威,影响对中央的认同度。[3]本来意在解决矛盾的信访,最终成为矛盾升级、越级的通道,架空了地方权力解决纠纷的能力,也让中央权力"望洋兴叹"。在现行法律框架和民情民意处理反馈机制内,按照国家信访局原局长周占顺的说法:信访问题"80%以上是基层应该解决也可以解决的"[4]。在维持信访制度"减压阀"作用的同时,逐渐摆脱包袱,努力把社会矛盾纠纷化解在基层,也成为中央的政策新导向。

---

〔1〕高旭军:《我国信访制度的设计缺陷及其改革建议》,载《东方法学》2013年第6期。

〔2〕章志远:《信访潮与中国多元化行政纠纷解决机制的重构》,载《法治研究》2012年第9期。

〔3〕于建嵘:《中国信访制度批判》,载《中国改革》2005年第2期。

〔4〕王永前:《国家信访局局长:80%上访有道理》,载《半月谈》2003年第22期。

二、国家信访制度职能的还原与监察委职能的整合

（一）国家监察委与信访制度整合的必要性

1. 信访应废除解纷职能，还原民情反馈机制

面对信访制度存在的困境，很多学者提出了改革信访制度的观点，目前主要改革思路有“废除论”“强化论”“还原论”及“改造论”。[1]

如前所述，信访制度实则是人治社会的产物。“强化论”的核心思想是扩充信访机构权力，建立行政主导的国家，[2]这显然有悖于法治对行政权制约的基本理论，“改造论”的观点是将信访救济进行规范改造。[3] 两者从长远来看，都具有严重的危害性，必然进一步侵蚀司法权威，使法院地位更加脆弱，而背离法治道路。“废除论”坚持了法治的基本理念，但彻底废除信访，撤销信访机构，有一个问题不得不正视，信访承担的职能如果不能平稳让渡，中国当前社情民意反映渠道本就不通畅，信访途径被封堵、撤销后，更多非理性维权的私力救济可能出现，而助长社会戾气，加剧社会动荡。于建嵘教授提出的废除信访的终极解决方案是信访民意最终由人民代表大会进行反馈与处理。但是，在中国，目前人大权力架构和职能框架下的民主化机制和人大介入个案问责机制难以理顺，方案也很难被高层改革决策者接受。

“还原论”主张强化法院的功能，将信访机构还原为一个下情上达的信息传递机构。[4] 不完全撤销信访机构，保留其应有的社会功能，防止撤销后公民检举举报宪法性的权利实现渠道真空化，尊重了其源于秘书功能的历史渊源，这可能是科学而又不冒进的一种选择。只是在国家监察委员会制度没有出现之前，废除信访制度民情反馈功能后的制度空缺很难找到替代。国家监察委员会制度确立以后，成为我国“对人”的公权力全方位监督机关，检察院则因职权的缩减而逐渐转型为公诉为主要职能的国家机关。

有学者将我国政治法律制度区分为核心政制和辅助政制两个部分，信访体制属于辅助政制的一个重要组成部分。[5] 信访改革的进路可以充分发挥信访辅助政制导入核心政制的程序性作用，废除其与核心政制的抵触职能，强化核心政制的法治解纷职能。从现实意义上说，没有人大权力改革等其他配套机制的跟进，我国的民意反馈机制渠道狭窄、运行不畅，而信访是其中重要的渠道之一。国家监察委员会设立之后，可以成为监督有权部门依法、依纪履职的有利契机，同时也可填补信访制度职能还原后的民意反馈渠道空缺。

---

〔1〕 章志远：《信访潮与中国多元化行政纠纷解决机制的重构》，载《法治研究》2012 年第 9 期。

〔2〕 赵凌：《信访改革引发争议》，载《南方周末》2004 年 11 月 18 日第 3 版。

〔3〕 应星：《作为特殊行政救济的信访救济》，载《法学研究》2004 年第 3 期。

〔4〕 周永坤：《信访潮与中国纠纷解决机制的路径选择》，载《暨南学报（哲学社会科学版）》2006 年第 1 期。

〔5〕 童之伟：《信访体制在中国宪法框架中的合理定位》，载《现代法学》2011 年第 1 期。

2. 公民利益表达正常化、制度化，可以遏制社会失范

维稳一直是中央重视的重要工作，也成为各国家机构的一项重要职能。根据财政部公布的数据，自 2011 年起，公共安全预算经费连续 3 年都超过国防预算，2011 年超过 233 亿元，2012 年超过 315 亿元，2013 年超过 481 亿元，并呈现逐年扩大趋势。但当前的维稳模式，并没有取得好的效果，甚至出现“越维稳越不稳”的现象，近年多发的群体性事件，也说明了这个问题。

正当利益不能顺畅表达，缺乏平等有效的沟通和互动可能助长社会秩序失范，如腐败盛行、社会公平正义遭受侵蚀、社会认同和社会凝聚力流失等。信访不应该被“妖魔化”，不应该将民众利益表达与社会稳定对立起来，公民表达利益诉求的行为，只要没有触犯法律强制性规定，就是在行使自己的权利，不能被视为社会不稳定因素。利益表达失范后导致的深层次问题，才是影响社会稳定真正的长期祸患。应当认识到，公众的民意诉求“宜疏不宜堵”，正常的利益表达机制和法治化处理机制可以有效疏导社会内部矛盾、遏制社会失范，是真正长效的“维稳”。

3. 线索管理与审查分离，是加强权力外部制约的需要

信访举报是纪检监察工作线索的重要来源，也将成为未来监察委员会执法、执纪线索的主渠道。由中央纪委、中央电视台联合制作，2017 年 1 月首播的反腐专题片《打铁还需自身硬》(中篇《严防灯下黑》)中，就提到“收集和处置反映党员干部问题线索，是纪检机关监督执纪问责的重要源头，关乎反腐败成效”。中纪委在线索收集、审查、处置等方面进行了重大改革，把原来都集中于纪检监察室的权力，实行内部部门间权力分离。将“问题线索管理权”与执纪监督、审查、审理权分开，形成相互协调、相互制约的机制。建立全国联网的“中央纪委监督执纪问责信息管理系统”信息化平台，实现全国纪委举报线索管理实时信息化、全程留痕，取得了非常好的成效，反腐力度空前加大，这也体现了规范处理信访诉求的重要性。

内部部门间的分权制约固然重要，但是外部的制约更具有超然性和优越性。如果能将信访制度进行规范化改造，使其行使“问题线索管理权”，成为反馈民情诉求和分流信访举报线索的专门化机关，则可以实现对监察委职能的外部制约，提高线索管理的专业化程度，降低信访举报线索被“内部消化”的风险，成为公民权利制约监督“位高权重”国家监察权的一种方式。

(二) 国家监察委与信访制度契合的理论现实基础

1. 监察委与信访制度统一于“国家义务本位”理论

法国著名法学家狄骥 19 世纪基于“义务本位论”提出了国家义务的基础性作用，指出人们建立国家的目的就是保护个人权利；公共服务是公法的基础；统治当局就像公民一样，只有义务，没有权利；[1]掌权者不能合法地要求服从，除非他们以履行某些职责作为回报。[2]因此，保障公民检举投诉宪法权利的履行渠道通畅、便利，了解和处理民意诉求，是现代法治

[1] 王振东：《现代西方法学流派》，中国人民大学出版社，2006 年版，第 114 - 115 页。

[2] [法]莱昂・狄骥：《公法的变迁》，郑戈译，辽海出版社、春风文艺出版社，1999 年版，第 40 -47 页。

国家的义务，而非国家机关可以选择的权利。这种理论在信访潮汹涌、访民奔波检举投诉艰难的当下中国，显得熠熠生辉。

在世界各国，包括西方法治国家，也是存在类似我国法治国家的诉求反馈制度的，最基础的莫过于国家与地方议会。议员们承担着将民意反馈给有权机关，追究违法失职官员责任的重要职责和纽带作用。在早期的英格兰王国，上自国王下到议会都可接受人民的上访。〔1〕很多西方国家还建立了一种类似于我国信访和监察委两项职能合一的“监察专员”制度，起源于北欧的瑞典。1809 年，瑞典国会任命了首位“监察专员”。因监察专员的授权来源很高、权力很大，不论官员的职位多高、权力多大，他们都可以开展调查，较好地保护了平民权利免受行政官员的损害。至 2003 年，大约有 110 个国家设立了“监察专员”。可见，法治比较完善的西方国家尚保留民情反馈和处理的上访、监察制度，问题的症结就不在上访制度本身。关键在于如何履行国家义务，确保信访、监察制度收集反馈民情，处理民情诉求的机制顺畅、有效。

2. 国家监察与信访制度统一于公民检举控告宪法权

根据《中华人民共和国宪法》第四十一条规定：“中华人民共和国公民对于任何国家机关和国家工作人员，有提出批评和建议的权利；对于任何国家机关和国家工作人员的违法失职行为，有向有关机关提出申诉、控告或者检举的权利……对于公民的申诉、控告或者检举，有关国家机关必须查清事实，负责处理。任何人不得压制和打击报复。”因此，批评建议、控告检举权是公民的宪法权利，而现行信访制度是这种权利的重要反馈渠道，也是公民行使宪法权利并促使公民权利转变为国家义务的重要方式。

党的十八大以后，反腐败取得了空前的效果，但这还只是在向纪委监察机关信访举报中发现的线索，大部分涉及公权力违法违纪的线索都没有被挖掘出来。在普通的信访中有完全无理信访的事例存在，但是不占主流。国家信访局局长周占顺和乌鲁木齐市委书记栗智都在公开场合表示，“80%以上的群众上访有道理”。〔2〕这“有道理且基层应该解决却没有解决的问题”中，必然隐藏众多危害群众利益、无视党纪国法的违法违纪线索。

信访部门作为民意反馈渠道，属于宪法意义上的“有关机关”。信访也是群众行使公民检举控告宪法权的一种重要渠道，在公民对国家机关分工认知能力范围内，不能因没有直接投诉到纪检监察机关就不进入国家公权力监督的程序和范围。因此，公民提出信访后，就应进入国家机关的调查、处理和问责等一系列程序，最后得出明确的结论。信访反馈的民情诉求信息是公民行使宪法权利的表现，也应成为监察委员会纪检、监察、职务犯罪线索的重要来源。

3. 国家信访体系结构庞大，可与国家监察体系契合

从现有国家信访体制的“内部结构”看，从中央政府到省级、地市级和县级政府，基本上都设立了专职信访机构，配备了专职人员。县级以上政府职能部门根据实际需要，一般也都

〔1〕方强：《中国上访制度史话：公元前 11 世纪—1949 年》，中国青年出版社，2013 年版，第 20 页。
〔2〕张天蔚：《信访中的四个百分之八十说明了什么》，载《北京青年报》2003 年 11 月 21 日第 2 版。

设置信访机构。根据《国务院关于部委管理的国家局设置的通知》(国发〔2008〕12号),国家信访局内设机构就有9个,配备具有行政编制的工作人员233名。从"外部结构"看,党委信访、人大信访、司法信访、政协信访、企事业单位信访以及基层自治组织之间构成行政信访的外部结构,甚至有些县级、乡级政府还向基层自治组织委派了信访信息员,派驻了信访接待站。

国家监察委体系整合了纪律检查委员会、监察部门和检察院的反贪反渎机构,也将是十分庞大的,涵盖范围相当广泛。可见,国家信访体系的结构与国家监察委以"公职人员"为对象的监察体系和监察范围可以契合,是自上而下的一整套制度体系。大量信访线索客观上给国家监察委甄别信访举报诉求带来了工作量上的现实困难,而如能实现国家监察制度与国家信访制度的优势互补,消解原有信访制度之弊端,则可以达成"双赢"的局面。

三、国家信访职能转型与诉求分流制度设想

(一)国家监察委和信访制度契合的原则

1."对事""对人"问题分流。群众"对事"的信访中含有大量"对人"举报的调查线索,其范围横跨纪检、监察、职务犯罪等国家监察委职权范围。大多数情况下,反映的信访事项中,"对事"与"对人"问题杂糅,有时只有把"对事"的问题定性以后,才能启动"对人"的调查。"对事"的处理和结论,不应纳入国家监察委的职权范围,应该遵循法治化的路径。而国家监察委仅应将权力限缩在"对人"的事项上,形成法治主"事"、监察主"人"的权力分配格局。实践中的实例也在一定程度上证明,"对人"与"对事"可以相互促进。对"人"的责任追究可以促使"事"的解决,而对"事"处理结论的法治化能防范对"人"的监察权滥用,尽可能地将"位高权重"的监察权限制在法治轨道内运行。20世纪90年代末,漳州市委组织部创建了一个"部长夜谈"制度,由组织部长接待来访来电。由于组织部门的特殊地位,一时访者如云,颇有轰动效应。[1] 分析其原因就在于"强势权力"介入使被信访的公职人员感觉到了对其"人"的影响,以往难以解决的很多"事"也得到了高效解决。

2.穷尽法治途径原则。如果突破法治框架的解纷方式一旦得到强化,就会出现"对事"的处理背离法律。信访"权比法大"的表象一旦被强化,人们便会更加"信访"而非"信法"、"唯权"而不"唯法"。因此,监察委权力除行使"对人"调查权力以外,应充分尊重解决"对事"问题的法治渠道,不损害这些法治渠道中权力的权威,这也有利于防止监察委自身的权力不被滥用。法律是衡量是非曲直的标尺,只有依法化解矛盾,才能取得良好的社会效果。通过分类处理,信访群众明白自己既有依法反映诉求的权利,也有遵守法定程序、服从合理合法终结处理结果的义务,促进"信访"向"信法"转变。除了"对人"有举报线索,监察委可以直接介入以外,监察委以"对事"的定论为前提的"对人"责任追究,应该遵循穷尽法治途径原则。在"对事"的法治救济途径没有穷尽之前,监察委不应介入"对人"的调查。法治救济程序在

〔1〕 张颖:《"部长夜谈"提示信访制度要权威化》,载《北京青年报》2004年5月17日第1版。

哪里终结，监察委"对人"的调查权才可以在哪里介入，对所涉及的公职人员是否存在违纪、违法问题进行调查，这也可以督促"对事"法治渠道中的权力之间相互监督制约，把大多数矛盾化解在法治渠道内。

（二）信访职能转型的具体制度设想

总体上来说，国家信访制度必须从解决纠纷的职能中解脱出来，明确其民情信息上传下达的渠道，并担当程序性分流民情诉求的职能。

1．实行信访登记制和信息化。（1）效仿法院"立案登记制"，信访部门对群众来信来访事项一律进行登记，出具登记回执；（2）借助专业化电子政务信息管理平台，录入信访信息，并实现全国范围内数据联网，防止重复信访、越级信访，在尽可能低层级的范围内化解信访事项；（3）给予信访人办理进度查询码，随时查询案件办理情况，并做到"有访必复"。

2．厘清并分流"对人"与"对事"信访。（1）关于"对人"的检举举报信访线索，直接转监察委侦查或调查，确定是否追责。（2）关于"对事"信访或"对人"追责需要以"事"的结论为前提的，可走法治救济渠道的"对事"事项，征求信访人意见后转入行政复议、行政诉讼、司法申诉等法治救济渠道处理，司法终审的信访事项按法律规定导入再审申请程序，最终处理结果转监察委作为"对人"追责与否的依据。（3）对于不可走法治救济渠道的"对事"信访，转送被信访人上级部门处理，无上级部门的转送同级处理，并汇编为信访内参，送同级人大、政协、党委政府、监察委等部门参阅。比如排除司法受理的事项、法治救济途径已无法进行的事项、宏观政策法规等问题。

3．明确信访处理程序。集中矫正信访不讲程序、缺乏规范、充满恣意的根本弊端，实现"一个信访窗口对外"。具体来说：（1）走信访信息处理"专业化"道路，组建有法律专业知识的成员组成"信访诉求分流委员会"，解析并分类转送各种信访诉求信息；（2）规定各类信访事项的最长处理时限，逾期不处理的，答复信访人的同时转交监察委调查；（3）充分借助信息化电子政务平台，使办理程序"透明化""可视化"，实现程序信息的双向交流；（4）避免信访事项的越级重复处理，通过全国联网的信访信息管理系统，甄别越级、重复信访，对比和补充事实与诉求变化，做到"人案归一"，杜绝资源浪费；（5）规范信访档案制度。规范信访档案制度，对于已有处理结论的信访，合并归置，没有新证据、新情况的做终结处理。

4．监察委对信访事项处置同步监督。（1）监察委负责监督相关部门公职人员承办信访诉求的履职情况，建立科学的"内部嵌入"机制，发挥监察委"对人"监管职能，防止"对事"处理的职能部门公职人员在处理信访转交事项中违法、违纪。（2）借鉴香港《防止贿赂条例》规定的"举报处理制度"〔1〕，建立专业化的内设机构和内部制度，确立初审、内部审查、外部监督的检举举报诉求处理流程，提升程序化、专业化水平。（3）充分发挥国家监察委内部监督机制作用，对涉及监察委自身的信访事项，实行异地或提级承办，防止单一的"同体监督"现象发生。

---

〔1〕《香港廉政公署网站之"执行程序"》，http://sc.icac.org.hk/TuniS/www.icac.org.hk/tc/report_corruption/ip/index.html，访问时间：2016 年 12 月 26 日。

四、结　　语

国家监察委的试点与建立，将以前人大之下“一府两院”的权力架构调整为“一府一委两院”。在纪委、行政监察、检察院职务犯罪职能部门合并入国家监察委以后，机构设置和权力将得到进一步整合，面临的工作压力也将加大。群众信访举报线索的收集和分流处理将成为监察委日常工作的重要内容，同时也面临着巨大的压力。建立专门的监察机构信访部门，不符合精简国家机构的要求，而国家信访部门机构设置庞大，与监察委这项工作职能有重合，完全可以承担群众信访举报线索的收集和处理工作。

把国家信访机构的职能还原为民意收集和程序分流的辅助政制后，应该更为专业化和更具独立性，从制度程序设计上根本杜绝漏瞒报和人为压制信访举报线索的问题，转型后的职能缺位由国家监察委职能代偿并强化。国家监察委也应该在机构纵向设置上，既要全面覆盖，又要保持与其他国家机关间和自身上下层级间的独立性。从理论上讲，各级国家信访部门对信访举报线索进行了规范化收集反馈和程序分类处理，并将涉及监察委“对人”职能的线索进行共享和移送；各级监察委只要对同级其他国家机关实施有效监督，上级监察委对下级监察委实施有效监督，应该能达到比较好的效果。当然，在“对事”的处理上，应当坚持已有的法治救济途径，尊重和维护其权威，特别是司法权威，才能逐步理顺权力之间的关系、确保权力各司其职。

试论监察委员会的规范运行与自身监督问题

周 鹏*

摘 要：监察体制改革不仅是深入开展反腐败斗争、全面从严治党的重大举措，还是由同体监督转向异体监督、由治标为主转向以治本为主、由权力反腐转向制度反腐的重大举措。在试点运行阶段，尚需注意其合法性、权力过于集中以及自身监督等问题，形成依法设立、权力相互制约和有效监督的运行模式，促进监察效能的提升。

关键词：监察委员会 规范运行 自身监督

"监察制度是指国家对政府机关及其公务人员的违法失职行为进行监督、检举、惩戒的制度。"〔1〕中国的监察制度历史源远流长，自先秦时期萌芽，到秦汉时期形成，魏晋至隋唐时期定型，宋元明清时期完备，不仅在监督法律法令的实施、维护其统一，纠举不法官员、保持官员的廉洁性，维护统治秩序、保证国家机器的正常运转等方面，发挥了重要的积极作用，而且也为后世积累了丰富的文化遗产和可资借鉴的宝贵经验。〔2〕至近代，1912 年辛亥革命胜利后，南京临时政府宣告成立，即仿照欧美资产阶级执政国家由国会参众两院行使监督权制度建立了议会监察制。1928 年北伐战争后，新成立的南京国民政府以孙中山先生五权宪法中的监察理论为基础建立起了独立的监察院行使监察职权。〔3〕 新中国成立后，国家行政监察制度又历经"20 世纪 50 年代初步构建、80 年代恢复、90 年代与纪律检查委员会合署办公"三个发展阶段。〔4〕 特别是改革开放以来，我国各级纪检监察部门在预防腐败、惩治贪官、严肃党风政风方面发挥了举足轻重的作用。十八大之后，党中央又以雷霆万钧之势打老虎、拍苍蝇，取得了显著的成效。但无论打下的老虎怎么多、怎么大，仍然重在"治标"，意在为"治本"赢得时间。〔5〕 反腐败斗争永远在路上。

纵观中华人民共和国成立以来的监察工作，我国反腐败监督执法的专责主体并不是十分清晰，监督覆盖的范围也不够全面。各级党的纪检、行政监察、检察侦查、腐败预防、行政审计乃至公安、税务、海关、工商等行政执法机构都负有反腐职责，但是相关监察机构只能在职责范围内行使职权，对本领域、本条线的相关在职人员进行监督，监督范围窄且独立性和手段不够。因此，党中央在十八届中央纪委三次全会上明确提出"要强化制约，科学配置权

* 周鹏，江苏省监狱管理局狱政管理处主任科员，南京师范大学博士研究生。

〔1〕〔2〕 张国安：《论中国古代监察制度及其现代借鉴》，载《法学评论》2009 年第 2 期。

〔3〕 姚秀兰：《南京国民政府监察制度探析》，载《政法论丛》2012 年第 2 期。

〔4〕 纪亚光：《我国国家行政监察制度的历史演进》，载《中国党政干部论坛》2017 年第 2 期。

〔5〕 张智新："重大政治改革的监察委员会，如何监怎么察？"，载 http://news.ifeng.com/a/20161111/50240276_0.shtml，访问时间：2017 年 3 月 1 日。

力，形成科学的权力结构和运行机制”[1]。决心改革监察体制，将政府的监察、预防部门和检察机关的侦查、预防部门整合，组成集中统一的反腐败专责机构，履行监督执法职能，以实现对国家机器和公务人员监督的全覆盖，对腐败违规行为、违法行为和犯罪行为的一体化治理，彻底改变了反腐败责任主体分散的状况。2016 年 11 月 7 日，中共中央办公厅印发《关于在北京市、山西省、浙江省开展国家监察体制改革试点方案》。同年 12 月 26 日，国家监察体制改革试点工作正式在三省市施行，这意味着国家监察体制改革正式启动。按照中央方案，试点三地将设立各级由地方人民代表大会产生的监察委员会，同时，监察委员会还将与党的纪律检查机关合署办公，整合反腐败资源力量，扩大监察范围，丰富监察手段。进一步明确监察委员会的监督执法职能，与党的纪律检查委员会监督执纪职能相对应，形成党纪与国法相辅相成、党内与党外双管齐下的腐败治理格局。

对此，笔者将结合对我国历代监察制度的考察以及对当前反腐败斗争的现状的思考，从以下三个方面谈一些个人的看法，以求教于方家。

一、监察委员会的性质与特点分析

有学者认为，中央将此次改革定性为重大的政治改革，是由“一府两院”变成“一府一委两院”，其中“一委”即国家监察委员会。而这个“一委”，对“一府”“两院”都有监督职责。国家监察委不是一个党的机构，它和党的机构“合署办公”；它也不是政府机构，因为它已经从政府机构中独立出来。因此，它就是一个与行政机关、司法机关这些都平行的国家监督机关。[2] 之前的纪律检查委员会主要监督对象是党内领导干部，而监察委员会的监察对象是所有行使公权力的公职人员，不论是党员、民主党派还是无党派，只要是公职，都在监察范围之内。根据我国的公务员法，只要行使公权力、由财政供养，都算广义的公务员。因此，监察范围还包含法院、检察院、医院、学校等。正如王岐山书记在北京市、山西省、浙江省调研时指出：“监察委员会实质上是反腐败机构，是监督执法机关。”[3]这就明确了监察委员会的反腐败专门机构性质和监督执法机关的职能定位。概言之，监察体制改革不仅是深入开展反腐败斗争、全面从严治党最重大的举措，还是由同体监督转向异体监督、由治标为主转向以治本为主、由权力反腐转向制度反腐，并通过改革“形成科学的权力结构”的最重大利好。[4]

还有学者认为，这次在三省市探索设立的监察委员会，无论和共产党历史上的监察委员

[1] 李永忠：《制度监督与设立监察委员会》，载《中国党政干部论坛》2017 年第 2 期。

[2] 马怀德：《马怀德教授谈国家监察委员会试点》，载 http://fzzfyjy. cupl. edu. cn/info/1021/6003. htm，访问时间：2017 年 4 月 2 日。

[3] 吴建雄：《国家监察体制改革的法理思考》，载 http://theory. people. com. cn/n1/2016/1215/c40531 - 28951794. html，访问时间：2017 年 4 月 2 日。

[4] 李永忠：《制度监督与设立监察委员会》，载《中国党政干部论坛》2107 年第 2 期。

会，还是和以往历朝历代的监察机构，都有显著的不同。[1] 首先是“位高权重”。“位高”，是因为它不仅是一个政府部门内设的行政监察机关，而且是由人民代表大会依法产生，在地位上和“一府两院”并排平行；“权重”，是因为它统一行使对所有公权力部门及其工作人员监察的职权。其次是“整合统一”。它把现有政府监察机关、审计机关、预防腐败机关以及检察机关所属反贪污贿赂部门的职能合并整合进去，同时覆盖到过去上述行政监察机关无法触及的各级人大、政协、法院、检察院、国有企事业单位等，将实现“一个权力监察到底、一张大网监察到边”。再次是“有机统一”。监察委员会和党的纪律检查机关合署办公，既实现党对干部监督的集中统一领导，又实现党的纪律监督和国家监察的密切协调配合。和人大的权力监督，法院、检察院的司法监督紧密衔接，有利于形成一个对掌权官员有效监督的“闭合回路”，确保其不敢腐、不能腐、不想腐，最终将实现全面依法治国和全面从严治党的有机统一。最后是“自我净化”。监察委员会迥异于西方国家多党竞争、分权制衡的权力监督路数，是人民代表大会制度等基本政治制度的自我约束、自我监督制度之一，是国家机器尝试构建长期有效的自我净化机制，实现对国家所有工作人员进行监督管理的制度创新。

二、设立监察委员会应当注意的几个问题

腐败是当今中国民之所视、民之所虑和民之所愤的一个突出问题。应该说，建立集中统一的国家反腐败专责机构，将政府和检察的同体监督转化为国家层面的异体监督，不仅可增强对权力制约的刚性，而且能极大地提高反腐败抗干扰能力；将行政监察权和检察侦查权转化为国家监督权，可突破地方部门壁垒，实现行政违法和职务犯罪查处的有机统一，增强反腐败整体合力；同时将克服检察侦诉同体的机制掣肘，激活被压抑的监察、侦查权能，可催生行政违法监督和腐败犯罪查处的内在动力，实现查办案件的程序化、规范化、法治化。

但是，如何防治中国式的腐败？如何实现内部监督和自我净化？如何实现人大监督？特别是近年来不断查处的腐败大案要案，一方面令人触目惊心，另一方面不免会令人心生疑惑：人大过去不也对政府、法院、检察院实行监督吗，为什么还会有那么多的政府、法院、检察部门的一把手腐败呢？公检法司部门以前不也是相互配合、互相制约的吗，为什么还会出现那么多的制约不到位的现象？等等。甚至有学者担忧，强化监察机关的作用，大幅度提升其专门化程度和独立性地位，会将它们的监督权力从笼子里放了出来。以制度建构而言，中国古代监察制度是专职化的，并且被不断强化，其立法和实践有许多宝贵的经验以及一系列深刻的教训。[2] 笔者认为这种担忧和建言并非没有道理。古今中国虽然已有翻天覆地的变化，但在腐败的产生机制和防治机制、权力运作的内在逻辑等许多方面依然有很多相似或相同之处，我们应该鉴古而思今，在设立监察委员会的过程中着力解决好以下三个问题。

---

〔1〕 张智新：《重大政治改革的监察委员会，如何监怎么察?》，载 http://news.ifeng.com/a/20161111/50240276_0.shtml，访问时间：2017年3月1日。

〔2〕 艾永明：《对中国古代监察制度利弊的理性分析》，载《河北学刊》2013年第4期。

（一）关于监察委员会的合法性问题

"监察委乃维护国家法治的重要机关，其运作行为，第一要有法可依，第二要有法必依。这就是法治的底线！"[1]把重大改革纳入法治轨道，是维护宪法法律权威、全面有效实施宪法的需要，也反映了中共中央核心领导层的热切期待。"凡属重大改革都要于法有据。在整个改革过程中，都要高度重视运用法治思维和法治方式，发挥法治的引领和推动作用，加强对相关立法工作的协调，确保在法治轨道上推进改革。"[2]从在现行宪法框架中触及的深度和广度来看，国家监察体制改革试点应在其预备阶段获得最高国家权力机关的授权。得到这项授权可以赋予整个改革试点过程以宪法正当性，包括加强整个改革试点预备阶段各项活动的宪法正当性。[3]"把国家监察体制改革全程纳入法治轨道，是我国政治法律生活中要分阶段定期完成的系统工程。国家监察体制改革所需要的宪法法律根据之创制是一个整体，难以截然分割。"[4]显然，对应将监察体制改革纳入法治轨道，社会各界均形成了共识。

但是，就现有的法律是否能够完全支撑监察体制改革，学界则有不同的声音。有学者认为，"根据宪法，全国人大有权制定设立国家机构的法律，也可以作出设立国家机构的决定。……这就意味着，全国人大可以代表人民通过制定法律、作出决定方式行使国家一切权力，包括设立国家机关的权力。……据此，全国人大可以制定和修改国家机构的基本法律，也可以作出设立国家机构的决定。……作为全国人大的常设机关，全国人大常委会可以行使全国人大的权力。……据此，全国人大常委会在全国人大闭会期间应有权作出关于设立国家监察委员会的决定。"[5]也有学者认为，"全国人民代表大会只能根据宪法关于特定国家机构的规定制定特定国家机构的法律，不能就宪法没有规定的新的国家机构制定法律，因而也无权做出设立新的、宪法没有规定的国家机关的决定。也就是说，全国人大无权在没有宪法根据的情况下创设新的国家机关。"[6]"在全国人民代表大会闭会期间，作为全国人大的常设机关，全国人大常委会只可以行使全国人大的部分权力，无权行使全国人大的全部权力。……因此，认定'全国人大常委会在全国人大闭会期间应有权作出关于设立国家监察委员会的决定'，是基于对现行宪法有关规定的误解。"[7]"在普遍意义上'设立国家监察机关'与在个别省市开展设立地方监察机关试点是性质不同的两码事。有权决定开展包括设立地方监察机关在内的国家监察体制试点，不等于有权决定在全国范围设置国家监察机关。全国范围设置国家监察机关必须修宪才行。"[8]由此可见，将来要在全国范围设置国家监察机关，必须要先对宪法的有关条文进行修改。

此外，在国家监察体制改革试点结束、改革全面推开前，还有为数不少的基本的法律需

〔1〕 何家弘：《监察体制改革应坚守法治底线》，载 http://hejiahong.fyfz.cn/b/916687，访问时间：2017年4月2日。

〔2〕《习近平主持召开中央全面深化改革领导小组第二次会议强调 把抓落实作为推进改革工作的重点 真抓实干蹄疾步稳务求实效》，载《人民日报》2014年3月1日第1版。

〔3〕〔4〕 童之伟：《将监察体制改革全程纳入法治轨道之方略》，载《法学》2016年第12期。

〔5〕 马怀德：《全面从严治党亟待改革国家监察体制》，载《光明日报》2016年11月12日第3版。

〔6〕〔7〕〔8〕 童之伟：《将监察体制改革全程纳入法治轨道之方略》，载《法学》2016年第12期。

要修改，如《中华人民共和国检察院组织法》《中华人民共和国行政监察法》、《中华人民共和国刑事诉讼法》[1]《中华人民共和国全国人民代表大会组织法》《中华人民共和国全国人民代表大会和地方各级人民代表大会代表法》《中华人民共和国地方各级人民代表大会和地方各级人民政府组织法》《中华人民共和国各级人民代表大会常务委员会监督法》《中华人民共和国立法法》等[2]。

(二) 关于监察权力过于集中的问题

阿克顿勋爵有言："权力导致腐败，绝对权力导致绝对腐败。"这已经成为现代政治学的铁律。按照这一铁律，现代极权政体若是拥有绝对权力，其腐败程度只能是有过之而无不及。防止权力过于集中就是要防止权力一体化。有学者指出，一体化是中国古代权力体制的本质特征，它制约和决定了中国古代监察制度的命运。权力一体化体制下的部门分工，是拥有统一权力的组织主体对下属的命令和指派，根本不能与民主政体下的部门分工相提并论。在缺乏权力制约的体制下，当一个机构或部门被赋予广泛职责和巨大权力时，它就不可避免地陷入腐败的境地。[3] 尽管开明的统治者认识到监察职能、行政职能、审判职能应该明确区分而互不干预，但由于权力一体化体制下的内部权力和职能缺乏内在的稳定性机制，这种主张在权力一体化体制内根本没有得以真正实施的保障。"当拥有权力的组织主体为了强化监察而赋予其一系列权力的时候，就不可避免地会使监察职能与行政职能、审判职能相混淆，并且干预行政和审判，扰乱正常的行政秩序和司法秩序。"[4]

此外，"就动态而言，专职化、独立化的监察制度愈是被强化，其带来的弊害和恶果也愈突出"。[5]本来，国家希望设立独立和专职的监察机关并赋予其巨大的权力以能够有效地履行防治腐败的职能，结果却因拥权过大而自陷腐败，这无疑助长和加剧了官场的贪腐之风，对国家政治造成了极大的损害。因此，有学者认为，监察委不能有侦查、批捕、公诉等权力，其职能范围在进行程序设计时一定要设计好，以免形成监察委员会可以直接判定一个人有罪的印象，它的职权和司法机关有区别，要做好权力的划分、协调、衔接和制约。[6] 只有寓监察于权力制约的有机整体中，才是科学、合理和行之有效的制度构建。

(三) 关于对监察委员会监督的问题

从制度设计的宗旨而言，中国古代历朝设立监察机关的首要目的是纠察百官、防治腐败，事实上，在这方面也收到了相当的成效。但是，它又带来了另一个严峻的问题，即监察官员因拥有过大的权力而自身严重腐败。诚如孟德斯鸠所言："一切有权力的人都容易滥用权力，这是万古不易的一条经验，有权力的人们使用权力一直到遇有界限的地方才休止。"[7]

---

〔1〕 马怀德：《全面从严治党亟待改革国家监察体制》，载《光明日报》2016 年 11 月 12 日第 3 版。

〔2〕 童之伟：《将监察体制改革全程纳入法治轨道之方略》，载《法学》2016 年第 12 期。

〔3〕〔4〕〔5〕 艾永明：《对中国古代监察制度利弊的理性分析》，载《河北学刊》2013 年第 4 期。

〔6〕 马怀德：《监察委不能有侦查、批捕、公诉等权力》，载 http://news.163.com/16/1130/11/C74977S800014SEH.html，访问时间：2017 年 4 月 2 日。

〔7〕 [法]孟德斯鸠：《论法的精神》(上)，张雁深译，商务印书馆，1961 年版，第 154 页。

为了制约监察权力，有效地防止监察官员弄权行私、贪赃枉法以及失监现象发生，大多数朝代还采取措施健全和完善反监互察机制。反监机制主要是指监察系统以外的官员对监察机构和监察官员的纠举弹劾，如唐代尚书省左、右仆射兼掌对御史的监察，“御史纠劾不当，兼得弹之”〔1〕。这种反监互察机制的运作极大地强化了监察系统的自我制约和自我控制机能，在一定程度上制约了监察权力的滥用。我国现行的监察体制是一种多元的、由上而下的线形体系，尚未形成全国统一的、上命下从的，纵向指挥有力监督到位、横向分工明确协调监督的工作机制。而权力监督是一个相互联系的系统工程，需要形成一个完善而健全的协调、制约机制。

三、促进监察委员会规范运行的几点建议

政党的肌体健康，离不开制度的保障；权力的有序运行，离不开监督的规范。从近年查处的党员领导干部违纪违法情况来看，制度留“暗门”、开“天窗”，反腐“留空白”“存死角”的现象都一定程度存在。牛栏关不住猫，门没关上的铁笼子不会有威慑力。许多国家反腐败的成功实践和有益经验证明，只有依靠与现代民主相结合的法治，依靠严谨的法律和有效的制度，才是应对和解决腐败问题的主要途径和根本利器。〔2〕因此，必须以监察体制改革为契机，织密制度笼子，严厉惩治腐败，从权力型反腐向制度型反腐转变，我们才能打赢“这场输不起也不能输的斗争”。

（一）坚持依法运行模式

国家监察体制改革对我国政治法律制度将产生既有深度又有广度的影响，这一改革将为在我国反腐肃贪，标本兼治，建设廉洁高效的政府提供更可靠的法制保障，将比较彻底地把“双规”等缺乏宪法法律根据的反腐肃贪措施消弭在法治建设的背景中。但是，国家监察委员会的设置一定会有很多重要问题需要解决，既有法律上的障碍也包括实践中的难题。将国家监察体制改革过程纳入法治轨道的目标，需要经历较长时期的顽强努力。

首先要争取到“人大授权”。“按照当前法律规定，人大只产生一府两院，如果要让人大产生监察委员会，就要获得全国人大授权。”〔3〕争取全国人大的授权，也就是争取监察委员会宪法上的合法性地位。因此，时下要做的最紧迫工作，就是要让国家监察体制改革试点取得全国人民代表大会的授权。走好这一步，这项重大改革在政治上就赢得了主动，其他法律上随之应该也会比较顺畅。〔4〕

其次要解决好“职能划分”。解决好监察委员会和司法机关，尤其是跟检察院的关系问题十分重要。检察院有反贪局、反渎局和预防职务犯罪局行使反腐职能，试点中要将相关职

〔1〕张国安：《论中国古代监察制度及其现代借鉴》，载《法学评论》2009 年第 2 期。

〔2〕李林：《法治思维下的反腐治权》，载《法制日报》2012 年 12 月 26 日第 7 版。

〔3〕马怀德：《全面从严治党亟待改革国家监察体制》，载《光明日报》2016 年 11 月 12 日第 3 版。

〔4〕童之伟：《将监察体制改革全程纳入法治轨道之方略》，载《法学》2016 年第 12 期。

能转隶到监察委员会，但是不能代行检察院的检察职能，检察院的侦查、批捕、公诉等权力，监察委员会不能一并享有。“国家监察委员会的职能主要有三项，包括监督、调查和处置，其中调查权不能取代检察院的侦查权，调查权可能包括调取资料甚至进入、扣押、查封场所驻地等，如果没有这些监察委员会可能无法行使职能。处置权包括对违纪违法人员进行处分，还包括初步查清违法犯罪事实之后将涉嫌犯罪的人员移送司法机关。”〔1〕

其三要秉持住“依法治腐”。诚如有学者提出，“要使反腐败取得实质成效，就必须重构反腐的治理路径，加强司法反腐的力量。换言之，是将目前以纪委为主导的‘党内反腐’，转向以司法为核心的‘法治反腐’”。〔2〕腐败案件最终应该由司法机关认定处理，其他机构由于多种原因虽然目前还有着一定的辅助空间或存在一定的合理性，但最终势必要纳入法治化的轨道，谨防以权压法、以言代法，这是秉持司法是最后判定腐败的唯一依据。〔3〕因此，反腐败的终极规范应当是法律规范，最佳方式是法治方式，党内法规、政策纪律等等都不能代替法律，其他方式更不能居于法律之上。

（二）完善权力制约机制

一方面应以权力制约权力。但值得注意的事实是：我国并没有形成权力分立的法治体系。根据宪法的规定，立法权、司法权和行政权虽然也是分离、分阶段行使的，但在政府主导经济社会发展过程中所形成的行政权过于强势，政府行政权事实上在很大范围内已兼具立法权和司法权于一身，导致了我国立法权和司法权染有明显的行政色彩。自由政体和民主政体在将政府划分为不同部门的基础上，强调“每个部门都有相应的、可确定的政府职能，即立法、行政和司法的职能。政府的每个部门都一定要限于行使自己的职能，不允许侵蚀其他部门的职能。进而，组成这三个政府机构的人员一定要保持分离和不同，不允许任何个人同时是一个以上部门的成员。这样一来，每个部门将对其他部门都是一个制约”〔4〕。

另一方面应以权利制约权力。“民主是腐化的天敌。社会越民主，权与钱的运用就越清正，腐败现象就难以滋生和易于抑止。这是因为，不受制约的权力是导致贪污腐败的病根，而民主则是制约与监督权力的良药。民主的精义在于广泛分配权力与权利，并以权利制约权力，以公民权利监督公共权力。”〔5〕腐败从根本上说是侵害了广大公民的权益，为此，应通过法治的方式和力量保护公民权利以制约公共权力，在保障公民的知情权和监督权的基础上发挥民间反腐的优势，从而推进和保障权力体制外的异体权利监督。我国反腐败的观念、模式、制度等需要适时转向以公民参与为主要方式的权利反腐，只有赋予和保障公民充分切实的民主监督权利，全面充分地保障公民制约公权力的知政权和监督权，才能对公权力运行的各个环节进行有序和有效的制约。

---

〔1〕 马怀德：《监察委不能有侦查、批捕、公诉等权力》，载 http://news.163.com/16/1130/11/C74977S800014SEH.html，访问时间：2017 年 4 月 2 日。

〔2〕 邓聿文：《从党内反腐转向法治反腐》，载《同舟共进》2011 年第 7 期。

〔3〕 蔡宝刚：《法治思维和法治方式下的反腐路向论纲》，载《法学杂志》2013 年第 11 期，第 53 页。

〔4〕 [英]M. J. C. 维尔：《宪政与分权》，苏力译，生活·读书·新知三联书店，1999 年版，第 12-13 页。

〔5〕 郭道晖：《民主：廉政建设的政治保障》，载《法学》1990 年第 6 期。

推进和保障公民参与反腐败，政府责任重大，不仅要充分赋予公民广泛的知情权、监督权等民主权利，而且自身要能够做到信息公开以便让公众有可能知悉政府的事务。《联合国反腐败公约》第13条明确规定了各缔约国均应当根据本国法律的基本原则在其力所能及的范围内采取适当措施，推动公共部门以外的个人和团体，例如民间团体、非政府组织和社区组织等，积极参与预防和打击腐败，并提高公众对腐败的存在、根源、严重性及其所构成的威胁的认识。这种参与应当通过下列措施予以加强：(1) 提高决策过程的透明度，并促进公众在决策过程中发挥作用；(2) 确保公众有获得信息的有效渠道；(3) 开展有助于不容忍腐败的公众宣传活动，以及包括中小学和大学课程在内的公共教育方案；(4) 尊重、促进和保护有关腐败的信息的查找、接收、公布和传播的自由。[1]

因此，我国政府应切实履行《联合国反腐败公约》中关于保障"社会参与"反腐败的法律义务，为迈向权利反腐的正当路径奠定社会和制度基础。一方面，推进和落实宪法等赋予公民政治参与反腐败的各项既有法定权利，包括批评权、建议权、申诉权、控告权、检举权、取得国家赔偿权，以及言论、结社、集会、游行、示威、通信等自由权利，必须使这些纸面上的法定权利转化为行之有效的现实权利；另一方面，针对我国权利反腐的体制性不足，需要保障公民参与反腐败的渠道、范围、程序、方式以及明确参与者的权利义务和法律救济等，亟需完善和创制社团法、新闻法、出版法、政务公开法、财产申报法、公民举报法、证人保护法等新型法律，为迈向权利反腐提供制度支撑和法律保障。[2]

(三) 加强运行监督机制

实践表明，任何权力都需要监督，国家监察权力的行使也不例外。为保证国家监察权力正确行使，防止擅权现象发生，必须加强对国家监察权力的监督和制约。为此，我们可以借鉴中国古代监察制度中的反监互察机制，改变过去那种线形组织管理体系，逐步建成全国各种各级监察机关之间相互支持、相互配合、相互监督的工作机制。

既要加强党中央和地方党委对国家监察权力及运行的领导和监督，坚持党内请示报告等行之有效的制度，也要建立人大监督、民主监督、社会监督机制，确保人大及其常委会专项调研、执法检查、听取报告、工作测评等监督的落实，确保政协对监察工作提案办理的受理和反馈，自觉接受广大人民群众对监察工作的意见和建议。同时，还要完善检察机关、审判机关的监督制约，将监察机关查处的腐败犯罪案件及时移送检察院审查起诉。

尤为值得一提的是，当下，要尽快完善官员财产申报制度和健全个人信用制度。中国个人信用制度起步较晚，与发达国家相比差距较大。"个人信用信息库虽然初步建立，但个人信用资料匮乏。财产申报制度的实施与个人信用制度密切相关，个人信用制度的滞后，必然成为财产申报制度难以发挥作用的阻力。"[3]在此基础上要不断加快社会信用体系建设，尽

〔1〕《联合国反腐败公约》，载"中央纪委监察部网站"http://www.ccdi.gov.cn/special/lygz/flfg/201310/t20131008_11282.htm，访问时间：2016年10月30日。

〔2〕蔡宝刚：《法治思维和法治方式下的反腐路向论纲》，《法学杂志》2013年第11期。

〔3〕刘志勇：《中国官员财产申报：现状及对策》，载《政治学研究》2012年第4期。

早实现财产申报与银行信用、金融监管、审计监督、反商业贿赂等信用信息共享，有效形成预警机制。完善金融账户实名制和支付监管体系，加强对大额资金和可疑交易资金的监测。[1] 尽管中央办公厅、国务院办公厅于 2017 年 2 月 8 日，印发了《领导干部报告个人有关事项规定》和《领导干部个人有关事项报告查核结果处理办法》（中办发〔2017〕12 号，简称“两项法规”），对领导干部个人有关事项报告内容、报告材料查核及查核结果运用等作出明确规定，进一步严明政治纪律和组织纪律，但是作为一项重要的政治制度安排，财产申报立法不能过分依赖于非立法机关的行政部门在现有“规定”上修修补补，因为财产申报不仅是国家廉政制度的基本内容，而且还涉及公职人员静态的隐私权让渡和公众积极主动的知情权、监督权保障的权衡，仅以政策文件形式出现，难免造成法律与政策的冲突与脱节。[2] 对此，学者早就有建议，“《财产申报法》只有由人大制定，以人大的名义颁布，才能获得仅次于宪法的较高法律地位和效力等级，以确保它的权威性和有效性”[3]。

此外，监察委员会作为集中统一、权威高效的反腐机构，必须加强自我监督。在监督执法活动中加强自身建设，着力打造政治坚定、纪律严明、作风过硬、执法公正、打击精确、预防有效的反腐败专业队伍；通过落实全面从严治党和全面依法治国的各项制度规范，把国家监察机关建设成机构设置科学、人员配备合理、装备手段先进，具有强大战斗力、威慑力和公信力的反腐败执法机关。[4] 所谓“信任不能代替监督，打铁需要自身硬，正人者先正己”[5]。因此，建议监察委员会工作人员，按照财产公示制度要求，严格执行领导干部报告个人有关事项制度，实践“官员财产申报—防止利益冲突—抑制官员腐败”[6]的制度逻辑，率先公布个人财产，接受社会监督。

---

〔1〕 刘志勇：《中国官员财产申报：现状及对策 》，载《政治学研究》2012 年第 4 期。

〔2〕 孙国祥：《财产申报制度建构中的相关问题刍议》，载《江海学刊》2010 年第 2 期。

〔3〕 王士伟、王鸿鳞：《对我国〈财产申报法〉的构想》，载《法律科学（西北政法学院学报）》1998 年第 3 期。

〔4〕 吴建雄：《监察委员会的职能定位与实现路径》，载《中国党政干部论坛》2017 年第 2 期。

〔5〕《专家解读王岐山反腐战略构想：正人者先正己》，http://www.chinanews.com/gn/2013/06-03/4886478.shtml，访问时间：2017 年 4 月 6 日。

〔6〕 肖金明：《通过完善官员财产申报制度治理腐败——兼论利益冲突、财产申报、官员伦理的关联及其意义》，载《甘肃社会科学》2014 年第 5 期。

第三专题　监察体制改革背景下的检察权配置

论构建国家监察权检察监督制约机制的法理基础

张兆松*

摘　要: 国家监察委员会监察权的来源、性质、特点和行使,要求接受外部监督制约,检察权具有监督权的法律属性,其对监察权的监督制约旨在确立“以权力制约权力”模式。建立检察权对监察权的监督机制,不仅是反腐实践的现实要求,同时在党内规范和国家立法上均存在充分法理依据和基础。

关键词: 监察权　检察监督　制约机制　法理基础

引　言

根据2016年11月中共中央办公厅印发的《关于在北京市、山西省、浙江省开展国家监察体制改革试点方案》(以下简称《方案》),第十二届全国人大常委会第二十五次会议于2016年12月25日通过了《全国人民代表大会常务委员会关于在北京市、山西省、浙江省开展国家监察体制改革试点工作的决定》(以下简称《决定》)。《决定》规定:“在北京市、山西省、浙江省及所辖县、市、市辖区设立监察委员会,行使监察职权。将试点地区人民政府的监察厅(局)、预防腐败局及人民检察院查处贪污贿赂、失职渎职以及预防职务犯罪等部门的相关职能整合至监察委员会。”2017年1月中央确定的三个监察体制改革试点地区监察委员会主任全部产生,我国的监察体制改革迈出实质性的一步。《决定》规定,监察委员会“履行监督、调查、处置职责,监督检查公职人员依法履职、秉公用权、廉洁从政以及道德操守情况,调查涉嫌贪污贿赂、滥用职权、玩忽职守、权力寻租、利益输送、徇私舞弊以及浪费国家资财等职务违法和职务犯罪行为并作出处置决定,对涉嫌职务犯罪的,移送检察机关依法提起公诉”。监察委员会实质上是集党纪处分、行政监察、刑事侦查于一体的反腐败监督执法机关。“历史上和当今世界任何国家,都没有权力如此巨大而又集中的监察机关。”〔1〕国家监察体制改革的难点之一就是如何监督和制约国家监察机关。〔2〕汉密尔顿说得好,“权力必须用权力来约束,野心必须用野心来对抗”〔3〕。要保障国家监察权的正当、合法、有效行使,必须加强

* 张兆松(1962—),男,浙江工业大学法学院教授。主要研究方向:刑事法学、司法制度。

〔1〕 参见童之伟:《对监察委员会自身的监督制约何以强化》,载《法学评论》2017年第1期。

〔2〕 马怀德:《国家监察体制改革的重要意义和主要任务》,载《国家行政学院学报》2016年第6期。

〔3〕 [美]汉密尔顿、杰伊、麦迪逊:《联邦党人文集》,程逢如等译,商务印书馆,1995版,第264页。

对国家监察权及国家监察委员会的有效监督制约，其中最重要的是要加强检察权对监察权即检察机关对监察委的监督制约。

一、国家监察权检察监督制约机制的理论基础

国家监察机关是国家专门的反腐败机关，理应受到各方面的监督制约。有效的监督是依法治国、建设社会主义法治国家的内在要求和重要保障，没有监督就没有法治。当代中国法律监督的实质是：以人民民主为基础，以社会主义法治为原则，以权力合理划分与相互制约为核心，依法对各种行使公共权力的行为和其他法律活动进行监督、察看、约束、控制、检查和督促的法律机制。〔1〕

(一) 国家监察权的来源、性质、特点、行使要求检察监督制约

监察权的来源要求监督制约。合法性和有效性是国家权力最为重要的本质性规定。国家权力的合法性并不仅仅指国家权力的产生和行使合乎法律规定，而是指国家权力必须得到公民的认同。〔2〕根据马克思主义理论，社会主义国家的政治权力是人民给予的。人民是国家权力的最终来源。我国宪法规定，中华人民共和国的一切权力属于人民。人民是国家的主人。权力来自人民，当它一旦与人民相分离，就具有了一种脱离人民的倾向和离心力。要确保权力忠实于作为基础的人民，就必须有对权力的必要控制，防止权力远离人民或背叛人民。而人民对权力进行控制的意志，只有通过法律才能得以表达。法律作为人民整体意志的表现形式，对权力及其行使进行规范，防止权力成为没有约束的权力。同时，人民还可以运用法律所预设的模式来检测权力运行的状况，并适时校正权力的运行状态。〔3〕监察权是国家的重要权力之一，它来源于人民。按照改革方案，监察委员会由人民代表大会产生，应当受到人民的监督。

监察权的性质要求监督制约。监察权具有国家权力的一般属性，即权力的相对性、支配性。权力的相对性意味着不同的权力拥有者具有不同的权力，不同机构之间具有相对独立的性质，权力机构之间不能混同其权力。权力的支配性首先表现为权力是一种支配力量，它可以要求人们作出某种行为，包括允许人们做什么和禁止人们做什么；其次，表现为权力具有强制性，权力都是以相应的服从存在作为条件的。权力的支配性使得权力具有了相对人不得不服从的性质，也使得权力具有滥用的可能性。

监察权的特点要求监督制约。《方案》和《决定》这两个政治和法律文件已经显示出监察委员会将具有的两个突出特点：地位高、权力厚重。〔4〕在我国监察权的配置中，监察机关是行使国家监察职能的专责机关，不仅是对公职人员进行监督检查的专门机关，而且还是专

---

〔1〕陈光中主编：《中国司法制度的基础理论专题研究》，北京大学出版社，2005年版，第18页。

〔2〕孙关宏、胡雨春主编：《政治学》，复旦大学出版社，2012年第2版，第37页。

〔3〕卓泽渊：《法治国家论》，法律出版社，2008年版，第120页。

〔4〕童之伟：《对监察委员会自身的监督制约何以强化》，载《法学评论》2017年第1期。

门的反腐败机关。根据《决定》规定，“监察委员会可以采取谈话、讯问、询问、查询、冻结、调取、查封、扣押、搜查、勘验检查、鉴定、留置等措施”。根据《方案》精神，监察委员会与党的纪检委合署办公，统一掌握反腐败资源，权力高度集中。“合署办公后，监察委员会的权力至少是现有的纪检委权力加行政监察权，再加检察院反贪局的贪腐等职务犯罪侦查权之总和。”〔1〕在法理上，原“双规”虽不具有司法效力，只是一种党内纪律的约束措施，但实际上具有司法功能，即纪检机关可以利用“双规”手段对违法乱纪者进行一定的人身限制和权利限制。一旦缺乏监督制约，办案人员滥用“双规”，造成被调查对象非正常死亡的，社会影响恶劣，极大地消解反腐败的社会效果。〔2〕监察委成立后，“将比较彻底地把‘双规’等缺乏宪法法律根据的反腐肃贪措施消弭在法治建设的背景中”〔3〕，十八届中纪委七次全会审议通过的《中国共产党纪律检查机关监督执纪工作规则(试行)》也不再提“双规”。马怀德教授认为，“双规”已被不同形式的审查措施、调查措施所取代。〔4〕其中“留置措施”是一种调查措施，和传统意义上的“双规”“双指”有本质的区别。〔5〕2017 年 3 月 5 日“两会”期间，中共中央政治局常委、中央纪委书记王岐山指出：“通过制定国家监察法，赋予监察委员会必要的调查权限，使党的主张成为国家意志。留置是调查权的手段，要将其在国家监察法中确立。”〔6〕笔者认为，“留置”实质上剥夺了审查对象的人身自由，具有强制措施的属性，如果不对这种措施加强外部监督，原“双规”的弊端就难以消解。

监察权的行使要求进行监督制约。在民主政治中，在具体的每一个权力的行使意义上，国家权力是可以分解，也是必须分解的。因为人民拥有的全部权力并不都是可以由全体人民共同直接行使的，各个具体权力必须由人民委托其信赖的个人或组织来行使。即任何非整体的具体权力都是由国家机关及其工作人员具体行使的。各个权力主体都有自己的权力认知能力和水平，都有自己相对独立的利益。无论是政治学中的“政治人”，还是经济学中的“经济人”，都是建立在一定的利益之上的，担任国家公职的人同样是理性自利的人。人类历史告诉我们，国家权力从产生时起，就存在着“善”与“恶”的两重性。人的本性，决定着人的行为的原始根据。一个担任公职的官员同时是存在七情六欲的生灵，一个具有食色本性的自然人，因而决定了他与其他人一样，都具有产生各种贪婪和欲望的潜质。因此，掌权者同普通人一样，不会因为担任公职就自然变得神圣起来。〔7〕正是基于人难以避免的认识和道德发展的局限性，要保证权力行使的正当性和统一性，就必须对权力进行有效的控制。

---

〔1〕 童之伟：《对监察委员会自身的监督制约何以强化》，载《法学评论》2017 年第 1 期。

〔2〕 如 2013 年 4 月 9 日被“双规”的温州市工业投资集团有限公司党委委员、总工程师於其一在被当地纪委带走 38 天后死亡；2013 年 4 月 23 日河南省三门峡市中级法院副院长兼执行局局长贾九翔在纪委“双规”10 天后死亡；湖北黄梅县地震局局长钱国良被“双规”两个月后于 2013 年 6 月 19 日送医不治死亡。

〔3〕 童之伟：《对监察委员会自身的监督制约何以强化》，载《法学评论》2017 年第 1 期。

〔4〕 程姝雯、王秀中：《纪委办案“调查”改称“审查” 审查期内还是“同志”》，载《南方都市报》2017 年 1 月 21 日第A03 版。

〔5〕 马怀德：《国家监察体制改革的重要意义和主要任务》，载《国家行政学院学报》2016 年第6 期。

〔6〕 李洁、陈斯：《构建党统一领导的反腐败体制》，载《法制晚报》2017 年 3 月 6 日第 A03 版。

〔7〕 王寿林：《权力制约和监督研究》，中共中央党校出版社，2007 年版，第 69－70 页。

（二）检察权对监察权的监督制约旨在确立“以权力制约权力”模式

中外权力监督历史证明：“以权力制约权力”是最有效的权力监督制约模式。这一模式的基本思想就是对国家权力进行横向的分解，使统一的国家权力由不同的分支机构来行使，并在国家权力的不同分支之间，建立起相互牵制的关系。它的主要目标是，国家权力的任何分支机构都不可能随心所欲地行使权力，都会受到其他权力机构的牵制。[1] 权力制约核心是分权。分权就是依其职能对国家权力进行划分和分配，其实质是优化权力结构与权力配置，使权力关系明晰化、规范化。现代分权理论的实质在于国家职能的分工与相互牵制，以防止权力的滥用，它的哲理基础是以制度来抑制权力主体的自利行为。[2] 分权的目的是通过权力的合理分解，使权力之间形成一个相互监督、相互制约的结构，以权力制约权力，保持权力的均衡。在各权力系统之间均衡分配职能，既互相独立，又互相制衡，保持一种权力均衡态势，防止权力倾斜。

虽然国家权力是一个有机的整体，但在行使国家权力时，必须由一系列国家机关分工执掌国家权力的不同部分。对于我国来说，由于我国实行的是人民民主专政的国体，一切国家权力集中属于人民，因此并不采取三权分立的政治原则。从政体上看，基本的国家权力组织形式为实行民主集中制的人民代表大会制度。由于人民代表大会毕竟无法一一行使国家的各项具体职能，于是，人民代表大会之下设立了一些具体的国家机关，分别行使国家的各项基本权力，执行特定的国家职能。在我国的宪政体制中，国家权力在功能上基本可划分为立法权、行政权、监察权、审判权、检察权、军事权等。党的十七大、十八大报告提出建立健全决策权、执行权、监督权既相互制约又相互协调的权力结构和运行机制，是对改革开放以来我们党在探索权力制约和监督机制方面的重要经验和实践成果的总结，是对权力结构和运行机制认识的进一步深化。

以权力制约权力，作为权力监督制约的有效模式，具有较强的实用性和可操作性，世界各国的权力制约机制都已证明这一模式的可行性和现实性。就国家监察权而言，要实现以权力制约权力，必须保证纵向合理分权和横向合理分权的有机结合。纵向合理分权主要是合理界定上级监察机关与下级监察机关之间的权力分工；横向合理分权主要是合理界定监察机关与检察机关、审判机关之间的权力分工。《决定》规定监察委员会“对涉嫌职务犯罪的，移送检察机关依法提起公诉”。为了保证检察机关对职务犯罪公诉权的实现，监察机关与检察机关必须通力合作，积极构建“配合、监督、制约于一体”的监检关系，以充分发挥刑事公诉在指控腐败犯罪中的主导作用。

---

〔1〕 喻中：《权力制约的中国语境》，山东人民出版社，2007 年版，第 2 页。

〔2〕 周永坤：《规范权力——权力的法理研究》，法律出版社，2006 年版，第 345 页。

二、国家监察权检察监督制约机制的实践基础

(一) 纪检监察人员腐败现象的存在要求强化检察监督

英国历史学家阿克顿勋爵说过一句名言:“权力导致腐败,绝对权力导致绝对腐败。”目前已查办的纪检、监察人员的腐败案件充分说明,监察机关的腐败具有不可避免性。如湖南郴州市委原副书记、市纪委原书记曾锦春,掌控当地纪检系统 11 年,借“双规”等名义,收受、索取他人贿赂 3123 万余元,此外尚有折合人民币共计 952.72 万元的巨额财产,不能说明其合法来源,因受贿罪、巨额财产来源不明罪被判处死刑、立即执行。中共浙江省委原常委、省纪委原书记王华元利用担任中共广东省委常委、省纪委书记、省委副书记兼省纪委书记,中共浙江省委常委、省纪委书记的职务便利,为他人在企业经营、职务升迁、案件处理、逃避抓捕等事项上谋取利益,收受他人款物共计折合人民币 771 万余元,另对其家庭财产、支出超出合法收入的折合人民币 894 万余元的部分不能说明来源,因受贿罪、巨额财产来源不明罪被判处死刑,缓期二年执行。十八大后,纪检监察系统狠治“灯下黑”,查办的内部腐败案件更是触目惊心。广东省政协原主席朱明国,在 2006 年到 2011 年期间担任广东省纪委书记,他先后利用担任重庆市公安局局长,中共广东省委副书记、纪委书记、政法委书记等职务上的便利,收受他人贿赂 1.4 亿余元,另对折合人民币 9104 万余元的财产不能说明来源,2016 年 11 月朱明国被判处死缓。山西省人大常委会原副主任金道铭曾长期在中央纪委工作,在担任山西省纪委书记、省委副书记等职务时,利用手中的权力,为他人谋取利益,非法收受他人财物共计折合人民币 1.2 亿余元,2016 年 10 月被判处无期徒刑。中央纪委法规室原副局级纪检员、监察专员曹立新,利用职务之便,收受他人贿赂 8526 万余元,2017 年 1 月被判处有期徒刑 15 年。中央纪委第四纪检监察室原主任魏健,利用职务上的便利或职权和地位形成的便利条件,为他人在案件受理、职务调整等方面提供帮助,非法收受他人财物共计折合人民币 5415 万余元,2017 年 1 月被判处有期徒刑 15 年。这些典型案例说明,不管什么样的权力,只要失去控制和约束,都可能用于谋取私利。

(二) 纪检监察同体监督效果的有限性要求强化检察监督

监察权力的特殊性使纪检监察干部更容易成为一些腐败分子的“围猎目标”,纪监干部并没有天生的免疫力。“以反腐败的名义搞腐败,在反腐的过程中大肆腐败。”这一现象十八大后得到了高层的关注,并加大了对纪检监察人员的惩治力度。2014 年 3 月,中央纪委成立了纪检监察干部监督室,加强对中央纪委监察部机关,各省区市、中央和国家机关纪检监察干部的执纪监督。“党的十八大以来,中央纪委机关谈话函询 218 人、组织调整 21 人、立案查处 17 人,全国纪检监察系统共谈话函询 5800 人次、组织处理 2500 人、处分 7900 人。”[1] 但我们必须清醒地认识到最有效的监督是异体监督和外部监督。“对古今中外的监督案例

〔1〕《王岐山在中国共产党第十八届中央纪律检查委员会第七次全体会议上的工作报告》,载《人民日报》2017 年 1 月 20 日第 4 版。

进行研究可以发现，这么多年来几乎没有一个党政主要领导的腐败问题，是由同级纪委监督检举揭发出来的。这一客观现实说明了一个简单的道理，再锋利的刀刃，也砍不了自己的刀把。由此，必须寻找'异体监督'。"[1]监察体制改革的目标本来就是要建立异体监督机制。检察机关曾因拥有自侦案件的侦查权、逮捕权、公诉权而备受社会各界"监督者如何受监督"的质疑。为了回应质疑，检察机关曾先后建立侦捕诉分离、逮捕权上提一级及实行同步录音录像等内部监督机制，但这些制度的建立，并没有从根本上解决自侦案件的监督制约问题。"正是检察机关对自侦案件侦查所采取的内部监督模式，不仅导致监督乏力，无法预防和纠正违法侦查行为，也有可能造成司法腐败、放纵犯罪、侵犯人权等问题的发生。"[2]同理，监察机关拥有职务犯罪侦查权后将面临同样的监督难题，如果仅立足于自我监督，不仅监督效果有限，而且缺乏应有的公信力。

（三）公检法监督制约的实践教训要求强化检察监督

根据我国宪法和刑事诉讼法的规定，公检法三机关实行"分工负责、互相配合、互相制约"原则。但中华人民共和国成立以来公安机关的政治地位一直高于检法两家。2003 年以后，各地公安厅（局）长由同级党委政法委书记兼任，渐成普遍现象。[3]"政法委书记与公安局长互兼，将可能导致案件协调成'铁案'，检察机关无法进行侦查监督，而法院在被协调的情况下，实际上是按照公安局长的意图，无法做出独立的法律判断。""政法委书记与公安局长互兼损害司法部门的独立办案是不争的事实。"[4]2010 年 4 月，中央有关部门发出通知要求省级政法委书记不兼任公安厅（局）长，该通知下发时，全国有 14 个省级政法委书记兼任公安厅（局）长。[5]此后，公安局长兼任政法委书记现象逐渐减少，但目前公安局长一般仍是同级党委常委或至少是政府的副职。这种政法体制客观上形成"以侦查为中心"，侦查权主导司法，就难以避免有罪推定和冤假错案的发生，佘祥林案、赵作海案等冤案无不说明这个问题。"我国长期以来形成的以侦查为中心的三机关关系，导致原本是定罪量刑最终环节的审判阶段虚置化，案件审理的实质化功能蜕变为走过场，流于形式，侦查一旦出错，便一错到底。"[6]刑事司法的教训值得借鉴，这种对公安检察监督乏力的现实不应当在国家的监察权中重现。

---

〔1〕 李永忠：《三省试水为深化反腐探索路径》，载《检察日报》2016 年 11 月 29 日第 8 版。

〔2〕 汪海燕：《刑事诉讼法律移植研究》，中国政法大学出版社，2015 年版，第 272 页。

〔3〕 2003 年 11 月 18 日《中共中央关于进一步加强和改进公安工作的决定》指出："各级党委可根据实际情况和干部任职条件，在领导班子职数范围内，有条件的地方逐步实行由同级党委常委或政府副职兼任省、市、县三级公安机关主要领导。"

〔4〕 申欣旺：《政法委书记兼任公安局长引争议，独立办案受干扰——详解政法委书记兼任公安局长》，http://www.chinanews.com/gn/news/2010/03-25/2190487.shtml，访问时间：2017 年 2 月 23 日。

〔5〕 钱昊平等：《政法委书记与公安局长的合合分分》，http://www.infzm.com/content/64506.访问时间：2017 年 2 月 23 日。

〔6〕 陈卫东：《以审判为中心：解读、实现与展望》，载《当代法学》2016 年第 4 期。

三、国家监察权检察监督制约机制的党法、国法基础

（一）加强对监察权的监督制约是新一届中央领导集体的重要思想

2013年1月22日，习近平总书记在十八届中央纪委二次全会上指出，“要加强对权力运行的制约和监督，把权力关进制度的笼子里，形成不敢腐的惩戒机制、不能腐的防范机制、不易腐的保障机制”。2014年1月14日，习近平在十八届中央纪委三次全会上强调，“各项改革举措要体现惩治和预防腐败要求，同防范腐败同步考虑、同步部署、同步实施，堵塞一切可能出现的腐败漏洞，保障改革健康顺利推进”。2016年1月，习总书记在十八届中央纪委六次全会上又指出，“要完善监督制度，做好监督体系顶层设计，既加强党的自我监督，又加强对国家机器的监督”。2014年初，中共中央总书记习近平强调，要纪委解决好“灯下黑”的问题，“你们是查人家的，谁查你们，这个问题要探索解决”。十八大之后中纪委王岐山书记反复强调，“信任不能代替监督”。2016年11月，作为中央深化国家监察体制改革试点工作领导小组组长的王岐山在北京市、山西省、浙江省就开展国家监察体制改革试点工作调研时指出：深化国家监察体制改革目的正是完善党和国家的自我监督，监察委员会履行监督、调查、处置职责，与执法、司法机关有机衔接、相互制衡，实现依规治党和依法治国有机统一。[1] 所谓“相互制衡”就是指监察机关与检察机关、审判机关之间要互相制约，实现权力的平衡。

（二）加强对监察权的监督是党法对检察机关的要求

党内法规是中国特色社会主义法治体系的有机组成部分，党的十八届四中全会审议通过的《中共中央关于全面推进依法治国若干重大问题的决定》指出，“党内法规既是管党治党的重要依据，也是建设社会主义法治国家的有力保障”，“依法执政，既要求党依据宪法法律治国理政，也要求党依据党内法规管党治党”。“党规也是法，党规是社会主义法治规范的一种重要形态。”[2]强化对权力监督制约是党法的重要内容。十八大报告指出：健全权力运行制约和监督体系。坚持用制度管权管事管人，保障人民知情权、参与权、表达权、监督权，是权力正确运行的重要保证。要确保决策权、执行权、监督权既相互制约又相互协调，确保国家机关按照法定权限和程序行使权力。十八届三中全会审议通过的《中共中央关于全面深化改革若干重大问题的决定》指出：强化权力运行制约和监督体系。坚持用制度管权管事管人，让人民监督权力，让权力在阳光下运行，是把权力关进制度笼子的根本之策。必须构建决策科学、执行坚决、监督有力的权力运行体系，健全惩治和预防腐败体系，建设廉洁政治，努力实现干部清正、政府清廉、政治清明。十八届六中全会通过的《中国共产党党内监督条例》第37条规定：“各级党委应当支持和保证同级人大、政府、监察机关、司法机关等对国家机关及公职人员依法进行监督。”

---

〔1〕 姜洁：《王岐山：实现对公职人员监察全覆盖，完善党和国家的自我监督》，载《人民日报》2016年11月26日第1版。

〔2〕 宋功德：《党规之治》，法律出版社，2015年版，第65页。

（三）加强对监察权的监督是法律对检察机关的要求

《中华人民共和国宪法》第129条规定："中华人民共和国人民检察院是国家的法律监督机关。"这一规定以根本大法的形式确认了检察机关作为国家法律监督机关的宪法地位，赋予检察机关法律监督权。在我国宪政体制中，检察权是一种独立的国家权力，既是司法权，又是法律监督权。法律监督主要是指检察权的功能，独立性主要是指检察权的组织形式及其与其他国家权力的关系，而司法性则主要指检察权具体运作的方式。在我国设置的监督机制中，除了检察机关的法律监督之外，还有党内监督、人大监督、民主监督、舆论监督和民众监督等等（包括新设立的监察监督）。这些不同主体、不同类型的监督构成了我国权力运作的监督机制。在这个监督体系中，检察机关的法律监督具有国家性、专门性、特定性、规范性、有效性等特征。[1] 正是基于检察机关法律监督的特征，改革开放以来，我国不断通过立法强化检察监督。[2] 为了落实宪法规定精神，十八届四中全会通过的《中共中央关于全面推进依法治国若干重大问题的决定》指出，"完善检察机关行使监督权的法律制度"，"完善对涉及公民人身、财产权益的行政强制措施实行司法监督制度"，"检察机关在履行职责中发现行政机关违法行使职权或者不行使职权的行为，应该督促其纠正"。"完善对限制人身自由司法措施和侦查手段的司法监督，加强对刑讯逼供和非法取证的源头预防，健全冤假错案有效防范、及时纠正机制。"因此，加强对国家监察权的监督是检察机关法律监督的应有之义，也是检察机关不可推卸的职责。《方案》指出，要"强化对监察委员会自身的监督制约"。《决定》规定："监察委员会对本级人民代表大会及其常务委员会和上一级监察委员会负责，并接受监督。"这充分表明，在试点方案中中央已高度重视如何解决监察委员会自身监督的问题。笔者认为，这里"自身监督"，并不意味着只有靠纪检监察机关的内部监督，而不需要外部监督，特别是检察监督。

四、结　　语

"一旦掌握集中监察权的监察委员会，既无外部宪制分权机关制约，又无内部分权制衡，监察委员会很可能成为掌握极大权力的新生既得利益群体和宪制之下'最强者'：正义和是非标准将直接沦为其意志的体现，最终沦为新的腐败滋生地。"[3]监督的权力不能代替权力的监督。那种认为"纪检系统通过自我监督的制度实践，给出了把任何一种重要的权力关进制度笼子的生动样本"的判断，显然是偏颇的。[4] 只有加强对监察权的监督制约，才能保证国家监察权的健康运行。"通过监督制约，把位高权重的各级监察委员会的活动约束在宪

---

〔1〕 张兆松主编：《检察学教程》，浙江大学出版社，2009年版，第75－76页。

〔2〕 如2012年修改后的刑事诉讼法对检察机关诉讼监督工作新增了12个方面的内容，其中侦查监督4项，审判监督3项，监所监督2项，既有侦查监督又有审判监督的2项，既有审判监督又有非刑罚执行监督的1项。

〔3〕 秦前红：《困境、改革与出路：从"三驾马车"到国家监察——我国监察体系的宪制思考》，载《中国法律评论》2017年第1期。

〔4〕 赵义：《把纪委的权力关进制度的笼子》，载《南风窗》2017年6期。

法、法律的范围内，是设立国家监察机关这一事关全局的重大政治体制改革获得成功的必要条件。”[1]检察机关是国家法律监督机关，在监察体制试点过程中，检察机关应当未雨绸缪，将如何加强对监察委员会的监督制约纳入检察工作议程。[2] 通过积极有效的计划安排、制度论证，力争在《中华人民共和国监察法》中把检察权对监察权的监督制约机制，用法律的形式固定下来，[3]从而在国家宪政体制中形成一种新型的国家机关权力配置结构，即在国家监察机关与检察机关之间形成分工负责、互相配合、互相制约的新机制。

〔1〕 童之伟：《对监察委员会自身的监督制约何以强化》，载《法学评论》2017 年第 1 期。

〔2〕 北京市检察院检察长敬大力日前在全国检察长会议上表示，北京市各级检察院拟统一设立职务犯罪检察部，专门与监察委员会进行办案衔接，负责对监察委员会调查案件进行立案审查，衔接完善刑事诉讼程序。参见李张光：《北京成立监察委背后的“首善标准”》，载《民主与法制时报》2017 年 2 月 19 日 第 7 版。

〔3〕 笔者建议在未来的《中华人民共和国监察法》中设置专门条文规定：“监察人员执行职务，依法接受人民检察院的监督”，“公民或者组织对监察人员的违法、违纪行为，有权向监察机关或者人民检察院检举、控告”。

论监察体制改革下的监察权与检察权

夏金莱*

摘　要：监察体制改革导致了国家监察委员会的诞生和检察院部分职能的整合，引发了监察权和检察权法律性质的重新定位。以权力制约为基础，监察权是独立于立法权、行政权和司法权的国家权力，属于权力监督的范畴。检察院随着职能整合而被部分剥离的权力主要是职务犯罪侦查权。事实上，该项权力的行使本就不属于权力监督，而属于权力制衡，检察院对审判行为、刑事判决执行机关及监所机关的执行行为以及一般行政行为的监督权才属于真正意义上的监督权。因此，职能整合并不会改变检察机关作为法律监督机关的宪法定位。监察监督和检察监督在对象、范围、方式和阶段四个方面形成差异互补，二者各司其职，丰富和完善了权力制约体系。

关键词：监察体制改革　监察权　检察权　权力监督　权力制约

2016年12月25日，第十二届全国人大常委会第二十五次会议表决通过了《全国人民代表大会常务委员会关于在北京市、山西省、浙江省开展国家监察体制改革试点工作的决定》（以下简称《改革试点决定》），正式拉开了监察体制改革的大幕。这一事关全局的重大政治改革牵一发而动全身，将对我国既有的国家权力结构和权力运行机制产生重大的影响。检察院查处贪污贿赂、失职渎职以及预防职务犯罪等部门的相关职能被整合至监察委员会，因此，可以预见，检察机关在国家监察体制改革中所受到的影响将十分明显和深刻，监察委员会自诞生之日起就注定与检察院发生千丝万缕的联系。监察委员会的职权如何规范运行、检察机关与监察委员会如何衔接等均是关系改革试点工作成败的重要问题。在监察体制改革的大背景下，检察制度自身如何改革和发展亦是必须面对的问题。然而，“在宪法上，每个国家机构都有明确的性质与功能”，任何政治改革以及必然伴随的具体制度设计都应当遵循这一宪法原则。〔1〕因此，要解决这一改革和创新中的具体问题，必须先从理论上厘清国家监察权的属性和监察委员会的法律定位，并重新思考职能整合后的检察权性质以及检察机关的宪法定位。

一、基础概念：权力制约、监督与制衡

现行《中华人民共和国宪法》第一百二十九条明确了检察院的法律定位是“国家的法律

---

*　夏金莱，法学博士，广东财经大学法学院讲师。本文首发于《政治与法律》2017年第8期。

〔1〕　参见韩大元：《论国家监察体制改革中的若干宪法问题》，载《法学评论》2017年第3期。

监督机关”，因此，长期以来关于检察权性质的争论形成了一个相对主流的意见，即检察权属于法律监督权。然而，监察体制改革的顶层设计使人们不得不重新思考检察机关的宪法定位和检察权的性质。监察委员会的出现打破了检察机关作为国家法律监督机关的唯一性，丧失了这个唯一性的检察机关继续坚守“国家的法律监督机关”这一宪法定位难免会受到正当性质疑。在判断国家监察权的性质和国家监察委员会的法律定位，以及检察权的性质和检察机关的法律定位之前，需要先界定几个基础概念：权力制约、监督与制衡。

无论是监察体制改革本身，还是改革引起的探讨和思考，全都围绕着一个关键词“权力制约”。为什么要制约权力？因为“权力意味着在一种社会关系里哪怕遇到反对也能贯彻自己意志的任何机会，不管这种机会是建立在什么基础之上”[1]。阿克顿勋爵认为“在所有使人类腐化堕落和道德败坏的因素中，权力是出现频率最多和最活跃的因素”[2]。近现代世界各国的法治实践也一再证明了孟德斯鸠的判断——不受约束的权力必然产生腐败，权力只有用权力来约束。因此，对权力进行有效制约不仅是现代政治文明的必然要求，也是依法治国的核心要义，更是监察体制改革的根本目标。什么是权力制约？“从宪政控权的角度来理解和分析，‘制约’概念包含三层含义：一是控制，二是约束，三是阻止。”[3]“权力制约指以社会各种控制手段规范公职权力的合理界限的一切活动”，这些控制手段必然表现为一种权力，因此，权力制约实质上是“以权力制约权力”。[4] 古今中外，如何实现权力制约都是执政者必须解决的问题，也是政治学、管理学、法学等诸多学科重点研究的对象。然而，无论是理论界还是实务部门，往往混用“制约”“监督”和“制衡”这三个概念。要厘清监察权和检察权的性质，进而明确国家监察委员会和检察院的宪法定位，就必须先区分“制约”“监督”和“制衡”背后所蕴含的制度逻辑。

从层级上看，权力制约应当是监督和制衡的上位概念。也就是说，权力制约包括对权力实施监督和制衡两种方式。监督是指由专门的监督机构对其他国家权力行使的过程和结果进行监察和督促。监督最根本的特点在于监督权独立于被监督的权力。这种独立性体现在三个方面：其一，监督权是一种独立的权力，从权力性质上不同于被监督的权力；其二，行使监督权的主体独立于被监督的对象；其三，监督权的运行独立于被监督的权力，即监督权的行使遵循自己的程序，不参与被监督的权力运行过程。可见，从本质上讲，监督权是一项不同于且外在于被监督的权力的一项专门权力。“监督模式下权力的结构是单向的，即监督与被监督的关系。”[5]制衡则体现了不同权力之间互相牵制的关系。在这里有必要纠正一种观念，即认为制衡专属于三权分立的政治体制，对于我国社会主义性质的政体来说，制衡是

〔1〕 [德]马克斯·韦伯：《经济与社会（上卷）》，林荣远译，商务印书馆，1997年版，第81页。

〔2〕 [英]阿克顿：《自由与权力——阿克顿勋爵论说文集》，侯健、范亚峰译，商务印书馆，2001年版，第342页。

〔3〕 侯志山、侯志光：《行政监督与制约研究》，北京大学出版社，2013年版，第52页。

〔4〕 林喆：《权力腐败与权力制约》，法律出版社，1997年版，第160页。

〔5〕 夏正林：《权力制约中的监督与制衡》，载《检察日报》2017年2月22日，第7版。

一个异己的、不相容的概念。[1] 事实上，“不能把制衡学说等同于‘三权分立’。前者是由一种政治、法律思想发展而成的理论学说，后者则是运用这一理论学说所确立的国家政治体制”[2]。所以，不能将权力运行的技术规则等同于国家政权架构，过分夸大其政治性，而忽略其科学性。在我国人民代表大会制度下，制衡体现的是权力主体之间的“分工负责，互相配合，互相制约”，从而“保证准确有效地执行法律”。[3] 由此可见，所谓制衡即制约平衡的“典型特征就是在工作流程中给相互没有隶属关系的工作伙伴设置制度性关卡或限制，符合标准就放行，否则不予放行”[4]。制衡的本质在于不同权力主体在同一事项中的共同参与和相互牵制，其中一个主体的行为可以影响整个活动的走向或者结果，各个权力主体之间是交互的关系。正因为制衡机制的存在，每个国家机关行使权力都不能肆意妄为，这在客观上能够起到监督权力运行的效果。然而，一种权力的行使能够起到监督的效果并不等于这种权力就是监督权。例如，法院的行政审判也能起到监督行政机关依法行政的效果，但这并不意味着法院的审判权属于监督权。

监督与制衡各有其优势与劣势。概言之，监督是单向的、高效率的，但是永远存在谁来监督监督者这一难题。制衡是双向的、稳定的和刚性的，但是必然在一定程度上牺牲效率。不论分权与制衡理论和社会主义监督原则对该问题之论述差异何其大，有一点共性不容置疑：权力制约原则乃宪法基本原则。厘清权力制约、监督与制衡这三个概念的目的，是为准确界定国家监察委员会和检察院的权力属性、职能以及宪法定位提供必要的理论基础。毕竟“设立监察委员会既是事关全局的重大政治改革，也是国家权力结构改革的重大举措”[5]。无论是国家监察委员会还是检察院，其核心使命都在于规范权力运行，防止公权力滥用。然而，公权力不仅强大，而且行使的方式多样，因此，以权力制约权力也不能依赖单一的主体、固守单一的途径。正如韩大元教授所说：“对公权力的制约不能以单一机制来完成。”[6]唯有将监督机制和制衡机制相结合，方能构建完善的权力制约机制。同时，只有理顺权力制约体系中的监督机制和制衡机制的关系，让国家监察委员会和检察院各归其位、各司其职，才能实现二者职能的良好衔接。

二、国家监察委员会的法律定位及监察权的性质

在国家监察体制改革试点工作开展之前，我国的权力制约体系主要是在纪委的主导下，

[1] 谢鹏程：《也谈监督、制约和制衡》，载《检察日报》2008 年 5 月 29 日，第 3 版。

[2] 曾龙跃：《制衡学说与检察机关的法律监督职能》，载《检察论丛》(第 1 卷)，法律出版社，2000 年版，第 35 - 36 页。

[3] 我国《中华人民共和国刑事诉讼法》第七条关于“人民法院、人民检察院和公安机关进行刑事诉讼，应当分工负责，互相配合，互相制约，以保证准确有效地执行法律”的规定，正是权力制衡在刑事诉讼中的体现。

[4] 童之伟：《对监察委员会自身的监督制约何以强化》，载《法学评论》2017 年 1 期。

[5] 李永忠：《权力结构改革与监察体制改革》，载《国家行政学院学报》2017 年第 2 期。

[6] 韩大元：《论国家监察体制改革中的若干宪法问题》，载《法学评论》2017 年第 3 期。

由行政监察、检察监督和司法监督三个部分组成。[1] 然而，这套权力制约体系中的各种机制在运行中暴露出了各自的局限。概言之，“主要问题是同体监督乏力，异体监督缺失，党纪国法断层，监察资源分散，对象难以周延等”[2]。为了解决纪委监督对象狭窄、行政同体监察低效乏力、检察监督公信力缺失、司法监督具有被动性等问题，国家决定开始实施监察体制改革。从《改革试点决定》的内容来看，监察委员会全盘接收了行政监察部门的职权以及检察院查处贪污贿赂、失职渎职和预防职务犯罪等部门的相关职能。等这一改革正式全面铺开以后，从监察部到各级人民政府的监察厅(局)、预防腐败局都将被撤销，检察院的机构人员也将面临重大调整。这一切说明，“监察体制改革的实质在于国家监督监察权的重新配置”[3]。鉴于此，有学者认为“监察委员会的属性定位是监察体制改革的首要问题”[4]。马怀德教授则呼吁，应当将明确监察机关的法律定位与运作机制作为制定我国《国家监察法》的首要任务。[5]

根据来源的不同，目前对监察委员会属性和定位的表述大致可以分为两类。一类是官方表述，即国家监察委员会是“党统一领导下的国家反腐败工作机构”[6]。另一类是理论观点，主要有“党统一领导下的国家反腐败工作机构”，“独立于一府两院的新型监察机关”，“履行监督执法职能机关”以及“与行政机关和司法机关平行的执法监督机关”。[7] 官方文件对监察委员会定位的表述是基于深化国家监察体制改革的目标，理论观点则更多地基于监察委员会的职能。这些表述分别从不同的角度揭示了国家监察委员会的属性，笔者于本文中是基于构建多元权力制约机制的目的，在国家权力结构中思考监察委员会的定位及监察权的双重属性。

我国既有的国家权力体系中并没有国家监察权，要明确这项权力的性质只能从多方面进行分析。从权力来源看，这项权力是从行政权和检察权中剥离出来的，显然它兼具行政权

---

〔1〕 行政监察和检察监督是权力制约机制的重要组成部分，这基本没有争议。法院对行政权的司法监督主要通过对行政案件的审判来实现。1989 年我国《中华人民共和国行政诉讼法》第一条规定：“为保证人民法院正确、及时审理行政案件，保护公民、法人和其他组织的合法权益，维护和监督行政机关依法行使行政职权，根据宪法制定本法。”2014 年该条修订为：“为保证人民法院公正、及时审理行政案件，解决行政争议，保护公民、法人和其他组织的合法权益，监督行政机关依法行使职权，根据宪法，制定本法。”可见，监督行政权依法行使始终是行政审判的目的之一，而 2014 年修订后的我国《中华人民共和国行政诉讼法》不再提司法对行政权行使的维护职能，更加突出了监督功能。

〔2〕 秦前红：《困境、改革与出路：从“三驾马车”到国家监察——我国监察体系的宪制思考》，载《中国法律评论》2017 年第 1 期。

〔3〕 秦前红：《国家监察委员会职能地位亟需宪法明确》，载《财经》2016 年第 34 期。

〔4〕 魏昌东：《国家监察委员会改革方案之辨正：属性、职能与职责定位》，载《法学》2017 年第3 期。

〔5〕 马怀德：《〈国家监察法〉的立法思路与重点》，载《环球法律评论》2017 年第 2 期。

〔6〕 中共中央办公厅印发的《关于在北京市、山西省、浙江省开展国家监察体制改革试点方案》。

〔7〕 韩大元：《论国家监察体制改革中的若干宪法问题》，载《法学评论》2017 年第 3 期；马怀德：《国家监察体制改革的重要意义和主要任务》，载《国家行政学院学报》2016 年第 6 期。

和检察权的属性，[1]在某种意义上是一种"师出多门"的权力。[2] 从监察事项范围来看，监察委员会不仅监督检查公职人员依法履职、秉公用权和廉洁从政情况，还监督其道德操守情况，而这是属于党纪调整的范畴。从职责构成来看，监察委员会履行监督、调查、处置职责，其中尤为引人关注的是调查权。陈光中先生认为这里的调查应当包含两大部分："一是针对违反党纪和行政法规的一般调查；二是针对职务犯罪的特殊调查，相当于原来的职务犯罪的刑事侦查。"[3]违纪调查和违规调查则具有执纪和行政的权力属性。从履职措施来看，监察委员会可以采取"谈话、讯问、询问、查询、冻结、调取、查封、扣押、搜查、勘验检查、鉴定、留置等措施"。谈话通常是一种诫勉手段，讯问、询问、查询、调取、勘验检查、鉴定是常见的调查取证手段，冻结、查封、扣押、搜查、留置则属于强制措施。尤其是"留置"这一新措施，其诞生的初衷是替代纪委的"双规"和"两指"，但又不同于行政拘留和刑事拘留。仅《改革试点决定》中确定的履行监察权的措施和手段就涵盖了行政权、检察权、司法权的行使方式。由此可见，监察权具有综合性和混合性。[4] 因此，按照那种一定要将某种国家权力归属于行政权、立法权或者司法权之一的传统思维习惯，的确无法为监察权进行准确的定性。[5]

事实上，判断一种权力的属性，不仅要考虑权力划分的基本理论，更要考虑国家的根本政治制度和宪制结构。我国实行人民代表大会制，在根本上不同于西方的两院制和三权分立的权力架构。"我国宪法所设计的国家权力结构是以国家机构为中心，而不是以国家权力的性质为核心。"[6]《改革试点决定》规定："试点地区监察委员会由本级人民代表大会产生。监察委员会主任由本级人民代表大会选举产生；监察委员会副主任、委员，由监察委员会主任提请本级人民代表大会常务委员会任免。监察委员会对本级人民代表大会及其常务委员会和上一级监察委员会负责，并接受监督。"可见，改革者的意图是将监察委员会塑造成与政府、法院和检察院并列的、由人大产生并对人大负责的国家机关。监察体制改革将使稳定多年的人大之下"一府两院"的结构转变为"一府两院一委"的新结构。因此，监察委员会的法律定位应当是平行于"一府两院"的专门行使监察权的国家机关。伴随着监察委员会这一新型国家机构的诞生，监察权也随之"升格"为有别于立法权、行政权和司法权的独立的国家权力。有学者将之称为"现代公共权力'第四权'"。[7]

如前所述，监督最根本的特点在于监督权独立于被监督的权力。无论是监察权的属性，还是监察委员会的宪法地位，抑或是监察权的行使方式，都具备了独立性的特点。由此可

---

〔1〕 这里所述的是形式意义上的权力来源。在实质意义上，我国一切国家权力都来源于人大。

〔2〕 秦前红：《国家监察委员会职能地位亟需宪法明确》，载《财经》2016 年第 34 期。

〔3〕 陈光中：《关于我国监察体制改革的几点看法》，载《环球法律评论》2017 年第 2 期。

〔4〕 韩大元：《论国家监察体制改革中的若干宪法问题》，载《法学评论》2017 年第 3 期。

〔5〕 张千帆教授认为：从根本上说，政府职能主要限于立法、执法与司法三种，不论这三种权力之间关系如何，任何国家的政府都必然具备这三种形式的权力及其某种方式的分工。参见张千帆：《宪法学导论——原理与应用》(第三版)，法律出版社，2014 年版，第 287 页。

〔6〕 莫纪宏：《论我国司法管理体制改革的正当性前提及方向》，载《法律科学(西北政法大学学报)》2015 年第 1 期。

〔7〕 魏昌东：《国家监察委员会改革方案之辨正：属性、职能与职责定位》，载《法学》2017 年第 3 期。

见，监察委员会拥有的“集党纪监督、行政监督与法律监督权于一体”的监察权属于监督权的范畴，国家监察委员会属于监督机关。〔1〕既然监察权属于监督权，由监督权自身的特点所决定，在改革试点探索和后续的制度设计中必须考虑两个方面的问题。其一，如何提高监督者的专业素质和监督能力。权力监督是外部监督，监督者是特定的，而被监督对象则遍及各个领域，这就必然对监督者的专业素质和能力提出很高的要求，既要熟悉监督权的行使，又要熟悉被监督者的业务特点和权力运行模式，否则，将要么因为“技不如人”而无法实现有效监督，要么矫枉过正而对被监督者的正常工作造成干涉甚至出现权力越界。其二，如何实现对监督者的监督。监察权作为一种综合性的、高效而强大的权力，其滥用会造成非常可怕的后果，因此，它也应该受到制约。

三、职能整合后的检察院与检察权

在我国，关于检察权的性质，历来争议不断。代表性的观点有“行政权说”“司法权说”“双重属性说”“法律监督权说”等。〔2〕宪法将检察院定位为“国家的法律监督机关”，因此，将检察权定性为法律监督权的观点占据了相对多数。这一观点从检察院的宪法定位出发，主张检察机关的一切职能都应该统一到法律监督权的属性中来。“检察机关作为法律监督机关的‘专门’性则主要表现为监督主体的专门性和监督手段的专门性。”〔3〕虽然我国检察权性质的争议似乎渐渐淡去，但是监察体制改革再次“吹皱一潭春水”。检察机关反贪污、反渎职和预防犯罪相关职能被整合至监察委员会所导致的直接后果就是检察机关丧失了其监督主体的唯一性和监督手段的专门性，继而引发了检察机关是否还是法律监督机关以及检察权是否还属于监督权的质疑。人们开始重新思考检察机关的宪法定位以及检察权的权力属性。有的学者认为由于检察机关的几乎所有权力皆与公共利益相关，因此应将检察机关重新定位为公共利益的守护者，检察权则是检察机关基于保护公共利益之需要，而向司法机关提起诉讼请求及为实现该诉讼请求而行使的一系列权力的总称。〔4〕有的学者立足于职务犯罪侦查权被转隶的现实和公诉权与诉讼监督权的异质同构性，主张将检察机关重新定位为公诉机关与诉讼监督机关。〔5〕当然，也有人认为国家监察体制改革并不改变检察机关作为国家的法律监督机关的属性，除非有进一步的体制变革，否则检察机关仍然是国家的法

〔1〕 韩大元：《论国家监察体制改革中的若干宪法问题》，载《法学评论》2017 年第 3 期。

〔2〕 陈卫东：《我国检察权的反思与重构——以公诉权为核心的分析》，载《法学研究》2002 年第 2 期；吴建雄：《检察权的司法价值及其完善》，载《中国刑事法杂志》2011 年第 10 期；龙宗智：《论检察权的性质与检察机关的改革》，载《法学》1999 年第 10 期；石少侠：《论我国检察权的性质——定位于法律监督权的检察权》，载《法制与社会发展》2005 年第 3 期。

〔3〕 韩大元：《坚持检察机关的宪法定位》，载《人民检察》2012 年第 23 期。

〔4〕 陈冬：《监察委员会的设置与检察权的重构》，载《首都师范大学学报（社会科学版）》2017 年第 2 期。

〔5〕 胡勇：《监察体制改革背景下检察机关的再定位与职能调整》，载《法治研究》2017 年第 3 期。

律监督机关。[1] 显然，我国学者的学术观点之间存在巨大的分歧，但这也从侧面证明了重新界定检察权的属性和检察院的职能定位具有重要的理论价值和现实意义。

以公共利益为理论基础来界定检察院的法律定位和检察权，显然没有抓住问题的本质。行政权同样以保护和实现公共利益为目的，甚至更加直接，以行政许可、国有土地上房屋征收等常见的行政行为为例，无一不是有关法律明文规定以维护公共利益为必要前提。正因如此，有学者明确提出行政法在本质上就是以公共利益为本位的法。[2] 此外，司法机关和军事机关等国家机关，其职权的行使归根结底都是为了公共利益。因此，保障和实现公共利益是检察机关的价值追求，但并不是检察权区别于其他国家权力的根本属性。

将检察机关定位为公诉机关和诉讼监督机关的观点的主要理由在于职务犯罪侦查权是检察机关最具刚性和监督属性的权力，是我国宪法将检察机关定位为“国家法律监督机关”的主要根据和重要支撑，因此，侦查权的剥离直接导致检察院失去法律监督机关的地位。[3] 姑且不谈这种观点的结论正确与否，笔者认为其理由就存在错误。

首先，职务犯罪侦查权可以被视为检察机关最具刚性的权力，但并非最具监督属性的权力。根据我国《中华人民共和国人民检察院组织法》和我国《中华人民共和国刑事诉讼法》的相关规定以及近年的检察工作实践，检察院的职能主要包括公诉、侦查、侦查监督、审判和执行监督以及行政监督。“公诉权包括审查起诉、提起公诉、不起诉、撤诉、出庭支持公诉等一系列诉讼权力，是法律赋予检察机关在刑事诉讼中代表国家提起公诉、追究犯罪的专有权力，是检察权的重要组成部分。”[4]检察院可以对直接受理的案件行使侦查权[5]，也可以对公安机关侦查的案件行使补充侦查权。侦查监督包括批准逮捕、对公安机关的侦查行为进行审查决定是否提起公诉。审判及执行监督是针对法院的民事、行政和刑事审判以及刑事判决的执行行为进行的监督。行政监督权并非传统意义上的检察权，它是指检察机关在履行职责过程中发现行政机关违法行使职权或者不行使职权的行为，有权通过发出检察建议的方式督促其纠正。随着行政公益诉讼试点的实施以及该制度被正式纳入我国《中华人民共和国行政诉讼法》，行政监督权开始成为检察权的重要组成部分。基于检察院是我国的法律监督机关，检察权的性质就是法律监督权这一理论前提，许多人将检察院的上述五种职能都归入了监督权。然而，笔者认为并非如此。公诉、侦查和侦查监督都是围绕着刑事诉讼而开展的，这几项职能有着共同的特点，即检察院都是作为一方主体参与到诉讼过程中，任何一个完整的刑事诉讼都必须由包括检察院在内的多个国家机关的行为共同完成，参与其中的任何一个国家机关都可以通过行使各自的职权阻断、终结诉讼进程或者改变诉讼进程的方向。举例来说，对于公安机关侦查终结的案件，检察院经审查认为证据不足的，可以退回

〔1〕 王玄玮：《国家监察体制改革和检察机关的发展》，载《人民法治》2017 年第 2 期。

〔2〕 叶必丰：《行政法的理论基础问题》，载《法学评论》1997 年第 5 期。

〔3〕 胡勇：《监察体制改革背景下检察机关的再定位与职能调整》，载《法治研究》2017 年 3 期。

〔4〕 谢鹏程：《论检察权的结构》，载《人民检察》1999 第 5 期。

〔5〕 检察院直接受理的案件包括贪污贿赂犯罪、国家工作人员的渎职犯罪和国家机关工作人员利用职权实施的特定犯罪案件。

公安机关补充侦查,也可以自行侦查。公安机关侦查终结并将案件移送给检察院的目的是希望检察院提起公诉,从而使案件进入审判程序,但是检察院通过对公安机关侦查结果的审查改变了诉讼进程的走向,使得案件重回侦查程序。如果案件经过二次补充侦查,检察院仍然认为证据不足,不符合起诉条件,则应当作出不起诉的决定,此举就终结了整个诉讼程序。检察院对自行侦查终结的案件,也是通过提起公诉、不起诉或者撤销案件的方式决定案件进程是否继续以及如何继续。这些显然符合权力制衡的本质特征。因此,有学者指出检察院的上述职权并不属于法律监督权,"都是诉讼中应有的制约机制,属于正常的诉讼程序。这在没有什么法律监督机关的其他国家的刑事诉讼中同样存在"〔1〕。可见,检察机关的公诉权、侦查权以及对公安机关的侦查进行审查等权力并不属于监督权,而是刑事诉讼中的权力制衡的体现。进一步地说,检察院对审判行为、刑事判决执行机关及监所机关的执行行为以及一般行政行为的监督才属于真正意义上的监督权。检察院对审判行为的监督是通过抗诉的方式来进行的,抗诉并不能直接改变法院的审判结果,只能启动再审程序。若发现监狱、看守所等特定行政机关的行为违法,检察院是通知执行机关或者主管机关予以纠正。对其他行政机关的违法行为,检察院"应当先行向相关行政机关提出检察建议,督促其纠正违法行政行为或者依法履行职责",行政机关拒不纠正违法行为或者不履行法定职责,国家和社会公共利益仍处于受侵害状态的,检察院才可以提起行政公益诉讼。〔2〕显然,检察院在行使这几项职权时并不直接介入被监督对象的权力行使过程,而是以独立的身份审视被监督者行为的合法性,这恰恰是监督权的本质特征。由此可见,检察院在改革试点中被整合至监察委员会的职务犯罪侦查权并不属于监督权的范畴,而其原有的监督职权全部被保留。更何况,由于监察委员会调查完毕后仍需将案件移送检察院审查起诉,因此,检察院是否应保留一部分职务犯罪侦查权目前尚无定论。〔3〕如果检察院因审查起诉的需要而保留部分侦查权,则以丧失侦查权为由否定检察院法律监督机关地位的观点将更加无法自圆其说。

其次,职务犯罪侦查权并非宪法把检察机关定位为"国家的法律监督机关"的主要根据。如何正确理解我国宪法中检察院是"国家的法律监督机关"的含义,韩大元教授撰文进行了详细的解读,本文不再赘述。〔4〕从理论上讲,职务犯罪侦查权仅仅是检察院作为法律监督机关的"专门"性的表现之一。从实践情况看,侦查权不过是检察院顺利行使监督权的无形后盾,将其视为检察院作为法律监督机关的主要根据显然是以偏概全。事实上,检察院作为国家的法律监督机关的主要根据在于两点:第一,在我国宪法确定的国家机构体系中,检察机关是在权力机关之下与行政机关、审判机关和军事机关并列的国家机关;第二,检察院的监督对象覆盖了司法权和行政权的主体,体现了检察机关对司法机关和行政机关职权行为

〔1〕陈卫东:《我国检察权的反思与重构——以公诉权为核心的分析》,载《法学研究》2002年第2期。

〔2〕《检察机关提起公益诉讼改革试点方案》(最高人民检察院2015年7月2日发布)。

〔3〕2017年6月1日,《中国纪检监察报》发表《以首善标准完成监察体制改革试点任务——北京开展国家监察体制改革试点工作纪实(上)》,报道了北京市开展监察体制改革试点工作以来首例采取留置措施后移送审查起诉的案件。

〔4〕韩大元:《坚持检察机关的宪法定位》,载《人民检察》2012年第23期。

合法性的全面监督。事实上，这两点均未因为检察院的职能整合而受到任何影响。

综上所述，笔者赞同监察体制改革并未改变检察院作为法律监督机关的定位的观点。不过，“检察机关是法律监督机关，但不能以此就得出结论检察权就只是法律监督权，因为检察权是外延远远广于法律监督权的一个概念，检察权是包含有法律监督的权力”〔1〕。

四、监察监督与检察监督的关系

改革以后，监察委员会和检察院的关系自然成为一个不容回避的问题。有人认为“监察委员会就事实上取代检察机关成为了真正意义上的法律监督机关”之说。〔2〕有人则提出完全相反的观点，认为“监察委员会的成立，并不改变、更不取代检察机关的法律监督机关地位和属性”〔3〕。笔者认为，法律监督权并非排他性的权力。韩大元教授指出检察机关虽然是法律监督机关，但不是全面监督法律实施的机关，也没有去“统揽法律监督权”。〔4〕在完善的权力制约机制中，应当设置多元监督主体和多元监督机制。监察体制改革的目的并不是要剥夺检察院的监督权和法律监督机关的地位，而是要通过新设监察委员会来全方位规范和制约公权力的运行。对检察院而言，则不妨以监察体制改革为契机，加强和完善自己的监督职能。既然监察委员会和检察院都拥有监督权，那么二者是否构成了权力重叠或者冲突呢？仔细分析不难看出，监察委员会的监督和检察院的监督存在诸多不同之处，监察体制改革并非叠床架屋的制度浪费。

第一，监督对象不同。从《改革试点决定》的规定来看，监察委员会“对本地区所有行使公权力的公职人员依法实施监察”。无论“公职人员”的内涵和外延如何界定，至少可以确定的是，监察委员会的监督对象是自然人，而不是组织。检察院的监督对象则是国家机关，包括司法机关和行政机关。检察院的监督针对的是国家机关的行为，而非国家机关的工作人员。正如研究者所说，在现代国家政治权力结构中，立法权、行政权和司法权属于对事权，此次改革产生的监察权则属于对人权。〔5〕监督对象即是责任主体，也就是相应法律后果的承担者。一旦公职人员存在腐败行为，则应由其本人承受国家监察委员会对其进行的调查和处置。而检察院发现法院的裁判和行政机关的作为或者不作为违法，则由法院或者行政机关来承担相应的法律后果，即重新审理案件或者作出相应的行政行为。

第二，监督的范围不同。《改革试点决定》规定，监察委员会“监督检查公职人员依法履职、秉公用权、廉洁从政以及道德操守情况”。从这一规定可以看出，监察委员会监督的范围涵盖了职务犯罪、一般违法、违反党纪乃至违反道德规范。这一监督范围远远广于其他任何

〔1〕王建国：《列宁检察权属性定位理论及其当代价值》，载《湖北社会科学》2012 年第 2 期。

〔2〕胡勇：《监察体制改革背景下检察机关的再定位与职能调整》，载《法治研究》2017 年第 3 期。

〔3〕王玄玮：《国家监察体制改革和检察机关的发展》，载《人民法治》2017 年第 2 期。

〔4〕韩大元：《坚持检察机关的宪法定位》，载《人民检察》2012 年第 23 期。

〔5〕李张光：《关注国家监察体制改革》，载《民主与法制时报》2017 年 1 月 1 日第 5 版。

形式的监督。与之相应，监察监督的依据除了法律，还包括党规党纪和无形的道德规范。这说明监察监督遵循的是严格性原则，即对行使公权力的公职人员课以高于普通公民的义务要求。检察监督的范围则是法院的审判活动是否合法，刑事案件判决、裁定的执行和监狱、看守所、劳动改造机关的活动是否合法，以及行政机关的行政执法行为是否合法。检察监督遵循的是有限性原则，只能对监督对象行为的合法性进行监督，而不应干预其合理性；当然，监督的依据也只能是法律，不包括党规党纪，更不包括道德规范。在行政检察监督方面，监督的范围应仅限于具体行政行为，要排除抽象行政行为。〔1〕

第三，监督方式不同。《改革试点决定》规定了监察委员会履行监督、调查、处置三项职权和可以采取的十二项相关措施。《改革试点决定》毕竟不是法律，因此有学者指出其确立的国家监察机关的监督权限和手段，大多过于抽象，尤其是“处置权有哪些处置形式，是否包括惩戒处分（记过、撤职、降职、开除等）和处理（如调离岗位、责令辞职、移交司法处理等）”〔2〕。尽管这些问题最终有待出台我国《中华人民共和国监察法》来予以解答，但是，现阶段仍然可以从《改革试点决定》的内容本身看出一些端倪。监察委员会对公职人员作出处置决定是在对“涉嫌贪污贿赂、滥用职权、玩忽职守、权力寻租、利益输送、徇私舞弊以及浪费国家资财等职务违法和职务犯罪行为”进行调查之后。根据调查结果，处置决定可以分为两种：一种是“涉嫌职务犯罪的，移送检察机关依法提起公诉”，另一种虽然没有单独规定，但是可以轻而易举地推断出来，即监察对象的行为已构成违法违纪，但尚未构成职务犯罪，对这种情况，则应由监察委员会自行处置。在监察委员会设立之前，对此类行为的处理方式包括党内纪律处分和行政处分。既然监察委员会全盘吸收了行政监察部门的职能，并且与纪委合署办公，显然也就一并接收了相应的监督方式。由此可以推知，对尚未构成犯罪的公职人员违法违纪行为，监察委员会可以直接作出相关处理决定，这种处置权是实体性的权力，而对涉嫌职务犯罪的监察对象行使的处置权多数情况下是程序性权力，不是最终的处理权。〔3〕不过，检察机关的监督方式基本都是程序性的。检察院如果认为法院的判决或者裁定存在错误，其监督的方式是提起抗诉。只是，抗诉启动再审程序后，依然是由法院独立行使审判权对案件重新作出裁判。因此，有学者指出“检察机关的抗诉权在本质上只是一个改判建议权”〔4〕。行政检察监督的方式则是通知相关机关纠正违法行为或者发出检察建议，以及提起行政公益诉讼。这些监督方式都是程序性的，即不能直接改变监督对象的行为结果。因此，可以将检察机关称为“程序性”的法律监督机关。检察监督的“程序性”除了体现在检察权必须依法定程序行使，更重要的就在于检察权的行使仅仅具有程序的意义，而不是具有终局和实体的意义。〔5〕众所周知，我国检察制度的形成和发展受苏联检察制度和列宁

〔1〕湛中乐：《三个层面构建科学的行政检察监督体系》，载《人民监察》2015年第2期。

〔2〕姜明安：《国家监察法立法初探》，载《中国法律评论》2017年第2期。

〔3〕马怀德：《国家监察体制改革的重要意义和主要任务》，载《国家行政学院学报》2016年第6期。

〔4〕李桂茂等：《我国法律监督制度的改革与完善——论“监督法律关系”》，载《中国社会科学》1997年第2期。

〔5〕韩大元、刘松山：《论我国检察机关的宪法地位》，载《中国人民大学学报》2002年第5期。

检察思想的影响颇深，从列宁对检察院作为法律监督机关的解读即可看出其程序性的特点。列宁认为："检察长的责任是使任何地方政权的任何决定都与法律不发生抵触，检察长必须仅仅从这一观点出发，对一切非法的决定提出抗议，但是他无权停止决定的执行。"〔1〕

第四，监督的阶段不同。根据《改革试点决定》，三个试点省市人民政府的监察厅（局）、预防腐败局及人民检察院查处贪污贿赂、失职渎职以及预防职务犯罪等部门的相关职能整合至监察委员会。可见，监察委员会的监督不仅包括对职务违法犯罪行为的事中监督和事后监督，还包括事前监督，也就是预防。这就意味着监察委员会对公职人员的监督不受时间限制，实行终身监督。中国共产党十八届四中全会明确提出建立重大行政决策终身责任追究制度，就体现了对行使公权力的人员实行终身监督的政策导向。〔2〕中共中央办公厅印发的《关于在北京市、山西省、浙江省开展国家监察体制改革试点方案》（以下简称《试点方案》）提出监察体制改革的最终目标是要"构建不敢腐、不能腐、不想腐的有效机制"〔3〕，监察监督的终身性正是构建上述机制的必要条件。检察机关的监督通常是事后监督，无论是对法院的审判行为，还是对行政机关的执法行为，都是在监督对象的行为已经作出之后进行监督，在其他国家机关行使权力的行为作出之前，检察机关不得进行预先干预。即便是对行政机关不作为的监督，也是基于行政机关负有作为的法定义务而不履行，这种不作为已经构成了违法，因此检察机关督促其履行也属于事后监督。之所以存在监督阶段的不同，是因为监察监督的对象是自然人，而检察监督的对象是国家机关。从性质上讲，检察监督是一种国家权力对另一种国家权力的评价，在被监督的权力尚未行使之前即予以评价，就属于权力的越界，事实上会形成法律监督权对其他国家权力的不当干预。

监察监督与检察监督的差异性恰好构成了二者的互补性，这是二者共同构建严密的权力监督机制的前提条件。在尊重监察监督和检察监督各自特点的基础上进行具体制度设计，方能实现二者职能的良好衔接。

五、结　　语

检察院对国家工作人员职务犯罪案件自行侦查、自行提起公诉这一制度设计一直广受诟病，这种由检察机关对侦查实施一元化监督的中国模式存在重大缺陷，即对自行侦查的监督陷入同体监督的困局。〔4〕在监察体制改革试点中，检察机关反贪污、反渎职和预防职务犯罪等部门的相关职能被整合至监察委员会，检察机关相应的侦查权也被监察委员会调查权吸收，检察院就不再对此类案件直接行使侦查权，这在某种程度上破解了上述困局。

---

〔1〕列宁：《列宁全集（第43卷）》，人民出版社，1987年版，第196页。

〔2〕夏金莱：《重大行政决策终身责任追究制度研究——基于行政法学的视角》，载《法学评论》2015年第4期。

〔3〕新华社：中共中央办公厅印发《关于在北京市、山西省、浙江省开展国家监察体制改革试点方案》，http://www.gov.cn.访问时间：2017年6月8日。

〔4〕刘计划：《侦查监督制度的中国模式及其改革》，载《中国法学》2014年第1期。

监察委员会成立以后，我国将形成一个新的、更全面的权力制约体系。在这个体系中，监察委员会和检察院各司其职，分别从不同的角度和层面，以不同的方式实现对公权力的制约。监察委员会作为专门的反腐机构，对所有行使公权力的自然人行使监察监督权，通过约束权力行使者来实现制约公权力的目的。检察院则通过检察权的行使，一方面以分工合作的方式对其他国家机关的权力进行制衡，另一方面直接对其他国家机关的行为进行监督。此外，从监察委员会的法律地位、组织机构和职权来看，用“位高权重”来形容它应不为过。〔1〕因此，对监察委员会自身的权力如何进行监督制约是一个无法回避的问题，《试点方案》也明确提出要“强化对监察委员会自身的监督制约”。有学者提出应由“其他国家机关对监察委员会的职权行使行为施以必要的制衡。这主要体现在检察机关通过侦查监督权、逮捕批准权等对监察委员会进行监督”〔2〕。具体而言，当公职人员涉嫌职务犯罪时，对于监察委员会移送起诉的案件，检察机关仍享有独立的审查和提起公诉的权力〔3〕，通过在刑事诉讼中的分工来实现检察机关对监察委员会的权力制衡。总之，国家监察体制改革是对我国的权力制约机制的丰富和完善。

当然，另一个问题同样不容回避。改革毕竟改变了既有的国家权力结构和不同国家机关之间的权力分配。检察机关被整合至监察委员会的职能向来被视为检察院的“牙齿”，也一直是检察监督能够得到被监督者充分尊重的“威慑力”。虽然检察机关作为法律监督机关的地位并未发生改变，同时“检察人必须树立正确的履职理念，法律监督并不一定非要以侦查权作为支撑”〔4〕，“一旦人们可以不受惩罚地不服从，人们就会正大光明地不再服从”。〔5〕因此，在监察体制改革全面推行之前，必须要思考检察制度如何发展才能保证检察监督真正发挥实效。

---

〔1〕 童之伟：《对监察委员会自身的监督制约何以强化》，载《法学评论》2017 年 1 期。

〔2〕 秦前红：《监察体制改革的逻辑与方法》，载《环球法律评论》2017 年第 2 期。2017 年 5 月 27 日，山西省盂县人民检察院完成与盂县监察委员会首例职务犯罪案件对接，职务犯罪批捕权仍由检察院行使。《我院完成与盂县监察委员会首例职务犯罪案件对接》，新闻，人民检察院案件信息公开网，http://wx.ajxxgk.jcy.gov.cn/html/20170527/1/5789815.html，访问时间：2017 年 5 月 31 日。

〔3〕 陈光中：《关于我国监察体制改革的几点看法》，载《环球法律评论》2017 年第 2 期。

〔4〕 王玄玮：《挑战与机遇：“监察委员会”时代的检察机关》，载《民主与法制时报》2017 年 1 月 5 日第 7 版。

〔5〕 [法]卢梭：《社会契约论》，李平沤译，商务印书馆，2015 年版，第 9 页。

优化检察监督与监察体制改革研究

尹 吉*

摘 要： 监督制度是国家民主政治的重要内容，检察机关对监察委员会实施法律监督，是法治国家建设的应有之义。构建检察机关对监察委员会的法律监督机制，应当修改刑法中关于国家工作人员的规定，将监察委员会对职务违法和职务犯罪的调查，列入检察监督的范围，保留检察机关的机动侦查权以及检察机关与诉讼监督、行政违法监督相对应的侦查权。

关键词： 监察体制改革 监察权的制约 检察监督

《全国人民代表大会常务委员会关于在北京市、山西省、浙江省开展国家监察体制改革试点工作的决定》（以下简称《试点决定》）提出“实行监察体制改革，设立监察委员会，建立集中统一、权威高效的监察体系”；将“人民检察院查处贪污贿赂、失职渎职以及预防职务犯罪等部门的相关职能整合至监察委员会”；由监察委员会“调查涉嫌贪污贿赂、滥用职权、玩忽职守、权力寻租、利益输送、徇私舞弊以及浪费国家资财等职务违法和职务犯罪行为”。这是党的十八大以来，党中央对检察机关与监察机关在功能定位与职权配置上作出的最大调整，同时也形成了监察委员会与世界各国、地区监察机关的重大区别。检察监督因监察体制改革，成为热议的复杂话题。《试点决定》尚未构建对监察委员会有效的外部监督机制，特别是缺乏以权制权的检察监督。立足法治本位，破除监察本位和检察本位，深入研究相关的理念与制度的设计，对于司法体制改革与监察体制改革协调有序的健康发展意义重大。

一、检察机关对监察委员会实施法律监督的必要性

（一）民主政治的内在要求

在现代社会，监督制度早已成为国家民主政治的重要内容，其实质是对公权力的有效控制。公权力是人类历史发展的产物，社会秩序的稳固需要公权力发挥作用。当公权力置于公权力主体手中时，它便表现为一种特殊的控制力、支配力和影响力。“双刃性”是公权力的典型特征，它是指公权力的每一个正面特征都有一个负面特征与之相对。正面特征体现为公权力的正能量，负面特征体现为公权力的副作用。为了发挥公权力的正能量，削减权力的

---

* 尹吉，东南大学“反腐败法治研究中心”副主任。本文受到江苏高校哲学社会科学重点研究基地基金资助。

负能量，必须对公权力进行控制。[1] 让权力在阳光下运行，是把权力关进制度笼子的根本之策，需要构建决策科学、执行坚决、监督有力的权力运行体系。这是坚持和发展中国特色社会主义的本质要求和重要保障，是实现国家治理体系和治理能力现代化的必然要求，事关我们党执政兴国，事关人民幸福安康，事关党和国家长治久安。强化监督制约，是全面推进依法治国的系统工程之一，是国家治理领域一场广泛而深刻的革命，需要付出长期的艰苦努力。《中共中央关于全面推进依法治国若干重大问题的决定》指出，"完善检察机关行使监督权的法律制度，加强对刑事诉讼、民事诉讼、行政诉讼的法律监督"。检察监督是我国民主政治中的重要内容，构建有效的外部监督制约制度是推进国家监察体制改革的重要内容。

(二) 权力制约的现实需要

"党的十八大以来，全国纪检监察系统共处分 7900 余人。"[2]该数据如此之大，与长期缺乏有效的外部监督制约密切相关。值得关注的是，《试点决定》对监察委员会外部监督制度简单地设计为："监察委员会对本级人民代表大会及其常务委员会和上一级监察委员会负责，并接受监督。"它没有构建全程性、动态性和有效性的外部监督制度。这与形成"严密的法治监督体系、有力的法治保障体系……"[3]尚有较大距离。试想，如果公安机关也适用如此薄弱的外部监督制约制度，那么，侦查违法将会大幅度地增加，公平正义将会大打折扣。

监察委员会需要破除不想、不愿和不能接受检察监督的理念，同时，检察机关也需要破除不想、不愿和不能监督监察委员会的理念。监察委员会的地位之高，权力之广泛，更有必要将监察委员会的权力关进制度的笼子，检察机关责无旁贷。

(三) 法治国家的应有之义

"形成完备的法律规范体系、高效的法治实施体系、严密的法治监督体系、有力的法治保障体系……"[4]是全面推进依法治国总目标体系中的基本内容。检察监督是中国特色法治监督体系中的重要内容。《中华人民共和国宪法》(以下简称《宪法》)第一百二十九条规定"中华人民共和国人民检察院是国家的法律监督机关"，它承担着维护宪法和法律统一正确实施的重要职责。根据《试点决定》，监察委员会在调查(实质是侦查，以下略)职务犯罪终结后，"对涉嫌职务犯罪的，移送检察机关依法提起公诉"，检察机关负有依法对职务犯罪案件进行实质性审查的职责，检察机关对监察委员会实施监督，最具有适格性和有效性。其制度构建，比较成熟的参照系为：《中华人民共和国刑事诉讼法》(以下简称《刑事诉讼法》)中关于检察机关对公安机关的立案监督和侦查活动监督的模式。在制定国家监察法和修改宪

[1] 参见殷祎哲：《试论法治监督体系对法治中国建设的作用》，载《法治与经济》2017 年第 1 期。

[2] 《吴良玉：十八大以来全国纪检监察系统共处分了 7900 人》，http://politics.people.com.cn/n1/2017/0109/c1001-29009545.html，访问时间：2017 年 1 月 9 日。

[3] 《中共中央关于全面推进依法治国若干重大问题的决定》。

[4] 《中共中央关于全面推进依法治国若干重大问题的决定》。

法、刑事诉讼法等法律的过程中，应当坚持法治精神，坚持惩治腐败与有效制权相统一的原则，充分发挥检察监督应有的作用；平衡好惩治腐败犯罪与外部监督制约的关系。

笔者建议：比照我国《刑事诉讼法》《中华人民共和国民事诉讼法》和《中华人民共和国行政诉讼法》，将检察监督列为国家监察法的基本原则。

二、检察机关对监察委员会实施法律监督的范围

检察机关对监察委员会监督的范围主要包括：监察委员会调查“职务违法”和“职务犯罪”中出现的违法或者犯罪行为。《试点决定》中的“职务违法”与“职务犯罪”相对应；“职务违法”是指国家工作人员与职务相关的违法行为，它也对应于党员违反党规党纪的行为。而“职务犯罪”不仅包括国家工作人员，也包括各级党组织中的管理人员与职务相关的犯罪。

（一）将监察委员会调查“职务违法”纳入检察监督的范围

《中共中央关于全面推进依法治国若干重大问题的决定》指出：“完善对涉及公民人身、财产权益的行政强制措施实行司法监督制度。检察机关在履行职责中发现行政机关违法行使职权或者不行使职权的行为，应该督促其纠正。”习近平总书记在《关于〈中共中央关于全面推进依法治国若干重大问题的决定〉的说明》中指出：“政府是执法主体，对执法领域存在的有法不依、执法不严、违法不究甚至以权压法、权钱交易、徇私枉法等突出问题，老百姓深恶痛绝，必须下大气力解决。”值得关注的是，这里所讲的行政“执法领域”，当然也包括原行政监察机关。不能因为实施监察体制改革，监察委员会独立于行政机关之外，就能游离于法律监督体系之外。

最高人民检察院《关于深化检察改革的意见（2013—2017 年工作规划）》（2015 年修订版）中提出：“28. 完善对涉及公民人身、财产权益的行政强制措施实行司法监督制度。推动扩大司法监督的主体范围，为检察机关监督行政强制措施提供法律依据。推动完善相关法律，为受到违法行政强制措施侵害的当事人提供便捷的司法救济途径。强化对行政强制措施实施过程的司法监督，及时纠正违法行政强制措施。29. 探索建立健全行政违法行为法律监督制度。建立检察机关在履行职务犯罪侦查、批准或者决定逮捕、审查起诉、控告检察、诉讼监督等职责中发现行政机关违法行使职权或不行使职权行为的督促纠正制度。探索对行政违法行为实行法律监督的范围、方式、程序，明确监督的效力，建立行政机关纠正违法行为的反馈机制。”这些监督行政机关的举措，应当适用于监察委员会。

（二）将监察委员会调查“职务犯罪”列入检察监督的范围

“监察委员会行使不冠以刑事侦查权而与之有着相同实质的调查权，从而回避了刑事诉讼法的约束。”[1]监察委员会调查职务犯罪应然的制度设计是：其调查活动全部纳入刑事诉讼法的调整。如果立法的最终结果是监察委员会调查职务犯罪仍然游离于刑事诉讼法之外，检察监督也应当有效介入，以保障宪法和法律的统一正确实施。

---

〔1〕 张建伟：《法律正当程序视野下的新监察制度》，载《环球法律评论》2017 年第 3 期。

检察监督应当全面覆盖《试点决定》中的“谈话、讯问、询问、查询、冻结、调取、查封、扣押、搜查、勘验检查、鉴定、留置等措施”。“留置”是完全限制人身权利的监察措施，既要列为检察监督的重点，又要构建具体的司法审查程序，如参照羁押必要性的审查程序；〔1〕又如，对于留置达到一定期限，需要继续留置的，应当参照侦查机关延长办案期限的程序处理，〔2〕从而有效地防止权力滥用。

检察机关对监察委员会委员调查活动的监督方式应当是多样化的。在检察监督的制度设计中，除了需要援用对公安机关的常规性的监督模式外，还应适度地保留检察机关的侦查权（见下文）。

（三）修改《中华人民共和国刑法》中关于国家机关工作人员的规定

监察委员会既不是行政机关，也不是司法机关，对于监察委员会工作人员的职务犯罪，应当有对应的罪名加以调整。具体来说，一是将监察委员会工作人员调查职务违法和职务犯罪的主体身份，分别融入现有的行政机关工作人员相关的职务犯罪之罪名，如滥用职权案（第三百九十七条）、玩忽职守案（第三百九十七条）、故意泄露国家秘密案（第三百九十八条）、过失泄露国家秘密案（第三百九十八条）、徇私舞弊不移交刑事案件案（第四百零二条）等；二是将监察委员会工作人员调查职务犯罪中的主体身份融入于司法工作人员〔3〕相关的职务犯罪之罪名，如刑讯逼供案（第二百四十七条）、暴力取证案（第二百四十七条）、虐待被监管人案（第二百四十八条）、徇私枉法案（第三百九十九条第一款）等。

此外，将监察委员会工作人员的职务犯罪纳入检察机关立案侦查的管辖范围。多年来，社会各界对检察人员的职务犯罪由检察机关自我立案侦查，存在从轻发落现象，多有诟病。在国家监察体制改革中，不能重蹈覆辙，减损改革的价值。

三、强化以权制权与保留检察机关的机动侦查权

根据我国《刑事诉讼法》和刑事侦查学的通说，从侦查权的结构上看可以分为：依照职

---

〔1〕 我国《刑事诉讼法》第九十三条规定：犯罪嫌疑人、被告人被逮捕后，人民检察院仍应当对羁押的必要性进行审查。对不需要继续羁押的，应当建议予以释放或者变更强制措施。有关机关应当在十日以内将处理情况通知人民检察院。

〔2〕 我国《刑事诉讼法》第一百五十四条规定：对犯罪嫌疑人逮捕后的侦查羁押期限不得超过二个月。案情复杂、期限届满不能终结的案件，可以经上一级人民检察院批准延长一个月。第一百五十五条规定：因为特殊原因，在较长时间内不宜交付审判的特别重大复杂的案件，由最高人民检察院报请全国人民代表大会常务委员会批准延期审理。第一百五十六条规定：下列案件在本法第一百五十四条规定的期限届满不能侦查终结的，经省、自治区、直辖市人民检察院批准或者决定，可以延长二个月：（一）交通十分不便的边远地区的重大复杂案件；（二）重大的犯罪集团案件；（三）流窜作案的重大复杂案件；（四）犯罪涉及面广，取证困难的重大复杂案件。第一百五十七条规定：对犯罪嫌疑人可能判处十年有期徒刑以上刑罚，依照本法第一百五十六条规定延长期限届满，仍不能侦查终结的，经省、自治区、直辖市人民检察院批准或者决定，可以再延长二个月。

〔3〕 《中华人民共和国刑法》第九十四条规定：本法所称司法工作人员，是指有侦查、检察、审判、监管职责的工作人员。

能管辖的侦查权、检察机关的机动侦查权和补充侦查权。机动侦查权是法律监督权能体系中的重要组成部分，是指在侦查机关怠于侦查或者有其他特殊的情况下，由检察机关立案侦查的诉讼制度。在实践中，怠于侦查和其他特殊情况主要是：侦查机关出现案不立或者立而不侦等失职现象，或者发生腐败等问题。检察机关的机动侦查权是法治监督体系在刑事诉讼中应有的制度设计。检察机关的机动侦查权是国家形成"高效的法治实施体系、严密的法治监督体系、有力的法治保障体系"中的重要内容，是维护宪法和法律统一正确实施的必备方法，是以权制权的重要保障，也是法律监督的必配权力。《试点决定》要求试点地区"暂时调整或者暂时停止适用……《中华人民共和国刑事诉讼法》第三条、第十八条……"〔1〕。笔者认为，检察机关的机动侦查权需要继续保留。

（一）检察机关机动侦查权的基础理论

1. 社会防卫理论。"社会防卫"是指保护社会免受犯罪侵犯。该犯罪既包括普通刑事犯罪，也包括腐败犯罪。《联合国反腐败公约》指出"关注腐败对社会稳定与安全所造成的问题和构成的威胁的严重性，它破坏民主体制和价值观、道德观和正义并危害着可持续发展和法治"；"确信非法获得个人财富特别会对民主体制、国民经济和法治造成损害，决心更加有效地预防、查处和制止非法获得的资产的国际转移……"。反腐败关系我国发展全局、关系广大人民根本利益、关系社会公平正义与和谐稳定。法治反腐是社会防卫体系中的重要组成部分，主要包括预防与惩治二个系统。在惩治腐败的系统中，首先是实施有效地侦查或者调查，其次是正确适用刑罚。当侦查或者调查腐败犯罪的法律制度不能有效运转时，必须由另一项法律制度加以替代。如对于监察委员会不依法调查职务犯罪，或者将职务犯罪案件降格为违法违纪案件去处理，就需要检察机关通过启动机动侦查程序来维护法治，实现社会防卫。

2. 权利救济理论。"有权利必有救济"是一条经典的西方法谚。构建全面、有效的救济制度是现代法治的应有之义，也是"国家治理体系和治理能力现代化"〔2〕的必备内容。设立救济制度是国家立法应当遵循的基本原则。在法律文件中，存在着许多救济制度，有一些法律本身就是救济法，如《中华人民共和国行政复议法》；有一些法律则充满了救济制度，如各诉讼法中的二审和再审程序等，在刑事诉讼中还有复议、复核等。从法治救济的类型上看，有私权利的救济，如当事人或者行政相对人行使救济权；也有公权力的救济，如检察机关的法律监督。设置救济制度并非对某个公权力机关缺乏应有信任，而是从构建法治的完整性出发，同时也促进每一个公权力机关审慎地行使权力，有效地防止不作为和乱作为。在侦查机关和监察委员会不依法侦查或者调查，私权利又无法救济的情况下，应当由检察机关启动机动侦查程序。

3. 法律监督理论。法律监督制度是我国《宪法》中的一项重要制度。法律监督是指检

〔1〕 我国《刑事诉讼法》第十八条规定"对于国家机关工作人员利用职权实施的其他重大的犯罪案件，需要由人民检察院直接受理的时候，经省级以上人民检察院决定，可以由人民检察院立案侦查"。

〔2〕《中共中央关于全面推进依法治国若干重大问题的决定》。

察机关代表国家进行的、旨在保障国家法律统一、正确实施而对法律的适用和遵守进行的检察活动。它具有以下特征：(1) 监督的国家性；(2) 监督的规范性；(3) 监督的普遍性；(4) 监督的强制性；(5) 监督的专门性等。《中华人民共和国人民检察院组织法》虽然没有对法律监督的范围作出详尽的规定，但是，我国《刑事诉讼法》第八条将"人民检察院依法对刑事诉讼实行法律监督"列为该法的基本原则。这就为检察机关对其他机关办理刑事案件全程性监督提供了依据。尽管监察委员会调查职务犯罪的活动，暂时游离于我国《刑事诉讼法》，但是，仍然需要设置检察机关的机动侦查权来防范监察委员会调查职务犯罪中的不作为和乱作为。

(二) 检察机关行使机动侦查权的基本原则

检察机关的机动侦查权本身就是法治救济原则在刑事诉讼中的制度设计，其行使机动侦查权需要遵循的基本原则是启动与实施机动侦查权的行动准则。主要有：

1. 必要性原则。检察机关的机动侦查权具有救济性、监督性和制权性的特点，也是对侦查机关、监察委员会的侦查、调查在一定程度上的否定，必须相当慎重。只有在出现侦查机关或者监察委员会怠于侦查、调查或者出现了明显地不适宜继续侦查、调查的情形时，才能启动机动侦查程序。检察机关应当充分发挥侦查机关、监察委员会的职能作用，绝不可以越俎代庖。

2. 及时性原则。我国《刑事诉讼法》第二条规定："中华人民共和国刑事诉讼法的任务，是保证准确、及时地查明犯罪事实，正确应用法律，惩罚犯罪分子，保障无罪的人不受刑事追究，教育公民自觉遵守法律，积极同犯罪行为作斗争，维护社会主义法制……"如果检察机关怠于行使机动侦查权将不能有效地"尊重和保障人权，保护公民的人身权利、财产权利、民主权利和其他权利，保障社会主义建设事业的顺利进行"。

上述二种原则相辅相成，不可偏废。及时性原则体现的是效率，必要性原则体现的是慎重，二者有机结合，才能准确行使机动侦查权。

(三) 检察机关机动侦查制度的完善

根据《中共中央关于全面推进依法治国若干重大问题的决定》和法治原理，检察机关的机动侦查权不仅不能取消，而且要加强。我国现行《刑事诉讼法》第十八条规定："对于国家机关工作人员利用职权实施的其他重大的犯罪案件，需要由人民检察院直接受理的时候，经省级以上人民检察院决定，可以由人民检察院立案侦查。"此条的救济功能是十分有限的，不符合构建"严密的法治监督体系"[1]的基本要求。如果发生了危害国家安全的犯罪、重大的普通刑事犯罪或者非国家机关工作人员的重大腐败犯罪，侦查机关不依法立案侦查或者监察委员会不依法调查的，检察机关无权实施机动侦查，将会导致国家利益和公民的基本权利受损，"努力让人民群众在每一个司法案件中感受到公平正义"在一定程度上就会落空；"全面建成小康社会、实现中华民族伟大复兴的中国梦"[2]将会受损。对于《试点决定》提出的

〔1〕《中共中央关于全面推进依法治国若干重大问题的决定》。

〔2〕《中共中央关于全面推进依法治国若干重大问题的决定》。

“在北京市、山西省、浙江省暂时调整或者暂时停止适用《中华人民共和国行政监察法》,《中华人民共和国刑事诉讼法》第三条、第十八条、第一百四十八条以及第二编第二章第十一节关于检察机关对直接受理的案件进行侦查的有关规定”,需要进一步地理性思考。

笔者建议：将检察机关机动侦查权扩展至与“形成严密的法治监督体系、有力的法治保障体系……”[1]相适应的范围;实现对侦查机关、监察委员会不依法有效侦查或者调查的全覆盖;继续保留“经省级以上人民检察院决定”的程序控制。

四、明晰腐败犯罪的范围与保留检察机关相应的侦查权

“王岐山指出,监察委员会实质上是反腐败机构……”[2]这为监察委员会的机构属性作出了明确的定位。以此为据,监察委员会调查的范围应当以腐败犯罪案件为界,对属于腐败犯罪的案件,应当全部列入其调查的范围,不得推诿;对不属于腐败的职务犯罪案件或者不典型的腐败犯罪,仍然由检察机关立案侦查为宜。设立监察委员会的重要初衷之一就是因为反腐败机构分散,效率不高,所以《试点决定》提出“设立监察委员会,建立集中统一、权威高效的监察体系”。既然如此,在顶层设计中理应根据全国人大常委会于 2005 年 10 月 27 日批准的《联合国反腐败公约》来界定腐败犯罪,从而科学地厘清监察委员会与检察机关、公安机关的职能管辖,从而实现《试点决定》关于监察委员会“集中统一”“高效”地调查腐败犯罪的价值取向。

(一) 优化监察委员会调查腐败犯罪案件的范围

1. 根据《联合国反腐败公约》科学界定监察委员会调查的范围。《联合国反腐败公约》具有国内法的效力,也是我国在反腐败领域承担国际义务的重要依据,该公约对腐败犯罪的范围作出了清晰的界定:“第三章 定罪和执法”中包括“贿赂本国公职人员(第十五条)”“贿赂外国公职人员或者国际公共组织官员(第十六条)”“公职人员贪污、挪用或者以其他类似方式侵犯财产(第十七条)”“影响力交易(第十八条)”“滥用职权(第十九条)”[3]“资产非法增加(第二十条)”“私营部门内的贿赂(第二十一条)”“私营部门内的侵吞财产(第二十二条)”“对犯罪所得的洗钱行为(第二十三条)”。该公约中虽然有“滥用职权(第十九条)”,看似渎职类犯罪,其实它与《中华人民共和国刑法》(以下简称《刑法》)中的滥用职权罪并不是一个概念,该公约中的“滥用职权”,其主观上是“为其本人或者其他人员或实体获得不正当好处”为目的的,实质上是收受贿赂的一种形态,而我国《刑法》中的滥用职权罪是指“国家机关工作人员滥用职权,致使公共财产、国家和人民利益遭受重大损失的……”行为,并非公职

---

〔1〕《中共中央关于全面推进依法治国若干重大问题的决定》。

〔2〕《王岐山在京晋浙调研监察体制改革试点时强调实现对公职人员监察全覆盖》,载《人民日报海外版》2016 年 11 月 26 日第 4 版。

〔3〕《联合国反腐败公约》第十九条“滥用职权。各缔约国均应当考虑采取必要的立法和其他措施,将下述故意实施的行为规定为犯罪：滥用职权或者地位,即公职人员在履行职务时违反法律,实施或者不实施一项行为,以为其本人或者其他人员或实体获得不正当好处”。

人员通过职务行为“获得不正当好处”。再从国际反贪局联合会[1]成立的价值取向看，是围绕解决打击贪污贿赂的国际合作展开的。

该公约并没有将我国《刑法》第九章渎职罪和国家机关工作人员的职务侵权犯罪[2]列入腐败犯罪的范畴。国际社会将“腐败”的范围确定为公职人员的权钱交易。当然，从广义上讲，渎职罪和国家机关工作人员的职务侵权犯罪也可以列入腐败犯罪，但它是非典型的腐败犯罪。监察委员会应当聚焦公权钱交易以及《联合国反腐败公约》确立的其他腐败犯罪，实施调查行动。

2. 根据《联合国反腐败公约》将《刑法》第一百六十五条至六十九条规定的职务（腐败）犯罪交由监察委员会调查。“职务犯罪”一语是犯罪学的术语而并非法律术语，它在检察机关的工作用语中适用较多。《试点决定》要求监察委员会“调查涉嫌贪污贿赂、滥用职权、玩忽职守、权力寻租、利益输送、徇私舞弊以及浪费国家资财等职务违法和职务犯罪行为并作出处置决定……”；这是全国人大常委会首次在法律文件中使用“职务犯罪”一词。众所周知，腐败犯罪并不等同于职务犯罪，二者之间是交叉关系。犯罪学中的职务犯罪并不等于检察机关侦查管辖的职务犯罪，还应当包括公安机关侦查管辖的一些犯罪，主要是发生在国有企业和事业单位管理人员中的：“非法经营同类营业罪（第一百六十五条）”“为亲友非法牟利罪（第一百六十六条）”“签订、履行合同失职被骗罪（第一百六十七条）”“国有公司、企业、事业单位人员失职罪、国有公司、企业、事业单位人员滥用职权罪（第一百六十八条）”“徇私舞弊低价折股、出售国有资产罪；背信损害上市公司利益罪（第一百六十九条）”。

3. 根据《联合国反腐败公约》将非公有制单位的腐败犯罪案件交由监察委员会调查。《联合国反腐败公约》将“私营部门内的贿赂（第二十一条）”“私营部门内的侵吞财产（第二十二条）”等，列入腐败犯罪的范围。监察委员会作为国家专门的反腐败机构，具有查办《联合国反腐败公约》确定的各项腐败犯罪的法定义务，敢于担当起国家反腐败的重任。根据《试点决定》“建立集中统一、权威高效的监察体系”的价值取向，应当将非国有企业等组织之间或者其内部发生的腐败犯罪一并列入监察委员会调查的管辖范围。该公约相关的腐败犯罪对应我国《刑法》的相关罪名主要有：非国家工作人员受贿罪（第一百六十三条）、对非国家工作人员的行贿罪（第一百六十三条）、职务侵占罪（第一百八十三条）、挪用资金罪（第一百八十五条）等。

（二）保留检察机关与诉讼监督相对应的侦查范围

根据《联合国反腐败公约》的规定，对不属于典型性的腐败犯罪，而属于妨害诉讼的职

---

〔1〕 国际反贪局联合会是2006年在中国北京成立的第一个以各国反贪机构为成员的国际反腐败组织，宗旨是积极推动《联合国反腐败公约》的有效实施，任务是加强各国反贪污贿赂机构在打击贪污贿赂犯罪方面的国际合作。

〔2〕 《人民检察院刑事诉讼规则（试行）》第八条规定“国家机关工作人员利用职权实施的侵犯公民人身权利和民主权利的犯罪案件包括：（一）非法拘禁案（刑法第二百三十八条）；（二）非法搜查案（刑法第二百四十五条）；（三）刑讯逼供案（刑法第二百四十七条）；（四）暴力取证案（刑法第二百四十七条）；（五）虐待被监管人案（刑法第二百四十八条）；（六）报复陷害案（刑法第二百五十四条）；（七）破坏选举案（刑法第二百五十六条）”。

务犯罪，宜由检察机关立案侦查。人民检察院是国家的法律监督机关，我国《刑事诉讼法》《中华人民共和国民事诉讼法》和《中华人民共和国行政诉讼法》的基本原则之一就是检察监督。目前，检察机关对于侦查机关、审判机关和刑罚执行机关工作人员的一般违法行为，其监督的基本模式为口头纠正违法或者发出纠正违法通知书等检察文书；对于严重违法，如情节严重或者造成严重后果的，依法立案侦查追究刑事责任。检察机关对司法人员诉讼违法监督与立案侦查一体化，有助于提高侦查效能、降低成本，有效地维护司法公正，保障诉讼活动的依法运行。

根据我国《刑法》，侦查人员或者审判人员等违反诉讼法，需要追究刑事责任的主要有：刑讯逼供案（第二百四十七条）、暴力取证案（第二百四十七条）、虐待被监管人案（第二百四十八条）、徇私枉法案（第三百九十九条第一款）、民事、行政枉法裁判案（第三百九十九条第二款）、执行判决、裁定失职案（第三百九十九条第三款）、执行判决、裁定滥用职权案（第三百九十九条第三款）、私放在押人员案（第四百条第一款）、失职致使在押人员脱逃案（第四百条第二款）、徇私舞弊减刑、假释、暂予监外执行案（第四百零一条）等。

（三）保留检察机关与行政违法监督范围相对应的侦查权

1. 保留检察机关与行政违法监督相对应的侦查权的依据。除权钱交易属于《联合国反腐败公约》规定的腐败犯罪外，其他的行政机关工作人员的职务犯罪并不属于典型性腐败犯罪。根据《中共中央关于全面推进依法治国若干重大问题的决定》对检察机关监督行政违法行为的部署，形成了对行政机关工作人员的违法监督与对其职务犯罪立案侦查的一体化制度。保留这一制度设计，更有利于更好地深入推进依法行政，加快建设法治政府，严格规范行政机关公正文明执法；更有利于提高检察机关法律监督的效能和降低成本；更有利于发挥检察机关作为法律职业共同体的专业优势。检察机关对于行政违法监督的后继手段是对严重违法的行政行为立案侦查，依法追究刑事责任。它体现了违法监督与追究刑事责任的一体化，具有法律监督的权威性。如果对行政违法由检察机关监督，而其职务犯罪则由监察委员会调查，在客观上形成了二张皮，降低了检察与监察活动的效能，增加了办案成本。此外，从总体上看，检察人员的法律素养高于纪检监察人员，而且更加专业。

2. 保留检察机关与行政违法监督相对应的侦查权的范围。行政机关工作人员的非腐败型的职务犯罪，应当继续由检察机关立案侦查。根据我国《刑法》主要有：滥用职权案（第三百九十七条）、玩忽职守案（第三百九十七条）、故意泄露国家秘密案（第三百九十八条）、过失泄露国家秘密案（第三百九十八条）、徇私舞弊不移交刑事案件案（第四百零二条）、滥用管理公司、证券职权案（第四百零三条）、徇私舞弊不征、少征税款案（第四百零四条）、徇私舞弊发售发票、抵扣税款、出口退税案（第四百零五条第一款）、违法提供出口退税凭证案（第四百零五条第二款）、国家机关工作人员签订、履行合同失职被骗案（第四百零六条）、违法发放林木采伐许可证案（第四百零七条）、环境监管失职案（第四百零八条）、传染病防治失职案（第四百零九条）、非法批准征用、占用土地案（第四百一十条）、非法低价出让国有土地使用权案（第四百一十条）、放纵走私案（第四百一十一条）、商检徇私舞弊案（第四百一十二条第一款)、商检失职案(第四百一十二条第二款)、动植物检疫徇私舞弊案(第四百一十三条第一款)、动植物检疫失职案(第四百一十三条第二款)、放纵制售伪劣商品犯罪行为案(第四百一十四条)、办理偷越国(边)境人员出入境证件案(第四百一十五条)、放行偷越国(边)境人员案(第四百一十五条)、不解救被拐卖、绑架妇女、儿童案(第四百一十六条第一款)、阻碍解救被拐卖、绑架妇女、儿童案(第四百一十六条第二款)、帮助犯罪分子逃避处罚案(第四百一十七条)、招收公务员、学生徇私舞弊案(第四百一十八条)、失职造成珍贵文物损毁、流失案(第四百一十九条)、国家机关工作人员利用职权实施的非法拘禁案(第二百三十八条)、国家机关工作人员利用职权实施的非法搜查案(第二百四十五条)、报复陷害案(第二百五十四条)、国家机关工作人员利用职权实施的破坏选举案(第二百五十六条)。当然,这些罪名在一定的条件下也可以适用于其他国家机关工作人员。

监察监督与诉讼监督的区别与定位

哈　腾*

摘　要：反腐败是这个时代永恒的主题。反腐败能否达到预期效果，有赖于人大监督、监察监督、诉讼监督和社会舆论监督等各种监督方式的分工协调，尤其需要厘清监察监督与诉讼监督的关系。监察监督与诉讼监督在监督属性、主体、对象、范围、手段等方面存在诸多不同，由此决定了二者在监督权属、监督职能等方面的不同定位。确保两种监督方式的有效衔接，不仅是深化监察体制与检察体制改革的必然要求，同时也是整个监督网络机制良性运行的基本保障。

关键词：监察监督　诉讼监督　国家监察委员会　人民检察院

一、问题的提出

2016 年 11 月 7 日，中共中央办公厅印发了《关于在北京市、山西省、浙江省开展国家监察体制改革试点方案》（以下简称《方案》），部署在三个省市设立各级监察委员会，从体制机制、制度建设上先行先试、探索实践，为在全国推开积累经验。监察委员会的成立是反腐时代的产物，是针对目前我国的反腐力量分散、监察范围有限、监察手段单一，监察效率不高、监察权威不够的监督运行现状所进行的一种顶层设计和制度创新，其成立有助于整合反腐败资源力量，扩大监察范围，丰富监察手段，提高监察效率。这一方案的出台吹响了我国监察体制改革的号角，标志着“后反腐时代”的到来。这一时代的到来，尤其是随着检察机关的反贪污贿赂局、反渎职侵权局转隶至监察委员会时代的到来，不仅改变了目前我国国家机关的组织架构和职权分配，同时也重塑了现有的监督格局。因此处理好监察监督与其他监督方式尤其是与检察机关诉讼监督的关系、厘清监察监督与诉讼监督的范围、明确监察监督与诉讼监督的定位，确保监察监督与诉讼监督的有效衔接，就成为了此项改革所不得不需要面对和解决的问题。这不仅关系到监察监督与诉讼监督的效率能否提高、权威能否建立，从长远的角度看，更关系到整个反腐败机制能否良性运行。

二、监察监督与诉讼监督的区别

监督的产生，源于对权力行使者根深蒂固的不信任。这种不信任是基于对权力被滥用

* 哈腾，男，中国政法大学司法文明协同创新中心博士研究生。

的警惕。权力本质上是一种社会关系，是一种有目的地支配他人的力量，这种支配往往能够给权力行使者带来物质上的利益（如金钱）和精神上的享受（如虚荣心的满足）。正因为如此，权力不仅容易成为人们追逐的对象，而且也往往容易被滥用而成为权力行使者谋取私利的工具。“爱好权力，犹如好色，是一种强烈的动机，对于大多数人的行为所发生的影响远远超出他们自己的想象。”〔1〕因此，只要有权力的存在，就必须有对权力的监督。对权力的监督形式多种多样，根据监督主体的不同可以分为两大类：一种是权力对权力的监督，另一种是权利对权力的监督。其中监察监督与诉讼监督就属于权力对权力的监督。由此可见，两种监督方式的价值取向是一致的，都是出于对公权力的约束和制衡的价值考量，但二者在监督属性、监督对象、监督范围、监督原则等方面存在本质的不同。

（一）两种监督的属性不同

关于监察监督的属性，传统观点认为：“行政监察性质是以国家行政机关及其公务员为对象，以维护社会主义经济秩序和政治秩序为目的，以法制监察为手段的监督检查活动。”〔2〕以上观点对我国《中华人民共和国行政监察法》（以下简称《行政监察法》）关于监察主体、监察对象的定位产生了重要影响。《行政监察法》第二条规定，监察机关是人民政府行使监察职能的机关，依照本法对国家行政机关及其公务员和国家行政机关任命的其他人员实施监察。由此可见，《行政监察法》将监察主体定位为行政监察机关，将监察对象确定为国家行政机关及其公务员、国家行政机关任命的其他人员，而未将立法机关、司法机关、人民团体等公职人员纳入监察范围，形成了事实上的“监督盲区”。根据《方案》的规定，监察委员会的监察对象将是所有“行使公权力的公职人员”，即所有由公共财政负担、履行公共事务职能的人员。监察监督范围的扩大，体现了其一般监督的本质属性，符合时代发展对监察监督提出的新要求，满足了社会民众对所有公权力行使主体进行监督的心理需求。而诉讼监督，是指“在刑事诉讼中（检察机关）对公安机关、人民法院以及监狱、看守所等刑罚执行机关的诉讼行为合法性和在民事、行政诉讼中对法院的审判行为进行监督”〔3〕。检察机关的诉讼监督，一般只限于对犯罪行为与诉讼行为的监督，是一种基于个案的有限、专门监督。

（二）两种监督的目的不同

我国的监察制度有着两千多年的悠久历史，早在秦代就创建了御史大夫府作为中央监察机构，在地方设置监郡御史。我国古代的监察制度主要由两大部分构筑而成：一是御史监察系统，二是谏官言谏系统。前者对下纠察百官言行违失，后者对上纠正皇帝决策失误。二者共同构成了我国封建社会完整的监察体制。进入现代民主社会之后，虽然监察监督的内容丰富和拓展了很多，如增加了人权保障以及监督行政法规是否与法律相抵触等内容，但在保障公权力行使的廉洁和高效这一直接功能方面，现代监察制度与古代监察制度殊途而同归，异曲而同工。而派生于检察机关法律监督权的诉讼监督权，其根本目的在于维护国家

〔1〕［英］伯特兰·罗素：《权力论》，吴友三译，商务印书馆，1998年版，第189页。

〔2〕高潮、彭勃主编：《行政监察概论》，中国政法大学出版社，1989年版，第63页。

〔3〕樊崇义主编：《检察制度原理》，法律出版社，2009年版，第46页。

的法制统一和司法公正。根据我国刑事诉讼法的规定，检察机关的诉讼监督包括侦查监督、审判监督和执行监督。尽管检察机关对三种行为监督的方式不尽相同（如对侦查行为往往采取检察建议和纠正违法通知书的监督方式，对审判行为往往采取抗诉的监督方式），但其直接目的都在于监督侦查行为、审判行为以及刑罚执行行为是否合法，实现检察权对侦查权、审判权以及刑罚执行权的制衡。虽然诉讼监督也会对侦查人员、审判人员等相关办案人员在办案过程中是否存在贪污贿赂、徇私枉法等有损职务廉洁性的行为进行监督，但这种监督往往是基于办案过程中发现的职务犯罪线索而进行的一种“附带”监督，其更侧重于对诉讼行为合法化的监督，以此保证诉讼活动合法、有效地进行，因此有别于专门以查处公职人员违法违纪以及职务犯罪为核心的监察监督。在监督目的方面，二者的侧重点有所不同。

（三）两种监督的性质不同

在我国古代，监察权存在的逻辑起点是牵制行政权以强化皇权，是皇权制约行政权的工具。随着专制主义皇权的不断发展，我国古代监察权逐渐呈现出监察权行政权化的发展趋势。典型的例子就是汉代，作为监察官的十三州刺史逐渐取地方行政长官而代之，兼掌地方行政权和军事权。监察权到行政权的嬗变或者说监察权的行政权化，使得监察权的功能发生了异化，偏离了最初牵制行政权的价值目标。辛亥革命时期，孙中山先生为了防止新生政权出现我国古代监察权被行政权同化的问题，提出在行政、立法、司法之外，另设监察权。孙中山先生建构的监察院，不以政党运作为考量，超出党派利益之外以法律独立行使职权，使得官员的弹劾不为政党政治所左右，颇有超然中立的意蕴，监察权重新回归其独立监督权的“原始”身份。相对于监察监督的“纯粹”，诉讼监督则更多地带有一种“准司法”的色彩。比如，在审查起诉阶段，一方面，侦查机关对于侦查终结的案件，认为应当追究犯罪嫌疑人刑事责任的，需要向检察机关移送起诉意见书审查决定；另一方面，检察官需要讯问犯罪嫌疑人，犯罪嫌疑人可以自行辩护，也可以委托辩护人辩护，检察机关虽不经庭审，但要在审查起诉中全面审查侦查机关的起诉意见和案卷，全面听取被害人、犯罪嫌疑人的意见从而做出起诉与否的判断。在这一诉讼关系中，检察官处于居中裁决的地位。再比如，犯罪嫌疑人提出被侦查人员刑讯逼供，检察官根据犯罪嫌疑人提供的线索依法向侦查人员核实，若情况属实，则依法排除相关口供，否定相关证据的法律效力。此外，检察机关所享有的审查批准逮捕权，也体现了对行政性的侦查权的司法审查和制约的精神。以上内容集中反映了诉讼监督本身所具有的司法判断的性质。

（四）两种监督的原则不同

所谓监督原则，是指监督所应遵循的基本原理和准则。不同的监督原则从侧面反映了不同监督方式的性质和一般特征。虽然监察监督原则与诉讼监督原则在某些方面存在一致性，如依法监督原则、独立行使监督权原则、接受党的领导和人大监督原则，但在具体原则方面仍存在一定的差异。如监察监督还须遵循与群众监督相结合的原则。监察机关开展反腐败工作，推进廉政建设，其工作成效很大程度上取决于广大人民群众的理解、信任和支持，同时监察机关还要把自己的工作置于群众的监督之下，自觉接受群众的监督和批评；惩处与预防相结合原则。反腐败的目的是为了减少腐败，直至消灭腐败。监察监督不仅仅是为了惩处违法违纪的行为人，更重要的是督促相关机关完善相应规章制度，降低腐败发生概率，构建职务犯罪预防机制。而诉讼监督除了遵循和监察监督一致的原则外，还需坚持以下原则：(1) 遵循诉讼规律原则。“诉讼监督的场域是诉讼，它是对国家公权力在诉讼中的不当行使所进行的监督，因而必须遵循诉讼规律，如维护控辩平等(民事、行政诉讼则当事人平等)、法官居中裁判的三角形诉讼构造；秉持中立立场，恪尽客观性义务；赋予监督对象抗辩机会；等等。”[1](2) 及时、有效原则。该原则是指检察机关在履行诉讼监督职责时，应当通过多种渠道及时了解、知悉和审查被监督对象的诉讼行为，发现违法行为，及时启动诉讼监督程序，并采取多种监督手段，确保诉讼监督的效果。该原则“体现了诉讼监督对效率价值的追求，是由诉讼程序的不可逆性、不可重复性决定的，也是保障犯罪嫌疑人、被告人合法权益，维护法律尊严、权威的必然要求”[2]。

(五) 两种监督的主体不同

由于大部分西方国家都以宪法的形式确认了三权分立的原则，政体上也多采两党制或者多党制，因此对行政权的监督往往通过立法权、司法权的制衡以及反对党的监督来实现。西方国家的监察机关一般是建立在分权基础上的隶属于议会或者国会的监察机构。如美国宪法规定，对总统和行政机关的监督权力主要由国会执掌。国会有权拒绝通过政府提出的法案，并对政府财政实施监督。针对联邦政府各职能部门，国会还成立了相应的调查委员会，对政府部门的事务进行调查。国会认为必要时，可以请政府官员乃至总统举行公开的听证会，就国会和选民提出的各种问题公开进行回应。对于行政官员涉嫌违法犯罪的，可以由众议院提出弹劾案，参议院审查决定。在我国古代，自魏晋御史台脱离少府后，中央监察机构与行政机关分离，组成独立的监察机关。魏晋至隋唐的言谏组织虽隶属门下省或中书省，但均独立存在，直接对皇帝负责。南朝的集书省、宋朝的谏院完全独立。地方监察机构或监察官，一般也不隶属于地方衙门，从西汉的刺史到清朝的十五道巡按御史，均直属中央，独立建署，实行自上而下的层层监察。但到了封建社会后期，随着监察机关职权的不断扩张，监察官往往身兼地方行政官和司法官，于是出现了监察权“吞噬”行政权、司法权的现象，监察主体的身份逐渐“混同化”。一直到中华民国时期，孙中山先生提出的“五权分立”的宪政思想才将监察权从行政权、司法权中“剥离”出来，我国台湾地区的监察机构就是这种宪政思想的制度实践产物。在国家监察委员会成立之前，我国大陆地区监察监督的主体，中央层面是监察部，这是由国务院直接领导的专司行政监察的职能机构；地方层面的机构设置则以监察厅、监察局为主。

相较于监察监督主体称谓的“五花八门”，诉讼监督的主体则比较单一，一般是检察机关。诉讼监督权作为检察权的首要职权，是检察权中标志性的、核心的职权。其在检察权中的地位之所以如此之高，目的是为了突出检察权的监督属性。考察检察权的起源，我们不难发现，从审判权中分离出来的检察权，从其“诞生”之日起就被赋予了监督、制约警察权和审

〔1〕 朱孝清：《论诉讼监督》，载《国家检察官学院学报》2011 年第 5 期。

〔2〕 甄贞、郭兴莲：《诉讼监督的原则》，载《国家检察官学院学报》2010 年第 4 期。

判权的历史使命。大陆法系国家倾向于国家权力主义，为检察权赋予了更多的监督属性，以实现对整个诉讼过程的监督，防止司法专断。英美法系国家倾向于当事人权利主义，检察权主要是公诉，且与审判权之间制约较大，起诉受到大陪审团分割，检察上诉权也不完整。[1]虽说英美法系检察权构造决定其监督属性较弱，但其现在却有增加刚性监督的趋势。如英国1985年的《犯罪起诉法》规定检察机关对严重犯罪案件的侦查行为有监督权和指导侦查取证的必要建议权；美国总检察长有权提请联邦参议院就宣告无罪案件的法律问题进行复议，地方检察官有权要求地方复审法院复议判决中的法律错误。[2]诉讼监督作为检察机关独有的也是最重要的职权，在保证程序正义、维护法治权威、确保法律统一、正确实施的“护法”方面，发挥了积极重要的作用。

（六）两种监督的对象不同

监督对象是指监督所针对和指向的机构和行为人。我国《行政监察法》第二条规定，监察机关是人民政府行使监察职能的机关，依照本法对国家行政机关及其公务员和国家行政机关任命的其他人员实施监察。虽然正在试点的国家监察委员会扩大了监察监督对象的范围，但目前我国监察监督的对象仅限于国家行政机关及其公务员和国家行政机关任命的其他人员。所谓公务员，是指在中央和地方国家行政机关中，依法行使国家行政权力，执行国家公务的在编人员。所谓由国家行政机关任命的其他人员，主要是指国有企业和国家行政机关所属事业单位中由国家行政机关任命的人员。目前监察监督对象范围的狭窄，一直为人所诟病，这主要与监察监督机关隶属于行政机关的权属定位有关。而诉讼监督的对象，一般是侦查机关、审判机关以及刑罚执行机关中从事诉讼行为的人。有的观点认为，“检察机关刑事诉讼监督是指检察机关对参与刑事诉讼的各侦查机关（含检察院自侦部门）、审判机关、执行机关、律师和其他诉讼参与人的活动进行调查，对其行为是否合法进行判定，从而支持、反对并提出纠正意见（建议）或者抗诉等检察业务活动”[3]。该观点等于是将检察机关自身以及司法机关以外的其他诉讼参与人也纳入了诉讼监督的对象范围之内了。笔者认为，诉讼监督是检察机关法律监督职能在诉讼活动中的具体体现。法律监督是宪法规定的在国家机关之间进行权力控制的一种制度安排，其监督对象应是从事诉讼行为的国家专门机关以及在此行为中行使公权力的有关人员。虽然在案件办理过程中，检察机关会与当事人以及其他诉讼参与人发生一定的关系，如质证、讯问等，但这种关系是建立在控辩平等的法理基础之上，与检察机关基于权力制衡理念与其他权力机关产生的监督关系有着本质区别，因此诉讼监督的对象不应包括当事人及其他诉讼参与人。至于将检察机关自身的侦查以及公诉活动纳入诉讼监督的对象范围之中，则有失严谨。就同一客体而言，诉讼监督主体应当独立于被监督对象，保持中立性。检察机关自己监督自己，不但没有说服力，而且有违诉讼监督规律。

---

〔1〕 孙谦：《论检察》，中国检察出版社，2013年版，第98－106页。
〔2〕 刘兆兴：《两大法系国家检察机关在刑事诉讼中的职权比较》，载《外国法译评》1995年第3期。
〔3〕 金波：《法律监督的理论与实务》，中国检察出版社，2005年版，第97页。

（七）两种监督的范围不同

监督范围是指监督针对和指向的具体行为。监察监督的范围是国家行政机关的行政行为和公务人员的职务行为。监察机关对行政行为和职务行为，主要从执法、廉洁和效能三个方面进行监督。在执法方面，监察监督的内容主要是了解国务院各部门和地方政府制定的有关政策、法规情况，对违反国家法律和有损国家利益的条款提出修改、补充建议，并及时反馈给国家决策中心，以保证正确的决策得到积极的执行，错误的或者不当的决策得到及时纠正；在廉洁方面，监察监督的任务是通过受理公民的控告、申诉以及日常的监察活动获得公务人员违法违纪以及职务犯罪的线索，给予相关人员行政处分并将犯罪线索移交有关机关；在效能方面，监察监督的目的是纠正公务人员的不作为、怠于行使职责的不正之风，确保政令畅通、国家政策以及法律法规得到正确、高效的执行。而诉讼监督的范围则涵盖了侦查机关、审判机关以及刑罚执行机关。对侦查机关的监督主要体现为立案监督、强制措施以及取证行为合法性的监督、有无侵害犯罪嫌疑人、被告人人身权利和财产权利行为的监督等等；对审判机关的监督主要体现为审判监督。检察机关对审判的监督主要体现为两点：一是把关法官的裁判。检察机关乃控制法官裁判的入口，检察官以垄断公诉权制衡审判权。“因而，检方不追诉时，院方基于不告不理原则，并无主动启动刑事程序之可能性，更无论有罪裁判了；反之，院方未确信被告有罪时，即便检方指证历历，当然也不能为有罪裁判。此等交互作用模式下，检察官在刑事诉讼程序中，自始至终扮演法官裁判之把关者角色。”[1]二是启动纠错程序。即当检察机关发现法院的裁判存在错误时，依法提起上诉或者抗诉，引发二审或审判监督程序。对刑罚执行机关的监督，主要是指对刑罚执行机关采取强制性执行措施职权的监督。我国《中华人民共和国刑事诉讼法》第二百六十五条明确规定，人民检察院对执行机关执行刑罚的活动是否合法实行监督。如果发现有违法情况，检察院应当通知执行机关纠正。监督的内容包括了对强制措施变更情况的监督、对死刑执行情况的监督、对监狱、看守所、拘役所、未成年犯管教所罪犯执行刑罚情况的监督以及对法院裁定减刑、假释等活动的监督。

（八）两种监督的手段不同

监督性质的不同决定了监督手段的差异。根据我国《行政监察法》的规定，监察监督主要有以下几种手段：(1) 检查。如检查国家行政机关在遵守和执行法律、法规和人民政府决定、命令中的问题。(2) 调查。如暂予扣留、封存可以证明违反行政纪律行为的文件、资料、财务账目及其他有关的材料。责令有违反行政纪律嫌疑的人员在指定的时间、地点就调查事项涉及的问题作出解释和说明。(3) 监察建议。《行政监察法》第二十三、二十四条规定了监察机关可以对十种情形提出监察建议。对于监察建议，有关部门无正当理由的，应当采纳。(4) 监察决定。《行政监察法》第二十四条规定，对于违反行政纪律，依法应当给予行政处分，或者违反行政纪律取得的财物，依法应当没收、追缴或者责令退赔的，监察机关可以直接作出监察决定。根据相关法律规定和司法实践经验总结，诉讼监督的方式主要是向有关

〔1〕 林钰雄：《检察官论》，台北学林文化事业有限公司，2000 年版，第 23 页。

机关发出检察建议、纠正违法通知书或者提起抗诉。相比于监察监督手段中监察决定的实体处分性质，“检察机关对诉讼活动的法律监督基本上是一种建议和启动程序权。对诉讼中的违法情况提出监督意见，只是启动相应的法律程序，建议有关机关纠正违法，不具有终局或者实体处理的效力，诉讼中的违法情况是否得以纠正，最终还是要由其他有关机关决定”[1]。

三、监察监督与诉讼监督的定位

监察监督与诉讼监督的区别决定了两种监督在我国整个监督体系中的不同定位。目前我国正在进行的监察体制改革和检察体制改革，深层次的问题在于合理地重新界定和配置相关主体之间的权力范围及相互关系。重新合理配置权力是解决目前我国两种监督不力现状的根本出路。具体来说，就是必须正确认识和调整监察机关、检察机关之间以及他们与其他权力主体之间的权力关系，找准两种监督在整个监督网络中的定位。

（一）监察监督的定位

1. 监察机关的定位

从我国《行政监察法》的规定可以看出，在我国人民代表大会制度和“一府两院”的权力结构中，监察组织隶属于政府，是人民政府的一个职能部门。监察监督受到这样一种制度安排的掣肘，其监督效果的不尽如人意也是在意料之中。正在进行的监察体制改革的目的之一，就是厘清监察机关与行政机关之间的关系。正在试点的国家监察委员会，无论是从其产生方式（人大选举产生）还是领导体制（中央垂直管理），目的都是为了划清与行政机关的权力界限，减少行政机关对监察监督的干扰和牵制，使监察委员会成为名副其实的、真正意义上的与“一府两院”并列的权力主体。

2. 监督权属的定位

权属的定位决定于权力主体的定位。无论是西方大部分国家，还是我国台湾地区，监察机关一般独立于行政机关，不是单独的职能机构就是隶属于立法机关。因而其监察权往往具有较高的独立性。虽然我国古代监察制度设立的初衷是为了制约行政权，并且在机构的设置上监察机关也独立于行政机关，监察权貌似独立于行政权，但却依附于行政色彩更浓的“皇权”，这样一种制度安排也一直被认为是“帝王之术”，运用于宫闱，秘而不宣。其目的主要是为了巩固皇权。由于目前我国监察机关隶属于行政机关，于是就造成了我国监察权依附于行政权的“怪相”，由监察机关监督行政机关，打个比方，就好比儿子监督产生他、供养他的父亲，监察权在行政权面前总是“低人一等”“直不起腰板”。派生于行政权的监察权，由于存在“吃人嘴短、拿人手软”的顾虑和担忧，从而大大影响了其监督的效果。正在试点的监察委员会，从其产生方式上看，表明了顶层设计者试图切断监察权与行政权目前这种不正常依附关系的决心。监察主体由隶属于行政机关的一个职能部门演变为独立于行政机关之外的

[1] 邱学强：《论检察体制改革》，载《中国法学》2004年第5期，第6页。

一个国家机关，意味着监察权剥离于行政权并进而上升为与行政权、司法权、检察权并列且独立的国家监督权。

3. 监督职能的定位

所谓职能，是指事物、机构本身具有的功能或应起的作用。监察监督的职能，就是指这种监督方式自身具备的价值以及针对监督对象所应发挥的作用。从应然角度分析，监察监督的职能可能比较单一，主要是监督、检查公职人员是否廉政、勤政。而从实然角度考察不同国家及地区监察监督的职能，则会发现该职能呈现出一种多元化的“面目”。如瑞典的议会监察专员监督模式，其职能不在于检举犯罪行为使之被定罪，而是更注重预防侵犯公民合法权利事件的发生，注重被侵犯公民合法权利的恢复和救济，更关注采取具体的改革措施，以保障公民合法权益和权力运行秩序。具有类似职能的还有我国台湾地区的“监察机构”。走向民主政治之后的台湾社会，随着市场经济的不断发展，民主意识启蒙的完成，公民社会已逐渐发育成熟，公民监督意识极大增强，公民监督手段更加丰富，新闻监督、NGO监督等多种政治体制外的监督发挥着中流砥柱的作用。监察机构所拥有的专门监察权逐渐被体制外的监督力量所分解，与此相对应，在宪政制度的约束下，公职人员贪污腐败、违法失职行为大大减少。在此背景下，监察机构职能重心开始由过去的“肃贪治惰”向“人权保障”转移，如监察机构具有的调查权职能，就类似于我国大陆地区的信访制度，但其有法定程序保障规范。回到我国大陆地区监察监督的职能定位上，应有别于西方国家和我国台湾地区。这一方面是由于我国一元分立的权力架构方式决定了行政权派生于立法权，两者关系比较紧密，因此在这样特殊的政治“语境”下，更加需要强调监察监督的独立性和超然性；另一方面由于我国市场经济发育得不是很成熟，公民监督意识刚刚觉醒，体制外的监督力量比较微弱和分散，加之我国腐败类犯罪高发，反腐形势比较严峻，在此背景下，监察机关更应肩负起反腐败的历史使命。正在试点的国家监察委员会，在整合审计、职务犯罪侦查和预防职能的基础上，更加突出了其反腐败的核心职能，确保监察监督在整治腐败问题方面的“有的放矢”，使国家监察委员会真正成为专门的反腐败机构。

（二）诉讼监督的定位

1. 检察机关的定位

根据《中华人民共和国宪法》《中华人民共和国人民检察院组织法》《中华人民共和国检察官法》的规定，我国检察机关是由国家最高权力机关产生，受最高权力机关监督，对最高权力机关负责，具有和行政机关、审判机关平行的法律地位，依法独立行使检察权，是国家专门的法律监督机关。法律监督具有的专门性、强制性等特征，使其有别于党纪监督、政纪监督、审计监督等其他监督形式。与西方国家的三权分立不同，我国的权力架构方式是一元分立，即在一元权力——人民代表大会下，分设立法权、行政权、审判权、法律监督权等，其中立法权由人民代表大会行使，行政权、审判权、法律监督权分别由行政机关、审判机关和检察机关行使，这些机关都由人民代表大会产生，向人民代表大会负责。这种权力架构的优越性，在于权力集中、效率高，便于统一协调，但也存在一些弊端，如权力容易过于集中，缺乏长效具体的制约机制等。与三权分立的权力架构相比，一元分立的权力架构不含有动态守恒的权力规制因素，制度安排体系中的权力运行具有单向性特质。为了弥补制约监督的不足，保证国家权力在法治轨道上正确运行，就需要在人民代表大会下设立专司监督的法律监督权能，并将该权能赋予某一机关，使其成为专门的法律监督机关，行使专门的法律监督权力。因此赋予检察机关法律监督权、将检察机关定位为专门的法律监督机关，是由我国特殊政治体制的现实国情所决定的，是我国一元分立权力架构下对权力运行和制约的必然选择。“一元分立权力架构下的检察权，其本质属性就是进行法律监督。在分设的权力体系中，检察权并不依附于任何一种权力之中，而是作为独立的法律监督权，参与保障权力的有效运行。这种独立的法律监督权力的存在及对检察属性的预设，其突出的特点在于解决了不实行三权分立的社会主义国家如何实现权力制约问题。”〔1〕在此重申检察机关的性质和定位并非“空穴来风”，而是随着反贪污贿赂局、反渎职侵权局等职能部门转隶正在试点的国家监察委员会，开始有人质疑检察机关的性质和定位，认为检察机关只是一个单纯的诉讼部门，甚至建议学习其他国家将检察机关纳入行政机关或者审判机关作为一个附属职能部门的做法。笔者认为，这种认识的错误在于，其无视我国一元分立权力架构方式的特殊国情，忽视了我国检察机关与立法机关之间内在的权力逻辑关系，混淆了检察权与行政权、审判权的界限，这种认识是不科学的，同时也是危险的。其危险性在于过于信任审判权对行政权的制约，而忽视了审判权自身膨胀的问题。此外，笔者认为，将检察机关的职务犯罪侦查权从检察权中剥离出来，不但解决了一直为人所诟病的检察机关“自侦自诉”“同体监督”的问题，同时也更加明确了检察机关以诉讼监督为核心的法律监督属性。因此，虽然国家监察委员会的成立可能会导致检察机关部分职权的分离，但这并不会也不应该动摇和影响检察机关作为我国专门法律监督机关的宪法定位及其法律监督的根本属性。

2. 监督权属的定位

我国宪法作为根本大法，对检察机关法律监督的根本性质作了定位。检察机关具有司法属性也具有行政属性，但这些都不是根本属性，只是基本属性，这些属性都受法律监督属性的统摄，法律监督属性才是其根本属性。检察机关行使的是检察权，检察权具有法律监督性质，法律监督与检察权是内涵与表现，目的与手段的关系，也可看成是检察机关的一体两面，如同一枚硬币的两面。〔2〕《中华人民共和国人民检察院组织法》第五条明确把检察权的内容具体为诉讼监督、批准逮捕、提起公诉和职务犯罪侦查等职能，把诉讼监督职能放在首位，以对应和突出检察权中的监督属性。只有监督属性的存在和体现，检察权在中国特色社会主义法律体系中的监督地位才得以凸显，其在维护程序正义法制权威、实现国家和社会治理法治化上所起的“护法”功能才能实现。诉讼监督职能作为检察权中核心的、标志性的职能，一方面反映了我国检察机关的法律监督主要集中在对诉讼的监督上，另一方面也体现了我国法律监督以诉讼为主要手段。检察机关的众多职权，如公诉权、侦查活动监督权、审判活动监督权等无不与诉讼相关。检察机关法律监督的诉讼性，既是防止法律监督权无限膨

〔1〕 樊崇义：《检察制度原理》，法律出版社，2009 年版，第 117 页。

〔2〕 孙谦：《中国的检察改革》，载《法学研究》2003 年第 6 期。

胀，又是防止法律监督流于形式、软弱无力的重要保障。

3. 监督职能的定位

诉讼监督是宪法和法律赋予检察机关的一项重要职能，是我国司法制度、检察制度的重要特色，是检察机关法律监督性质的重要体现。诉讼监督职能的主要内容包括了刑事诉讼监督、民事审判监督和行政诉讼监督。其中刑事诉讼监督又包括了立案监督、侦查监督、审判监督、刑罚执行和监管活动监督。从诉讼职能上，我国检察机关享有的权力是多元的，既有诉讼监督权，又有侦查权、批准逮捕权、公诉权。检察机关多项权力之间，涉及不同诉讼主体之间的权能冲突问题。就诉讼监督权而言，对内主要涉及与公诉权的关系问题，对外则涉及与侦查权、审判权的关系问题，尤其审判监督的合理性与正当性问题，始终是学术界探讨的热点。首先，就检察机关的公诉职能与诉讼监督职能的关系而言，一方面我们要深刻地认识和理解公诉权职能属性本身就有法律监督之意，另一方面还要充分认识二者的区别。提起公诉与诉讼监督是两个不同的概念，诉讼本身有其内在的规律，程序设计上也是两个不同的程序，这正是我们强调庭后监督或事后监督的原因。此外，公诉主体与监督主体的角色冲突问题，是人们质疑检察监督的一个核心问题。笔者认为，解决此问题应从两方面着手。一方面，在司法体制的改革中，应尽力实现公诉主体与监督主体两种角色的分离，由检察机关内部不同的部门、不同的办案人员承担不同的职能。只有角色分离，才能取得公信，才能实现司法公正。另一方面，在角色分离的基础之上，淡化人民检察院诉讼当事人的身份，强化其作为法律监督者的身份。检察机关应当从维护法律公平正义、监督国家权力的正当行使、保护诉讼当事人及参与人的权利角度出发履行公诉职能，而不是一味追求对被告人的定罪量刑。同时，检察机关并不因其法律监督者身份而拥有凌驾于公安机关、人民法院以及执行机关之上的地位，其法律监督职能必须通过与其他机关之间的分工与制衡获得实现。基于此，未来人民检察院组织法、检察官法乃至刑事诉讼法的修改，都应当明确检察官恪守客观公正的义务。其次，关于诉讼监督权与审判权的关系问题，笔者认为，在坚持公诉主体与监督主体角色分离的基础之上，检察机关对法院审判的监督，应当严格按照法律规定的范围、程序和方式进行，这种监督不是凌驾于法院之上，直接或间接对法院的活动进行干涉，而主要是对法律审判中出现的违法行为和错误裁判提出意见，请求法院予以纠正。对审判的监督应严格限定在“诉讼中”，注重审判监督方式的法律性、诉讼性和谦抑性。

(三) 监察监督与诉讼监督的关系

1. 现行关系模式

2016 年十八届中央纪委六次全会工作报告回顾了 2015 年我国纪检监察机关的纪律检查工作。报告指出，2015 年，全国纪检监察机关共接受信访举报 281.3 万件(次)，处置问题线索 53.4 万件，立案 33 万件，结案 31.7 万件，给予党纪政纪处分 33.6 万人，涉嫌犯罪被移送司法机关处理 1.4 万人。全国检察机关共立案侦查贪污贿赂、渎职侵权等职务犯罪 5.4 万余人。国务院对不作为、乱作为开展专项督查，监察机关会同相关部门问责处理 1046 人；严肃查处失职渎职行为，对 2.6 万人进行责任追究。通过以上表述可以看出，纪检监察机关在查处违法违纪案件过程中，对于构成犯罪的案件会将线索移交给检察机关的自侦部门，自侦部门将纪检监察机关收集的调查材料转化为证据并根据证据情况提请批准逮捕或者移送审查起诉，由审查批准逮捕、起诉部门对自侦部门的诉讼行为合法性以及案件的实体内容进行审查并作出相应决定。检察机关对纪检监察机关的监督，由于主要是通过审查批准逮捕、审查起诉部门对自侦部门的诉讼监督来实现的，因而这种监督更多的是一种基于个案的间接的、隐性的监督。

2. 存在的问题

司法实践中检察机关经常与纪检监察机关联合办案，“检察机关借助党纪‘双规’措施调查取证，以纪检的身份进行初查长期以来成为常态。这不仅造成了案件调查的权责不对称，而且淡化了执纪与执法两种截然不同的职责属性，并饱受规避法律诟病。据统计，新刑事诉讼法实施后，职务犯罪案件起诉、审判中作非法证据排除的有68%是‘双规’获取的”〔1〕。“双规”“双指”作为党的纪律检查机关和行政监察机关查处违法违纪案件的一种特殊调查手段，由于其本身也具有一定的限制人身自由的色彩，因此对于这种手段适用的范围和程序也应由法律作出明确的规定，并且同样应接受检察机关的诉讼监督，以期完成对此种调查手段的法治化改造。由于目前法律关于检察机关对这种调查手段的监督的规定还属于空白，从而导致了检察机关对此监督存在“盲区”。

3. 未来关系走向

随着未来检察机关自侦部门的转隶，拥有侦查权的国家监察委员会的监察监督的效力将得到极大的提高，而之前本来对监察机关的监督就很薄弱的检察机关，在失去侦查权这一强大“后盾”后，其诉讼监督权会不会沦落为监察监督权的附庸，这也是为人们所担心的。笔者认为，在未来侦查权分离的“后检察时代”，一方面检察机关应坚持以事实为依据、以法律为准绳，以维护司法公平正义为己任，做到敢于监督、勇于监督；另一方面检察机关应立足于诉讼监督职能，深耕诉讼监督主业，做到敏于监督、善于监督。此外，在明确工作重心的同时，检察机关应当在丰富诉讼监督手段、完善诉讼监督程序、提高诉讼监督权威方面多下工夫，如明确国家监察委员会受理诉讼监督案件的部门、处理程序、回复期限以及回复形式，明确检察建议不被采纳的法律后果，等等。这些措施的目的都是为了平衡诉讼监督与监察监督的地位，维持“势力均衡”的局面，防止其中任何一种监督权的过分膨胀而影响反腐败的效果和司法的公平正义。

四、结　语

腐败，是社会发展到一定阶段的必然产物，是社会机理发生部分病变的表现。腐败问题的存在，会影响政府的公信力甚至动摇执政党的执政根基。如何切除这颗社会“毒瘤”，世界各国和地区结合本国国情给出了不同的答案。拥有悠久监察制度历史的我国，如何激发这一古老制度在新的历史时期重新焕发活力，充分释放制度本身蕴含的反腐力量，考验着顶层

〔1〕吴建雄：《健全国家监察组织架构》，载《中国社会科学报》2016年9月7日第7版。

设计者的政治智慧。而正在试点的国家监察委员会就是在汲取古代监察历史经验的基础上，在监察体制改革方面进行的一次有益尝试。集中反腐力量、整合反腐职能、扩大监察范围、丰富监察手段，是提高反腐效果、保持反腐高压态势的必然选择。然而，监察监督能否达到预期的效果，除了需要增强自身的监督力量外，还有赖于与人大监督、政府内部监督、社会舆论监督以及检察机关的诉讼监督等其他监督方式的协调合作和相互制约。反腐不仅要"强势"，同样也要"依法"。如果将监察监督比喻为一列快速行驶的火车，那么诉讼监督就是这列火车行驶的铁路，以此确保监察监督在法治化的轨道上运行。而失去了侦查权这一强大"后盾"的检察机关，在"后检察"时代，如何扮演好"法律守夜人"的角色，是需要我们认真思考的问题。笔者认为，解决此问题的根本出路在于深耕诉讼监督主业。检察机关应借此次监察体制改革的契机，深化检察体制改革，加快诉讼监督模式的转型升级，拓宽诉讼监督的视野和思路，加强诉讼监督的专业化和实质化，尤其是明确包括国家监察委员会在内的有关机关拒不执行检察建议和纠正违法通知书的程序性制裁后果，对于监督中发现的职务犯罪的线索，检察机关应享有职务犯罪侦查建议权，以此解决司法实践中存在的诉讼监督形式化、软弱化的问题，提高诉讼监督的权威性和实效性。

论监察体制改革视野下检察院的未来走向

孙明泽*

摘　要：监察委员会试点工作是2016年国家制度改革的一项重点尝试，监察委员会试点工作具有特定的时代背景。这既是我国反腐败工作的需要，也是建设我国集中、高效、统一的监察体制的需要。同时，监察委员会的试点还弥补了人民检察院同体监督的不足。在监察委员会体制改革的视野下人民检察院受到的影响最大，监察委员会试点工作的开展，不仅影响了检察院适用法律的范围，同时对人民检察院的诉讼结构与诉讼职能的配置也形成影响。本次监察委员会改革既为人民检察院改革提出了挑战，同时更是为人民检察院的改革提供了机遇。因此，检察院应当正确处理与监察委员会试点工作的关系，实现与监察委员会工作的协调与对接。与此同时，人民检察院还应当加强原有职权的运用，实现人民检察院职权的合理配置，强化法律监督权和公诉权的行使。

关键词：监察委员会　检察院　侦查权　法律监督权　公诉权

2016年11月7日，中共中央办公厅印发了《关于在北京市、山西省、浙江省开展国家监察体制改革试点方案》(以下简称《方案》)，在该方案中，确定了国家进行监察体制改革的思路。监察体制改革试点工作的目的是在个别地区进行尝试，争取为在全国范围内推开积累经验。监察委员会的试点工作对国家机关的工作产生了重要影响，在司法领域受到影响最大的是人民检察院。

一、监察委员会改革试点的背景

监察委员会实质上是我国的反腐败机构，我国进行监察体制改革试点的目的与任务是加强党对反腐败工作的集中统一领导，整合相关力量，实现对贪污腐败的预防。监察委员会改革事关国家全局，是一项系统性的工程，有必要在个别地区进行试点，待时机成熟后再全面推广。我国进行监察委员会改革试点具有特定的社会环境，是多项要求的统一。

首先，监察委员会的改革试点是我国反腐败工作的需要。腐败问题是我国现阶段面临的难题之一，2012年刑事诉讼法修改时，规定了违法所得特别没收程序，该特别程序的设置目的就是解决我国严重的贪污腐败问题。随着我国各项制度的不断完善，在司法改革如火如荼的大潮下，监察委员会的试点改革作为一项政治制度的革新也初露头角。虽然监察委员会制度的改革正处于试点期间，但是监察委员会的设置不是一朝一夕提出的改革方略，这

* 孙明泽，西南政法大学法学院博士研究生。

是经过长时间酝酿的结果。监察委员会的改革试点是我国法治社会建设抵制腐败犯罪的需要。随着社会经济的不断发展，社会的现代化步伐也不断向前迈进，但是，在社会发展的过程中还是存在贪污腐败犯罪现象。在社会经济不断发展的过程中，国家社会法治发展水平也日益提高，对贪污腐败犯罪的容忍度也发生了变化，社会民众越来越不能容忍贪污腐败犯罪的发生。因此，打击贪污腐败犯罪案件符合法治社会发展的需要，国家设置监察委员会的目的是由监察委员会行使调查贪污腐败犯罪的权力，体现了法治社会下打击贪污腐败犯罪的决心。正如有的学者所言："政治和社会制度改革方面的滞后在很大程度上使得中国的整体制度越来越难以消化由经济发展带来的消极后果，尤其表现在收入分配差异的继续扩大和党政官员的腐败上。"〔1〕

监察委员会改革正是应对贪污腐败现象的社会制度改革，国家设置监察委员会的目的是由监察委员会行使调查贪污腐败犯罪的权力。长期以来，我国贪污贿赂犯罪案件的调查都是由多个机关共同进行，各机关之间无法协调，导致贪污腐败案件不能得到及时查处。通常情况下，纪委有权调查涉嫌贪污腐败的党员领导干部，人民检察院有权对涉嫌贪污贿赂犯罪的国家工作人员展开调查，对该类案件的调查行使侦查权。多个部门对贪污贿赂犯罪案件都有调查的权力，这样的现实导致权力行使不能达到理想效果。有的学者对此提出，"我国反腐败机构不仅管理多门，而且虚实不一，甚至纵横交错、内外有别。运行多年后褒贬不一，尤其在党的十八届四中全会提出全面推动'依法治国'之后，其弊端以及面临需要整合的矛盾日渐突出"〔2〕。因此，监察委员会的试点将克服原有制度的缺陷，满足反腐败工作的需要，为反腐败工作的顺利进行提供机遇。我国监察委员会改革的意义之一就是"为在我国反腐肃贪，标本兼治，建设廉洁高效的政府提供更可靠的法制保障"〔3〕。

其次，监察委员会的改革试点是国家监察体制建设的需要。《方案》强调了我国进行监察委员会试点工作的目标是：建立党统一领导下的国家反腐败工作机构，实现对行使公权力的国家公职人员监察全覆盖，建立集中统一、权威高效的监察体系。对反腐败工作机构的整合是构建我国监察体制非常重要的一步，也是将我国反腐败力量集中、整合的重要一步。目前我国的监察权力分布比较分散，没有形成集中统一的监察体制，有权行使监察权力的机关主要为纪委、监察机关以及人民检察院等机构，监察权力的行使没有形成一种合力。在这种情况下，各机关监察权力的行使就不能产生应有的效果，对腐败案件的追究与查办不及时，同时也对权力行使不力的监督不及时、不彻底。

监察委员会的试点工作将会产生两个方面的效果：第一，监察委员会的设置会使监察权力的行使更加集中。监察委员会的设置整合了检察机关的反贪污贿赂、预防犯罪职能，审计机关的审计职能等，各职能在监察委员会中都能有效体现，监察权力的行使能够更加集中，保障监察委员会行使权力的集中统一。因此，监察委员会的设置能够将监察权力从其他

〔1〕 郑永年：《保卫社会》，浙江人民出版社，2011 年版，第 17 页。
〔2〕 李晓明：《法治反腐：反腐败机构的整合与重构》，载《法治研究》2016 年第 6 期。
〔3〕 童之伟：《将监察体制改革全程纳入法治轨道之方略》，载《法学》2016 年第 12 期。

权力体系中分离出来，形成集中统一的国家检察权与监督权，将监察权力全面覆盖国家机关及公务员队伍。第二，监察委员会的设置会使监察权力的行使更加高效。权力的集中将促进权力行使的高效，监察权力的分散行使导致各机关之间对案件解决的协调性不强，各机关往往是以各自为中心，在案件解决中单打独斗，不能有效发挥整体的力量，甚至在有些情况下还会出现工作重复进行的现象。监察委员会的设置将会使原来由各机关行使的权力在同一机关由不同部门行使，提升了各职能行使的有效性，也保障了国家监察权力能够发挥应有的效能。

最后，监察委员会的改革试点将解决人民检察院自侦案件同体监督的问题。我国《中华人民共和国刑事诉讼法》（以下简称《刑事诉讼法》）第十八条规定了人民检察院立案侦查的案件的范围，对贪污贿赂犯罪、国家工作人员的渎职犯罪、国家机关工作人员利用职权实施的非法拘禁、刑讯逼供、报复陷害、非法搜查的侵犯公民人身权利的犯罪以及侵犯公民民主权利的犯罪，由人民检察院立案侦查。但是，人民检察院对自行侦查的案件同时享有批准逮捕权、起诉权，对刑事诉讼的顺利进行享有法律监督权，这就出现人民检察院进行同体监督的问题。人民检察院的法律监督权是宪法规定的权力，权力行使的好坏将直接关系到贪污贿赂犯罪案件的解决。由人民检察院监督自侦案件的处理在一定程度上将会影响检察院监督权的行使。

人民检察院受理贪污贿赂犯罪等案件属于刑事司法的范畴，各种权力特别是起诉权的行使与职务犯罪侦查权的行使出现同体的状态，这种侦查权、起诉权由同一机关享有的情形在一定程度上影响了人民检察院进行司法反腐公信力的树立。〔1〕 正如季卫东教授所言："在国家主导的现代化过程中，权威尤其重要，否则无法有效地进行动员和实现目标，但是真正的权威并不单纯仰仗强力。""权威的问题必须转换为公平性的问题来处理。""在一个缺乏自然法信仰的社会建立法治秩序，法律的权威性更有赖于程序法的合理与公正。"〔2〕人民检察院在我国作为法律监督机关是我国刑事诉讼的一大特色，如果法律监督权的作用得到有效发挥，那么对我国刑事司法制度的发展将会产生重要的促进作用；但是，如果该项权力不能得到有效地行使，那么人民检察院的法律监督权将形同虚设。因此，人民检察院不能既作为侦查机关又作为公诉机关和法律监督机关，三项权力必须进行分割。目前，职务犯罪案件侦查权的分离将通过监察委员会试点工作的形式进行，在一定程度上能避免人民检察院同体监督的发生；对于法律监督权与公诉权的分离，目前条件还不成熟，在此暂不讨论。职务犯罪的侦查与公诉、法律监督都具有矛盾之处，待监察委员会的试点成熟之后，职务犯罪的侦查权将从人民检察院正式分离，到时候人民检察院的司法机关的地位将会更加受到重视，人民检察院的司法公信力将会进一步提升。

---

〔1〕 吴建雄：《健全国家监察组织机构》，载中国社会科学网：http://ex.cssn.cn/xr/xr_xrf/xr_xgdly-cc/201609/t20160907_3192461.shtml，访问时间：2017 年 2 月 7 日。

〔2〕 季卫东：《法律程序的意义（增订版）》，中国法制出版社，2012 年版，第 84 - 85 页。

二、监察委员会试点改革下人民检察院的变化

全国人大常委会2016年12月25日通过了《全国人民代表大会常务委员会关于在北京市、山西省、浙江省开展国家监察体制改革试点工作的决定》(以下简称《决定》),在该决定中明确了地区监察委员会的职权。[1] 试点地区监察委员会享有的各项职权在很大程度上与公安、司法机关的职权具有相似性,在人民检察院反贪污贿赂局等部门整合至监察委员会后,对检察院的职权必将产生影响,同时还会对刑事诉讼的运行产生相应的影响。

首先,人民检察院行使职权的法律依据发生变化。随着监察委员会试点工作的开展,在试点地区很多的法律适用都将发生变化,与检察院相关的法律主要体现在,人民检察院原来享有的案件自侦权力将被取消。《刑事诉讼法》是受到影响最多的法律,与检察院自侦权力有关的法律条文都发生了变化。第三条关于人民检察院职权的规定将会发生变化,第十八条关于人民检察院立案管辖的规定也将发生变化,第一百八十四条关于人民检察院技术侦查措施的规定也将发生变化,原法条规定的人民检察院有权针对自侦案件采取技术侦查措施,在监察委员会试点开始后,在试点地区人民检察院的该项权力也将随着自侦权力的转移而转移。此外,《刑事诉讼法》第二编第二章第十一节关于人民检察院对自侦案件的侦查权的规定也将会发生变化。

除《刑事诉讼法》相关法条的规定发生变化外,其他法律有关人民检察院或检察官职责的规定也将发生变化。《中华人民共和国人民检察院组织法》第五条第二项关于人民检察院对直接受理的刑事案件进行侦查的权力将会取消。《中华人民共和国检察官法》第六条第三项检察官享有的对法律规定的由人民检察院直接受理的犯罪进行侦查的权力也将会被取消。总体来看,监察委员会的试点将导致试点地区人民检察院有关自侦权力的规定失去法律效力,对贪污贿赂犯罪、渎职类犯罪等犯罪侦查的规定应该很快就会出台,这类案件的侦查权具体将会如何行使,由谁行使,我们拭目以待。

其次,监察委员会的试点影响了人民检察院的职权结构。人民检察院是我国宪法规定的法律监督机关,这是人民检察院最主要的职权之一,除此项权力之外,人民检察院还享有批准逮捕权、提起公诉权等权力,在监察委员会改革之前,人民检察院还享有侦查权。在监察委员会试点之后,人民检察院的职权结构将发生变化,侦查权将从人民检察院的权力结构中消失,由监察委员会的部门行使。侦查权是人民检察院重要的职权,在人民检察院内部也存在对不同案件的侦查工作的分工:反贪污贿赂局负责检察机关办理的贪污贿赂犯罪案件、挪用公款案件、巨额财产来源不明案件等案件的侦查;渎职侵权部门负责办理国家机关工作人员渎职犯罪以及利用职权实施的侵权犯罪案件的侦查;铁路运输检察机关则负责铁

〔1〕 试点地区的监察委员会应当按照管理权限,对本地区所有行使公权力的公职人员依法实施监察,履行监督、调查、处置职责,监督公职人员依法履职、秉公用权。为确保监督、调查、处置职权的实现,监察委员会可以采取谈话、讯问、询问、查询、冻结、调取、查封、扣押、搜查、勘验检查、鉴定、留置等措施。

路运输部门贪污案件的侦查工作。[1] 笔者认为，监察委员会试点之后，随着检察机关查处贪污贿赂、反渎职侵权、职务犯罪预防等部门的转递，检察机关的侦查权将被剥离出检察机关权力体系。

检察机关侦查权的转递将会产生以下几个方面的积极效应。第一，反贪污渎职力量不断集中。"腐败"的含义非常广泛，不仅包括依据刑法的规定构成贪污罪、受贿罪等职务犯罪行为，还包括依据党纪、政纪需要受到处罚的行为。因此，我国有权处置贪污贿赂行为的机关非常多，不仅包括国家司法机关，还包括国家行政机关以及党的机关在内。目前我国的反腐败机构主要有以下机构：一是各级纪委，党的纪律监察委员会是党内设置的专门的监督机关，是党内开展反腐败建设和廉政建设的重要机构。二是司法机关，司法机关不仅包括法院，同时还包括人民检察院，人民检察院是我国主要的反腐败机关之一。人民检察院不仅直接负有对贪污贿赂犯罪案件的侦查权，同时，还通过法律监督权的行使保障国家司法机关的纯洁性。人民法院也是反腐败的重要司法机关，人民法院通过对贪污腐败案件的审判，使被告人得到应有的惩罚，避免国家财产再次受到损害。三是监察机关、审计机关、国家预防腐败局等行政机关。监察机关是行使监察职能的国家行政机关，依法对国家公职人员的执法、廉政、效能情况进行监察。审计机关是对国家机关及各部门、国有金融机构和国有企事业单位的财务收支进行审计监督的部门，是重要的反腐败部门之一。国家预防腐败局也是我国的反腐败部门之一，对反腐败工作也具有重要价值。但是，目前的情形是各种反腐败权力并没有集中起来，反贪污腐败的效果并不理想。检察机关侦查权力的转递将会集中对贪腐案件的处置，使各部门都能在监察委员会的领导下进行案件侦查。

第二，人民检察院的权力不断集中。人民检察院兼具司法机关与法律监督机关的属性。但是，检察院行使侦查权表明其还具有行政机关的属性，因此，检察机关是具有行政权属性的司法机关。这种复合的属性使得人民检察院的性质非常复杂，检察权的性质也比较模糊。侦查权转递到监察委员会之后，人民检察院行政权的属性将会降低，在以后的司法改革中，人民检察院再对内部关系进行改革，使其完全摒弃行政权的属性，更为集中地行使司法权与法律监督权，成为专门司法机关。第三，人民检察院作为司法机关，特色鲜明，司法独立性越来越强。人民检察院侦查权的转递产生的另外一个效果就是人民检察院各项权力的司法权属性越来越明显，检察机关的司法机关属性也越来越强，司法独立更加容易实现。检察院在我国本质上应当属于司法机关，侦查权力的行使使得检察院的行政色彩浓厚，冲淡了司法机关的属性。侦查权的转递可以使人民检察院司法机关的色彩更加浓厚，人民检察院行使公诉权也能够具有中立性，提升了人民检察院的司法权威。

再次，监察委员会的改革试点也间接影响了人民检察院在刑事诉讼结构中的地位。现阶段我国的刑事诉讼结构呈现出流水式作业的状态。虽然我国也在通过司法改革积极推进以审判为中心的诉讼制度，构建三角形的诉讼结构，但是，目前理想的三角形诉讼结构在我国还没有完全建立。监察委员会试点之前，人民检察院与公安机关以及国家安全机关等机

---

〔1〕 黄豹：《侦查权力论》，中国社会科学出版社，2011年版，第207－209页。

关分享对犯罪的侦查权，这种情形下侦查权的行使非常分散，人民检察院与其他侦查机关之间的关系也不明确，导致我国的刑事诉讼呈现侦查、起诉、审判成流水式的诉讼关系。人民检察院侦查权力丧失后将会加强其他各类权力的行使力度，特别是法律监督权的加强将成为今后一段时间内人民检察院努力的方向，人民检察院的法律监督权最为重要的一个方面就是对侦查工作的监督。对侦查工作的监督需要人民检察院提升自身地位，在人民检察院与其他侦查机关之间形成一种紧密关系，实现人民检察院对其他侦查机关的制约。国外关于检察领导侦查的关系值得我国借鉴，在人民检察院的司法机关地位得到巩固之后，加强对侦查机关的制约，加强三角形诉讼结构的构建。目前，人民检察院作为法律监督机关监督侦查机关的工作还存在一定的障碍，法律监督权与公诉权的同体存在就是非常大的一个问题。但是，目前我国还不具有将法律监督权从人民检察院分割出去的条件，待时机成熟后，对法律监督权与公诉权等权力进行整合，让人民检察院成为真正的司法机关，使刑事诉讼结构更加稳固。

最后，监察委员会的改革试点将对人民检察院的组织队伍造成影响。《方案》提出，深化国家监察体制改革的目标，是建立党统一领导下的国家反腐败工作机构，整合反腐败资源力量。在试点地区，整合反腐败资源力量主要是整合检察机关、人民检察院反贪污贿赂、预防犯罪机构以及审计机关行使审计职能的机构等。整合相关机构后，原机构工作人员的安置也成为一项重要问题，目前来看，最为稳妥的方式是原盘将原机构工作人员进行整体转递。从人民检察院角度看，监察委员会试点之后，原属于人民检察院反贪污贿赂局、反渎职侵权局和职务犯罪预防局的工作人员应当全面转移至监察委员会。这将会产生以下影响：一方面壮大了监察委员会的力量。监察委员会属于新的机构，虽然其是由现有机构整合而成，但是其在机构设置、人员分配上属于新的机构，各机构与工作人员之间需要进行重新分工，相互之间的关系需要进一步磨合。人民检察院相关机构的并入一方面大大增强了监察委员会的力量，能够保障监察委员会工作的顺利进行，另一方面则削弱了人民检察院的力量。反贪污贿赂局、反渎职侵权局、职务犯罪预防局是人民检察院重要的部门，其工作人员占据人民检察院工作人员的相当比例，将这类部门的工作人员从人民检察院剥离出来，将大大减少检察院内部工作人员的数量。人民检察院自侦部门的工作人员专业性非常强，绝大多数是科班出身，能够应对日益增加的贪污犯罪案件，甚至在有的情况下，通过检察院内部的岗位轮换到公诉等专业部门，发挥应有的效用。监察委员会的试点削弱了人民检察院的内部力量，但是这种影响只是暂时的，待人民检察院扩充力量之后，其在刑事诉讼中的作用将不会受到影响。

三、人民检察院与监察委员会的关系走向

监察委员会试点之后，作为一个新的机构，其与其他国家机关之间的关系也备受关注，其中，监察委员会与人民检察院之间的关系更受社会关注。一方面，人民检察院的属性为司法机构，监察委员会的属性还不明确，但不会成为司法机构，侦查权力从司法机关转递到其

他机关，将备受关注；另一方面，人民检察院在监察委员会试点中被转递的部门对人民检察院的影响较大。人民检察院的自侦权是其非常重要的权力，监察委员会试点之后，检察院的自侦权将被完全剥夺。除此之外，人民检察院长期以来给人们的庄严印象使人们不得不关注人民检察院与监察委员会的关系。

首先，监察委员会将享有贪污贿赂犯罪等案件的侦查权。监察委员会试点之后，贪污腐败犯罪案件的侦查工作将由其承担，即监察委员会应当是我国贪污贿赂犯罪案件的侦查机关，而人民检察院则不再享有侦查权。监察委员会行使侦查权主要具有以下几个方面的根据：第一，在本次监察委员会的试点中，原由人民检察院享有的贪污贿赂犯罪等案件的侦查权将转递到监察委员会。在全国人大常委会审议通过的监察体制改革试点《决定》中，明确指出将试点地区人民政府的监察厅（局）、预防腐败局及人民检察院相关部门的职能整合至监察委员会。随着监察委员会主任及班子的组建完成，在试点的浙江省，反贪局与反渎局的牌子也被摘掉。〔1〕这也预示着原属于人民检察院这两大部门的职务犯罪侦查权将转递至监察委员会下属的部门行使，人民检察院失去了贪污贿赂犯罪案件的侦查权。

第一，全国人大常委会发布专项决定赋予监察委员会多项职权。同样是在全国人大常委会通过的该项决定中，监察委员会被赋予了多项职权，这些职权的享有预示着监察委员会有权对涉嫌贪污贿赂犯罪、渎职犯罪案件的犯罪嫌疑人实施侦查权，并且所享有的侦查权应当与公安机关、人民检察院原来享有的侦查权具有同一性。在关于监察委员会侦查权的规定中最受人们关注的问题有两个方面：一方面，监察委员会的侦查权如果是完全转递于人民检察院的侦查权，那么是否意味着监察委员会也享有采取秘密侦查措施的权力？笔者认为，监察委员会作为人民检察院侦查权的继受者，应当享有采取秘密侦查措施的权力，但是在采取秘密侦查时应当受到一定的监督。另一方面，如何理解监察委员会的调查权？监察委员会的调查权并不等同于侦查权，因为监察委员会对腐败案件的调查结果不仅包括是否构成犯罪，同时还包括是否对违反党纪、行纪的党政工作人员作出相应处分。只有涉嫌违法犯罪的，在侦查之后才交由检察机关提起公诉。因此，监察委员会调查权的范围要比侦查权的范围广。

第二，监察委员会侦查贪污贿赂犯罪案件更具有力度，更能增加政府公信力。对构成犯罪的贪污贿赂行为进行侦查能够体现我们国家反腐的力度和决心，打击腐败犯罪是我国国家治理与社会治理中非常重要的环节，也是社会民众关心的问题。将贪污贿赂犯罪、渎职侵权犯罪的侦查权交由监察委员会行使，充分体现了国家对打击贪腐犯罪的重视，也体现了国家打击腐败的决心，有利于保持国家公职人员队伍的纯洁性。监察委员会打击贪污腐败犯罪也是提升政府公信力的方式之一。随着社会的不断发展，我国政府的管理能力也不断加强，较之以前有了明显提高，国家公职人员的贪污腐败问题是社会民众比较关注的问题，国家层面出台相关政策甚至设置专门机关打击这类犯罪，能够使社会公众对政府与国家工作

---

〔1〕 翁浩浩等：《浙江监察体制改革：检察院反贪局反渎局牌子被摘》，载中国新闻网，http://www.chinanews.com/gn/2017/02-04/8140246.shtml，访问时间：2017年2月8日。

充满信心，政府公信力相应提高。

其次，人民检察院依法监督监察委员会的侦查行为。人民检察院作为我国的法律监督机关，通过侦查活动合法性的审查、公诉权的行使等对监察委员会的侦查行为进行监督。人民检察院作为国家法律监督机关依法享有法律监督权，监察委员会作为国家监察机关应当受到人民检察院的监督。对监察委员会的监督，有的学者提出监察委员会应当接受全国人大常委会的监督。笔者非常赞同这一观点，作为各级人民代表大会选举产生的机构，监察委员会应当本着为人民负责的态度接受人民代表大会的监督，该监督非常必要，是必不可少的。此外，该学者还提出，监察委员会还应当接受政党、新闻媒体的监督。作为国家机构，其应当接受党的领导与监督，同时为了保障监察工作的透明性也需要接受新闻媒体的监督。除以上监督外，社会团体和广大人民群众的监督也是非常必要的。

但是，对监察委员会是否应当接受人民检察院的法律监督，并没有学者进行论述。笔者认为，监察委员会应当接受人民检察院的监督，主要理由存在以下几个方面：第一，人民检察院是我国宪法规定的法律监督机关，监察委员会是行使法律的机关，其行使法律的行为必须接受人民检察院的监督。《中华人民共和国宪法》第一百二十九条规定了检察院的国家法律监督机关地位；《刑事诉讼法》第八条规定了检察院依法对刑事诉讼的法律监督；《人民检察院刑事诉讼规则（试行）》第十四章“刑事诉讼法律监督”以专章的形式细化了立案监督、侦查监督、审判监督等监督内容。监察委员会获得贪污腐败犯罪的侦查权之后，需要就其侦查活动接受人民检察院的监督。

第一，从权力制衡的理论来看，人民检察院对监察委员会的监督也具有必要性。人民检察院是我国的司法机关，其对监察委员会的监督体现出权力制衡理论。权力的行使需要边界，如果权力的行使不受制约，那么国家与法律就没有存在的价值和意义。监察委员会作为新设的机关，对其权力行使也需要进行制约。权力制衡理论要求在国家机关内部或者外部存在对行使权力的机关进行监督的主体。权力制约理论在我国最主要的体现就是权力的分工与监督。监察委员会行使侦查权是其追究犯罪的需要，人民检察院提起公诉也是刑事诉讼打击犯罪的需要，但人民检察院作为司法机关应当具有公证义务，对监察委员会移送起诉的贪腐犯罪案件应当进行审查，避免侵犯被追诉人的个人权利。

第二，人民检察院是我国的公诉机关，对监察委员会的侦查工作负有审查义务。如上所述，人民检察院作为公诉机关，对监察委员会移送的案件是否符合起诉的条件应当进行审查，对于达到起诉标准的依法提起公诉；对于没有达到起诉标准的，退回补充侦查或者不予起诉。目前监察委员会还处于试点期间，很多工作还处于不明确的状态，人民检察院对监察委员会侦查工作的审查也没有明确规定。但是，我国人民检察院对公安机关侦查工作的监督已经比较成熟，对监察委员会侦查工作的审查可以借鉴对公安机关侦查工作的审查机制。不过，人民检察院对监察委员会侦查工作的审查不能完全照搬对公安机关的审查机制，监察委员会毕竟在性质上与公安机关存在差异，因此，应当根据监察委员会侦查贪污贿赂等犯罪的特点设计审查机制。

最后，监察委员会作为贪污贿赂犯罪案件的侦查机关，有权对人民检察院内部涉嫌贪污贿赂的工作人员进行调查。人民检察院作为国家机关的一部分，应当遵守反贪污贿赂、反渎职侵权的相关规定，如果检察院内部工作人员涉嫌贪污贿赂等犯罪，监察委员会有权对此进行侦查。我国进行监察委员会试点工作的目的是建立全国集中统一、权威高效的监察体系，构建不敢腐、不能腐、不想腐的有效机制，争取全面监督行使公权力的公职人员。人民检察院是我国的司法机关与法律监督机关，检察院内部工作人员属于国家机关工作人员，行使的是国家赋予的公权力，如果检察院内部工作人员涉嫌贪污贿赂等违反党纪、政纪或者构成犯罪的行为，监察委员会有权进行侦查。

虽然人民检察院属于我国公诉机关，但是检察院内部工作人员存在违法犯罪行为的，本部门无权进行侦查，必须按照法定程序处理，只有经监察委员会调查后，发现构成犯罪的才能够移送人民检察院提起公诉；对于不构成犯罪的，属于违反党纪、政纪行为的，给予相应的党纪政纪处分；对于不存在违法犯罪行为的，恢复其正常工作。同样，虽然人民检察院有权对监察委员会侦查贪污贿赂等犯罪的行为进行法律监督，但是并不意味着人民检察院可以任意监督，人民检察院应当依照法定程序行使法律监督权，甚至在必要的情况下由犯罪嫌疑人所在单位的上一级人民检察院行使法律监督权。监察委员会行使对贪腐犯罪的侦查权应当依法进行，人民检察院对监察委员会移送起诉的案件应当进行审查，对人民检察院内部的贪污贿赂等犯罪案件也应当由两机关依照法定程序追究。

四、监察体制改革下人民检察院职能的走向

人民检察院是本次监察委员会试点改革中受到影响最大的机关。虽然本次监察委员会改革属于一次政治制度性改革，但是其中涉及的不仅仅是作为政治制度的监察制度本身，还涉及我国的司法制度的改革。人民检察院作为国家司法机关，在本次监察委员会改革中的影响充分体现了政治制度改革对司法制度的影响，可以说本次监察委员会试点工作也为人民检察院调整内部职能提供了一次机遇。目前，我国也正处于司法改革的大潮之中，人民检察院在政治改革与司法改革共同进行的场域如何让调整本机关的职能成为其今后努力的方向。

首先，人民检察院内部应当对各项权力的行使进行优化配置。本次监察委员会试点工作给人民检察院带来了很大的影响。监察委改革不是削弱人民检察院的力量，而是为检察院进行内部职能调整提供了一次契机。作为我国国家机关之一的检察机关，监察委员会设置之后需要进行各项职权的优化配置。除对直接受理的刑事案件进行侦查的权力外，检察院的其他各项职权几乎不受影响，对重大犯罪案件的检察权、批捕权、公诉权、法律监督权等权力都还属于检察院的职权范围。但是在这一系列的职权中，人民检察院的各项职权发挥作用的空间应当根据检察院的性质有所侧重。第一，人民检察院作为宪法规定的法律监督机关，应当发挥其法律监督权的作用。法律监督权的行使是履行宪法规定的表现，人民检察院对公安机关等侦查机关侦查案件进行审查，决定是否起诉或者不起诉，是行使法律监督权的方式之一。在作出是否批捕、起诉时，人民检察院还应当对侦查活动的合法性进行监督，

对符合非法证据排除标准的，应当依法予以排除；在刑罚执行活动中，人民检察院应当对执行活动的合法性进行监督，保障刑罚执行的公平与公正；在民事诉讼与行政诉讼中，人民检察院也发挥着法律监督作用。第二，人民检察院是我国的公诉机关，应当进一步发挥其出庭支持公诉的权力。在刑事诉讼中，除自诉案件以外的刑事诉讼都必须由人民检察院向法院提起诉讼，并派员出庭支持公诉。检察院对侦查机关移送审查起诉的案件有权进行审查，对符合起诉条件的才移送人民法院审判。第三，人民检察院作为国家检察机关，对国家重大犯罪案件行使检察权。除上述职权外，人民检察院在公益诉讼中也日益发挥着重要的作用。

其次，人民检察院作为我国的法律监督机关，应当强化法律监督权的行使。笔者之前认为应当弱化检察院的法律监督权，但是，随着研究的深入，发现我国目前还不具有将法律监督权收归全国人大的时机，主要原因有：第一，人民检察院法律监督权的收回涉及修宪问题。宪法的修改在我国属于特别重大的问题，目前关于宪法的修改还不具备成熟的条件，如果现阶段通过修改宪法的形式将人民检察院的法律监督权收回，不仅不能获得好的效果，相反可能会造成司法程序的混乱。第二，人民检察院法律监督权的收回需要增强人大的权力。目前，由于人大权力的行使并没有很好地得到落实，除全国人大的立法权外，其他权力都没有得到充分的行使，监督权的规定只具有形式性，实质性不强。如果将法律监督权收归人大，那么就需要增强其权力。第三，人民检察院法律监督权的行使具有现实价值。人民检察院的法律监督权在司法实践中产生了非常重要的作用，特别是在刑事诉讼中，人民检察院法律监督权的行使对于保障刑事诉讼的顺利进行发挥着不可磨灭的作用。

最后，人民检察院作为我国的公诉机关应当保障公诉权的有效行使。人民检察院作为国家公诉机关应当对符合条件的贪污贿赂犯罪案件提起公诉，人民检察院要做好该类案件的起诉工作，主要工作是做好与监察委员会的对接。在监察委员会试点前期，人民检察院相关工作部门的转隶是重要的环节，目前在试点地区基本上都已经开始了相关工作。在相关部门转隶之后，两机关需要就业务方面的工作进行对接，如对符合条件的犯罪嫌疑人进行逮捕，是否只需要监察委员会单方面决定？还是需要由人民检察院进行审查？人民检察院是否有权力对监察委员会说不？有的学者提出，从权力配置上来看，监察委员会不仅要有独立的调查权，更要有直接的公诉权，所办案件不必再交检察院，而是可以直接向人民法院提起公诉。〔1〕对此，笔者不敢苟同，笔者认为，人民检察院是我国的法定公诉机关，代表国家追究犯罪嫌疑人的刑事责任，任何公诉案件的起诉都必须经过人民检察院，如果开了特定案件的起诉不经过人民检察院就可以进行审判的先河，那么刑事诉讼将会变得没有秩序、一片混乱。如果监察委员会侦查终结的案件可以不移送人民检察院，那么，监察委员会真的有可能成为一家独大，这与监察委员会设置的初衷背道而驰，人民检察院的存在也将变得没有任何意义。

除贪污贿赂犯罪等案件外，人民检察院支持公诉的为多数的普通刑事案件，这类案件在

〔1〕 齐义虎：《取法传统，完善宪政：对国家监察委员会的评析》，载儒家网：http://www.rujiazg.com/article/id/9928/? from=groupmessage&isappinstalled=0，访问时间：2017 年 2 月 8 日。

整个刑事诉讼中占据着非常大的比重，人民检察院公诉职能的发挥应当以此作为重点。不断完善公诉权在人民检察院职能体系中的地位，并同时保障人民检察院享有起诉的自由裁量权。与法院相比，检察院有非常小的自由裁量权，针对起诉制度，我国现在存在法定不起诉、酌定不起诉、证据不足不起诉和针对未成年犯罪嫌疑人的附条件不起诉几种情况：第一，扩大检察机关在酌定不起诉和附条件不起诉案件中的裁量权；第二，将附条件不起诉扩大适用到成年人犯罪案件，并赋予检察机关起诉裁量权。通过扩大人民检察院的不起诉裁量权，逐渐建立起我国的起诉裁量制度体系，实现检察机关公诉权价值的最大化。

论监察委员会与检察院在职务犯罪中的分工与制约关系

陈 辉 汪进元*

摘 要：在当下监察体制改革中，检察院的反贪局归并到监委会之后，二者在职务犯罪方面的职权如何界定与衔接，是制定、修改相关法律时必须面对的问题。从属性和功能上看，监委会与检察院应分别定位为监察机关和公诉机关；从职权范围上看，监委会负责公职人员（包括检察院工作人员）职务犯罪案件的预防、调查、留置和移送审查起诉，检察院行使批准逮捕、审查起诉、提起公诉、诉讼和执行监督等；从相互关系上看，监委会对职务犯罪的立案调查享有主动地位并对检察院履职情况享有监督权，检察院对监委会查处职务犯罪活动具有监督和主导地位。如果双方对是否批准逮捕和提起公诉产生争议，应当由纪委协调或者申请法院裁决。

关键词：职务犯罪 监委会调查权 检察院审查权

鉴于全国人民代表大会常务委员会于2016年12月25日作出了《关于在北京市、山西省、浙江省开展国家监察体制改革试点工作的决定》（以下简称《决定》），且试点地区已自上而下推动成立了监察委员会，中央层面也确定了监察体制改革的“时间表”，〔1〕本着重大改革于法有据的原则，包括宪法在内的多部法律如《中华人民共和国监察法》、《监察委员会组织法》、《中华人民共和国刑事诉讼法》（以下简称《刑事诉讼法》）、《中华人民共和国人民检察院组织法》（以下简称《检察院组织法》）、《中华人民共和国检察官法》、《中华人民共和国行政监察法》等亟待立、改、废。根据《决定》，隶属于政府的监察厅（局）、预防腐败局及检察院查处贪污贿赂、失职渎职以及预防职务犯罪等部门的相关职能整合至由人大产生并独立于“一府两院”的监察委员会，这将对我国的检察体制产生深远的影响。检察机关作为法定的国家法律监督机关，与《决定》所定位之“行使监察职权”的监察委员会在职权方面如何准确界定及怎样有效衔接，是制定、修改相关法律时必须面对及着重考量的问题。

---

* 陈辉，东南大学反腐败法治研究中心助理研究员；汪进元，东南大学法学院教授。本文受到江苏高校哲学社会科学重点研究基地基金资助。

〔1〕 2017年1月8日，十八届中央纪委七次全会闭幕。中纪委书记王岐山在工作报告中提及了今年监察体制改革的“时间表”：试点地区要整合行政监察、预防腐败和检察机关查处贪污贿赂、失职渎职以及预防职务犯罪等工作力量，先完成检察机关相关部门的转隶，确保今年3月底完成省级监察委员会组建工作，6月底完成市、县两级监察委员会组建工作。http://cpc.people.com.cn/n1/2017/0213/c164113-29075950.html，访问时间：2017年2月25日。

一、监察委员会与检察院定位：监察机关与公诉机关

(一) 监察委员会在我国监督体制中的定位

1. 性质：专司监察的独立机构

有学者从《关于在北京市、山西省、浙江省开展国家监察体制改革试点方案》及试点地区的做法分析认为，监察委员会是集党纪监督、行政监督与法律监督权于一体的综合性、混合性与独立性的机关，既不同于党的机关，也不同于行政机关或者司法机关，其职权具有综合性与混合性。[1] 笔者认为，监察委员会既不是一个党的机构(与党的机构合署办公恰恰说明它不是党的机构，否则将无合署办公之必要)，又独立于“一府两院”，应当属于专门性、独立性的监督机关。其中，专门性是指监察委员会具有纯粹的监督职能，专司对行使公权力的公职人员进行监督。这有别于人大机关和检察院，前者作为国家权力机关，其监督职能具有附属性，而检察院兼具追诉权、诉讼制约权及法律监督职权，且其监督职能主要是通过行使追诉权、诉讼制约权等实现的。所谓独立性是指监察委员会仅对同级人大及其常委会与上级监察委员会负责，并接受监督。检察院虽然也存在类似的领导体制，但实然层面，检察院与法院均归属于政法机关，要受到同级党委政法委的领导，其独立性无法与监察委员会相比。

2. 地位：与“一府两院”持平

根据《决定》，试点地区的监察委员会由同级人大产生，监察委员会主任由本级人大选举产生。而在现行宪政体制下，政府首长、法院院长、检察院检察长均由人大选举产生，这意味着在未来的国家机构体系位阶中，监察委员会将与“一府两院”持平行地位，相互之间不存在任何隶属关系。

3. 职权属性：监察权

关于监察职权的属性，应当将其界定为独立于立法、行政、司法等三权之外的监察权，理由如下：

第一，从历史的维度考量，监察委员会的设置可以视为传统中国独立监察体制的回归，无论是封建帝制的监察制度，还是北洋政府时期的平政院、国民政府时期的监察院，无一不是对独立监察制度的继承。[2] 虽然我们正在推进的监察体制改革与旧时代的监察制度存在根本性区别，但对权力监督制衡的普适性价值是相通的。为凸显监察委员会的专门性，将监察委员会的职权界定为监察权既汲取了历史监察文化传统，也为其贴上与众不同(与其他兼职监督机关相比)的标签。

第二，将监察委员会的职权属性定位为监察权有利于科学界定其与检察院职权的界限

---

〔1〕 韩大元：《论国家监察体制改革中的若干宪法问题》，载《法学评论》2017年第3期。

〔2〕 孟子寻：《监察委员会试点：宪法视野下监察权分配问题研究》，载《河北工业大学学报(社会科学版)》2017年第2期。

范围。我国现行的检察院之所以会陷入到尴尬、困境之中，就是因为在设计检察制度时，将西方的“舶来品”检察院与我国传统的御史台糅合在一起。[1] 在《中华人民共和国宪法》(以下简称《宪法》)层面将检察院定位为国家法律监督机关，更侧重于检察院的传统监察职能；而在《检察院组织法》及《刑事诉讼法》等法律层面的规定则更侧重于检察院诉讼职能。当下进行的监察体制改革的核心就是将一般监督职能从检察院剥离出来，将检察院重塑为纯粹的公诉人和诉讼监督主体。

第三，我国不存在西方国家的立法、行政、司法三权分立模式，将监察委员会的职权归属于监察权并不会对当前的宪政体制及权力结构模式带来冲击。

4. 主要功能：反腐败

中央深化国家监察体制改革试点工作领导小组组长王岐山就开展国家监察体制改革试点工作调研时指出，“监察委员会实质上是反腐败机构，监察体制改革的任务是加强党对反腐败工作的统一领导，整合行政监察、预防腐败和检察机关查处贪污贿赂、失职渎职以及预防职务犯罪等工作力量，成立监察委员会，作为监督执法机关与纪委合署办公，实现对所有行使公权力的公职人员监察全覆盖”[2]。由此来看，监察委员会的主要功能定位为“反腐败”，但对“腐败”二字应作广义的理解。《现代汉语词典》对“腐败”作三种解释，做动词为腐烂，做形容词可理解为：一是(思想)陈旧，(行为)堕落；二是(制度、组织、机构、措施等)混乱、黑暗。[3] 我国台湾政治学泰斗胡佛在台湾监察机构一个庆祝仪式上发表主题演讲时，将监察机构的功能概括为“防肃”，进而将监察机构对公职人员及其关系人的财产状况、利益回避、政治献金及进行游说等行使的监督权能称为“防肃权”。[4] 这里的“防肃”与党中央所提出的“反腐败”表达的意思均是广义的，概言之，即为防范、遏制、打击公权力运行过程中产生的负面影响或因素，包括贪污受贿、滥用职权、玩忽职守、重大决策失当、权力寻租、利益输送、徇私舞弊等违法违纪和不当行为，监督的对象扩大到所有行使公权力的公职人员。监督的方式既包括传统的事后监督，又要进行事前、事中的监督，不要等到出现了严重后果才采取监督，不要等到公职人员达到犯罪的程度才去监督，既要惩前毖后，又要治病救人。

5. 职权内容：以调查权为核心

《决定》第二条规定：“试点地区监察委员会按照管理权限，对本地区所有行使公权力的公职人员依法实施监察；履行监督、调查、处置职责。”对此，关于监察权的职能分类，有学者认为可分为监督权、调查权和处置权三个方面。[5] 笔者基本赞同这种分类，三者的关系是：监督权是基础，属于应然意义的静态权力，其运行载体为调查权，而处置权的实现亦需要借

---

〔1〕 周赟：《论我国检察院的角色定位、具体权能及其尴尬》，载《江汉论坛》2016年第4期。

〔2〕《王岐山成立监察委员会实现对公职人员监察全覆盖》，载中国网：http://www.china.com.cn/legal/2016-11/26/content_39791684.htm，访问时间：2017年2月25日。

〔3〕《现代汉语词典》，商务印刷馆，2005年版，第404-405页。

〔4〕 胡佛：《台湾监察院制度的展望》，http://www.calaw.cn/article/default.asp?id=9421，访问时间：2017年2月25日。

〔5〕 马怀德：《国家监察体制改革的重要意义和主要任务》，载《国家行政学院学报》2016年第6期。

助调查权来完成，即以调查权的行使为前提，根据调查结果作出相应的处置意见。需要注意的是，监察委员会的处置权主要表现为提请权或建议权，如对经调查构成职务犯罪的公职人员，有权提请检察院批准逮捕，对不构成犯罪的违法违纪行为，可建议相关机关予以行政处分和行业惩戒，对选任制公职人员有权向人大提出罢免建议等，但其不能代替相关部门直接作出处理决定。根据《决定》的规定，监察委员会为行使监察职权，可以采取谈话、讯问、询问、查询、冻结、调取、查封、扣押、搜查、勘验检查、鉴定、留置等措施，而上述措施均可归属于调查权范畴。

需要说明的是，这里的调查权在内涵上应当包括对职务犯罪的侦查权。之所以将其定位为调查权而不是侦查权，一种合理的解释是：调查权的外延大于侦查权，前者包括了对所有涉嫌违法违纪的公职人员及公权力滥用等行为的调查，后者仅限于涉嫌构成犯罪之领域。鉴于职务犯罪案件与一般刑事案件相比，危害结果不直观且更为隐蔽，而前期的调查活动对涉案对象是否构成犯罪等预期结果也具有较大的不确定性，若将监察委员会的调查活动称之为侦查，既不够恰当，也具有浓厚的有罪倾向性，且极易打草惊蛇，不利于顺利查处贪腐案件。

（二）监察体制改革背景下检察院的定位

1. 宪法层面：对检察院职权定位存有歧义

关于检察院的职权及功能定位，在宪法文本中存在法律监督机关与检察权两个的概念。《宪法》第 129 条规定："中华人民共和国人民检察院是国家的法律监督机关。"这应当属于对检察院的功能定位。《宪法》第 131 条规定："人民检察院依照法律规定独立行使检察权，不受行政机关、社会团体和个人的干涉。"该条款可理解为检察院发挥其法律监督功能的形式及载体是行使检察权。关于检察权的属性问题，学术界争议较大〔1〕，原因之一在于《宪法》第 135 条规定的"人民法院、人民检察院和公安机关办理刑事案件，应当分工负责，互相配合，互相制约，以保证准确有效地执行法律"与第 129 条的规定存有歧义：作为行使法律监督权的检察院为什么在办理刑事案件时要与法院和公安机关相互配合呢？因为无论怎么解释，配合显然不属于检察院行使法律监督权的表现形式。

2. 法律层面：职权定位与法律监督机关名不副实

作为规定检察机关职权构成及运行机制的《检察院组织法》并未对检察院法律监督的范围及检察权与法律监督权的关系等加以明确说明。该法第 1 条重复了《宪法》第 129 条的内容，第 4 条规定："人民检察院通过行使检察权……保卫社会主义现代化建设的顺利进行。"第 5 条规定："各级人民检察院行使下列职权：（一）对于叛国案、分裂国家案以及严重破坏

〔1〕 有学者认为检察权的本质属性是法律监督权，有学者认为检察权本质上主要表现为公诉权，在终极意义上属于行政权，还有学者认为只有检察机关的监督才能定义为法律监督，并指出法律监督在我国法律中是一个专门的术语，特指检察机关的监督。参见石少侠：《论我国检察权的性质——定位于法律监督权的检察权》，载《法制与社会发展》2005 年第 3 期；陈卫东：《我国检察权的反思与重构——以公诉权为核心的分析》，载《法学研究》2002 年第 2 期；张智辉：《法律监督三辨析》，载《中国法学》2003 年第 3 期。

国家的政策、法律、法令、政令统一实施的重大犯罪案件，行使检察权。（二）对于直接受理的刑事案件，进行侦查。（三）对于公安机关侦查的案件，进行审查，决定是否逮捕、起诉或者免予起诉；对于公安机关的侦查活动是否合法，实行监督。（四）对于刑事案件提起公诉，支持公诉；对于人民法院的审判活动是否合法，实行监督。（五）对于刑事案件判决、裁定的执行和监狱、看守所、劳动改造机关的活动是否合法，实行监督。”

从以上条款分析，虽然检察院的宪法定位为国家法律监督机关，但在法律文本规范中其具体行使的检察权职能主要表现在打击刑事犯罪及诉讼监督领域，具体包括侦查监督权、批准逮捕权、职务犯罪侦查权、公诉权、抗诉权、刑罚执行监督权、监所监督权、民事行政诉讼监督权等。根据国家机关职权法定原则，法无授权不可为，我们不能以检察院应然层面具有的法律监督功能定位推断其当然具有对立法、执法、守法等所有法制运行环节均具有监督权。

3. 监察体制改革下的检察院变革：回归公诉机关本色

从法律层面分析，我国检察院的权力运行体系与其他国家检察机关并无本质上的差异，即均系公诉机关。其一，侦查权、侦查监督权是中西方国家检察机关通常享有的权力；其二，审查起诉是检察机关的核心权力，目前还没有哪个国家的检察机关不享有审查起诉权；其三，出庭支持公诉是审查起诉权及提请公诉权的延伸，这一点中外也没有差别；其四，审判监督权及执行监督权都是公诉权得以保障的辅助性权能。[1] 以上职权均非严格意义上的监督权，即便生硬地将其归入监督权，也仅仅是对诉讼活动的司法监督，且这种监督主要是通过公诉权对审判权的制约性功能体现出来的。

将我国检察院的本质属性定位为公诉机关，既符合我国社会发展和政治体制改革的趋势，也符合现代诉讼规律。在当前监察体制改革的背景下，通过修改《宪法》中关于检察院的“法律监督机关”的定性，将检察院回归到公诉职能，还检察院以它在西方所本来之面目，另设监察机关专司法律监督职责不失为让检察院走出困境的最佳路径。将监察委员会定位为监察职能，检察院定位为公诉职能，也有利于理顺二者的监督与制约关系。

二、监察委员会与检察院关系：监督与制约

（一）监察委员会对检察院的监督范围

检察院作为履行检察权的国家机关，接受监察委员会的监督是毋庸置疑的。但是，鉴于监察委员会与检察院存在职能转隶的关系，且在职能运行过程中又必然产生千丝万缕的勾连，故监察委员会对检察院的监督存在特殊性。从理论上分析，监察委员会对检察院的监督范围如下：

1. 检察院公职人员有无违法乱纪行为

监察委员会的监督首先体现为对行使公权力的公职人员，因为任何公权力的行使都是通过其内部工作人员完成的。监察委员会应当重点监察检察院工作人员在履行职权过程中

〔1〕 陈永生：《刑事诉讼的宪政基础》，北京大学出版社，2010年版，第104－111页。

是否遵纪守法，有无滥用权力，以权谋私，办理关系案、人情案、金钱案，有无违反职业道德和职业纪律等情形。对涉嫌职务犯罪的，有权立案侦查，对需要逮捕的，可提请检察院逮捕（鉴于双方的特殊关系，应当异地管辖或由上级检察院指定管辖），对涉嫌违法违规违纪等不构成犯罪的，可向检察院内部监察部门（非检察官身份）或检察官惩戒委员会（检察官）提出予以处理的建议。上述部门在收到建议后应及时作出处理并将结果反馈给监察委员会。

2. 检察院是否履行法定职责

无论从理论上，还是从监察体制改革的趋势以及监察委员会的功能定位分析，监察委员会对检察院履行职责活动的监督是不存在任何障碍的。但需要注意的是，监察委员会的监督重点应放在检察院及其工作人员有无滥用检察权谋取不当利益及贪污腐败行为，对检察院行使的刑事案件是否批准逮捕、提请公诉、抗诉等职能活动，监察委员会不宜进行监督。具体理由如下：

一是检察院的法律监督职能主要表现为通过行使检察权进行司法（诉讼）监督，这种监督应当具有终局性、专业性和特定性，在此特定的司法领域不宜再另行组织专门的机构对其进行具体监督。

二是一个几乎成为"共识"的特性是检察权与审判权的"接近度"以及检察官与法官的"近似性"。检察权以公诉权为其基本构成，而公诉活动是以亲历性（亲身经历程序，直接审查事实）为基础的个人判断和个体操作。[1] 监察委员会无论在理论上还是规范层面及具体操作上都不具有监督诉讼监督权的条件。

三是监察体制改革的核心内容是检察院的查处贪污贿赂、失职渎职以及预防职务犯罪等部门的相关职能整合至监察委员会。根据《决定》的规定，监察委员会对涉嫌职务犯罪的案件应当移送检察院提请公诉。这体现为监察委员会的处置权应当受到检察院的审查，此时的监察委员会又成为了检察院的监督制约对象，故作为被监督者的监察委员会不能就其移送的涉嫌职务犯罪案件进行监督，否则将违背"任何人都不应做自己的法官"的正当程序原则。

3. 检察院在法定职能活动之外有无违反法律政策的情况

监察委员会对检察院的监督还体现在对检察院在法定职能以外活动的监督。监察委员会可以对检察院的内部管理如人事安排、财务账目管理等及其与其他部门的相互交往活动中有无违反法律规定、党和国家的相关政策、纪律等情况进行监督。

(二) 检察机关对监察委员会的制约方式

目前，对监察委员会是否需要监督不是争议的焦点，问题的关键是通过何种机关、何种方式和路径对其监督及对监督的力度如何把握。有学者认为国家监察权自身应接受党的、人民代表大会和社会的监督制约。[2] 有学者认为我国现有的监督制约其他国家机关依法行使职权的路径几乎都可以用来监督制约监察委员会，但需要加以充实和革新，较为可靠的

---

〔1〕 龙宗智：《论检察权的性质与检察机关的改革》，载《法学》1999 年第 10 期。

〔2〕 江国华、彭超：《国家监察立法的六个基本问题》，载《江汉论坛》2017 年第 2 期。

办法是创造和维持制约者与被制约者享有的政法综合权重比大致均衡的局面。[1] 检察院作为国家公诉机关，其对监察委员会的制约领域集中体现在职务犯罪调查活动上，具体包括以下三个方面：

1. 对监察委员会职务犯罪调查活动进行合法性监督

监察委员会的主要任务是有效、有力、有据地打击职务犯罪。职务犯罪的侦查在治理职务犯罪这个社会问题的过程中处于基础性地位，有效而全面的侦查既能为后续的审判制裁提供良好的基础，也能给潜在的职务犯罪带来强大的震慑。[2] 基于职务犯罪侦查活动的重要性，法律对犯罪的侦查应当做到两条："一是授权要充分，二是监督要有力。"[3]前者要求通过赋予监察委员会充分的调查措施以满足调查职务犯罪的需要，后者是要通过制度制约防止调查权的滥用。在域外刑事诉讼程序中，除了法官对侦查活动的司法制约外，还普遍存在检察官对侦查活动的有效控制。[4] 在我国，刑事侦查权的主体为公安机关和检察院的自侦部门，二者都处于检察权的监督之下，只是检察院的"自侦自捕"制度在一定程度上弱化了其监督成分，但检察院内设的批捕部门、公诉部门对其自侦权的制约也是显而易见的。由于监察委员会整合了检察院的职务犯罪侦查权，其进行的职务犯罪调查活动应当受到检察院的合法性监督。

2. 决定对职务犯罪案件是否批准逮捕

虽然《决定》仅指明"对涉嫌职务犯罪的，移送检察机关依法提起公诉"，没有明确是否申请检察院批准逮捕，但根据权力分离与制衡的法治原理，为避免不合法的羁押，侦查机关应当将犯罪嫌疑人移送独立的第三方进行审查并由其决定是否羁押。审查逮捕权本质上属于一种程序裁决权，此裁决结构有审查主体、申请主体与被申请人（犯罪嫌疑人）三方构成。[5] 在现行司法体制下，由检察院作为审查逮捕权的裁决主体是毋庸置疑的。在审查逮捕中，检察官承担着准司法裁判官的角色，监察委员会应当将案件证据材料、提请批准逮捕书等移交检察官审查，检察官应当提审犯罪嫌疑人，听取犯罪嫌疑人的辩解，在全面审查案件材料后检察官有权决定是否批准逮捕。需要注意的是，检察官仅对犯罪嫌疑人职务犯罪证据材料是否充分、犯罪情节的严重程度及逮捕是否必要等进行审查，并可以指导监察委员会进行补充调查，不应取代监察委员会而自行侦查或补充侦查。

3. 决定对移送的涉嫌职务犯罪案件是否提起公诉

检察院对监察委员会侦查终结的案件是否达到提起公诉条件进行审查，并作出是否提起公诉的决定。此阶段也称之为审查起诉阶段，检察院应当审查案件证据的主体、来源、形

---

〔1〕 童之伟：《对监察委员会自身的监督制约何以强化》，载《法学评论》2017 年第 1 期。
〔2〕 陈卫东：《完善职务犯罪侦查体制的两个维度》，载《法学论坛》2008 年第 4 期。
〔3〕 陈卫东：《论法治理念下的检察机关职务犯罪侦查权》，载《人民检察》2005 年第 5 期。
〔4〕 王廷祥：《试论加强对侦查权的检察控制》，载《犯罪研究》2004 年第 1 期。
〔5〕 汪海燕：《检察机关审查逮捕权异化与消解》，载《政法论坛》2014 年第 6 期。

式、程序、手段等是否合法，对非法证据应当依照非法证据排除规则[1]予以排除，对存在证据瑕疵或不充分的可退回监察委员会要求其补充侦查。有学者认为，非法证据排除规则在审查起诉阶段的实施更多地是发挥证据把关的作用而不是真正意义上的证据排除，其目的在于追求起诉成功的最大化，避免庭审中因为非法证据排除程序的提请而陷入被动地位。[2] 尽管如此，其也对监察委员会的调查活动起到相应的监督制约效果。同时，检察院的不起诉决定类似于法院的免刑、无罪判决，是具有司法终局性的，既体现了对监察委员会职务犯罪调查权的制约，也体现了对犯罪嫌疑人的人权保障。

三、监察委员会与检察院职权衔接的路径

在新的宪政体制下，监察委员会与检察院作为相互独立的监督机关[3]各自承担不同的监督职能，并独立地在行使着各自的监督权。鉴于双方在追控职务犯罪领域存在职权的分工和制约，二者权力之间的衔接难免会出现问题，故探究二者职权规范化衔接之路径意义重大。

(一) 通过修宪和立法明确监察权与检察权的界限

监察体制改革是事关全局的重大政治改革，直接关系宪法规定的国家机构体系，同时也涉及地方国家机构的调整，对整个宪法体制会产生重大影响。[4] 监察委员会作为新创设的国家机关，需要通过修改宪法来确定其在国家权力结构体系中的地位，应在《宪法》第三章国家机关中专设一节对监察委员会的宪法地位、产生程序、性质功能、机构职能设置、负责人任期、管理体制等基本事项加以明确，另外，还要明确其在侦查职务犯罪刑事案件活动中与检察院的职能分工及互相监督制约关系。在修改《宪法》的基础上，对相关配套法律予以修改和完善。除了法律层面的立法外，在监察委员会运行初期，监察委员会与检察院应当建立沟通协调机制，在中央人民监察委员会与最高人民检察院成立监督职能协调小组，专门协调处理实践中出现的权力冲突、碰撞、空挡等问题。

(二) 明确监察委员会对职务犯罪调查案件的主动权

有学者经考察认为，实现职务犯罪侦查职能的专业化是提供职务犯罪侦查能力和效率的需要，在世界范围内存在三种职务犯罪侦查职能专业化模式，即警察模式、独立职能模式、检察职能模式，三种模式中独立职能模式的专业化最高。[5] 当前我国进行的监察体制改革

---

〔1〕 对非法证据的排除，实际上排除的不是证据本身，而是公权力的违法行为。参见汪进元：《非法证据排除规则的宪法思考——兼评我国刑事诉讼法的修改》，载《北方法学》2012 年第 1 期。

〔2〕 吴洪淇：《证据排除抑或证据把关：审查起诉阶段的非法证据排除的实证研究》，载《法制与社会发展》2016 年第 5 期。

〔3〕 需要说明的是，检察院的监督职能主要体现在诉讼活动领域，实属制约性权力，该权力源于检察院的公诉职能，此处将其概述为检察院监督职能，主要为了对二者的监督制约范围进行区分。

〔4〕 韩大元：《论国家监察体制改革中的若干宪法问题》，载《法学评论》2017 年第 3 期。

〔5〕 何家弘：《论职务犯罪侦查的专业化》，载《中国法学》2007 年第 5 期。

就是将长期存在的“三驾马车”监察模式体系整合为“一马当先”，建立集中、高效、权威、统一的监督机关，有效解决多头监察、资源分散、力量薄弱的缺陷。[1] 检察院将其处理职务犯罪的职能转隶于监察委员会后，监察委员会就独立承担了职务犯罪案件的调查权。检察院无论是在行使诉讼监督职能或是行政监督职能中，发现涉嫌职务犯罪的，只能向监察委员会提出检察建议，建议其立案侦查或作出相应的处理，而不应直接启动职务犯罪侦查活动。具体原因如下：

一是监察体制改革的目标就是要整合多方资源统一至一个独立的专门性国家机关，改变多头监督的弊端。若让检察院对职务犯罪调查活动的启动权加以控制的话，无疑又回到改革前的状态，既不利于树立监察委员会的权威，也不利于监察责任的落实，甚至会引起二者相互推诿、选择性查办案件等不良后果。

二是监察委员会与检察院的监督范围是有职能分工的，监察委员会侧重于对行使公权力的公职人员贪污腐败行为进行监督，具体监督方式是行使调查权、处置权，而检察院侧重于对诉讼活动的合法性进行监督，监督方式是侦查监督、审查逮捕、审查起诉，出庭公诉、审判及执行监督等。监察体制改革后检察院对公安机关的刑事案件立案监督权不会改变，但能否对监察委员会职务犯罪立案侦查活动进行监督还需要进一步讨论。笔者认为，检察院对监察委员会职务犯罪案件的启动与否不能行使监督权，否则将导致二者监督角色的冲突和紧张关系。

(三) 强化检察院对职务犯罪调查活动的主导权

监察委员会对职务犯罪调查活动具有启动权即主动权，但并不意味着对侦查活动具有主导权。在职务犯罪侦查过程中，为了有效搜集证明，防止嫌疑人逃避侦查及销毁证据，需要实施以限制人身自由、妨碍其财产、隐私、通信自由等权利行使的强制侦查[2]，具体包括《决定》中所列举的十二种措施，其中讯问(强制到案讯问)、搜查、勘验检查、留置等具有强制性和侵权性，关乎公民基本权利的保障，必须受到制约。对强制性侦查的司法审查，是刑事程序现代化的基本表征之一。由检察院对监察委员会调查活动进行司法审查是当前我国宪政体制下刑事诉讼结构的基本特征。检察院对监察委员会职务犯罪调查的主导权表现为以下三个方面：

一是通过受理犯罪嫌疑人的申诉和控告，对调查活动是否合法进行监督。如果发现监察委员会在调查活动中存在违法行为，可向其提出书面纠正意见，监察委员会应作出纠正并将结果反馈至检察院。若监察委员会经自查认为其不存在违法行为或主张犯罪嫌疑人的申诉和控告不属实时，应当向检察院书面说明理由且提供相关证据材料。

二是监察委员会对犯罪嫌疑人采取羁押措施时，由检察院进行审查裁决是否予以逮捕。《刑事诉讼法》第 93 条规定：“犯罪嫌疑人、被告人被逮捕后，人民检察院仍应当对羁押的必

---

〔1〕 秦前红：《困境、改革与出路：从“三驾马车”到国家监察——我国监察体系的宪制思考》，载《中国法律评论》2017 年第 1 期。

〔2〕 龙宗智：《强制侦查司法审查制度的完善》，载《中国法学》2011 年第 6 期。

要性进行审查。对不需要继续羁押的，应当建议予以释放或者变更强制措施。有关机关应当在十日以内将处理结果通知人民检察院。”可见，我国的未决羁押是以检察院为中心的，此系由检察院审查逮捕权自然衍生的权能，属于检察权第一层次即法律监督权的范畴。〔1〕监察委员会在职务犯罪侦查领域与公安机关的普通刑事案件侦查活动仅存在侦查对象身份的区别，均应接受检察权的监督。

三是对监察委员会调查终结移送的案件是否提请公诉拥有决定权。在审查起诉阶段，检察院对职务犯罪的侦查活动的主导权更为显著，一旦检察院作出不起诉决定，职务犯罪案件就此结案。在检察院提起公诉至审判乃至执行阶段，监察委员会处于协作配合角色，其无权也不能干涉、染指检察院的检察权与法院的审判权。

（四）赋予监察委员会对检察机关审查决定的异议权

根据《刑事诉讼法》第 90 条、第 175 条，公安机关认为检察院的不批准逮捕、不提起公诉的决定有错误的，可以要求复议，如果意见不被接受，可以要求上一级检察院提请复核，这可以理解为公安机关在刑事案件侦查活动中享有的异议权。关于检察院侦查部门认为不起诉决定有错误，可否要求复议、复核的问题，有观点认为，检察院的自侦部门与审查起诉部门虽然各有分工，但检察院各部门的工作都是在检察长统一领导下进行的，检察院各业务部门提出的案件处理意见，都必须报检察院或检察委员会决定，最终成为检察院的决定，因此检察院侦查部门认为不起诉决定错误的，不能要求复议或提请上一级检察院复核。〔2〕该论点的基础是两个职能部门同归于检察院领导和决定，故侦查部门不能要求复议、复核。而监察委员会整合了检察院的职务犯罪侦查职能后，移送提请起诉的决定与审查决定起诉的部门分别由监察委员会和检察院两个机关独立行使，监察委员会对检察院的不逮捕和不起诉决定，应当享有相应的救济或纠正途径。具体如下：

一是检察院作出不批准逮捕或不提起公诉的决定，应当向监察委员会书面说明理由，同时对其审查中发现的监察委员会在职务犯罪调查活动中存在的违法情况，应当向监察委员会作出纠正通知书或检察建议书。

二是监察委员会认为检察院的不批准逮捕或不提起公诉决定有错误的，经报本级监察委员会主任批准，可决定是否启动异议程序。对于异议程序的选择模式，其一，由于监察委员会与同级党的纪检委合署办公，主任与书记由一人兼任，且纪检委在同级国家机关中具有较高的威信，可由纪检委协调二者的冲突和争议。其二，鉴于此时已进入了诉讼程序，而双方涉及的问题多是证据的认定及非法证据的排除、法律的适用及公民基本权利保障等司法

〔1〕有学者认为，我国宪政体制下的检察权可划分为三层级，即第一层级法律监督权，第二层级批准逮捕权等和第三层级派员出庭行使公诉权，分别构成略高、等于、略低于法院审判权的权力位阶。参见封安波：《论我国检察权的“三层级”结构——基于〈宪法〉与〈刑事诉讼法〉衔接的考量》，载《法学家》2015 年第 4 期。

〔2〕《检察院侦查部门认为不起诉决定有错误，可否要求复议、复核?》，载《人民检察》2002 年第 1 期。

性的问题,按照“正当程序原则”〔1〕将双方存在的争议交由法院裁决是较为理想的模式,法院经审查案件证据材料、讯问犯罪嫌疑人、听取监察委员会和检察院的各自意见,作出终局性的裁决。

结　语

监察体制改革的本质,是对我国长期以来从苏联监察模式中移植而来的检察院监督制度之重构,其改革的核心要点有二:一是将检察院职务犯罪侦查职能转隶到新成立的监察委员会,二是将行政监察机关从行政机关中剥离出来,成立一个独立的监督机关。这种改革模式是中华人民共和国成立以来宪政体制下权力监督制约模式的一次变革,责任重大,意义非凡。我们应当以此次改革为契机,运用法治思维逻辑重新设定、理顺监察委员会与其他国家机关的权力关系,将长期以来纪委监察机关查办案件的公开性不强、“双规”“双指”措施无法律依据、行政监察受制于行政内部干预、检察院职务犯罪侦查力度不够、与纪委监察职务犯罪查处职能交叉重合、法律监督权与检察权抵牾等问题一一消解。如此,监察委员会的功能才得以最大化的发挥,检察院也得以回归至公诉人及诉讼监督者本色。

〔1〕 正当程序原则作为宪法的一项基本原则,已得到世界各国的普遍认可。正当程序运行要求程序合法、主体平等、过程公开、决策自治和结果合理。参见汪进元:《论宪法的正当程序原则》,载《法学研究》2001年第2期。

监察证据在刑事诉讼中的转化与适用

程 龙*

摘 要：可以预期国家监察制度的未来走向将会产生与刑事诉讼的高度融合。国家监察机关在查办案件中所获证据通过《刑事诉讼法》第52条第2款可以在刑事诉讼中使用。但是，该类证据的直接使用面临着严格证明、权利保障、直接言词原则、传闻证据规则等多方面的挑战，有必要通过区分实物类证据和言词类证据的方式，对国家监察工作中所获证据在刑事诉讼中的使用提供规则指引。实物类证据由于其客观性、真实性、不可替代性和稳定性，一般在遵循最佳证据原则的基础上可以直接在刑事诉讼中使用。但是言词类证据由于其主观性、易变性，以及国家监察中对言词类证据的取证在权利保障、程序制约等方面与刑事诉讼存在不协调之处，因此，应当慎重使用。通过制度化地约束、保障国家监察机关查办案件所获证据在刑事诉讼中使用，可以消弭争议，保证国家监察工作和刑事诉讼平稳对接和健康运行。

关键词：国家监察 证据 刑事诉讼

2016年11月7日，中央办公厅印发《关于在北京市、山西省、浙江省开展国家监察体制改革试点方案》(以下简称《方案》)，正式确立了我国监察体制改革思路。《方案》强调："国家监察体制改革是事关全局的重大政治改革，是国家监察制度的顶层设计。深化国家监察体制改革的目标，是建立党统一领导下的国家反腐败工作机构。实施组织和制度创新，整合反腐败资源力量，扩大监察范围，丰富监察手段，实现对行使公权力的公职人员监察全面覆盖，建立集中统一、权威高效的监察体系，履行反腐败职责。"国家监察制度改革无疑对目前我国存在的腐败问题、公权力行使不规范甚至滥用、玩忽职守等问题可以充分有效地予以打击与制裁，值得我国人民期待，也值得法学学人充分挖掘这一制度的内涵和运作机理，为进一步发展、完善国家监察体系献计献策。

根据目前所了解的国家监察委的试点状况，一个比较突出的问题是，国家监察委在试点地区事实上行使了原属于检察机关的自侦权。在《方案》中明确提出，"在北京市、山西省、浙江省暂时调整或者暂时停止适用《中华人民共和国行政监察法》，《中华人民共和国刑事诉讼法》第三条、第十八条、第一百四十八条以及第二编第二章第十一节关于检察机关对直接受理的案件进行侦查的有关规定……"这说明，国家监察委已经开始对原属于检察机关自侦的贪污贿赂、滥用职权、玩忽职守等案件行使调查权力。那么，国家监察机关在调查、办理相关

---

* 程龙，法学博士，云南大学法学院讲师。本文系云南大学人文社会科学研究基金项目"全面推进依法治国背景下刑事诉讼宪法性权利研究"(项目编号：15YNUHSS021)阶段性研究成果。

案件时所获得的证据是否可以在刑事诉讼中使用？如何使用？上述问题成为本文讨论的核心话题。本文将从《中华人民共和国刑事诉讼法》（以下简称《刑事诉讼法》）第52条第2款的解释出发，阐述国家监察机关所获证据可以在刑事诉讼中使用的理由，进而分析这类证据使用在法理和实践层面可能遇到的问题，最终通过区分实物类证据和言词类证据提出具体的使用方法和规则。

一、国家监察机关查办案件所获证据在刑事诉讼中使用的法律根据

通过对《刑事诉讼法》第52条第2款的解释，国家监察机关查办案件所获证据可以在刑事诉讼中使用。具体理由分述如下。

（一）《刑事诉讼法》第52条第2款明确行政机关行政执法和查办案件中所获证据可以在刑事诉讼中使用

《刑事诉讼法》第52条第2款规定："行政机关在行政执法和查办案件过程中收集的物证、书证、视听资料、电子数据等证据材料，在刑事诉讼中可以作为证据使用。"《人民检察院刑事诉讼规则（试行）》在第64条第2款新增了"鉴定意见、勘验、检查笔录"可以在刑事诉讼中使用。《公安机关办理刑事案件程序规定（2012修订）》则在第60条又增加了"检验报告"可以使用。从上述法律或司法解释可以看出，目前我国刑事诉讼中使用行政机关在行政执法和查办案件中所获得的证据并不存在法律层面的障碍。

（二）国家监察委查办案件属于行政机关查办案件

《刑事诉讼法》第52条第2款规定了行政机关在行政执法和查办案件两类活动中所获得的证据可以在刑事诉讼中使用。学界对于何谓行政执法和查办案件颇有论述。根据立法者的官方解释，"行政执法"是指"执行行政管理方面的法律、法规赋予的职责。如工商、质检部门履行市场监管职责，证券监督管理机构履行资本市场监管职责等"。而"查办案件"则是指"依法调查、处理行政违法、违纪案件。如工商部门查办侵犯知识产权案件，行政监察机关查办行政违纪案件等"。[1] 有学者认为，"行政执法"是指执行行政管理方面的法律法规赋予的职责；而查办案件是指依法调查、处理行政违法、违纪案件。[2] 还有学者根据《行政执法机关移送涉嫌犯罪案件的规定》认为，行政执法机关是指依照法律、法规或者规章的规定，对破坏社会主义市场经济秩序、妨害社会管理秩序以及其他违法行为具有行政处罚权的行政机关，以及法律、法规授权的具有管理公共事务职能，在法定授权范围内实施行政处罚的组织。行政证据就是行政机关及行政工作人员在行政执法过程中收集的证明案件事实的证

〔1〕 全国人大常委会法制工作委员会刑法室编：《关于修改中华人民共和国刑事诉讼法的决定——条文说明、立法理由及相关规定》，北京大学出版社，2012年版，第49页。

〔2〕 穆清：《谈行政执法证据在刑事司法中的转化——新〈刑事诉讼法〉第52条第2款的解读》，载《中国市场》2012年第35期。

据材料。[1]

立法者对于是否区分行政执法与查办案件也曾出现过摇摆。2011年公布的《中华人民共和国刑事诉讼法修正案（草案）》只规定了行政执法过程收集的证据可以在刑事诉讼中使用，而并没有提及“查办案件”。笔者认为，“查办案件”的主要适用对象是日益增多的行政违纪案件。某种程度上可以认为，正是在该条文中增加了“查办案件”这一颇具执纪、监察色彩的概念，为今后国家监察工作中所获得的证据在刑事诉讼中使用提供了解释论上的便利。事实上，以往实践中，大量行政违纪并涉嫌犯罪的案件通常是由党和政府的纪检监察部门先进行证据收集和查办，再将犯罪线索和证据交由侦查机关继续侦办。因此，监察机关查办案件所获得的证据也有在刑事诉讼中使用的必要和可能。总体来看，行政执法和查办案件所针对的都是行政违法行为。行政违法与刑事犯罪虽然存在恶性程度“量”上的不同，但其本质都是违法行为。

根据《方案》，国家监察委在试点地区“按照管理权限，对本地区所有行使公权力的公职人员依法实施监察；履行监督、调查、处置职责，监督检查公职人员依法履职、秉公用权、廉洁从政以及道德操守情况，调查涉嫌贪污贿赂、滥用职权、玩忽职守、权力寻租、利益输送、徇私舞弊以及浪费国家资财等职务违法和职务犯罪行为并作出处置决定，对涉嫌职务犯罪的，移送检察机关依法提起公诉。为履行上述职权，监察委员会可以采取谈话、讯问、询问、查询、冻结、调取、查封、扣押、搜查、勘验检查、鉴定、留置等措施。”从其本质而言，主要是对公权力行使监察权力。[2] 从《方案》中还可以看出，此次改革实质上是对国家监察体制和监察机关提位、扩权。[3] 因此，未来国家监察委享有的是国家的行政监察权，执行的是对全国范围内公权力行使的监察工作。从本质和实践表现上看，可以认为国家监察委对于《方案》列举的事项、案件的监察、调查和处置，符合刑事诉讼法中关于行政机关查办案件的规定。

（三）国家监察委查办案件中所获证据可能在刑事诉讼中使用

《方案》可以看出，国家监察委对涉嫌贪污贿赂、滥用职权、玩忽职守、权力寻租、利益输送、徇私舞弊以及浪费国家资财等职务违法和职务犯罪行为作出处置决定，对涉嫌职务犯罪的，移送检察机关依法提起公诉。国家监察机关查办的案件存在从行政违法违纪向刑事犯罪转变的可能，因此，国家监察机关在调查上述案件时所获得的证据自然也有在刑事诉讼中使用的可能。国家监察机关查办案件所获证据在刑事诉讼中的使用，其关键着眼点在于对国家监察机关负责监察、调查的公权力不法案件存在及时、全面打击的必要性。作为行政执法与办案的国家监察工作具有强制性、单方性（国家意志性）、主动性和及时性的要求。[4] 通过国家监察机关对上述职务违法、犯罪案件的查办，可以有效获得相关证据，对案件作出

〔1〕 吕保春、王小光：《行政执法证据在刑事诉讼中的有效运用途径分析——兼论行政执法与刑事司法程序的衔接》，载《上海公安高等专科学校学报》2012年第5期。

〔2〕 马怀德：《国家监察体制改革的重要意义和主要任务》，载《国家行政学院学报》2016年第6期。

〔3〕 黄晓辉：《新举措为监察机关提位、扩权》，载《中国社会科学报》2017年1月24日。

〔4〕 印仕柏主编：《行政执法与刑事司法衔接实务大全》，湘潭大学出版社，2013年版，第45页。

较为妥当的定性，从而为接下来的处理或诉讼奠定基础。

二、国家监察委查办案件所获证据在刑事诉讼中使用可能存在的问题

从理论上看，国家监察机关查办案件和刑事诉讼具有前后逻辑和法理上的连续性。国家监察机关搜集获取的行政证据在法理上与刑事证据存在对应事实的一致性、法律关系的相关性。

国家监察机关等行政机关在办案中获得证据的目的在于在行政程序中用以证明待证事实。[1] 但是，国家监察机关查办案件过程中的待证事实如果构成犯罪的，那么其实也是刑事诉讼中的待证事实。在这个意义上看，国家监察机关查办案件所获证据和刑事证据所指向的客体（待证事实）其实是同一的。其次，从取证主体的角度看，国家监察机关查办案件所获证据与刑事证据的取证主体均为国家公权力机关，这体现了两个特点：其一，从客观性的角度上看，国家监察机关查办案件所获证据和刑事证据均有国家公权力的保障，相对私人取证而言具有较高的客观性。其二，从权利保障的角度看，由于国家监察机关查办案件所获证据的取证机关是国家监察机关，因此，同样有潜在的公权力侵害公民合法权益的可能性，因此，应当对国家监察机关查办案件中的取证行为加以必要限制。最后，国家监察与刑事诉讼具有衔接性。一项违法行为的法律后果究竟是监察处理还是以犯罪论处取决于违法行为量上的差异。行政处罚与刑罚虽属两个不同的法律范畴，但因客观事实上的关联性导致二者存在衔接关系。有学者甚至认为，因为这样的衔接关系，因此在立法上有必要考虑统一立法，实现行政处罚与刑罚转化程序的有效衔接；另一方面，在司法实践中不断细化和调整两类法律的衔接工作，实现行政执法与刑事司法在工作机制上的统一。[2]

但是，国家监察机关查办案件所获证据如果直接在刑事诉讼中不假思索的使用，会引起若干法理和实践层面的问题需要加以解决，笔者略论如下。

（一）与严格证明的冲突

众所周知，严格证明乃大陆法系证据法的基础理论。一般认为，严格证明是指"对于攸关认定犯罪行为之经过、行为人之责任及刑罚之高度等问题的重要事项，法律规定需以严格之方式提出证据；亦即所谓的严格证明"[3]。严格证明中的"严格"是指取证主体、取证程序、证据种类亦即认证程序和方式均需由法律规定，并严格依法律规定为之。简单说来，这种严格性表现为两个方面：(1) 法定证据方法的限制；(2)法定调查程序的限制。[4] 与严格证明相对应的概念是自由证明，严格证明适用范围之外的证明领域即为自由证明的辖区。

〔1〕 孔祥俊：《最高人民法院〈关于行政诉讼证据若干问题的规定〉的理解与适用》，中国人民公安大学出版社，2002 年版，第 5 页。

〔2〕 徐英兰：《行政处罚与刑罚的衔接问题研究》，载《行政与法》2014 年第 8 期。

〔3〕 [德]克劳思·罗科信：《刑事诉讼法》(第 24 版)，吴丽琪译，法律出版社，2003 年版，第 208 页。

〔4〕 林钰雄：《刑事诉讼法(上册 总论编)》，中国人民大学出版社，2005 年版，第 348 页。

那么，哪些证明领域属于严格证明的辖区呢？一般认为，严格证明对象的事实有两类：(1)以被告人的罪责为基础的实体法上的事实。其中包括犯罪事实和不构成犯罪的违法阻却事由、责任阻却事由。(2)尽管一般意义上的量刑情节属于自由证明的范围，但对于可能加重被告人刑罚的情节也需要严格证明。〔1〕

国家监察机关查办案件所获证据如果用来证明被告人的犯罪构成要件事实，或证明应加重被告人刑罚的情节事实，则进入了严格证明的辖区，理应受到严格证明的规范。然而，这种规范从起点就有"先天不足"的问题。首先，从取证主体上看，国家监察机关查办案件所获证据的取证主体是国家监察机关，而刑事诉讼法规定的刑事侦查机关仅有公安机关、检察机关、监狱、国家安全机关、海关等五类。在试点过程中，试点地区停止施行《刑事诉讼法》关于侦查主体强制性要求的若干条文，实际上反映决策层已经意识到了这一问题。

其次，从证据种类上看，行政证据的种类也远远多于刑事证据。刑事诉讼法只规定了物证，书证，证人证言，被害人陈述，犯罪嫌疑人、被告人供述和辩解，鉴定意见，勘验、检查、辨认、侦查实验等笔录，视听资料、电子数据八类证据。而可以在刑事诉讼中使用的行政证据的种类则远远超过上述八类。例如，《人民检察院刑事诉讼规则(试行)》中新增的检查笔录、《公安机关办理刑事案件程序规定(2012 修订)》新增的检验报告就显然超越了刑事诉讼法对于证据种类的规定；还有纪检监察过程中所获得的"自书证据"，等等。那么，对于这些刑事诉讼法没有规定，但在行政执法和办案中实际存在，并应该在刑事诉讼中使用的证据，是否可以直接拿来使用？显然，在法定证据方法上会产生与严格证明的尖锐冲突。

最后，从取证手段和程序上看，国家监察办案的手段更加多样化。而刑事侦查则只有讯问犯罪嫌疑人，询问证人，勘验、检查，搜查，查封、扣押物证、书证和其他技术侦查手段等几类。对于超越刑事诉讼法对于取证方法规定所获得的证据如果直接使用，显然突破了严格证明的基本原则。至于取证程序，不能笼统认为国家监察的程序约束就一定比刑事侦查要求低，甚至笔者相信，未来《中华人民共和国监察法》的制定、颁布和实施，会进一步加强国家监察工作的规范性。但是，行政执法办案具有比较强烈的"单方性"和"行政性"，这与刑事侦查的基本原则也有不同，不可不察。

(二) 与犯罪嫌疑人、被告人权利保障原则的冲突

众所周知，现代刑事诉讼法强调对于犯罪嫌疑人、被告人的权利保障。有学者将权利保障的现代意蕴具体化为控辩双方的平等武装、平等保护、平等对抗和平等合作等四个方面。〔2〕 2012 年新刑事诉讼法的修改、颁布和实施也体现了我国刑事诉讼对于犯罪嫌疑人、被告人权利保障的重视。〔3〕 学界普遍认为侦查阶段"适时弱化侦查权的权力配置，强化辩

---

〔1〕 [日]田口守一：《刑事诉讼法》(第五版)，张凌、于秀峰译，中国政法大学出版社，2010 年版，第 269 - 270 页。

〔2〕 冀祥德：《控辩平等论》，法律出版社，2008 年版，第 49 - 77 页。

〔3〕 左卫民：《进步抑或倒退：〈刑事诉讼法修正案〉述评》，载左卫民编：《现实与理想——关于中国刑事诉讼的思考》，北京大学出版社，2013 年版，第 131 - 135 页。

护方的权利保障，这是实现侦查程序正当化的关键”[1]。

然而不可否认的是，国家监察领域对被监察人权利的保障毕竟不同于刑事诉讼。这是因为，国家监察对被监察人的制裁不如刑事诉讼给予犯罪嫌疑人、被告人那么严厉。加之国家监察对监察强制性、及时性的要求，在利益衡量中对于效率的一面更为看重。具体在国家监察办案过程中，国家监察中的取证程序与手段虽然不能说不受限制，但相较于刑事诉讼法对于侦查的严格限定显然有所不同。

(三) 与直接言词原则、传闻证据规则的冲突

国家监察所获证据如果不加区分直接进入刑事诉讼乃至刑事审判领域，则会深刻动摇直接言辞原则的基础，或可以认为违背了英美法系意义下的传闻证据规则。所谓直接言词原则是大陆法系特有的证据原则，可以分为直接和言词两项原则。所谓“直接”，其实质在于“在场”，即“法官以从对被告之讯问及证据调查中所得之结果、印象，才得作为其裁判之基础”[2]。而言词原则的实质在于“口头进行”，即对于证据的调查应当以口头提问、口头回答，不得以书面方式为之。[3] 但是，在实践中，行政执法办案所获证据在刑事诉讼中使用时，原有的取证主体即行政机关及其工作人员罕有到庭参加诉讼。因此，从本质上看，此时的侦查机关并非真正的取证主体，其提交诉讼的证据也并非其亲身经历、亲自调取，实际上的取证主体并不“在场”，既然不“在场”，自然也就不可能亲自通过“口头”方式质证认证。换句话说，如果国家监察机关所获证据直接使用，实际上在刑事诉讼中，这些证据充其量只能认为是原侦查机关(国家监察机关)的“意见材料”，并且是以书面的方式提交法庭。审判机关只能通过案卷阅览等书面审理方式对这些“意见材料”进行审查，被告人及其辩护人也就不可能直接面对真正的取证主体并以口头方式质证。从这个意义上看，真正的取证主体的在审判阶段的阙如是未来国家监察机关所获证据在刑事诉讼中使用的症结所在。

从英美法系的传闻证据规则来理解这个问题更加便利。尽管目前国内学界对何谓传闻证据的理解不尽一致，但通常认为传闻证据有三个必要的构成要素：(1) 具有陈述人与转述人；(2) 具有庭外陈述环节和当庭陈述环节；(3) 一方当事人提出传闻证据的目的在于证明某待证事实为真。[4] 具体来看，国家监察机关所获证据在刑事诉讼中使用时，原取证主体是真正的陈述人，而刑事侦查机关和控诉机关则为转述人。国家监察机关所获证据向刑事侦查机关移送时，其实是国家监察机关在庭外做出了陈述，而刑事侦查机关和控诉机关提交证据并质证的工作才是当庭陈述环节。国家监察机关所获证据之所以需要在刑事诉讼中使用，其主要目的在于证明犯罪嫌疑人、被告人的犯罪构成要件事实成立。易言之，国家监察机关乃真正的证据提出者，而侦查机关、检察机关实际上是转述了国家监察机关的陈述，这

---

〔1〕 陈卫东：《刑事诉讼程序论》，中国法制出版社，2011 年版，第 69 页。

〔2〕 [德]克劳思·罗科信：《刑事诉讼法》(第 24 版)，吴丽琪译，法律出版社，2003 年版，第 117 页。

〔3〕 陈瑞华：《刑事证据法学》(第二版)，北京大学出版社，2014 年版，第 4950 页。

〔4〕 宋英辉主编：《刑事诉讼法学研究述评(1978—2008)》，北京师范大学出版社，2009 年版，第 615 页。

构成了事实上的“传闻证据”。根据传闻证据规则，对于此类证据自然有禁止的必要。

当然，对于这类传闻证据是否需要一概禁止不能笼统而论。事实上，在美国《联邦证据规则》的传闻证据规则的例外中，对于“公共记录”一般视为一项例外。[1] “这项传闻规则的例外得以形成的原动力在于：要求公务人员在法庭上出现，并证明他们的记录或报告涉及的客观事项，显然是极不方便的……而且，因为公共机构的事务繁重，官员的书面陈述比他的记忆要可靠得多。”[2]值得追问的是，《联邦证据规则》中的“公共记录”与我国行政机关在行政执法和办案过程中收集的证据是否是一个概念呢？在合众国诉欧茨案(United States v. Oates)中涉及由海关总署对所扣押白色粉末的化验报告是否属于《联邦证据规则》第803(8)条的证据这一问题。一般认为，“县消防队员职位申请者的登记，或汽车产权历史登记”，以及州管教局的记录都属于“公共记录”[3]。在这个意义上确实与我国行政机关在行政执法办案过程中收集的证据有大同小异之感。那么，是否就可以说明这类证据可以适用传闻证据规则的例外呢？恰恰相反，在美国，这一类证据如果意图在刑事案件中使用仍然属于传闻证据而遭到禁止。美国《联邦证据规则》第803(8)条(ⅱ)项明确规定了这类“公共记录”不包括刑事案件中执法人员观察到的事项。意即禁止在刑事案件中使用调查报告作为不利于被告的证据。“因为使用不利于被告的调查报告‘几乎必然导致与对质权的碰撞’。”[4]这说明，尽管公共机构的“公共记录”具有高度的可信性，并且也不能强人所难地让一切已经有“公共记录”的证据还需要进行面对面的质证，但是，对于刑事诉讼的对质权的高度重视却足以压倒对于证据调查效率的追求。

我国刑事诉讼中对传闻证据问题并不敏感。事实上，我国刑事诉讼中大量出现的证人不出庭的书面证言，由公诉机关代为宣读这一现象既是对直接言词原则的违反，也是对传闻证据规则的违反。笔者并不是认为判断国家监察机关所获证据使用是否违反传闻证据规则的标准仅仅是取证主体，而是认为如果国家监察机关所获证据中的原始证人无法出现在法庭接受当面质证，那么势必有违基本的刑事诉讼原则。

---

〔1〕 美国《联邦证据规则》第803(8)条规定：“公共记录。符合下列条件的公共机构的记录或者陈述：(A)它列明了：(ⅰ)该机构的活动；(ⅱ)观察到的并依法就此有报告职责的事项，但是不包括刑事案件中执法人员观察到的事项；或者(ⅲ)在民事案件或者反对检控方的刑事案件中，根据法律授权进行的调查活动所获得的事实认定；并且(B)信息来源或者其他方面情况并没有表明缺乏可靠性。”王进喜：《美国〈联邦证据规则〉(2011年重塑版)条解》，中国法制出版社，2012年，第263页。

〔2〕 [美]约翰·W.斯特龙主编：《麦考密克论证据》(第五版)，汤维建等译，中国政法大学出版社，2004年版，第574页。

〔3〕 [美]罗纳德·J.艾伦、[美]理查德·B.库恩斯、[美]埃莉诺·斯威夫特：《证据法：文本、问题和案例》(第三版)，张保生等译，高等教育出版社，2006年版，第601页。

〔4〕 [美]约翰·W.斯特龙：《麦考密克论证据》(第五版)，汤维建等译，中国政法大学出版社，2004年版，第575页。

三、国家监察机关所获实物类证据在刑事诉讼中的使用

笔者认为，国家监察机关所获证据在刑事诉讼中的使用，需要根据一般证据法理，将其划分为实物类证据和言词类证据两个大类分别讨论。

（一）实物类证据与言词类证据的区分

在学理上，证据种类的划分有多种依据。其中，实质证据观和形式证据观的不同视角对于证据分类影响尤大。例如，裴苍龄教授认为，划分证据种类只能采取实质证据观，即通过分析证据内容构成确定证据的种类，而非通过证据的外在形式进行分类。[1] 据此，裴苍龄教授认为，证据只有三类，即客观存在、被"书"记载和被"人"感知，对应的证据类型就是物证、书证和人证。[2] 龙宗智教授尽管不赞同上述分类，但也指出："证据资料属案件中遗留下的主观印象痕迹与客观物质痕迹。"[3]客观物质痕迹，即能够反映案件事实的客观存在，通常以实物或文书记载的方式予以呈现；而主观印象痕迹则一般以人的感知和对感知的陈述体现。我国学界对于实物类证据和言词类证据的区分已经形成了通说。一般而言，凡是以实物、文件形式记载证据事实的证据即为实物类证据，包括物证、书证、视听资料、电子数据等。而言词类证据则以人的言词陈述为载体，通常包括讯问或询问所得笔录、自书材料、口头陈述、证人证言等。[4] 区分二者的意义在于，实物类证据具有下列特性：其一，客观性。实物类证据是案件遗留下的客观物质痕迹，以客观存在的形式体现，不包含人的主观理解、分析和判断，具有客观性。其二，真实性。实物类证据以其原始形态直接反映案件事实，不经过任何加工、处理和改造，其真实性最强。其三，稳定性。实物类证据除易挥发、变质等物证外，通常具有良好的稳定性，不会随时间流逝、世事变迁而发生改变。其四，不可替代性。实物类证据往往具有唯一性，例如行凶使用的凶器、海关缉私查获的走私货物等具有不可替代性。[5] 而相较于实物类证据，言词类证据则具有主观性强、稳定性差等特点，其真实性也相应不高。因此，我国刑事诉讼法没有规定行政证据中言词类证据在刑事诉讼中的使用，其担心或许也正在于此。

实物类证据与言词类证据的区分难点首先在于鉴定结论（意见）是否属于实物类证据？从表面上看，鉴定结论（意见）是对客观存在的进一步分析判断。其实质是对于实物类证据中不能为一般调查、侦查人员所理解的问题进行的专门研究。[6] 也就是说，它的基础是实物类证据，但却经过了人的分析判断。尽管反映的客体（对象）是客观实物，但是却是以人的陈述体现的。况且，这类陈述还包含了人类主观判断分析，尽管这种判断分析的基础是专业

〔1〕 裴苍龄：《再论证据的种类》，载《中国刑事法杂志》2009 年第 11 期。

〔2〕 裴苍龄：《论证据的种类》，载《法学研究》2003 年第 5 期。

〔3〕 龙宗智：《证据法的理念、制度与方法》，法律出版社，2008 年，第 58 页。

〔4〕 陈瑞华：《刑事证据法学》（第二版），北京大学出版社，2014 年版，第 76 页。

〔5〕 罗智勇、冯黔刚：《刑事审判中实物证据的审查判断及排除》，载《证据科学》2012 年第 2 期。

〔6〕 侯莉：《试析物证技术鉴定结论的评断》，载《中国司法鉴定》2008 年第 1 期。

知识和科学原理，但也具有一定的盖然性特点，因此应当属于言词类证据。其次，其他笔录类证据如检查检验笔录、调查笔录等属于言词类证据还是实物类证据？这类证据往往通过文件形式固定、记载了大量证据信息，但是，在司法实践中，大量笔录其实质仍然是反映了人的陈述，因此，归类为书证等实物类证据显然不妥，还是认定为言词类证据为宜。〔1〕

本文中所使用的实物类证据概念主要是指《刑事诉讼法》第52条第2款规定的物证、书证、视听资料和电子数据。

（二）实物类证据的使用规则

由于实物类证据的可靠性、客观性、稳定性，因此，对于国家监察机关所获实物类证据的使用可以持宽松的形式审查规则。具体包括以下几点。

1. 最佳证据规则

最佳证据规则实际上是一系列规则的组合。其中包含了书证、录制品、影像原件规则等。〔2〕有研究认为，最佳证据规则实际上与原始证据优先规则有所不同。〔3〕但总的来说，在英美法系，对于文书以及记载有思想内容并以此证明案件真实情况的证据，证据法上通常要求必须出示原件，只有当存在可信以为真的理由的情况下，才可以作为例外不出示原件。〔4〕

在国家监察机关所获实物类证据向刑事诉讼转化过程中，必须坚持“原件主义”。即转化前后的书证、视听资料和电子数据必须原件移交给侦查机关，不得进行任何改变、更动、修改，更不得篡改、销毁、伪造证据。尤其需要强调的是，视听资料和电子数据的移交，不仅包含了内容的移交，也包括载体的移交。例如，储存有视听资料和电子数据的原始介质、存储器等也应当原件移交，而不得移交转存后的储存器械。对于物证，也应当原件移交。在内容上，必须移交完整的书证、视听资料和电子数据，不得部分移交或移交删减版本。

对于何谓“原件”，物证、书证和视听资料的判定比较容易，难点在于电子数据的“原件”。事实上，电子数据作为实物类证据其取证和使用具有一定特点。首先，它的原始样态是记录在电子设备电磁记录物上的代码，需要经过取证、分析和报告方能呈现为能够在司法实践中使用的证据。〔5〕这种证据的取证方法特别复杂，而且需要专业化的取证隔离环境才能取得其原始样态。〔6〕因此，对于电子数据的“原件”移送，一方面需要移交电子数据的原始样态及其储存介质，另一方面，还必须对取证的手段、使用的技术方法和解码过程进行适当说明，

〔1〕龙宗智：《证据法的理念、制度与方法》，法律出版社，2008年版，第61页。

〔2〕[美]罗纳德·J. 艾伦、[美]理查德·B. 库恩斯、[美]埃莉诺·斯威夫特：《证据法：文本、问题和案例》（第三版），高等教育出版社，2006年版，第683－685页。

〔3〕陈学权：《最佳证据规则研究》，载《上海公安高等专科学校学报》2007年第5期。

〔4〕易延友：《最佳证据规则》，载《比较法研究》2011年第6期。

〔5〕杨永川、李岩：《电子证据取证技术的研究》，载《中国人民公安大学学报（自然科学版）》2005年第1期。

〔6〕孙波、孙玉芳、张相锋、梁彬：《电子数据证据收集系统保护机制的研究与实现》，载《电子学报》2004年第8期。

方可认为移送的是"原件"。同样的，对于物证、书证和视听资料而言，其"原件"移送不仅包括本身证据原件的移送，原取证机关还应对其取证程序、方式、人员等信息作成笔录或文件一并转移。[1] 尽管这一类笔录、文件并不需要在刑事审判中使用，但当犯罪嫌疑人、被告人及其辩护人提出该类证据为非法证据时，可以使用这些笔录、文件对其取证的合法性加以证明。

2. 不改变证据形式

国家监察机关所获实物类行政证据在转化前后应当保持原有证据形式、种类的一致。这是因为，物证、书证、视听资料和电子数据本来就是《刑事诉讼法》第 48 条规定的法定证据种类，因此，以上四类国家监察机关所获证据在证据种类意义上与刑事诉讼法的规定并无冲突，自然也就没有转换其证据形式的必要。相反，如果这些证据的种类、形式进行了改变，反而会违反最佳证据规则而贬损这一类证据的证明力。

实践中，对于行政机关在执法办案过程中调取的视听资料、电子数据经常会将其主要内容重新制作成笔录类证据使用。如电子数据过去在取证和举证时，往往要么采用以最终输出的数据为基础转变为书证；要么将电子计算机存储的音像资料转化为视听资料。[2] 这是因为在现行刑事诉讼法颁布实施前，电子数据的法律定位不清，因此不得已进行了证据形式的转化使用。但现行刑事诉讼法已经确定了电子数据的法定证据地位，因此，已经没有了转化其证据形式的理由。而对于视听资料而言，其内容的直接呈现本身就能反映案件事实，自然也不必根据其内容重新记录并制作成笔录类证据进行使用。

3. 直接使用

根据立法者的理解，《刑事诉讼法》第 52 条第 2 款规定的四类实物类证据的使用是指"这些证据具有进入刑事诉讼的资格，不需要刑事侦查机关再次履行取证手续"[3]。部分学者也认为，由于实物类证据的客观性，因此，不必进行转化可以直接使用。[4] 但是，也有研究认为，根据《刑事诉讼法》第 52 条第 1 款和第 2 款总体来看，行政执法办案获得的物证、书证、视听资料和电子数据只是行政证据而非刑事证据，因此，还应经过公安、检察机关的转化才能使用。[5] 笔者认为，后一种理解实属机械化解释。在司法实践中既没有必要，也没有可能对本身就是原件移交的上述实物类证据进行转化。鉴于上文论述的最佳证据规则和不改变证据形式规则，国家监察机关所获实物类证据在刑事诉讼中使用的核心要求在于其真

---

〔1〕 郭华：《行政执法与刑事司法衔接机制的立法问题研究——以公安机关的经济犯罪侦查为中心》，载《犯罪研究》2009 年第 1 期。

〔2〕 龙宗智：《取证主体合法性若干问题》，载《法学研究》2007 年第 3 期。

〔3〕 全国人大常委会法制工作委员会刑法室编：《关于修改中华人民共和国刑事诉讼法的决定——条文说明、立法理由及相关规定》，北京大学出版社，2012 年版，第 49 页。

〔4〕 吕保春、王小光：《行政执法证据在刑事诉讼中的有效运用途径分析——兼论行政执法与刑事司法程序的衔接》，载《上海公安高等专科学校学报》2012 年第 5 期；杨惠新、李长坤：《刑事诉讼中行政执法机关移送证据的转化与使用》，载《人民法院报》2004 年 6 月 4 日。

〔5〕 黄世斌：《行政执法与刑事司法衔接中的证据转化问题初探——基于修正后的〈刑事诉讼法〉第 52 条第 2 款的思考》，载《中国刑事法杂志》2012 年第 5 期。

实性、客观性和原始性。也就是说，对于这类证据，恰恰不要进行任何改变，使其以原始状态进入刑事诉讼乃最佳方案。当然，直接使用并不意味着不用任何审查和后续工作。公安机关、检察机关在使用这类证据时，还应对其进行一定审查，例如：这些证据的保管、移送和保存的审查；是否是原件原物、原始资料的审查；先前取证行为的合法性审查等。同时，还需要进行相应的扣押、查封等手续的变更等。如实践中出现办案机关扣押了涉案财物和文件资料，案件移送刑事侦查机关后，侦查机关只能接收或留存这些证据材料，这些证据材料的法律定位和归属尚存异议。〔1〕笔者认为，目前最好的办法是侦查机关接收移送的实物类证据后，应当在刑事诉讼法的规定下进行相应的措施变更工作。

值得说明的是，如果在审查国家监察机关所获实物类证据在刑事诉讼中使用的过程中，发现移送的物证、书证、视听资料和电子数据是复制品、复印件或转存件时，刑事诉讼各机关均不应直接认可、使用，而应当要求国家监察机关提供原件。对于不能提供原件的，公安机关、检察机关应当重新收集调取。〔2〕

四、国家监察机关所获言词类证据在刑事诉讼中的使用

行政执法办案中获得的言词类证据是否能在刑事诉讼中使用，理论界和实务界争议颇大。有学者认为，言词类行政证据不能在刑事诉讼中使用，而只能作为办案线索，以此取得其他证据。〔3〕还有学者干脆认为，言词类证据因其特殊性，无论如何都不能在刑事诉讼中使用。〔4〕另外，有研究认为，行政机关和刑事司法机关联合办案取得的言词类证据可以使用，同时，被调查人、证人、当事人的亲笔证言证词等自书材料也可以转化使用。〔5〕

根据《人民检察院刑事诉讼规则(试行)》第 64 条第 3 款规定："人民检察院办理直接受理立案侦查的案件，对于有关机关在行政执法和查办案件过程中收集的涉案人员供述或者相关人员的证言、陈述，应当重新收集；确有证据证实涉案人员或者相关人员因路途遥远、死亡、失踪或者丧失作证能力，无法重新收集，但供述、证言或者陈述的来源、收集程序合法，并有其他证据相印证，经人民检察院审查符合法定要求的，可以作为证据使用。"这是现行刑事诉讼法律中对于言词类行政证据是否可以使用的直接、明确规定。笔者以为，上述规定对言词类行政证据采限制使用的态度。其一，只有在检察院自侦案件中能够使用；其二，原则上应当重新收集言词类证据，只有特殊情况除外；其三，不能单纯使用言词类行政证据，还必须

〔1〕 万毅：《实践中的刑事诉讼法——隐形刑事诉讼法研究》，中国检察出版社，2010 年版，第 201 页。

〔2〕 印仕柏主编：《行政执法与刑事司法衔接实务大全》，湘潭大学出版社，2013 年版，第 855 页。

〔3〕 田宏杰：《行政犯罪的归责程序及其证据转化——兼及行刑衔接的程序设计》，载《北京大学学报(哲学社会科学版)》2014 年第 2 期。

〔4〕 高通：《行政执法与刑事司法衔接中的证据转化——对〈刑事诉讼法〉(2012 年)第 52 条第 2 款的分析》，载《证据科学》2012 年第 6 期。

〔5〕 郑圣果：《行政执法与刑事司法衔接机制若干问题研究——以检察机关的法律监督权为核心》，载《经济研究导刊》2010 年第 23 期。

有其他证据相印证。

本文认为，国家监察机关所获言词类证据的使用面临着一些严重挑战，因而对其在刑事诉讼中的使用应当慎之又慎。

(一) 言词类证据使用的问题

1. 辩护权的缺失

刑事诉讼法对在讯问过程中的辩护权保障是极为重视的。一般来说，法治国对于刑事侦查过程中的讯问都配置了辩护权等防御性权利以对抗侦查机关可能的不当侦查，平衡控辩力量。由于刑事诉讼最终可能对犯罪嫌疑人、被告人施加限制自由乃至剥夺生命的严重措施，因此，在讯问过程中配置自我辩护、律师辩护等辩护权利乃有社会心理学和伦理学之基础。与此同时，因现代民主政治思想的发展和普及，"参与"作为一项实质性权利融入了刑事司法体系中。任何刑事诉讼的参与人，包括犯罪嫌疑人、被告人及其辩护律师，自然有参与辩护的权利。〔1〕审前阶段讯问时的辩护权保障在英美法这些国家源远流长。在英国，1696年之后，在审前阶段获得律师帮助就已经成为了一项法律制度。并且如果在讯问时能够提出起诉状的法律要点不成立并为法庭接受，甚至可以不必接受庭审。〔2〕美国刑事法律实践中普遍认为，宪法第六修正案明确了一切刑事诉讼中被指控人享有律师辩护的权利。通过梅塞亚案(Massiah v. United State)的判决，美国从宪法意义上确立了在对抗式刑事诉讼程序中，当政府官员对被指控人进行"故意性"接触时，被指控人有权获得律师帮助。〔3〕我国现行刑事诉讼法规定在侦查阶段可以聘任辩护人，实际上肯定了在侦查讯问中辩护人的在场权和帮助权，体现了刑事诉讼中对于侦查讯问时犯罪嫌疑人、被告人的权利保障。

然而，与刑事诉讼不同的是，行政执法办案中往往存在单方性、及时性的特点，因此，不太注重对于行政执法办案中被询问当事人的权利保障。笔者认为，在国家监察机关办案过程中，对于律师帮助权利不进行专门规定，也不对被调查人的辩护权进行明确规定是合乎行政程序的特点的，在现阶段的中国自无可厚非。但是，如果将欠缺律师帮助和辩护的言词类证据移交到刑事诉讼中使用，势必与刑事诉讼关于讯问中权利保障的严格规定产生不可调和的冲突。

2. 自愿性保障不足

言词类证据在刑事诉讼中获得证据能力的关键在于其自愿性。从世界范围看，为确保供述自愿性，法治国家基本配置了如沉默权、不得强迫自认其罪等底限性权利。〔4〕有学者认为，供述自愿性事实上是控辩双方对于言词类证据达成了一项"契约"。尽管由于严格证明的限制，控辩双方不能对证据本身订立"契约"，但可以对证据方法形成共识。只要控辩双

〔1〕谢佑平：《刑事程序法哲学》，中国检察出版社，2010年版，第252－253页。

〔2〕[美]兰博约：《对抗式刑事审判的起源》，王志强译，复旦大学出版社，2010年版，第85页。

〔3〕[美]约书亚·德雷斯勒、[美]艾伦·C.迈克尔斯：《美国刑事诉讼法精解(第一卷·刑事侦查)》，吴宏耀译，北京大学出版社，2009年版，第537－539页。

〔4〕万毅：《程序正义的重心——底限正义视野下的侦查程序》，中国检察出版社，2006年版，第172－173页。

方在自愿、平等基础上商谈，对于口供的取证方式达成一致，法律自然尊重这样的"证据契约"〔1〕。美国在布朗案、米兰达案之后，进一步强化了供述自愿性的严格规定。〔2〕

显然，国家监察机关查办案件和刑事侦查对供述自愿性的保障是不一样的。国家监察机关办案过程中往往要求被调查人应当如实回答监察机关的询问。国家监察机关办案所获得的言词类证据，尤其是涉及犯罪嫌疑人、被告人供述的证据，对于供述自愿性的保障尚有待观察。

3. 存在违法调查的可能

不可否认，由于国家监察机关办案和刑事侦查关于何谓"非法"取证的理解并不一致，因此，不可简单认为行政非法证据排除与刑事非法证据排除是一个概念。相反，国家监察机关办案和刑事侦查在圈套调查和技术调查（侦查）方面的实践有所区别。

首先，对于引诱手段收集证据，刑事诉讼法实践与理论一般是严格限制的。尤其是犯意引诱被普遍禁止。而行政圈套调查或行政陷阱调查是否属于"引诱"等非法手段的调查则有所争议。有研究认为，此类调查并不违反法律规定。原因是：(1) 属于任意调查的一种，无须遵循法律保留原则；(2) 不违背现行法律法规；(3) 不违背行政公开，只是保护公共利益的暂时秘密；(4) 行政陷阱调查不当然违反诚实信用原则，因为行政机关为了公共利益而行为不能认为是恶意的，除非有相反的证据证明；(5) 行政陷阱调查不违反信赖保护原则，因为相对人在行政陷阱调查中并无信赖基础和信赖行为的存在。但也承认犯意引诱型有可能违法，因此也作出了如下限制：(1) 只能行政执法机关实施；(2) 只能是机会提供型；(3) 遵循穷尽其他调查手段原则和比例原则，且应当有批准手续；(4) 调查程序严格化；(5) 禁止过度陷阱、禁止对未成年人陷阱调查、对犯意引诱型陷阱调查中的被调查人免于追究责任。

也有学者认为对于行政执法人员的诱惑调查应当具体问题具体分析。他们认为"法律应该对行政执法人员的行为有严格的规范，但是一概的禁止，似乎也不是上佳的选择。既然公民都可以采取某些诱惑调查行为，行政执法人员当然也可以。不过，必须在法律学科的范围之内。简单的肯定和简单的否定都是不可取的，必须具体情况具体分析"〔3〕。但不论如何，都应当严格限制国家监察机关办案中的诱惑调查或陷阱调查。况且公法领域之法理和意蕴在于法律保留，法律没有规定、授权的调查方法一般说来不允许使用。不能简单认为在民事诉讼、行政诉讼中公民可以采取某些调查行为，国家监察机关和人员在调查工作范围内也就当然获得了授权。这种推理显然经不起推敲。

其次，对于技术调查（侦查）的限制不一。《刑事诉讼法》第 148 条规定了公安机关、检察机关对个别案件经过严格的审查批准后方能采取技术侦查措施。这表明了刑事诉讼中对于

---

〔1〕 宋志军：《刑事证据契约论》，法律出版社，2010 年版，第 208 页。

〔2〕 [美]查尔斯·R. 斯旺森、[美]尼尔·C. 谢美林、[美]伦纳德·特里托：《刑事犯罪侦查》（第八版），但彦铮、郑海等译，中国检察出版社，2007 年版，第 235 页。

〔3〕 何家弘、龙宗智：《诱惑侦查与侦查圈套》，载何家弘主编：《证据学论坛》（第 3 卷），中国检察出版社，2001 年版，第 48 页。

技术侦查的严格限制态度。然而，国家监察法律法规中对于是否可以采取技术调查手段、什么情况下可以采取技术调查手段以及怎样进行技术调查尚未进行统一、明确的规定。实践中，由于监察机关的专业性和执法及时性、普遍性的要求，往往会采取窃听、偷拍、偷录等高科技调查方法。一般认为，行政机关通过秘密的技术侦查手段获得的证据，由于其侵犯公民、法人和其他组织合法权益的可能性大，会严重影响行政机关的形象，因此，原则上应当予以禁用。[1] 但是，国家监察机关在办案中对于技术调查的理解毕竟与刑事诉讼法的技术侦查规定不一致，而且目前也无法律明确禁止技术调查，因此，对于此类技术调查手段所获证据的规制，有待进一步考察、研究。

4. 言词类证据具有再取证可能性

言词类证据与实物类证据最大的区别在于，实物类证据具有唯一性，一经取证就无法再次进行实质意义上的取证。而言词类证据具有再取证的可能性。国家监察机关向刑事侦查机关移送言词类证据后，侦查机关仍然有可能重新向犯罪嫌疑人、被告人、受害人、证人和其他利害关系人再次取得言词证据。《人民检察院刑事诉讼规则（试行）》第 64 条第 3 款的规定就是根据这一原理制定的。只要侦查机关尚能再行取得言词类证据的，就不应袖手旁观、怠于侦查，而应重新取证。只有确实无法再行取得言词类证据的，方能在刑事诉讼中使用。

（二）言词类证据的使用规则

1. 使用的必要性

在一定的情况下，言词类证据如果已经无法再行取得，片面地一概限制国家监察机关所获言词类证据在刑事诉讼中的使用对于打击贪腐犯罪、职务犯罪不具有正当性和可行性。况且由于目前我国刑事诉讼中对于口供的依赖还处于高位状态。侦查阶段对于讯问的重视程度还相当高。[2] 如果丧失了那些必不可少、难以再行取证的言词类行政证据，实有严重影响部分案件的刑事侦查乃至刑事诉讼正常进行之虞。因此，部分国家监察机关所获言词类证据在刑事诉讼中使用具有相当强的必要性，不应一味禁止。当然，言词类证据的使用与实物类证据的使用有着严格的区别。相对于实物类证据的直接使用，对于言词类证据在刑事诉讼中的使用应当予以严格限制。

2. 使用的具体规则

（1）无法再行取证的必要证据使用

首先，根据现行法律和司法解释的规定，只有无法再行取证的言词类行政证据方能在刑事诉讼中使用。对于何谓“无法再行取证”，笔者认为有如下两点具体认识：第一，无法再行取证的原因是因为相关言词类证据的来源已经不存在。即证人、被害人、利害关系人已经无法提供言词类证据。他们无法提供证人证言、相关陈述的原因是多种多样的。一般来说，有死亡、失踪、丧失作证能力或由于路途遥远等客观条件限制已经无法再行取证等。第二，如

[1] 李红枫：《行政处罚证据原理研究》，中国政法大学出版社，2013 年版，第 101 页。

[2] 左卫民等：《中国刑事诉讼运行机制实证研究——以审前程序为重心（二）》，法律出版社，2009 年版，第 223 - 224 页。

果犯罪嫌疑人、被告人已经死亡、失踪，自然刑事诉讼程序应当终止或中止，使用他们的言词类证据自无必要与可能。但是，如果犯罪嫌疑人、被告人因病或其他原因丧失供述能力，则应当区别对待。对于暂时性丧失供述能力的，应当等待该影响供述能力的原因消失后再行取得口供；而对于永久性丧失供述能力的，则可以在确保国家监察机关办案阶段口供取得的程序合法性的基础上使用他们的言词类证据。

其次，对于无法再行取证的言词类证据，还应具备使用的必要性。关于"必要性"的认识，具体来说，就是在刑事诉讼中待使用的国家监察机关所获言词类证据，必须是与犯罪要件事实的认定有相关性的证据。对于与犯罪要件事实的认定无关或相关性较低，或者能够通过其他证据证明的言词类证据则不应予以使用。

再次，国家监察机关所获言词类证据使用时应当对其严格审查。其一，必须审查国家监察机关办案过程中对于该言词类证据的取证过程是否合法。对于"合法"的理解，不仅要看是否符合相应的国家监察办案法律法规的规定，还要满足刑事诉讼法对于讯问、询问的相关规定。其二，国家监察机关所获言词类证据在使用时必须审查其证明的内容是否与其他证据能够相互印证。对于无法相互印证，该言词类证据实为"孤证"存在的，也不宜予以使用。

最后，国家监察机关所获言词类证据在使用时应注意其证据类型应当符合刑事诉讼法的规定。刑事诉讼法只规定了证人证言、被害人陈述和犯罪嫌疑人、被告人供述和辩解三类言词性证据，因此，国家监察机关所获言词类证据在刑事诉讼中的使用应当符合上述三类刑事证据类型。对于监察机关办案中经常出现的"利害关系人陈述"等证据类型，应当区分其性质加以使用。如果涉嫌共同违法(犯罪)的利害关系人陈述，应按犯罪嫌疑人、被告人供述和辩解使用；属于被害人近亲属等利害关系人陈述，应按被害人陈述使用；以上两者之外的利害关系人陈述则应按证人证言使用。

(2) 例外情形

凡规则必有例外。国家监察机关所获言词类证据的严格使用也有其例外情形，即量刑证据的例外和弹劾的例外。

证据法理论一般认为，严格证明只适用于定罪程序而非量刑程序。因此，量刑证据一般不受严格证明的限制，而采自由证明。"按照自由证明的理念，对控辩双方提交的量刑证据，法律无需设立严格的证据准入资格，而主要围绕着证据的证明力问题确立证据规则。"[1]如果仅涉及量刑事实而不涉及定罪事实，其使用也仅与量刑有关的言词类证据，自然可以在刑事诉讼中使用，构成了上述使用规则的例外。但这种例外也必须符合一定的条件。其一，不能是以非法手段取得的证据，须具有合法性。这种"合法性"的认识是指既满足国家监察法律法规的规定，也满足刑事诉讼法的规定。其二，应当是真实的，不得是伪造、编造或经过篡改的证据。

在刑事诉讼尤其是刑事审判中，经常会出现需要"弹劾"某一证人或被告人的情形。如

---

〔1〕 陈瑞华：《刑事证据法学》(第二版)，北京大学出版社，2014年版，第383页。

果将对言词类证据的正常讯问、询问和质证认为是“询问型探究”的话，那么，这种目的在于发现某人立场或言行矛盾的探究就是“质询型探究”。[1] 对于“质询型探究”，证据法一般认为，由于其不涉及对于定罪事实的证明，而只是为了反驳证人或被告人的言论而使用，因此，也采自由证明的规则，故而构成了弹劾的例外。当然，这种例外也应当符合一定的条件，这些条件与上述量刑程序的例外的两个条件一致，不再赘述。

(三) 自书证据的使用问题

对于自书证据的定义目前学界和实务界尚无统一的结论。《刑事诉讼法》第 120 条规定了自书材料作为供述的可用性。[2] 自书材料可以认为是被询问人自行书写其供述，并提供该书面材料形成的证据。自书材料与证人证言和犯罪嫌疑人、被告人陈述或辩解最大的区别在于，自书材料的记录者是本人，而证人证言和犯罪嫌疑人、被告人陈述或辩解的记录者是侦查人员。自书材料在以往监察、纪检办案和刑事诉讼中大量使用，但是对于其合法性学界一直有所争议。

龙宗智教授认为，自书材料和供述、证人证言具有内在联系和一致性。尽管“笔录制作主体如果不是有关司法程序主体，就缺乏诉讼证据资格，但陈述书写人采用书面形式表达其意思与口头表达只是形式上的区别，其证据主体(当事人或证人)的地位无可置疑，因而在解释上符合主体适格性的要求”[3]，而且，亲笔书写的材料其“传闻性”更弱，其可用性也较强。当然，这种自书材料的使用必须是在合法程序中产生的，同时要“特别可信”。对于在以羁押或变相羁押的“双规”“两指”中获得的自书证据，龙宗智教授则认为不能作为诉讼证据，因为，“双规”和“两指”本身就是突破了宪法和《中华人民共和国立法法》规定的纪检监察程序，因此，上述两种行政办案程序有一定违法嫌疑，故而不应使用在上述两种办案程序中获得的自书证据。[4]

新刑事诉讼法颁布实施后，龙宗智教授的观点发生了改变。第一，他认为《刑事诉讼法》第 52 条第 2 款仅规定了客观性证据在刑事诉讼中的使用而不包含证人证言、供述、陈述等主观性证据，因此，自书证据的使用于法无据。第二，刑事侦查的“职权原则”要求供词和证言只能由专门的刑事侦查机关取证，如将自书材料作为当事人陈述(即人证)使用，那么就意味着在非司法程序中，非司法人员获取的书面供证，具有与刑事程序中执法人员、司法人员获取的人证同样的效力，这样就使我国刑事诉讼中人证收集、使用的底线被突破，事实认定的质量就更难以保证，而更容易铸成错案。第三，龙教授坚持以往观点认为，“双规”“两

[1] 道格拉斯·沃尔顿：《法律论证与证据》，梁庆寅、熊明辉等译，熊明辉校，中国政法大学出版社，2010 年版，第 180 页。

[2] 刑事诉讼法第 120 条规定：“讯问笔录应当交犯罪嫌疑人核对，对于没有阅读能力的，应当向他宣读。如果记载有遗漏或者差错，犯罪嫌疑人可以提出补充或者改正。犯罪嫌疑人承认笔录没有错误后，应当签名或者盖章。侦查人员也应当在笔录上签名。犯罪嫌疑人请求自行书写供述的，应当准许。必要的时候，侦查人员也可以要犯罪嫌疑人亲笔书写供词。”

[3] 龙宗智：《取证主体合法性若干问题》，载《法学研究》2007 年第 3 期。

[4] 龙宗智：《取证主体合法性若干问题》，载《法学研究》2007 年第 3 期。

指”本身的不合法性导致了纪检办案过程中收集的自书材料难以被认定为有合法性的证据。[1]

笔者认为，龙宗智教授的观点具有合理性，但也有一些问题。第一，笔者赞同龙宗智教授关于自书材料作为证据的相关论述。自书材料因种种缺陷，其在刑事诉讼中的使用面临诸多困难。第二，笔者赞成自书材料原则上不应在刑事诉讼中使用。但是其原因并非龙宗智教授所言之因为《刑事诉讼法》第52条第2款只规定了客观性证据而未规定主观性证据的使用，而是因为自书材料因为有再行取证的可能，因此不应直接在刑事诉讼中使用。因为，《人民检察院刑事诉讼规则（试行）》第64条第3款已经突破了刑事诉讼法的规定，允许主观性的言词类行政证据在刑事诉讼中使用，自然不存在龙教授所言的“于法无据”的因素，而是不满足该规定中关于“人民检察院办理直接受理立案侦查的案件，对于有关机关在行政执法和查办案件过程中收集的涉案人员供述或者相关人员的证言、陈述，应当重新收集”的规定。第三，笔者不赞成通过转化为书证的方式使用自书材料。因为书证和证人证言、陈述、供述的证据定义和功能完全不同，根本不存在转化的基础。书证作为客观证据，尽管是用其表述的内容和思想来发挥证明作用，但归根结底它属于实物类证据，而非言词类证据。[2] 二者间的转化突破了证据法理论和实践，而且也无法操作。例如，龙教授所言之严格限定转化为书证的自书材料的证明功用，不能以书证之名行当事人陈述之实以规避法律规定。这一说法本身就会遭到现实的反对。自书材料本质上就是证人、当事人、被告人、犯罪嫌疑人口头陈述的自我记录，而且这种自我记录并非自然生成的，而是由办案机关要求其生成的，因此，不具有书证的客观性。即便认为这种具有强烈主观色彩的自书材料作为书证发挥作用，它也只能起到证明证人、当事人、被告人、犯罪嫌疑人观点、看法、叙述的效果，这种作用本身也就是言词类证据的作用。因此，由于证据属性上质的区别，在实践中是不可能让转化为书证的自书材料仅发挥“书证”的功能而不发挥“言词证据”的功能的。

综上所述，笔者认为，自书材料的本质其实是言词类证据的一种。由于目前我国对于言词类证据在取证、质证和认证上的“案卷化”工作样态，因而，自书材料的存在有其意义。所以，对于自书材料在刑事诉讼中使用与否以及其使用规则，应当根据言词类证据使用的规则进行审查、使用，似不必进行详细区分。但必须明确的是，自书材料的使用与其他言词类证据相比有更严格的限制：其一，对于犯罪嫌疑人、被告人的自书材料不得使用，因为尚有再行取证的可能。其二，在办案过程中以违法形式，如刑讯逼供等方式获得的自书材料也不得在刑事诉讼中使用。

---

〔1〕 龙宗智：《薄熙来案审判中的若干证据法问题》，载《法学》2013年第10期。

〔2〕 陈瑞华：《刑事证据法学》（第二版），北京大学出版社，2014年版，第169页。

五、结　　语

对于国家监察委的设立，笔者持充分肯定的态度。对未来国家监察法律的完善和国家监察工作的良好运行，笔者也保有充分的期待。国家监察的目的在于惩处公权力不法，这与刑事司法对贪腐犯罪、职务犯罪的最终目的不谋而合。在可预期的未来，国家监察和刑事诉讼的联系会愈加紧密，因此，学界有必要探讨二者间的衔接理论与制度，为国家监察制度的全面、健康发展贡献更多、更好的智识资源。本文只是对这一问题的初步思考与探讨，目的不在于得出一个规范性的制度框架，而是略陈一己之见，供同仁批判、指教。

国家监察体制改革下检察监督格局重塑

靳良成*

摘　要： 国家监察体制改革是国家监察制度的顶层设计，是中国特色反腐败体制改革的重大创新，监察体制改革将检察机关的职务犯罪侦查权转移至监察委员会，必然削弱检察监督的刚性，也必然对当前检察法律监督体系产生巨大的冲击。要结合国家各项改革的进程，认真思考当前检察监督体系存在的问题，转变监督理念，优化监督资源，整合监督力量，创新监督手段，重新构建新型检察监督格局。

关键词： 监察改革　检察监督　权力制约　公诉权

国家监察体制改革，从试点方案的提出到最高国家权力机关的正式授权，再到各试点单位的挂牌成立，动作迅速、推进稳健，可谓"蹄疾步稳"。监察体制改革作为一项对国家权力尤其是职务犯罪侦查权的重新配置与调整的重大制度改革，不仅将要改变当前中国政治权力格局及国家机构组织形式，而且必将对中国检察监督体系带来巨大的冲击。检察机关要坚守"法律监督机关"的宪法职能定位，必须因应国家监察体制改革，紧紧抓住十八届四中全会关于"完善检察机关行使监督权的法律制度"的要求，认真思考检察监督的内在掣肘及各项改革对检察监督体系产生的羁绊与耦合，优化检察监督资源配置，重构新型检察监督格局。本文以一个检察实务工作者的视角，在国家监察体制改革的背景下，从检察权运行的当下实然状态入手，尝试探寻传统检察监督体系存在的深层次性问题，力求遵循理论上的自洽与实践上的可行，提出若干宏观理想图景式的思考。

一、变局：国家监察体制改革

国家监察体制改革是以习近平同志为核心的党中央作出的事关全局的重大政治改革，是国家监察制度的顶层设计，对推进国家治理体系和治理能力现代化、推进全面依法治国、推进廉洁政治生态建设具有重大的时代意义和深远的历史意义。

（一）成立国家监察委是推进国家治理体系和治理能力现代化的必然之举

党的十八届三中全会提出："全面深化改革的总目标是完善和发展中国特色社会主义制度，推进国家治理体系和治理能力现代化。"所谓治理体系与治理能力实质上就是完备、定型且成熟的国家治理制度体系和制度体系的运转、执行能力，因此，推进国家治理体系和治理能力现代化，必然要求对国家现行各项制度、机制进行突破性的改革，实施机制与制度的创

* 靳良成，安徽省淮南市人民检察院检察员。

新。而法律制度体系、法治监督体系是国家治理体系的核心要素，“实现对国家和社会的治理，说到底就是实现治理体系和治理能力的制度化与法治化”[1]，没有健全完备的法律制度体系、法治监督体系，没有驾驭这些制度体系的能力，那么建设现代化国家也只能是空谈。成立国家监察委员会，做好监察体制改革的顶层设计，建立集中统一、权威高效、层次清晰、科学管用的权力监督制约体系，进而形成有权必有责、用权必担责、滥权必追责的现代化国家治理制度安排，是推进国家治理体系现代化的必然之举，而有了全方位的现代化国家治理体系，才有利于提升现代化的国家治理能力。

(二) 成立国家监察委是推进全面依法治国的必然之举

十八届党中央从一开局就开创了“四个全面”的新实践，其中，全面依法治国是我们党从坚持和发展中国特色社会主义出发，为更好地治国理政作出的重大战略部署，是事关我们党执政兴国的一个全局性问题。[2] 全面推进依法治国，是要形成完备的法律规范体系、高效的法治实施体系、严密的法治监督体系、有力的法治保障体系，最终建成中国特色社会主义法治国家。而形成这一系列制度体系的关键，在于厚植党执政的法治根基，在强化监督的同时合理设计权力主体之间的制约结构，构建一个运行有效的权力控制体系。成立国家监察委就是要建立党统一领导下的国家反腐败工作机构，按照中纪委书记王岐山同志在北京市、山西省、浙江省就国家监察体制改革试点工作调研时的讲话精神，该机构不是政府部门，也不是司法机关，而是一个与行政机关和司法机关平行的监督执法机关，这个机关完全因应权威高效权力控制体系的构建。因此，国家监察委的成立能够满足现代民主监察制度下政治体制外监察的需求，通过集约反腐资源，避免职能重叠，扩大监察范围，优化监督机制，以减少国家政治体制运行对监察供给侧的需求，进而完善国家治理体系的现代化，为未来良性的民主法治运行清除障碍，最终推进全面依法治国总体目标的实现。

(三) 成立国家监察委是推进廉洁政治生态重构的必然之举

党的十八大以来，党中央“老虎”“苍蝇”一起打的高压反腐态势，暴露出官员从政环境中的诸多问题，如果放任政治生态恶化蔓延，党最终将失去执政的根基。因此，推进廉洁政治生态的重构是党风廉政建设和反腐败斗争面临的重大政治任务。当前，不敢腐的目标初步实现、不能腐的制度日益完善、不想腐的堤坝正在构筑，反腐败斗争压倒性态势已经形成。[3] 但是，从长远来看，党风廉政建设和反腐败斗争的形势依然严峻复杂，减少腐败存量、遏制腐败增量、重构廉洁政治生态的任务艰巨繁重。只有加强党的建设，坚持全面从严治党，强化党内监督，以党内监督带动和促进其他监督，集中有效的反腐败力量，才能从根本上解决腐败问题，进而彻底营造和重构廉洁政治生态。十八届中央纪委六次全会上，习近平总书记也指出：“要完善监督制度，做好监督体系顶层设计，既加强党的自我监督，又加强对

[1] 马怀德：《国家监察体制改革的重要意义和主要任务》，载《国家行政学院学报》2016 年第 6 期。

[2] 周强：《党的各级组织和领导干部必须在宪法法律范围内活动》，载《人民日报》，2016 年 11 月22 日。

[3] 陈英华：《反腐败斗争压倒性态势已经形成——2016 年党风廉政建设和反腐败工作系列报道之五》，载《中国纪检监察报》2017 年 1 月 2 日。

国家机器的监督。”成立国家监察委的目的正是完善党和国家的自我监督，使监督制约机制更加制度化、规范化，从而杜绝权力监督的真空地带，压缩权力寻租空间与权力主体的任性空间，最终实现以全面从严治党净化党内政治生态，带动以廉洁政治建设净化政府机关从政生态，进而形成风清气正的健康社会政治生态。

二、时局：检察监督体系的实然状态

当前，随着国家各项政治体制改革的稳步推进，我国检察监督面临着前所未有的挑战与机遇，中央顶层设计对检察监督的新要求，自侦权剥离对检察监督的新冲击，司法体制改革对检察监督的新期待，都使得我国传统检察监督体系正在消解，新检察监督体系的重塑迫在眉睫。

（一）国家政治体制改革背景下的检察监督

党的十八大以来，党中央从“四个全面”的战略部署、构建科学有效的权力运行监督制约体系的高度，对完善检察监督体系提出了更高的要求，特别是党的十八届四中全会通过的《中共中央关于全面推进依法治国若干重大问题的决定》（以下简称《决定》），立足我国法治建设实际，正视我国法治建设领域的突出问题，创造性地提出了关于依法治国的一系列观点、举措。其中涉及多项检察体制改革的任务正是与构建、完善检察监督体系有关，对完善新时期检察监督体系提出了全新的要求与期待。其突出体现在：完善确保依法独立公正行使检察监督权的制度；明确要求各级党政机关和领导干部要支持检察机关依法独立公正行使职权，检察机关不得执行党政机关和领导干部违法干预司法活动的要求；健全司法权力运行机制，加强检察诉讼监督；完善检察机关行使监督权的法律制度，加强对刑事诉讼、民事诉讼、行政诉讼的法律监督；强化行政权力的检察监督。为了充分体现检察监督的社会治理功能，实现检察监督的法治价值，《决定》指出“完善对涉及公民人身、财产权益的行政强制措施实行司法监督制度”〔1〕，“检察机关在履行职责中发现行政机关违法行使职权或者不行使职权的行为，应该督促其纠正”，“探索建立检察机关提起公益诉讼制度”。

（二）国家监察体制改革背景下的检察监督

长期以来，检察机关自侦权的行使，一直伴随着诸多质疑与争议，比如，检察监督权与自侦权的“一元论”与“二元论”之争〔2〕，自侦权运行的同体监督、自我监督不符合刑事诉讼现

---

〔1〕 这里的“司法监督”宜理解为专门的检察监督，参见杨建顺：《完善对行政机关行使职权的检察监督制度》，载《检察日报》2014年12月22日。

〔2〕 有学者认为检察机关侦查权能属于法律监督权，如谢鹏程：《论检察权的性质》，载《法学》2000年第2期；徐鹤喃：《试论侦查权与法律监督的关系》，载《检察论丛》（第1卷），法律出版社，2000年版；有学者认为检察机关侦查权属于检察诉讼权能，如陈永生：《论侦查权的性质与特征》，载《法制与社会发展》2003年第2期；但伟、姜涛：《论侦查权的性质》，载《国家检察官学院学报》2003年第5期；陈卫东主编：《司法公正与司法改革》，中国检察出版社，2002年版；张智辉、杨诚主编：《检察官作用与准则比较研究》，中国检察出版社，2002年版。

代法治精神的质疑[1],等等。但是,多年来,检察机关通过在理论上探寻自侦权法律监督属性的自洽性[2],及实践中的自我限权与监督[3],使得以上质疑与争议在一定程度上得以消解,检察机关亦然成为国家反腐力量的主力军。然而,对于检察机关自身的职能定位而言,职务犯罪侦查权的行使,除了反腐意义之外,最核心的价值莫过于检察法律监督宪法职能定位的坚强后盾,毫无疑问的是,职务犯罪侦查权实质上支撑起了检察监督的地位和实际权威。监察体制改革运行下自侦权的剥离,对于检察监督力量而言,无疑撼动了检察机关的半壁江山,对于检察监督的权威性而言,无疑是釜底抽薪,随之而必然引起检察监督刚性弱化、宪法职能定位下降等认识上的隐忧,对于检察机关而言乃切肤之痛,必将对检察监督体系产生重大冲击。

(三) 国家司法体制改革背景下的检察监督

司法改革在全面深化政治体制改革、全面依法治国中居于重要地位,也是破解体制性机制性保障性障碍、提高司法监督能力的根本途径[4],从党的十八届四中全会《决定》内容可以看出,中央对新一轮司法体制改革的重视程度和支持力度都是空前的。当前司法体制改革的内容主要涉及司法责任制、司法人员职业保障、审判中心主义等改革,这些重要司法体制改革对传统检察监督体系的影响,已经止于"扬汤止沸"的肤浅修复,而是进入新时期检察监督体系深层次的"自我变革"。在本轮司法体制改革中,既已开展的检察改革相继呈现了很多亮点,如检察官员额制、检察官办案责任制、检察机关内部机构等改革的全面推进,但是也确实伴随着一些检察改革空转的潜在风险,如一些改革措施还不能全面落地生根、具体改革路径还不能形成改革共识、利益固化的藩篱尚未打破等等。除顶层设计的政治智慧外,如何进一步制定符合司法规律和各地实际的改革方案以及选择理性、务实的改革路径,以重新架构检察监督体系,基层检察机关和民众都寄予了深切厚望与期待[5],这也是当前检察监督格局所面临的最大现实。

---

〔1〕 汪海燕、范培根:《检察机关自侦权探析》,载《浙江社会科学》2002 年第 1 期。

〔2〕 孙谦:《关于中国特色社会主义检察制度的几个问题》,载《人民检察》2016 年第 12/13 期合刊;朱孝清:《"法律监督"性质对于检察制度的意义》,载《检察日报》2011 年 4 月 19 日;朱孝清:《检察的内涵及其启示》载《法学研究》2010 年第 2 期;朱孝清:《中国检察制度的几个问题》,载《中国法学》2007 年第 2 期。

〔3〕 2004 年《最高人民检察院关于人民检察院办理直接受理立案侦查案件实行内部制约的若干规定》(高检发〔2004〕12 号);2005 年最高人民检察院《人民检察院直接受理侦查案件立案、逮捕实行备案审查的规定(试行)》(高检发办字〔2005〕23 号)、《最高人民检察院关于省级以下人民检察院对直接受理侦查案件作撤销案件、不起诉决定报上一级人民检察院批准的规定(试行)》(高检发办字〔2005〕15 号);2009 年《最高人民检察院关于省级以下人民检察院立案侦查的案件由上一级人民检察院审查决定逮捕的规定(试行)》(高检发〔2009〕17 号);2010 年《最高人民检察院关于实行人民监督员制度的规定》(高检发〔2010〕21 号)。

〔4〕 曹建明:《各级党委应当支持和保证同级司法机关对国家机关及公职人员依法进行监督》,载《人民日报》2016 年 11 月 23 日。

〔5〕 孙谦:《抓住改革的"牛鼻子"——检察院司法责任制改革的理论与实践》,载《中国法律评论》2016 年第 4 期。

三、危局：检察监督体系的现实掣肘

随着国家各项政治体制改革的深入推进，传统检察监督体系逐步显露出诸多制度、机制上的弊端，越来越钳制检察监督职能的充分发挥，且与十八届四中全会提出的构建"严密的法治监督体系"的要求不相适应。"只有基于对长期利弊之精细讨论的基础上，才能有备无患，做出恰当的选择和应对。"[1]因此，亟需破解阻碍检察权能有效行使的沉疴积弊，重塑新形势下的检察监督体系。

(一) 检察法律监督权能的诉讼化

长期以来，由于我国检察理论界对检察权属性认识上的模糊性[2]，使得检察实务领域对"检察诉讼职权"与"检察监督职权"这两大检察权力构成的内涵、外延及其相互关系的认识也不甚明晰，尤其是诉讼与监督的相互杂糅。从检察制度的演进之路来看，检察机关一直被定位为法律监督机关，"为了弥补制约监督的不足，防止权力腐败和被滥用，保证国家权力在法治的轨道上正确行使，就必须在人民代表大会下设立专司监督的刑事诉讼监督权能，并将该权能赋予某一机关，使其成为专门的法律监督机关"[3]。但是，时至今日，检察工作的主要内容依然是侦查、批捕、公诉等诉讼职能的行使，所谓的检察监督工作实质上是依附于诉讼职能而展开的，"重办案，轻监督"趋于常态，于是便形成了当今检察诉讼职能与检察监督职能相互杂糅的法律监督模式，亦即"检察法律监督的诉讼化"[4]。这种以诉讼职能或者诉讼监督职能来代替法律监督职能，必然弱化检察监督职能与监督效果，正如陈卫东教授在第七届中国检察学研究会刑事诉讼监督专业委员会上所指出："监督就是监督、办案就是办案，不是检察机关所有的侦查、起诉活动都是法律监督的体现。必须要明晰一个基本原则，即监督不能有诉讼利益。监督必须干干净净，才能有说服力，不能把监督与其他职权相混淆，就像不能既当裁判员又当运动员，法律监督必须做到中立性。"[5]

1. 检察监督诉讼化势必造成监督手段与范围的缩限。检察监督主要包括检察建议、纠正违法通知书、提请抗诉等方式与手段，然而检察监督诉讼化，必然造成其他法律监督方式与手段的萎缩，同时诉讼监督只是检察监督体系的一部分，检察监督"既通过诉讼形式进行监督，也通过非诉讼形式进行监督"[6]，因此检察监督诉讼化也必然难以覆盖宪法职能定位

---

[1] 苏力：《法治及其本土资源》(第三版)，北京大学出版社，2015 年版，第 152 页。

[2] 如检察权属性的一元论与二元论之争，具体论述参见：石少侠：《我国检察机关的法律监督一元论——对检察权权能的法律监督权解析》，载《法制与社会发展》2006 年第 5 期；王桂五：《人民检察制度概论》，法律出版社，1982 年版；冯景合：《法律监督权，能否与检察权兼容——从法治的角度对中国检察权的反思(中)》，载《中国检察官》2006 年第 8 期；陈卫东：《我国检察权的反思与重构：以起诉权为核心的分析》，载《法学研究》2002 年第 2 期。

[3] 朱孝清：《中国检察制度的几个问题》，载《中国法学》2007 年第 2 期。

[4] 蒋德海：《法律监督还是诉讼监督》，载《华东政法大学学报》2009 年第 9 期。

[5] 《检察监督，干干净净才有说服力》，载《人民日报》2016 年 12 月 24 日。

[6] 王桂五：《中华人民共和国检察制度研究》，法律出版社，1991 年版，第 256 页。

所包含的法律监督范围,这也与党的十八届四中全会对拓展检察监督范围的新要求、新期待相悖。

2. 检察监督诉讼化势必造成检察监督制度化建设的滞后。检察监督诉讼化使得监督范围囿于诉讼过程,只是对具体案件的特定个案监督。而检察监督是法治建设的重要一环,强调的是对公权力的全面监督,是一种狭义的"一般监督",而这种"一般监督"仅仅通过诉讼化的个案监督是很难实现的。因此,从个案诉讼程序的运行角度来研究法律监督制约机制的构建,将显得十分狭隘与片面,定不利于成熟的检察监督制度的形成与完善,这也与十八届四中全会提出的构建"严密的法治监督体系"精神不相符。

3. 检察监督诉讼化势必造成监督刚性的弱化。诉讼监督职权被分散配置于各内设部门,使得诉讼职能制约了监督职权运行的统一性与协调性,最终导致检察监督职权被诉讼职能或者诉讼监督职能遮蔽或者弱化。而且最为关键的是,囿于长期以来对检察自侦权威慑力的过分依赖,以及由此而形成的过分仰仗职务犯罪侦查权的思想意识,使得检察监督权本身的刚性不足及诉讼监督效果的"过分放大"被长期忽略、检察权力资源的合理配置以及检察监督效果的科学把握被长期忽略。

(二) 检察诉讼职能权力制约机制的虚置化

法治建立的关键在于形成有效的控权制度,而监督与制约正是控权制度的两种最基本方式。监督与制约功能运行的内在逻辑是:"监督基于权力的功能性分权,即按照专业化的职能分工,将国家权力赋予一个对应的权力主体,通过其他主体或者由权力授予者本身对其予以监督;制约基于对权力的过程性分权,把事权分解为两个或多个环节,并分别交由不同的权力主体行使,互相分立,彼此制衡。"〔1〕我国宪法把检察机关定位为法律监督机关,充分体现了监督与制约的控权制度运行逻辑。一方面,检察监督职能毋庸置疑体现的是"权力监督"的控权机制;另一方面,宪法关于"分工负责,互相配合,互相制约"的原则,便是检察诉讼职能所体现出来的"权力制约"控权机制,即检察机关通过行使批捕、起诉、抗诉等诉讼职能来制衡行政机关(侦查机关)与审判机关职能的行使,进而"通过分权与制约来保障检察机关法律监督职能行使本身的有效性和正当性"〔2〕。然而,当前检察机关在履行法律监督职责及诉讼职能时,在处理与侦查机关、审判机关的关系上,"重配合轻制约"可谓不争的事实,诉讼职能的权力制约机制某种意义上已经有虚置化的倾向。如公诉退回补充侦查程序、审查逮捕程序对侦查引导与规制功能的弱化现象〔3〕,从已经揭露的诸如佘祥林、赵作海等冤假错案来看,几乎都有案件程序上的倒流出现,这不仅仅表明侦查质量出现严重问题,而且也表明了这些案件质量问题已经被检察机关所发现或者觉察,然而即便在这种情形下,最终仍

〔1〕 陈国权、周鲁耀:《监督与制约:两种不同的权力逻辑》,载《浙江大学学报(人文社会科学版)》2013年6期。

〔2〕 龚培华、李建波:《试论法律监督司法化的定位》,载《人民检察》2014年第6期。

〔3〕 相关论述参见朱新武、靳良成:《公诉环节退回补充侦查制度实证研究》,载《检察论丛》(第20卷),法律出版社,2016年版;靳良成:《检察机关不批捕复议复核程序实证研究——基于安徽省淮南市检察机关2013至2015年司法实践考察》,载《中国检察官》2016年8月(上)。

然铸就了冤案的发生，这一定程度上说明了检察诉讼职能的制约机制已经失灵。

（三）检察职权运行科层制的过度化

检察权是一种复合性的权力，兼具行政、司法与监督属性，其中司法属性当为检察权的主体属性，而监督属性应为检察权的本质属性，其权能的具体内容包括公诉权、批捕权、诉讼监督权等。当前检察职权的配置，也正是基于这些具体检察权能的特质而形成固定范式，表现为各项检察权能分工明确的精细化内设部门，即以独立的内设部门作为检察权能配置的载体。随着检察监督范围的不断扩大、检察监督职权的不断拓展，检察内设部门将会不断地延展，如近年来检察内部新成立的案件管理部门、刑事执行检察部门等等，再如鉴于党的十八届四中全会提出的检察公益诉讼制度，就有学者提出增设独立的专司行政公诉职能的内设部门或者提升原有内设部门的权力层级或者将民事与行政检察职能分设，如此等等。这种检察机关内部职能部门的延展现象即为检察机关的"部门析出"〔1〕，这种"部门析出"产生的最为直接的"成效"便是解决检察监督职能行使的专业化、精细化与专门化问题，同时缓解检察人员行政级别晋升问题。然而，这种"部门析出"所产生的成效完全被机制运行的实践效果所消解。

1. "部门析出"导致检察职权配置的严重自缚性。分散化的职权配置模式，导致内部监督力量的"分段割据"，多头监督、重复监督不可避免，抑制了检察监督职能的充分发挥。更为深层次的是，从理论上来讲，检察职权的配置应当尽可能地满足立法目标的实现效果，而不是检察职权内部配置的自我束缚。在这种"部门析出"的背景下，当一项权力被立法明确为检察权能时，不同的内设机构会天然地基于部门自身利益（如绩效考核、问责机制等）而展开激烈的博弈，使得"部门析出"所追求的"各内设部门应当在检察监督机制运行过程中分工明确、各司其职、相互配合以实现立法之本义的目标"成为"乌托邦式"的神话，进而扭曲了检察权能配置制度设计的初衷，深入影响了司法规则运行的自洽性。比如笔者从事审查逮捕工作时，就深深感受到，公诉部门在绩效考核的利益驱使下，积极追求刑事和解而导致捕后轻刑率的上升，以此扭曲、束缚了审查逮捕权的制度运行。

2. "部门析出"背景下检察职权运行科层制的梗阻。检察权属的多重性、检察一体原则下的层级领导属性〔2〕，都使得传统科层制权力运行模式具有极大的生存空间。事实上，科层制已经成为我国检察职权运行的主导性逻辑，"在司法管理上适用科层制不仅有助于实现司法管理目标，而且将更为有效的实现司法管理的价值追求"〔3〕。但是，在"部门析出"的背景下，伴随检察监督专业化、精细化、专门化而来的是检察权司法属性、监督属性的主导化，司法办案、监督业务的办案化将会是检察权运行的中心，检察官将成为检察权行使的相对独立主体。因此，这种科层制权力运行模式的弊端将逐步放大，科层制下的官本位思想与部门化的绩效考核机制，无疑固化了"部门析出"的阶层利益，助推了"办案者不决定，决定者不办

〔1〕 孙皓：《论检察权配置的自缚性》，载《环球法律评论》2016 年第 6 期。

〔2〕 谢鹏程：《检察规律论》，中国检察出版社，2016 年版，第 66 页。

〔3〕 付磊：《刑事司法科层制之反思》，中国政法大学出版社，2016 年版，第 72 页。

案”、人浮于事的官僚化司法生态,违背了司法亲历性原则。要捋顺检察权运行的内在逻辑,必须重新审视科层制在检察权运行中的作用空间及其限度。然而,与当前深入推进司法体制改革相映成趣的是科层制在检察权运行中的日渐强化。

四、破局:检察监督体系的重塑

当前,国家监察体制改革正在试点推进,司法体制改革也已经到了攻坚克难的关键时期,重新构建检察监督体系必须与当前“双重改革”进程紧密结合,遵循国家治理和司法的内在逻辑,更新检察监督理念,加强检察监督职能调整的前瞻应对,加快深化改革各项成果的立法转化。

(一)更新监督理念:法律监督到检察监督

通过前文分析,诉讼职能与诉讼监督职能并不能完全涵盖法律监督的范围,也很难达到监督的应然效果,且由于拥有强大的自侦权作为后盾,这种狭隘的“法律监督”所暴露出的种种弊端被长期掩盖与忽视。随着自侦权的剥离,特别是党的十八届四中全会对检察法律监督职能范围的拓展,传统“法律监督”之下的诉讼职能与诉讼监督职能已经不可能捍卫检察机关的宪法职能定位了,必然要寻求加强检察机关法律监督职能的其他途径,并突破传统的监督领域。从逻辑上来讲,虽然法律监督体现检察机关宪法职能定位,但是,实质上检察监督才能真正体现检察机关具体的职权与职能,其应当是检察机关实现法律监督目的和功能的专门手段,而且最能给十八届四中全会提出的构建“严密的法治监督体系”贴上中国特色的“检察监督”标签,同时也能够防止检察法律监督职能的泛社会化,从而区别于人大法律监督以及监察委法纪监督。故此,应当转变传统的监督理念,变“法律监督”为专门的“检察监督”。事实上,从2016年7月召开的第十四次全国检察工作会议,到2017年1月14日的全国检察长工作会议,最高人民检察院检察长曹建明的话语论述都已悄然发生了变化,都将传统的“加强法律监督”转变为“加强检察监督”。尤其在2017年最高检的工作报告中,“检察监督”先后被提到八次[1],2016年被提及两次,而在此之前的最高检报告中“检察监督”从未被提及,这从某种程度上讲,更新检察监督理念已经被纳入了检察顶层设计的方案之中。

(二)寻求监督后盾:完善检察公诉权

在当前特殊的检察生态环境之下,赋予检察机关实现其法律监督职能新的法定权力是必需且迫切的,其中最为理想的状态是以立法的方式赋予检察机关机动侦查权、侦查指挥权、侦查引导权等其他刚性检察权能。但是,从目前国家权力架构体系及“不破不立”的赋权逻辑来看,争取立法授权尚需时日,当然,这也正在考验着检察人的智慧与魄力。其实,寻求新的检察监督后盾的突破口,随着国家各项体制改革的推进,在司法实践中已经孕育而生,

---

〔1〕 在2017年最高检工作报告中,“2017年工作安排”部分报告提到:“大力加强检察监督”“全面强化刑事检察监督”“深入推进民行检察监督”“积极探索行政检察监督”“深化控告申诉检察监督”“强化未成年人检察监督”“完善专门检察监督格局”。

即十八届四中全会《决定》所提出的“探索建立检察机关提起公益诉讼制度”。无论是转隶前检察机关的职务犯罪侦查权还是监察委的“调查权”[1]，其震慑的都是违法犯罪的公职人员个人，只不过现在由监察委集中行使对“个人”全覆盖、更纵深的监察监督。而相对于监察委，检察机关还可以对被监督单位即行政主体是否依法行使职权进行法律监督，只不过监督手段是缺乏刚性的检察建议。然而，从控权机制的运行逻辑来看，只有把一般的违法行政行为纳入检察监督范围，和监察委职务犯罪调查权一起构成对行政权完整的法律监督体系，才能有效防止行政机关及其公职人员滥用或怠于行使职权，最终保障国家法律的统一正确实施。[2] 可见，目前人大常委会授权推行的公益诉讼制度，正好迎合了自侦权剥离后检察监督刚性的需要，因此，检察机关急需对作为核心检察权的公诉权内涵及意义予以重新厘定。从宪法职能定位看，代表国家利益和社会公共利益是检察权的固有内涵。事实上，刑事公诉权也正是基于检察权的国家利益代表人的属性而被纳入检察权的范畴，并成为核心检察权。应当赋予公诉权更为广阔的外延，不能仅仅局限于代表国家提出刑事公诉，也必须且应当包括代表公共利益而在民事、行政诉讼领域提出公益诉讼。因此，完善检察公诉权，形成刑事、民事与行政公诉三足鼎立之势，与审判机关的刑事、民事与行政审判相对应，由法院对检察机关起诉的违法行为作出否定性的终局裁决，从而使检察机关的督促履职、支持起诉、检察建议等监督手段具有强大的刚性约束力，最终成为保障检察监督权有效行使的坚强后盾。[3]

（三）完善监督机制：防止检察体制改革空转

当前，检察改革的顶层设计方案已陆续出台，地方实践探索的鲜活样本也不断涌现，而检察改革能否取得实效，取决于对顶层设计方案的理性认同与改革路径的准确把握。但是，无论采取怎样的改革路径，须以充分发挥检察监督职能为改革目标和方向，切实防止检察体制改革出现空转现象。因此，必须遵循以“司法办案责任制”和“审判中心主义诉讼制度”改革，来实现检察监督机制运行模式转型升级的改革逻辑。一方面，把司法责任制作为检察改革的核心，视为引领其他检察改革的“牛鼻子”[4]：全面推行检察官员额制改革，突出入额检察官司法办案主体地位，以实现权责明晰、权责相当，继而打破科层制下部门利益的藩篱，确立符合司法规律的办案组织，进而以扁平化、大部制为内设机构改革原则，实现检察诉讼职能与监督职能相分离来引导内设机构改革[5]，最终“发挥内设机构对检察权规范运行和

---

〔1〕 根据2016年12月25日《全国人民代表大会常务委员会关于在北京市、山西省、浙江省开展国家监察体制改革试点工作的决定》内容，在试点地区监察委履行的是监督、调查、处置职责，没有使用“侦查权”的概念。有学者指出监察委行使不冠以“刑事侦查权”而与之有着相同实质的“调查权”，有回避刑事诉讼法约束之嫌。参见张建伟：《法律正当程序视野下的新监察制度》，载《环球法律评论》2017年第2期。

〔2〕 田凯：《论检察机关提起行政公诉与法律监督的一体化》，载《河南社会科学》2009年第2期。

〔3〕 2015年7月1日，全国人大常委会授权检察机关的公益诉讼权力，在一定程度上反映了中央顶层设计对检察机关享有广泛“公诉权”的认可，而且从试点运行效果来看，也已具备立法授权的空间。

〔4〕 谢鹏程：《司法责任制改革的模式与借鉴》，载《人民检察》2016年第6期。

〔5〕 如作为监察体制改革试点单位的北京市，为了作好监察委与检察机关的司法衔接，并实现对监察委的制衡，进行了内部职能机构的改革，设置了“职务犯罪检察部”。

检察职能实现的保障作用”〔1〕。另一方面，以审判为中心是刑事程序的固有逻辑：审判为中心诉讼制度改革，体现了诉讼的基本规律，对强化诉讼制约机制，提高案件质量，防止冤假错案，具有重大意义〔2〕。在以审判为中心的诉讼制度改革背景下，审判标准的不断提高与侦查质量持续薄弱的基本矛盾愈发突显，要全面完善检察“公诉权”，以重新配置检察资源，不断强化案件办理质量，并通过检察职能的自身整合来带动整个刑事诉讼制度围绕以审判为中心的整合，将不断提高的审判标准向侦查环节延伸，最大限度地冲破“侦查中心主义”诉讼模式的藩篱，实现检察诉讼监督、制约职能。

结　语

监察体制改革可谓“牵一发而动全身，改一制而触全局”，对此，检察监督将面临一个全新的司法生态环境。如何重塑检察监督格局，使检察监督强势回归宪法职能定位，将是全国检察机关面临的共同课题。探索构建新的检察监督格局，需要整体、系统、有机的顶层设计方案与地方实践的大胆探索，这既是中央进行重大政治体制改革的逻辑结果，也是新的历史起点上推动中国检察制度更加完善、成熟、定型的内在要求。当然，强化检察监督，重构监督格局，任重而道远，更需要我们每一位检察人，唤醒沉寂内心的检察情怀，肩负起时代赋予的检察担当！我们有理由相信，当日薄西山、华灯初上之时，所有检察人都凝望夜空，定会是群星闪烁！

〔1〕 汪建成、王一鸣：《检察职能与检察机关内设机构改革》，载《国家检察官学院学报》2015 年第 1 期。

〔2〕 龙宗智：《影响司法公正及司法公信力的现实因素及其对策》，载《当代法学》2015 年第 3 期。

监察体制改革背景下的检察权配置

张 荟*

摘 要：2016 年 11 月，中央部署在三省市开展国家监察体制改革试点方案，推进这项改革，必然涉及检察职权的调整，检察机关如何在监察体制改革背景下合理配置检察权，成为亟需思考的课题。本文从监察体制改革背景下检察权的发展方向着手，通过分析当前检察权配置的现状，以及监察体制改革背景下的检察权配置应有的原则，进而有针对性地提出具体从重视对检察职权的自身监督、加强对侦查活动的监督、强化对审判活动的监督、完善行政检察监督等四个方面完善检察权配置路径。

关键字：监察体制改革　检察权　检察监督

一、监察体制改革背景下检察权的发展方向

2016 年 11 月 7 日，中央纪委监察部网站公布了一条重磅消息：中共中央办公厅印发《关于在北京市、山西省、浙江省开展国家监察体制改革试点方案》，部署在三省市设立各级监察委员会，从体制机制、制度建设上先行先试、探索实践，为在全国推开积累经验。消息一经传开，立即引发社会各界的广泛关注。检察机关工作人员尤为关注，因为这项改革直接涉及检察权的调整。虽然还没有中央关于国家监察体制改革试点具体方案的确切消息，但是反贪、反渎以及预防部门将从检察院划出的消息已广为流传。

改革要求实施组织和制度创新，整合反腐败资源力量，扩大监察范围，丰富监察手段，实现对行使公权力的公职人员监察全面覆盖。这次改革，将是检察机关自恢复重建以来最大的一次冲击和变革。根据我国宪法和刑事诉讼法的规定，检察权内容主要包括法律监督、批准逮捕、检察机关直接受理的案件的侦查、提起公诉等四项权力，而检察机关行使案件的侦查权的部门主要是反贪、反渎部门。反贪、反渎和预防职能部门的划出，意味着检察权中检察机关直接受理的案件的侦查权被剥离，也就是拿掉了检察院整体权限的三分之一，这让很多检察人在心理上很难接受。职务犯罪侦查职能自 1931 年便存在于人民检察体制之中，中华苏维埃共和国临时中央政府下设中央工农检察人民委员会就负有贪污腐化调查的职责。新中国成立后，职务犯罪侦查成为检察机关的法定职责，正式有“反贪局”称谓是从 1989 年广东省人民检察院成立。可以说，老百姓心中对检察院的信任更多的是“反贪局”在反腐败斗争中赢得的，“反贪局”也因此成为了检察机关一块金字招牌。

---

* 张荟，南京市六合区人民检察院。

既然中央已经做出了改革的决策，改革是为了更加有力地开展反腐败工作，检察机关就应当一如既往地拥护改革，积极配合做好过渡时期各项工作，确保改革试点工作顺利完成。反贪、反渎和预防部门的转隶，对检察机关虽然是一种“损失”，但从另一个角度看，职务犯罪侦查职能的缺失同时也给了检察机关法律监督职能新的发展契机。职务犯罪侦查职能转隶后，检察机关的宪法地位还在，依然是国家法律监督机关，拥有立案监督、侦查监督、审判监督以及刑罚执行监督的职能。检察机关的检察权涉及的权力众多，争议的内容也最复杂，如何抓住监察体制改革的机遇，合理配置监察体制改革后的检察权，才是当下检察机关最应关注的课题。检察权是多种属性的有机统一体，同时具有司法属性、行政属性和法律监督属性。国家监察体制改革后，行政属性因为职务犯罪侦查权的划出而明显减弱，检察机关的司法属性和法律监督属性将占据主导地位，相应的刑事检察业务、民事行政检察业务等部门将得到更多的关注。检察机关应该抓住此次改革机遇，在失去职务犯罪侦查权之后，聚力推进检察监督类业务，才是响应改革、完善检察权的最强音。

二、我国现行检察权配置的现状思考

我国的检察权配置，总体上符合司法规律，基本适应我国的司法实践需要。但由于认识差异、历史渊源、检察自身缺陷等因素，使得检察权产生了一些质疑和错位的现象，而作为专门的法律监督机关，在发挥其检察法律监督作用时，又显得力不从心。

(一) 犯罪侦查权的质疑

我国检察机关行使自侦权主要基于检察法律监督理论，这在宪法、刑事诉讼法和检察院组织法中都得到了充分体现。我国人民检察院组织法规定，检察机关除了进行侦查监督、审判监督和监所监督以外，还履行法纪监督职责，即对国家机关和国家工作人员是否遵守法律进行监督，具体体现就是对贪污贿赂案件、渎职案件等犯罪案件直接立案侦查。理论上，这类案件由检察机关行使已具备一定合理性，但现行自侦权在运行中仍存在质疑，主要集中在权力制约环节，检察机关的侦查权与侦查监督权都由检察院自己行使，而“无论何种监督制度，只要把监督者与被监督者合二为一体，一切监督都将化为乌有”[1]。

现行职务犯罪侦查监督机制从监督的种类看，多为检察机关内部制约，有横向的其他职能部门制约和纵向的上级检察机关制约，外部监督机制较少。从监督的方式看，主要也是事后监督，检察机关侦查监督部门和公诉部门在案件侦查期间，是无法通过内部制约的方式进行监督的，只有到了审查逮捕和审查起诉期间，才知晓案件的进展。正因如此，我国检察机关的侦查权监督的公信力和透明度一直遭到质疑，部分学者曾提出将职务犯罪侦查权交由公安机关统一行使，也有学者建议交由国家成立的专门的反贪廉政机构行使。

(二) 检察权属性的争议

检察权属性一直是中西方检察制度研究的深水区。从法制发展的历史来看，检察权尚

---

〔1〕 钟海让：《法律监督论》，法律出版社，1993 年版，第 1 页。

属于“年轻”的权力，自检察权诞生之日起就具备天然的复杂性和模糊性，以至各国的检察官们都在不断地发问：“我是谁？”〔1〕随着我国检察理论、实践不断吸收现代刑事诉讼的理念和做法，理论界和实务界也都对检察权属性进行了深入探讨，大致形成了行政权说、司法权说、司法与行政双重属性说以及监督说等代表性观点。

在我国宪法体制下，检察权是一种独立的公权力，从权力属性上看，检察权应具备独立的权力属性，但并不是指检察权一定要属于某一种权力，检察权是多种属性权力的有机统一体。其既有法律监督属性，如侦查监督、审判监督职能等，又有行政属性，如目的性和主动性较强的侦查职能，还具有司法性的部分，如被称为“站着的法官”的提起公诉的职能。这种独特又独立的权力，不能以除检察权以外的其他任何一种权能属性所能完整表达。将检察权简单等同某种专属权，都犯了以偏概全的错误。〔2〕当下所进行的司法责任制改革以及监察体制改革，都有给检察机关“去行政化”的色彩，其实去不去“行政化”，检察权依然是具有中国检察特色的、多种属性并存的国家公权力，这点应当在检察改革中予以坚持。

（三）法律监督权的弱化

侦查监督的失位。在刑事诉讼活动中，公检法三机关呈现相互配合、相互制约的关系，同时检察机关还具有对公安机关、审判机关的法律监督职责。当侦查机关的侦查活动出现违法活动时，检察机关的侦查监督部门有权及时介入，以检察建议或者发纠正违法通知书的形式发挥其诉讼监督价值。遗憾的是，当问题的源头出自检察权本身时，对于他人的监督便丧失了底气。〔3〕例如，刑讯逼供行为（包括公安机关和检察院自侦部门的侦查案件）在审查起诉阶段被发现，公诉部门是否会及时运用非法证据排除手段或其他监督手段对侦查监督部门问责呢？恐怕很难有所作为。可喜的是，对立案监督和侦查活动的两项监督责任已前移到了侦查监督部门，从诉讼监督的流程看，这样的安排无疑是开展监督的最好时机。当然，侦查监督部门和公诉部门要想行使好手中诉讼监督职责更多的还是依附其拥有“逮捕权”和“起诉权”的庇护，相比检察机关的控申部门和刑事执行部门，后两个部门在诉讼监督中很难发挥强制性作用。

审判监督的弱化。有学者认为检察机关的审判监督职能与公诉职能存在冲突，审判监督职能使检察院的诉讼地位高于法院，而公诉职能要求检察官与被告人一方处于平等地位，且诉讼地位应该是低于审判权或者与审判权平行，因而主张取消或弱化该项职能。现行的刑事诉讼法对审判监督的定位不够清楚，方式不够明确。1979 年的《中华人民共和国刑事诉讼法》（以下简称《刑事诉讼法》）第 112 条规定：“出庭的检察人员发现审判活动有违法情况，有权向法庭提出纠正意见。”此时发条规定的检察机关的法律监督权是高于审判权的一种监督权配置。而 1996 年《刑事诉讼法》将监督主体“出庭的检察人员”改为“人民检察院”，

〔1〕林钰雄：《检察官论》，台北学林文化事业有限公司，1999 年版，第 66 页。
〔2〕施长征、肖晓峰：《论检察权的配置》，载《中国政法大学学报》2011 年第 5 期。
〔3〕孙皓：《论检察权配置的自缚性》，载《环球法律评论》2016 年第 6 期。

将监督对象“审判活动的违法情况”改为“审理案件违反法律规定的诉讼程序”。修改之后的刑事诉讼法，检察机关对法院的监督方式变为“事后监督”，监督范围也限缩为“程序性监督”。陈兴良教授所说的检察官成为“法官之上的法官”现象正在减少，人民检察院对法院审判活动的监督逐渐弱化，以审判为中心的诉讼制度改革，更有可能引发弱化检察机关法律监督的声音。

三、监察体制改革背景下的检察权配置原则

当前，我国正处在司法改革的进程中，特别是司法责任制的全面落实，检察官拥有了更多执法办案的决定权，检察机关面临着如何完善权力运行机制、规范司法行为以确保检察权依法正确行使。本文论述的监察委改革，与司法改革并不冲突，同样需要检察机关完善现有检察权配置的原则，发挥检察权的目的。

(一) 司法公正原则

司法公正原则是法律职业人和诉讼参与人共同的价值追求，检察机关的检察权配置就是为了更有利于保障人权、实现司法公正。科学的刑事诉讼结构是一个等腰三角形结构，诉讼活动是控辩双方平等对抗、法官居中裁判的过程。检察机关享有控诉权，被告享有辩护权，法官享有审判权。无论是司法责任制改革还是以审判为中心的诉讼制度改革，或是本文所讨论的监察体制改革，对应的检察权配置都应该符合刑事诉讼结构，才能更好地实现司法公正。

检察机关具有两种法律身份：一种身份是法律监督者，另一种是国家公诉人。前一种身份要求检察机关监督法律的实施、控制权力机关的权力；后一种身份要求检察官站在客观公正的角度，查明事实、适用法律，有力地打击犯罪、维护人权。两种法律身份所产生的法律关系不同，代表的法律意义也不同，但无论哪种身份，检察人员在履行相应检察权时都应当奉行司法公正原则，严守检察官客观公正义务。

(二) 强化检察监督

检察权作为法律监督权，是宪法授予的独立公权力，《中华人民共和国宪法》第 129 条规定，人民检察院是国家的法律监督机关。这一规定明确了检察机关作为国家法律监督机关的独立宪法地位，也明确了法律赋予检察机关的检察权具有法律监督的性质。在监察体制改革的背景下，检察权的配置仍应当紧紧围绕实现法律监督目的的内在需求，离开了法律监督这一最根本的属性，谈论检察机关的职权配置就会迷失方向。

党的十八届四中全会已经提出，检察机关除了传统的诉讼监督职能外，还应当大力开展新增加的行政违法行为检察监督、行政强制措施检察监督、民事行政公益诉讼等职能工作。而这些职能工作作为检察机关新关注的业务恰好都是体现检察机关法律监督性的业务，说明从中央层面，也更加重视检察机关的法律监督职能。检察机关更应顺应改革潮流，在做好且不拘泥于原有的刑事诉讼业务基础上，投入更多的精力发挥检察法律监督职能，在更大的舞台上运行法律监督机制，维护社会和谐稳定，才能真正体现检察机关的独

立宪法地位。

（三）注重权力制约原则

权力必须受到制约，孟德斯鸠说过，有权力的人们使用权力一直到遇到有界限的地方才会休止。检察权的产生是控诉权与审判权分离的结果，是适应权力制衡原则的。权力制约原则要求在职能配置上，检察权能够与其他权力相互适应和平衡，起到相互制约的作用。监察委制度改革后，检察机关失去了职务犯罪案件的侦查权，也正是因为该权力无法得到有效的监督制约，这必然要求改革后的检察权配置更应注重职权行使的制衡。

从国家层面而言，权力制约是权力所有者运用民主的手段，通过各种有效途径，对权力行使者所形成的特定的限制与约束关系。〔1〕检察活动的监督制约机制主要有内部制约机制和外部制约机制，其中，内部监督制约机制占了重要作用，但因为系统内部监督存在封闭性和内部性的种种弊端，其公正性和透明度容易遭到质疑。

检察机关将职务犯罪案件的审查逮捕权力改由上一级检察院行使，其实已经是意识到了检察机关不能独自擅断，而应符合权力制约原则。职务犯罪侦查、预防部门转隶后，检察权的权力配置过程中，必须要更加体现权力制约原则。还有一点，制约权力的模式、方法有多种，不能简单地将权力分割给不同部门或机构行使，这样又会产生谁来监督新的机构的重复问题。

四、监察体制改革背景下的检察权配置路径

中央监察体制改革背景下，如何科学配置检察权，理论上我们不需要太多的创新和支持，而是应该科学、合理地完善法律赋予我们的各项检察权，并大胆地将检察权落实到实处。

（一）重视对检察职权的自身监督

检察机关作为法律监督机关，因为长期以来一直面临“既做运动员，又当裁判员”的质疑，而单纯在监督之外再设置监督，又容易陷入层层监督的怪圈。中央监察体制的改革决策，主要是反腐败工作的需要，同时检察机关也因反思自身的监督制约。党的十八届四中全会强调要形成科学有效的权力运行制约和监督体系，并提出完善司法管理体制和司法权力运行机制，规范司法行为，加强对司法活动监督的要求。贯彻落实会议精神，需要检察机关履行好“监督者”角色职能的同时，也做好一个“被监督者”，重视和加强对自身的监督制约。

随着司法责任制改革的推进，检察权的权力配置及其运行机制都做了调整，检察官的独立性、自主性、责任性更大。这是给了检察官一个发挥专业性的大舞台，同时高要求、高风险也督促检察机关要立足自身职能，完善检察活动的监督制约机制，防止检察权的滥用。一是以检务公开促进外部监督制约机制。司法改革背景下，要积极转变执法办案方式，做好案件

---

〔1〕张铁英：《论检察院的配置》，载《法学杂志》2012年第1期。

审查工作和释法说理工作；积极构建新型检律关系，发挥律师在化解当事人纠纷和提供侦查监督线索方面的功能；加强案件信息公开和信息查询公开，充分保障人民知情权，提高司法透明度。二是以规范司法行为为着力点加强内部监督制约机制建设。规范司法行为是推进依法治国的必然要求，应通过进一步明确职责权限、规范司法行为对检察活动进行实体性、程序性监督。

(二) 加强对侦查活动的监督

我国当前侦查程序中，虽然法律规定逮捕犯罪嫌疑人、被告人需要经人民检察院批准或者人民法院决定并经公安机关执行，但侦查程序不具有控诉、辩护和裁判所构成的三方诉讼构造。对于侦查过程中的权力监督，在现有的司法环境下，可以建立一个以检察权为核心的审查机制，实际上，我国检察实践正是朝着这样的方向发展。在侦查程序中，检察机关可以行使以下审查权：一是加强对公安机关立案、撤案的监督；二是赋予检察机关对侦查中使用各种强制性措施的审查批准权，凡是涉及限制和剥夺人身自由、财产权等强制措施，公安机关必须向检察院提出请求，经过检察院审查后，认为符合法定条件的，书面告知公安机关；三要强化对审前羁押的监督，从目前实践来看，刑讯逼供、暴力取证现象时常发生，必须着重解决对审前羁押的监督，遏制非法取证，减少因刑讯逼供等不当侦查而引发的冤假错案，以期最大限度维护司法公正，维护司法权威和公信力。

(三) 强化对审判活动的监督

以审判为中心的诉讼制度改革，关键在于确保庭审质量，实现司法公正，检察机关在审判活动中要以庭审为中心，但绝不是任由法院恣意裁判。完善对审判活动的监督权，一要正确看待公诉权与审判监督权的关系。不应过分强调公诉人"当事人"的身份，为了显示检察机关与被告人在诉讼地位上的平等而忽视了公诉人作为法律监督者所应坚持的身份，检察机关应当从维护法律的公平正义、监督审判权的正确行使、保护当事人及诉讼参与人的权利的整体角度履行公诉职能。二要提高抗诉权的监督效果。检察机关对审判活动的监督主要体现在抗诉权和审判监督程序的启动。实践中，由于抗诉事由的标准不确定等因素，制约了抗诉活动的开展效果，应该明确提起抗诉的具体标准，使其符合审判监督的内在规律，从而保证检察机关有效、统一的监督。三是要为检察监督提供相应的程序保障，将非诉讼的监督方式转化为诉讼方式，以更合乎刑事诉讼构造的方式进行法律监督，以看得见的正当程序践行法律监督者的角色。这不仅符合现代刑事诉讼构造中控辩平等、审判中立的要求，也与检察权设立的初衷即制约权力、保障权利相契合。

(四) 完善行政检察监督

随着十八届四中全会各项重大改革部署的推进，行政检察工作的内涵和外延正在发生新的变化，在监督范围上，从对行政诉讼的监督，拓展为在履行行政检察职能过程中，对违法行政活动的监督。"在我国，对行政权的监督体系主要包括权力机关的监督、行政机关自身的内部监督、社会监督和司法监督。"[1]上述监督方式对于行政机关的确起到了一定作用，

---

〔1〕 张智辉：《检察权优化配置初探》，中国检察出版社，2011年，第244页。

但由于监督刚性不足以及内部监督等问题，不足以确保行政机关沿着法治轨道运行。“检察监督范围扩展到诉讼外公权力的监督，符合检察监督的规律。”[1]检察机关作为国家专门法律监督机关，对行政活动的监督具有独特的制度优势。一方面比起人大的监督，更能做到全程性的监督；另一方面比起内部监督，更具有公正性。检察机关要根据十八届四中全会精神，积极探索完善“履行职责中发现”的违法对象的范围、监督的程序以及救济的程序等方面，有效合理地使行政检察监督取得实效。

〔1〕 任学强：《论检察监督范围的扩展及其边界——以保障房项目检察监督为例》，载《河北法学》2015年第3期。